LA

MAISON VIDE

PAR

JULES CLARETIE

PARIS

E. DENTU, EDITEUR

LIBRAIRE DE LA SOCIÉTÉ DES GENS DE LETTRES

PALAIS-ROYAL, 15-17-19, GALERIE D'ORLÉANS

LA

MAISON VIDE

LIBRAIRIE E. DENTU, ÉDITEUR.

DU MÊME AUTEUR

Les Muscadins, 3e édition, 2 vol.	7 »
Le beau Solignac, 2e édition, 2 vol.	7 »
Le Renégat, 2e édition, 1 vol.	3 50
Le Train 17, 7e édition, 1 vol.	3 50
Noel Rambert, 1 vol.	3 »
Les belles folies, 1 vol.	3 »
Les Prussiens chez eux, 1 vol.	3 »
La Fugitive, 1 vol.	3 50

IMPRIMERIE D. BARDIN, A SAINT-GERMAIN.

LA
MAISON VIDE

PAR

JULES CLARETIE

PARIS
E. DENTU, ÉDITEUR
LIBRAIRE DE LA SOCIÉTÉ DES GENS DE LETTRES
PALAIS-ROYAL, 15-17-19, GALERIE D'ORLÉANS

—

1878

A

MA CHÈRE FEMME

JE DÉDIE CE LIVRE

Dont la conclusion est le foyer paisible
et le consolant amour de la famille
et de la maison emplie du rire de l'enfant.

J. C.

LA

MAISON VIDE

I

UNE LETTRE ANONYME

Le déjeuner avant la chasse touchait à sa fin.

De bon appétit et de grand cœur, avec cette gaieté pleine d'espoir qui précède toutes les expéditions de ce genre, les convives avaient fait honneur à la cuisine de Me Herblay, le député, à son sherry et à son vieux sauterne. On avait beaucoup causé et beaucoup ri. M. Bernard Herblay, bâtonnier de l'ordre des avocats de Paris et représentant à la Chambre le département de Seine-et-Oise, n'avait invité à cette partie de chasse en battue que des amis intimes, le docteur Vernier, le sous-préfet de Rambouillet, un de ses collègues à l'Assemblée, des voisins, grands propriétaires des environs, et le contre-amiral de Reynière, son ami d'enfance.

En tout dix ou douze chasseurs, tireurs excellents et dont chaque coup de fusil valait une pièce de gibier.

Hors du château, les chiens attendaient, couchés,

vautrés au soleil, sur le sable, tandis que les gardes-chasse et les porte-carniers donnaient un dernier coup d'œil aux armes dont les crosses brunes et les canons luisants lançaient des étincelles et des rayons. A travers la glace sans tain et les fenêtres de la salle à manger, les invités de Mᵉ Herblay pouvaient apercevoir, au-dessus de la pelouse verte et des massifs d'arbres, un ciel bleu magnifique, le ciel d'une après-midi de septembre aussi brûlant qu'un mois d'août. La chaleur du dehors n'arrivait pas jusqu'en cette salle à manger, fraîche et vaste, d'où les chasseurs semblaient fort peu empressés de sortir, prenant leur café lentement et dégustant leur kummel ou leur marasquin tout en contant de ces éternelles histoires de chasse où les chevreuils partent sans qu'on s'en doute, où les perdreaux tombent abattus comme par enchantement, où un lièvre manqué amène dix lièvres massacrés, où tantôt le conteur maudit, après des années, sa mauvaise chance d'un jour, ou célèbre, sans modestie, ses merveilleux exploits d'une heure.

— Ma foi, dit M. de Reynière, qui avait écouté le récit des hécatombes de perdrix et de cailles faites par le sous-préfet, j'avoue que je suis moins effrayant que vous pour le gibier de mon vieil ami Herblay. Je tue fort peu. Il me répugne d'abattre quoi que ce soit à une portée trop rapprochée, et je donne un tel champ aux faisans ou aux lapins que je brûle assez souvent ma poudre au vent.

— Oui, oui, mon cher Jean, oui, va, fais le modeste, répondit M. Herblay. C'est une façon de nous humilier tous. Je vous présente, messieurs, dit-il en posant sur la soucoupe sa tasse de café et en tendant les deux mains vers M. de Reynière, un homme qui a chassé l'éléphant et tué des tigres !

Il y eut, parmi les convives, un murmure d'autant plus flatteur pour le contre-amiral qu'il ne fut mélangé d'aucun étonnement. M. de Reynière était un de ces hommes dont les exploits, fussent-ils incroyables, paraîtraient encore tout simples, l'énergie la plus virile et les résolutions les plus héroïques étant évidemment naturelles à certains êtres.

Le contre-amiral avait à son actif des états de service hors de pair. Tout jeune, en Crimée, on l'avait vu, pour ses débuts, se jeter dans une barque et essayer d'aller, sous le feu des batteries ennemies, faire sauter les débris des navires volontairement coulés par les Russes, et qui obstruaient l'entrée du port de Sébastopol. Il était revenu de cette expédition avec ses habits criblés de balles et un sourire encore tout chargé de défi. A ses côtés, le matelot Gauthier, qui l'avait accompagné, était pâle comme un mort.

— Qu'est-ce que c'est que ça? Un vieux gabier comme toi qui a les joues blanches! dit M. de Reynière.

— Si vous croyez que c'est pour moi! fit le marin d'un ton rude, c'est pour vous! Quand on a vingt-trois ans, on n'est pas fait pour mourir!

M. de Reynière était alors enseigne de vaisseau. Chacun de ses grades avait été, depuis, conquis au péril de sa vie, et cet homme de quarante-quatre ans, officier de le Légion d'honneur, contre-amiral, c'est-à-dire ayant rang de général de brigade, ne devait rien à la faveur dans une carrière bien remplie où il avait plus d'une fois versé son sang pour le pays.

La guerre de 1870 l'avait trouvé capitaine de vaisseau, lorsqu'on avait, comme en 1814, jeté à terre les marins de notre flotte pour défendre le sol envahi. M. de Reynière, nommé général à l'armée de la Loire, avait guidé à l'assaut des murailles de Coulmiers ses fusiliers marins comme il les eût conduits à l'abordage, et la nuit il avait couché au milieu d'eux, comme s'il eût retrouvé partout son cadre et son poste de branle-bas de combat. A la paix, le commandant avait repris le chemin des colonies, continuant, avec ses braves gens, d'aller faire obscurément et simplement son devoir au bout du monde. Ses compatriotes, — il était Nantais, — lui avaient offert à l'Assemblée une candidature. M. de Reynière, esprit libéral, patriote jusqu'à l'âme, avait refusé, déclarant qu'un soldat a d'autres moyens de servir sa patrie que de s'occuper de politique.

— La tribune, lui disait-on, est cependant aussi un poste de bataille !

— J'ai mon banc de quart, répondait simplement le commandant.

Promu bientôt au grade de contre-amiral, M. de Reynière était venu passer quelque temps à Paris. Là, il s'était marié. On assurait que jamais union n'avait plus vivement mérité de s'appeler un mariage d'amour. Mme de Reynière était charmante et l'amiral passait depuis quatre ans déjà pour un homme parfaitement heureux. Il ne manquait guère à ce bonheur absolu que ce sourire du logis, un enfant, miroir vivant où les époux se regardent renaître et se revoient grandissants lorsqu'ils se voient vieillir.

— Oui, messieurs, continuait le bâtonnier. L'amiral a tué des tigres ! Il a donc bien le droit, je suppose, de manquer nos alouettes !

— D'autant plus, fit le sous-préfet, que l'amiral ne les manque guère. Je me rappelle un coup de fusil qui nous a tous émerveillés... Oui, amiral, l'an dernier... à Montlieu... un sanglier...

— Le bonheur a voulu qu'il courût droit sur moi, dit M. de Reynière. Il m'a bien fallu le tuer : il m'eût sans cela parfaitement décousu !

— Et vous n'aviez qu'une cartouche n° 6 ?

— Mais tirée d'assez près pour que le plomb ait fait balle ! J'ai eu la patience d'attendre et la chance de viser juste, voilà tout.

— La chance! la chance! Je ne sais rien de plus bête que ce mot-là, s'écria M. Herblay. La chance a beaucoup de noms : elle s'appelle tantôt le travail, tantôt le courage, tantôt le talent. Mais ce mot, la *chance*, est un pseudonyme du succès inventé par les envieux pour déprécier le mérite.

— Très-bien, tu raisonnes purement et simplement comme un satisfait, dit l'amiral en riant. Tu es riche, tu es populaire. Tu as, à quarante-huit ans — car tu as quatre ans de plus que moi — conquis la plus haute dignité de ton ordre, en attendant que tu sois garde des sceaux, ce qui t'arrivera quelque jour... C'est fort bien. Mais n'admets-tu pas, homme de tous les succès, qu'il y ait en ce monde des talents méconnus, du travail infructueux et des efforts que le sort écrase ?

— Parbleu! Mais tout cela est l'exception. Je ne veux d'ailleurs que parler de toi, oui, de toi, Jean. Crois-tu vraiment que tu ne mérites pas tout le bonheur qui t'arrive, et ne penses-tu point qu'il y ait cependant des êtres, — dans la flotte ou hors de la flotte, que sais-je ? — pour dire avec une visible envie : « Ce Reynière, il a de la *chance!* »

— Si cela les amuse ou les console, fit M. de Reynière, ils ont raison! Et après tout, peut être sont-ils dans le vrai! On ne sait vraiment pas, messieurs, combien il faut de *chance*, comme dit Herblay, — et surtout dans des états comme le nôtre où le sort joue si souvent sa partie, — pour arriver à une situation quelconque. Une balle qui se trompe de route, un vent de fièvre jaune qui souffle à droite ou à gauche, un mât qui se brise et qui tue celui-ci au lieu de celui-là, et voilà un homme qu'on jette à la mer avec un boulet aux pieds, ou qu'on enterre au Mexique ou en Cochinchine, tandis que son compagnon échange ses aiguillettes contre les épaulettes et son grade de capitaine pour celui d'amiral. La gloire, c'est une partie de tontine. Il ne s'agit pas de briller ou de valoir pour réussir, il faut durer !

— Vous durez et vous brillez, amiral, dit le sous-préfet, enchanté sans nul doute d'une telle réplique.

— Pas du tout. J'ai du bonheur, voilà tout, et ce qui est encore plus rare et ce qui n'est point la même chose, j'ai *le* bonheur. Je suis même si parfaitement heureux que j'en ai parfois le frisson.

— Touchez du bois, fit le collègue de M. Herblay qui était superstitieux.

— C'est vrai ; il me revient parfois à l'esprit une assez sotte histoire de mes dix ou douze ans, un de ces souvenirs qui se gravent à jamais dans la mémoire, peut-être parce qu'ils sont plus niais que les autres. Vous ne connaissez point le bourg de Batz ? C'est un très-pittoresque village près de Nantes où, chose extraordinaire, la plupart des gens sont ou se croient sorciers. Ne riez pas trop. Je n'en crois pas un mot, mais je ne puis oublier une vieille femme à demi paralysée, qui vivait là, couchée dans un lit aux rideaux roses, sinistre avec sa tête enfoncée dans son oreiller, le front à demi couvert d'un linge blanc, les yeux convulsés, la bouche tirée, des poils blancs au menton. Une sorte d'apparition affreuse. Elle s'appelait Victoire Tranchart, et cette étrange femme était quelque peu visionnaire. Elle parlait tout haut de choses étranges et elle affirmait avoir fait plusieurs fois, par la pensée, le voyage du bourg de Batz à Paris. Le fait est qu'elle décrivait Paris, où elle n'avait jamais mis les pieds, comme si elle l'eût longtemps habité.

— Eh bien ? dit le sous-préfet.

— Eh bien ! cette Victoire Tranchart, — dont plusieurs prédictions se sont accomplies, notez bien, — m'a prédit, à moi (vous me trouvez un peu bien Breton, je parie), m'a prédit...

L'amiral riait et paraissait n'attacher évidemment aucune importance à ce vieux souvenir qui le hantait pourtant, à de certaines heures.

— Non, fit-il en s'interrompant, à quoi sert de raconter ces choses-là ?

— Comment, à quoi cela sert ? dit le député. Rien n'est plus intéressant.

— Voyons la prédiction !

— Dites-nous votre avenir !

— Comment finirez-vous, amiral?

— On demande l'arrêt de Victoire Tranchart !

— Parle, Jean, je t'en prie ! dit M. Herblay. Sincèrement, c'est curieux. Elle est originale, ta paysanne !

— Eh bien ! reprit M. de Reynière, elle m'a prédit que je me tuerais deux fois !

— Toi?... Te tuer? s'écria M. Herblay.

— Vous, amiral ?

— Deux fois ?

— Deux fois !

Les convives du bâtonnier s'étaient mis à rire de ce rire gros et bon enfant que fait jaillir une belle absurdité bien portante.

Le docteur Vernier, qui n'avait encore parlé que fort peu, regarda un moment l'amiral comme s'il l'étudiait, et, en haussant les épaules :

— Ma foi, dit-il, votre sorcière en sera pour ses frais. Elle a deviné votre destin comme je vois, moi, ce qui se passe à l'heure qu'il est à Tombouctou. Les dernières sorcières sont défuntes et embaumées dans les romans écossais de Walter Scott. Vous n'avez pas du tout, amiral, l'encolure d'un homme prédestiné au suicide. Vous êtes, avant tout, un homme d'action, et il faudrait un miracle, quelque épouvantable accident, pour que votre tempérament nervoso-sanguin, — le tempérament idéal, — tournât à la mélancolie et devînt de l'hypocondrie. Or, si les miracles heureux n'arrivent plus, il est présumable que les miracles malheureux n'arrivent pas davantage. Tel que je vous vois, au contraire, vous êtes taillé pour vivre cent ans, et, morbleu ! la vieille Bretonne en aura menti !

— Je l'espère bien, fit M. de Reynière en riant.

On se leva de table sur cette histoire et sur l'espèce de consultation du docteur, puis, tout en causant, on gagna les taillis au bout desquels, à la lisière du bois, les rabatteurs attendaient.

Le docteur Vernier, qui marchait à côté de l'amiral, regardait encore cet homme grand et mince, le visage sérieux plutôt que sévère et dont un sourire assez fréquent corrigeait une certaine froideur. Le contre-amiral Jean de Reynière, avec ses favoris blonds, sa lèvre et son menton rasés, le nez droit, les yeux d'un bleu glauque, comme si la mer s'y fût encore reflétée, semblait la personnification même de la fermeté virile et de la vaillante énergie. Ses muscles solides, d'une élasticité juvénile, n'étaient aucunement épaissis; sa vie de marin lui conservait une sorte de maigreur salutaire, et l'air salin et le vent du large avaient tanné ses joues, son front à peine ridé et ses mains fines. Il marchait droit, la taille bien prise dans son costume de toile blanche, la cartouchière à la ceinture et les mollets guêtrés.

Le médecin, habitué aux décrépitudes humaines, contemplait cet homme avec l'admiration instinctive que fait naître le spectacle attirant de la force au service de la bonté. Il était évident que l'amiral était né pour commander, protéger, et marcher le front haut dans la vie.

— En vérité, dit le docteur Vernier au bout d'un moment, je ne puis vous redire assez, amiral, combien votre devineresse du bourg de Batz a eu la vision peu nette. Vous savez que, pour nous autres médecins, pour quelques-uns d'entre nous du moins, le suicide est une monomanie, le résultat d'une conception délirante. Or, la plupart des monomanes se révèlent d'avance à de certains signes. Je devinerais presque à coup sûr un homme qui finira par se jeter à l'eau ou par se tirer un coup de pistolet, à moins que la folie absolue ne l'en détourne. Mais vous!... Je ne crois pas avoir rencontré sur mon chemin beaucoup d'êtres aussi solidement établis que vous, amiral. Vous êtes de ceux qui ne connaissent jamais les atteintes de l'âge et qui peuvent vieillir en bravant la décrépitude. Nous disons volontiers que l'homme n'a jamais que l'âge de ses vaisseaux, j'entends, fit le docteur en souriant, les vaisseaux qui servent à la circulation des fluides; eh bien, je puis vous assurer que par là vous serez toujours jeune et que dans vingt ans vous garderez encore la vigueur d'aujourd'hui. J'en suis charmé, je vous l'avoue, pour vous et pour notre pays.

L'amiral laissa passer la flatterie sans la souligner par un remercîment ou une protestation.

— Me permettez-vous seulement d'ajouter un mot? continua le docteur.

— Comment donc! Je vous le demande.

— Je parie, amiral, que vous êtes violent?

— Moi? Oui, en effet, très-violent.

— N'est-ce pas que, sous votre froideur apparente, vous cachez des colères qui vous étouffent?

— Malheureusement, oui, dit l'amiral. Et je vois que les médecins sont pour le moins aussi bons devins que Victoire Tranchart!

— Voilà le seul point faible de votre tempérament, conclut le docteur Vernier. Le jour où vous auriez dompté ces violences, peu fréquentes d'ailleurs, je ne sais pas d'homme qui mériterait mieux que vous d'être offert — je parle au point de vue médical — en modèle à ses semblables. Quant à l'autre point de vue...

— Je sais, je sais, docteur! interrompit M. de Reynière en riant encore. A l'autre point de vue, je suis parfait. Ah! çà, mais, dites donc, c'est toute une consultation?

— Et vous avouerez que, cette fois, je ne suis pas très-dangereux pour mon client!

— Oui, mais vous allez vous rattraper sur les perdreaux!

— Que voulez-vous? dit le docteur, il faudra bien que la mort n'y perde rien.

L'amiral, quelque aimable que fût le docteur Vernier, ressentait un étrange et violent désir d'être seul, de penser, de songer, de n'avoir pas besoin de répondre. Cette histoire de la vieille femme du bourg de Batz, contée sur la ton de la plaisanterie, n'en avait pas moins produit un étrange effet sur M. de Reynière lui-même. Il tenait à se bien répéter, tout bas, qu'il était parfaitement heureux. Il revoyait par le souvenir cette maison de l'avenue Montaigne qu'il habitait et où, la veille, en partant, il avait laissé la comtesse de Reynière.

Il quittait sa femme pour deux jours, et cette courte séparation lui avait pourtant semblé pénible à lui qui se jetait sur l'Océan, seul durant une année. Jamais peut-être Mme de Reynière ne lui avait semblé aussi adorablement jolie et aussi digne de la profonde et violente passion qu'il avait pour elle. Le docteur Vernier devinait juste : un être ardent, orageux, capable de juvéniles colères, se cachait sous l'apparente froideur du marin. Il aimait Blanche de Reynière comme un amoureux de vingt ans; il l'entourait de ce culte idéal qu'on a pour sa première maîtresse, et, dans son amour, il retrouvait aussi puissants, après quatre années de mariage, les délicieux frémissements du premier baiser donné à la fiancée.

Aussi, avec quelle sensation de volupté, l'amiral, séparé de ses compagnons de chasse, marchant à son rang sur la ligne des chasseurs, avançait-il dans les taillis, plus préoccupé de retrouver devant ses yeux l'image de Blanche que de viser droit au gibier repoussé par les rabatteurs dont on entendait les cris lointains, à travers les branches. M. de Reynière devait évidemment, ce jour-là, faire piteuse chasse. Le porte-carnier qui le suivait semblait étonné de lui avoir vu laisser passer, sans les tirer, deux lièvres partis sous ses pieds. L'amiral songeait à sa femme, à ses grands yeux noirs, à son beau sourire, à une certaine tristesse qui passait aussi, parfois, comme un mauvais nuage sur le doux front de Blanche.

— Allons, allons, se dit-il à lui-même gaiement, après un assez long temps donné à cette rêverie, tu reverras Blanche demain. Aujourd'hui fais ce que dois, puisque ce que tu dois c'est une hécatombe de gibier !

Le porte-carnier dut être dès lors enchanté du tireur qu'il escortait. L'amiral ne perdit pas un coup de fusil. Il fut vraiment le roi de la chasse. On aligna devant le perron de M. Herblay tout le gibier, poil et plume. M. de Reynière en avait abattu la plus grande partie.

Mais ce devait être bien autre chose, sans nul doute, annonçait déjà M. le bâtonnier, lorsque le lendemain on chasserait en pleine terre giboyeuse, dans les tirés de Rambouillet.

On porterait, en attendant, un *toast* à l'amiral, qui se défendait si modestement, le matin, de viser des lapereaux.

Au moment où M. de Reynière montait à sa chambre pour se dévêtir de son costume de chasse, son matelot Gauthier, qui ne le quittait guère depuis vingt ans passés, et qui avait, chez M. Herblay, apporté le fusil et amené le chien favori de l'amiral, tendit au comte une lettre qu'on avait apportée.

— Une lettre de Blanche sans doute ! dit M. de Reynière avec joie.

— Je ne crois pas, mon amiral, dit Gauthier. Ça n'est pas venu par la poste. C'est un commissionnaire de Rambouillet qui a apporté la lettre jusqu'ici. A Rambouillet, un jeune homme la lui avait remise en lui disant comme ça : « C'est pressé, très-pressé et très-grave. »

— Très-grave ? fit M. de Reynière en regardant la lettre avant de l'ouvrir.

Sur l'enveloppe carrée, d'un papier glacé, légèrement teinté de vert d'eau, le nom du contre-amiral de Reynière était tracé, d'une écriture hardie et grêle à la fois, et que l'amiral ne connaissait pas.

— J'ai voulu aller vous retrouver, mon amiral, et vous porter ça en pleins champs. Mais je ne connais pas ce pays ; c'est tout en me guidant sur les coups de fusil que je me suis perdu dans un petit bois, moi, un marin. Alors je suis revenu sur mes pas, tant bien que mal. Si la lettre était excessivement pressée, vous me pardonnerez. D'ailleurs, il y a cinq minutes à peine que je suis de retour.

L'amiral regardait cette lettre avec une certaine inquiétude vague et qu'il ne s'expliquait pas. Il lui semblait assez mystérieux que quelqu'un lui écrivît, à lui, chez M. Herblay. Puis, tout à coup cette pensée effrayante lui traversa l'esprit : « Si Blanche était malade ? Si quelque malheur... »

Il eut bientôt coupé court à cette pensée en décachetant la lettre, et il lut d'un trait ce qu'elle contenait.

Le vieux Gauthier qui se retirait, la main sur le bouton de la porte, entendit alors un cri étouffé, et rentrant bien vite, il aperçut l'amiral horriblement pâle, les lèvres blêmes et frémissantes et qui fixait sur ce papier, tenu d'une main tremblante et crispée, des yeux presque hagards.

Jamais Gauthier, qui vivait aux côtés de l'amiral depuis les journées de Crimée, n'avait vu le comte dans un état pareil. Le brave homme eut peur; il lui sembla que M. de Reynière chancelait et il s'élança pour le soutenir.

— Qu'y a-t-il donc, mon amiral? Qu'est-ce que c'est que cette lettre? Est-ce que Mme la comtesse est morte?

L'amiral jeta, de ses yeux bleus profonds, un regard au marin et ne répondit qu'en repliant la lettre qu'il tenait et en la posant sur le marbre de la toilette.

— Ramasse l'enveloppe, Gauthier, dit-il ensuite.

Le marin se baissa et tendit à l'amiral l'enveloppe, que M. de Reynière regarda encore un moment. Puis, haussant les épaules, il la mit, à côté de la lettre, sur la toilette.

Gauthier l'entendit, qui murmurait avec une expression de dégoût :

— Quelque lâcheté! Un mensonge! Un jet de bave! On méprise ces infamies!

L'amiral ôta rapidement son vêtement de chasse et se plongea le visage dans l'eau fraîche, passant l'éponge sur ses oreilles devenues rouges, tandis que son visage était livide.

Après quoi, il se vêtit pour le dîner, reprit la lettre et l'enveloppe, les relut et les mit brusquement dans la poche de son vêtement, sur sa poitrine.

— Ce n'est pas encore l'heure du dîner, dit tout haut l'amiral; je vais prendre l'air un moment, en attendant la cloche!

Le pauvre Gauthier n'osait plus faire une question, mais il était évident pour lui que M. de Reynière souffrait d'une douleur terrible et mal dissimulée.

— J'étais, grommelait le marin, dans la chambre de l'amiral lorsqu'il reçut, à Saïgon, la nouvelle de la mort de Mme la comtesse sa mère, qu'il aimait, on peut dire, comme un enfant de dix ans qui n'a jamais quitté la sienne; eh! bien, il a eu ce jour-là un coup de couteau moins fort qu'*au jour d'aujourd'hui*. Qu'est-ce que c'est que ça, cette faillie chienne de lettre ?

Et, debout, à la fenêtre, le visage contre les vitres, le marin regardait, en hochant tristement la tête, M. de Reynière qui, marchant d'un pas presque chancelant et se passant instinctivement la main sur le front, se dirigeait par les sentiers du parc vers une allée sombre où il s'enfonça tout à coup brusquement, comme s'il eût eu soif de solitude.

C'était machinalement que M. de Reynière allait là. Il avait hâte de relire une fois encore cette lettre, d'en interroger chaque syllabe, de soulever le masque de chaque mot. Il n'en reconnaissait pas l'écriture. Ces caractères maigres et nets pouvaient avoir été tracés aussi bien par une main affermie de femme que par une main d'homme.

Et cette lettre maudite, anonyme et lâche, contenait la dénonciation la plus affreuse — et, à coup sûr, la calomnie la plus vile et la plus hideuse — qui pût atteindre et frapper Mme de Reynière à la joue en frappant l'amiral au cœur.

« Votre femme a un amant », disait la lettre.
« Quittez vos compagnons de chasse, revenez ce soir à
« Paris et chez vous, sous votre toit, vous trouverez
« Mme de Reynière avec cet homme.

« UN AMI. »

— Un ami ! répétait l'amiral avec un terrible rictus de rage. Misérable qui dit cela ! Il y a donc de ces méchancetés basses et de ces vilenies dans la nature humaine ? Blanche ! Blanche accusée d'une telle infamie... Par qui ? Par un scélérat qui n'ose même pas mettre un nom au bas de son injure ! Allons, on ne s'occupe pas de ça ! On jette au feu ces détritus pour les purifier !

Il aperçut par hasard (à deux pas de lui) et, s'arrêtant instinctivement, il regarda une limace rougeâtre qui, laissant après elle son gluant sillage, montait sur la tige d'un rosier jusqu'à la fleur épanouie.

D'un revers de la lettre qu'il froissait entre ses doigts, il jeta le mollusque baveux sur le sable et, écrasant ce corps charnu sous son talon :

— Voilà ce qu'on fait de ce qui rampe et de ce qui salit, dit-il tout haut.

Il commença aussitôt un mouvement pour déchirer la lettre puis, avec un geste de colère, il s'arrêta, gardant, malgré lui, glissant sous son vêtement ce papier qui, brûlant sa chair, le mordait à la poitrine comme un vivant ennemi.

M. de Reynière avait espéré peut-être que l'air rafraîchi lui ferait du bien. Il rentra, en effet, un peu calmé, lorsque le second coup de cloche eut appelé au dîner les hôtes du bâtonnier. Il s'était tant de fois répété qu'un homme d'honneur ne doit prêter aucune attention à des lâchetés sans signature, qu'il s'était condamné au calme, à la foi, et contraint au mépris de ce billet anonyme.

— Je n'irai pas à Paris, s'était-il dit fermement ; je resterai ici jusqu'à demain. Demain, je chasserai tout le jour à Rambouillet. Je rentrerai chez moi à l'heure annoncée, et je n'aurai pas la faiblesse indigne d'avancer d'une minute mon retour, sur la basse calomnie de je ne sais quel odieux personnage.

Cela était décidé, résolu. L'amiral en ressentait comme de l'apaisement.

Il n'en interrogea pas moins très-minutieusement Gauthier pour savoir quel était cet homme venu à Rambouillet pour apporter une semblable lettre. Le commissionnaire de Rambouillet ne connaissait pas celui qu'il appelait tout simplement un *monsieur*. Gauthier lui-même, un peu étonné en recevant la lettre, avait fait causer le porteur. Le *monsieur*, lui avait-on répondu, était grand, élégant, joli garçon, et portait à la boutonnière une rosette qui n'était pas rouge. Gauthier n'en savait pas davantage, mais il se réservait, si l'amiral y tenait, de pousser plus loin les investigations. Il retrouverait bien le commissionnaire. C'était une sorte de courrier, toujours posté à la gare de Rambouillet. Il serait facile de le faire causer.

— Mieux vaudrait peut-être tout oublier, ne rien savoir, pensait l'amiral.

Il dit pourtant à son matelot :

— Tu as raison. Ce que tu auras appris, tu me le diras demain.

M. de Reynière descendit alors à la salle à manger. On l'y accueillit par une acclamation, on le reçut comme un triomphateur, on se mit à vanter gaiement son adresse, mais la verve aiguisée par l'appétit de tous ces gens tomba peu à peu et bien vite devant l'expression involontaire de souffrance que le docteur Vernier remarqua le premier sur les traits de l'amiral. M. Herblay, regardant son ami, fut particulièrement saisi, presque effrayé, du changement qui s'était produit chez Reynière. Ce n'était plus le même homme.

— Est-ce que tu souffres, Jean?

L'amiral essaya de sourire.

Il répondit que ce n'était rien. Un peu de pâleur, un peu de migraine.

— Je vous en prie, messieurs, ne faites pas attention à moi !

A la vérité, M. de Reynière se sentait le cœur gonflé et comme prêt à éclater. Cet homme intrépide avait dans la gorge des sanglots étouffés qui l'étreignaient âprement. Il lui passait devant les yeux des visions folles, des tableaux sinistres, et ses prunelles bleues, pleines de fièvre, brûlaient alors d'une flamme ardente.

— Je vous assure, amiral, répétait le docteur Vernier, que vous devriez vous retirer! Vous avez besoin de repos.

M. de Reynière attendit jusqu'au dessert. La nuit était tombée. On servait le café sur le perron, et les premières étoiles se montraient, timides, au fond du ciel pâle, tandis que les grandes masses d'arbres passaient du vert profond à une teinte noire.

— Il est tard, dit l'amiral à M. Herblay, mais à quelle heure encore puis-je arriver à Paris ?

— Ce soir ?

— Ce soir.

— Quelle idée! fit le bâtonnier. Est-ce que tu as, là-bas, quelque grave affaire qui te réclame ?

— Justement.

— Cette lettre qu'on t'a apportée ?

— Oui, cette lettre, précisément.

— J'espère, dit, avec effusion, l'avocat, en saisissant les mains de son ami qu'il trouva brûlantes, qu'il n'est arrivé à Paris aucun malheur?

— Aucun. Une simple affaire de service.

— C'est du ministère qu'on t'écrivait ?

— C'est du ministère !

— Est-ce qu'on va t'ordonner de reprendre la mer ?

— Peut-être.

— Alors c'est l'idée de quitter ta chère femme qui t'afflige ?

— Comme tu devines tout ! dit l'amiral avec un rire forcé.

— Dame! fit naïvement M. Herblay, si ce n'était pas cela, que serait-ce donc ? Et si tu te réembarques, quelle douleur pour la pauvre femme! Elle t'avait assez supplié de rester à Paris lors de ton dernier départ! Elle t'en a même un peu voulu d'avoir hésité entre elle et ta démission.

— Oui, cela est vrai, dit M. de Reynière, comme

s'il se fût rappelé tout à coup une chose oubliée.

— C'est que les femmes n'admettent pas de rivales, même quand une de ces rivales est la gloire, et tôt où tard elles se vengent...

— Tais-toi, Bernard ! s'écria brusquement l'amiral avec une expression courroucée qui étonna le bâtonnier.

Avant que M. Herblay eût pu marquer cet étonnement, Reynière avait déjà corrigé par une poignée de mains amicale ce qu'il y avait de brutal dans son cri, et il se sépara de son hôte en lui disant :

— Ne me rappelle pas que je puis avoir, en quoi que ce soit, blessé Blanche. Une superstition de mari heureux, tu sais ! Ah ! çà ! voyons, charge-toi de m'excuser auprès de tes hôtes. Je vais donner un ou deux ordres à Gauthier. Et adieu ! adieu ! mon ami ! Tu me dis que je serai à Paris à quelle heure ?

— Entre onze heures et demie et minuit !

— C'est bien tard, murmura l'amiral.

— Bien tard ? dit M. Herblay. Tu n'as vraiment pas la prétention de voir le ministre à cette heure-là ! Reste donc avec nous. On est si bien ici ! Tu partiras demain.

— Non, c'est ce soir que je veux, que je dois être à Paris.

— A ton aise, dit le bâtonnier. Mais tu m'assures bien qu'il n'y a pas lieu de m'inquiéter ?

— Je te l'assure, dit l'amiral avec une expression dont Herblay ne vit pas la souffrance.

L'amiral fit appeler Gauthier, qui dînait avec le cocher.

Pendant qu'on attelait la voiture, M. de Reynière recommanda à son « matelot » de revenir le lendemain. Gauthier ramènerait *Fox* à Paris.

— A bientôt, Gauthier ! dit l'amiral en tendant la main au marin, qui lui donna sa main calleuse.

Reynière traitait toujours Gauthier en ami plutôt qu'en soldat ou en serviteur, mais il ne se laissait jamais aller à certaines effusions que dans les moments difficiles.

A Artenay, le soir de la retraite sur Orléans, sous les obus, l'amiral avait tendu de même sa main au matelot, croyant bien ne plus le retrouver debout le lendemain.

Gauthier hochait la tête pendant que les roues de la voiture criaient sur le sable et emportaient dans la nuit l'amiral. Il n'entendait déjà plus que vaguement les claquements de fouet secs et fréquents du cocher, à qui M. de Reynière répétait, là-bas :

— Marchez vite!

— Mais quelle coquine de satanée malotrue de lettre est-ce donc que ce beau fils qu'on ne connaît pas a apportée à Rambouillet ? se demandait le vieux marin. Ça sent le soufre tout ça, il y a du poudrin dans l'air. On aura un grain.

II

DEUX COUPS DE FEU

L'amiral de Reynière trouvait, comme tous ceux qui vont à un but où se jouera leur destinée, que la voiture qui le menait à la gare à travers champs ne marchait pas assez vite à son gré. Les arbres, découpant leurs feuillages immobiles sur le ciel plein d'étoiles, filaient des deux côtés de la route; les villages qu'on traversait, presque endormis déjà, disparaissaient avec leurs maisons basses aux fenêtres à peine éclairées. Le cocher fouettait ses chevaux qui galopaient sur les chemins, dans ces plaines où l'on n'entendait rien que le sifflet lointain des locomotives, du côté du chemin de fer. Et de temps en temps, d'un ton bref, l'amiral disait :

— Plus vite!

Il lui fallut, à Rambouillet, attendre un moment. Marchant fébrilement dans l'étroite salle de la gare, il regardait, sans les voir d'abord, puis en essayant de se contraindre à examiner leurs images, les affiches-annonces, aux couleurs multiples, qui s'étalaient sur les murailles. Mais sa pensée revenait bien vite, par un bond terrible, à cette odieuse lettre et il se disait, il se répétait que mettre en doute un moment la lâcheté mensongère du billet anonyme, poser une question semblable, c'était déjà insulter Blanche.

— Chère Blanche ! songeait-il. Avec quelle joie tout à l'heure je la presserai sur ma poitrine !

Le train arrivant en gare, l'amiral monta dans un wagon où il était seul. Il ferma les yeux, comme si, ses paupières une fois baissées, il ne devait plus apercevoir certaines images cruelles, épouvantables, qui lui faisaient jaillir le sang au cerveau. Ses oreilles bourdonnaient, et une migraine atroce s'abattait sur son crâne et le pressait comme une main qui l'eût voulu broyer. Il abaissa la glace de la portière, mit son front à l'air frais de la nuit, et regarda les champs obscurs où tout était repos, labeur assoupi, douceur, où tout semblait heureux, sous le beau ciel paisible.

Il se rappela le premier voyage fait ainsi, avec Blanche, par une nuit pareille, aussi tiède, aussi pure, et il se sentit, une fois encore, près de pleurer.

Puis il fouillait dans sa poche et prenait la lettre qu'avait apportée cet inconnu. Cette lettre, cette lettre maudite, il la relisait en s'approchant de la lampe qui éclairait le wagon par en haut ; il la tournait et la retournait entre ses doigts, comme si, en la pressant et la triturant, il eût dû en extraire la vérité. D'où venait-elle ? qui l'avait écrite ? quel homme ? quelle femme ? quel menteur ? quel calomniateur ? quel lâche ?

— Oui, se disait-il, il est cent fois lâche celui qui, sans signer, sans oser mettre son nom au bas de sa dénonciation, envoie un de ces billets meurtriers à un mari, à un être confiant et heureux, ou qui glisse un papier empoisonné dans une des mille boîtes aux lettres qui portent, à travers la ville, la consolation ou la douleur ; il est pétri de boue celui qui fait cela ! Il est atrocement vil quand il ment ! il est encore infâme et scélérat quand il dit vrai !

Mais, celui-là, l'être qui avait écrit ce billet, disait-il vrai? Ah! quelle torture! M. de Reynière, de minute en minute, se sentait devenir fou, matériellement fou. Son crâne brûlait. Chaque tour de roue décuplait sa souffrance et ses doutes. Aucune ivresse ne peut égaler l'espèce de délire dans lequel l'avait jeté ce lambeau de papier qui lui disait — qui lui répétait, car ses yeux ne se détachaient plus de lui : Maintenant Blanche te trompe!

Blanche! elle, la franchise et la bonté! elle, dont ses lèvres avaient encore, si peu de temps auparavant, baisé le front candide!

« Impossible! c'est impossible! » se répétait l'amiral pour la millième fois. Puis, ces interruptions sinistres: Et si cela était, cependant? Si c'était... Et, alors, des bouffées de sang, des bouffées rouges lui montaient aux yeux, aux tempes. Il s'entendait, dans le bruit même du train en marche, rire d'un rire mauvais, féroce. Il se faisait peur à lui-même.

A mesure que le train se rapprochait de Paris, la fièvre de M. de Reynière augmentait. Il sentait comme un courant embrasé passer dans ses veines, et, effrayé de cet état fébrile, il essayait maintenant de réagir, de dompter son émotion, de reprendre pleine possession de son calme habituel.

Il descendit rapidement vers la station de fiacres du boulevard Montparnasse, se jeta dans une voiture découverte et donna pour adresse au cocher la rue Jean-Goujon.

La maison que l'amiral habitait près des Champs-Élysées, donnait à la fois, par sa grande entrée, sur l'avenue Montaigne et, par la porte du jardin, sur la rue Jean-Goujon, dans ce quartier tranquille, où l'on se croirait, en même temps, dans quelque square de St-John's-Wood, à Londres, ou dans une ville de résidence, en province.

A l'heure où M. de Reynière arrivait rue Jean-Goujon, la rue était absolument déserte. Les établissements de loueurs de voitures, de marchands de chevaux ou de fabricants de sellerie qui alternent là avec les hôtels particuliers, très-élégants, et les petits restaurants où vont les jockeys et les maquignons du voisinage, étaient fermés et endormis. L'amiral renvoya sa voiture place François Ier, avant qu'elle entrât dans la rue Jean-Goujon, et il se dirigea lentement, comme s'il eût hésité, vers la petite porte qu'il allait franchir.

Le temps avait changé depuis son départ de la campagne. A travers des nuages brouillés et courants, qui sentaient la pluie, une lune à demi voilée laissait filtrer sa clarté sur les toits des maisons, soudain nacrés et lumineux. M. de Reynière regarda un moment la muraille par-dessus laquelle apparaissaient de grands arbres cachant le logis à demi. Il ne pouvait apercevoir sa demeure ; mais, entre deux masses sombres, le toit d'ardoises semblait scintiller aux rayons de lune.

Avant d'entrer, l'amiral demeura un certain temps immobile devant la petite porte, puis il enfonça la clef dans la serrure et entra. Ses pas criaient sur le sable du jardin. Il referma la porte, suivit les allées qui, contournant les massifs de fleurs, menaient au logis, et se trouva bientôt devant ce bâtiment sans lumière, sans bruit, silencieux comme un tombeau.

La vieille maison — c'était un hôtel du XVIIIe siècle que M. de Reynière avait acquis au moment de son mariage — n'avait pas l'air de donner asile à une trahison.

M. de Reynière avait fait construire, peu de temps auparavant, une sorte de balcon terminé par un escalier extérieur qui donnait de son cabinet de travail dans le jardin.

Il ne voulait pas traverser tous les appartements, lorsque, fatigué de lire ou d'étudier, las d'un rapport commencé, il tenait à respirer un peu sous les arbres. De la porte de cette pièce qui s'ouvrait sur le jardin, lui seul avait la clef.

L'amiral franchit l'escalier de fonte, et pénétra dans son cabinet. Il s'approcha, comme à tâtons, de la cheminée, cherchant le porte-allumettes, et, instinctivement, il frémit en sentant sous sa main quelque chose de froid et de rond qu'il reconnut.

C'était la crosse d'un revolver qu'il avait là d'ordinaire tout chargé et à sa portée.

Le premier pas fait chez lui, le premier geste lui mettaient ainsi sous la main cette arme. L'amiral repoussa légèrement, avec un petit frisson, le revolver et alluma une des bougies d'un candélabre.

La lumière lui montra alors, dans la glace, son visage qui lui fit l'effet d'un spectre. Il était horriblement pâle et un double cercle bistré semblait creuser les orbites de ses yeux. Comme il se regardait, il eut un second frémissement, plus terrible que le premier, car celui-là n'était pas seulement instinctif.

La chambre de la comtesse était située au-dessus de ce cabinet de travail, et il avait semblé à l'amiral qu'il venait d'entendre des pas, oui, des pas, là, sur sa tête.

Sous le tapis qu'il l'assourdissait, le parquet, à n'en pas douter, avait crié. Les petits pieds de Blanche pouvaient-ils avoir assez de force pour produire ce craquement? Tout le sang de l'amiral lui afflua au cœur. S'il y avait quelqu'un là-haut? Si dans cette chambre un étranger, un misérable...

— Si la lettre n'avait pas menti?

La main droite de M. de Reynière s'abattit, mue par l'instinct, sur le revolver qu'elle saisit, et, prenant le candélabre de sa main gauche, l'amiral monta sans plus réfléchir, sans plus hésiter, à la chambre de sa femme. En traversant le salon attenant à son cabinet, en s'engageant dans l'escalier qui conduisait aux appartements de la comtesse, M. de Reynière se faisait à lui-même l'effet d'un somnambule errant à travers le logis. Il se sentait bien éveillé, mais il lui semblait que ses pensées, ses actions, ses mouvements tenaient de l'hallucination et du rêve.

Le réveil heureusement était au bout de tout cela. Est-ce qu'il y avait autre chose de possible qu'une joie et que des baisers après une telle souffrance?

Ce bruit de pas entendu tout à l'heure ne signifiait rien. Qu'était cela? M. de Reynière s'était trompé. Un craquement de meubles dans la nuit, un bruit quelconque. Rien. Assurément rien.

Mme de Reynière était endormie et elle allait tout à l'heure, à demi éveillée, passer autour du cou de son mari ses bras blancs d'une douceur caressante en lui disant : C'est toi?

Au moment où il arrivait près de la porte de la chambre où Blanche reposait sans nul doute, l'amiral entendit que quelqu'un se précipitait vers cette porte et en poussait rapidement le verrou.

Cette fois, l'amiral eut peur.

Qui donc était là? Pourquoi Blanche était-elle effrayée?

Il appela par trois fois :

— Blanche! Blanche! Blanche!

On ne répondait pas. Le comte approchait son oreille de la porte. Il y avait, dans cette chambre, un silence épouvanté.

— Blanche! Blanche!

M. de Reynière jeta à terre brusquement le candélabre qu'il tenait et qui alla rouler, les bougies éteintes et cassées, sur le tapis, et, frappant alors de son poing fermé sur cette porte close :

— Blanche, dit-il d'une voix étranglée d'émotion, ouvrez! Ne craignez rien. C'est moi, Blanche!

Il voulait croire encore que c'était par terreur de

quelque inconnu, de quelque malfaiteur, que Mme de Reynière n'ouvrait pas.

Mais à sa voix, mais à son appel désespéré, rien ne répondait, et la maison restait muette... Aux cris du maître, aucun serviteur n'accourait.

— Il n'y a donc personne? dit M. de Reynière. Vous avez donc renvoyé tout le monde?

Cet affreux silence lui révélait l'infamie entière. Non, ah! non, cette épouvantable lettre n'avait pas menti! Il y avait un amant dans la chambre de la comtesse! Un homme était là, derrière cette porte, un larron de bonheur, un voleur et un lâche.

— Ouvrez! Mais ouvrez donc! répétait maintenant l'amiral avec rage, et cet homme pâle, éperdu, affolé, s'ensanglantait la chair à frapper sur la porte qui parfois semblait céder.

Tout à coup, derrière cette porte, M. de Reynière entendit des voix, quelque chose comme des supplications, des cris, des larmes.

On sanglotait là; on se traînait à terre. C'était Blanche. L'amiral, fou de colère, entendit la malheureuse qui disait :

— Non!... Moi!... moi!... qu'il me tue!... mais pas cette fenêtre!... Pas cela! pas cela!

Et c'était comme une lutte entre deux êtres, quelque duel plein d'épouvante, l'homme voulant sans doute se précipiter dans le jardin, au risque de se briser le crâne; la femme s'attachant à ses mains, à ses vêtements, et — M. de Reynière entendait que le bruit se rapprochait — avec la force nerveuse des faibles, le traînant vers la porte, qui tout à coup s'ouvrit devant l'amiral égaré.

Alors il y eut un silence effrayant, terrible et court, à peine saisissable, et qui pourtant parut effroyablement long à ces trois êtres mis ainsi face à face, et poussés par l'invisible mort.

Une lumière vague, celle d'une lampe opalisée, éclairait la chambre en désordre où, debout, se dressant devant lui comme si elle eût bravé son mari ou comme si elle eût attendu sa justice, Blanche de Reynière se tenait immobile, ses longs cheveux noirs dénoués tombant sur un peignoir blanc. M. de Reynière ne vit de cette femme adorée qu'une forme blanche, pareille à un fantôme, avec deux grands yeux noirs égarés, brillant dans un visage pâle. Mais il aperçut, derrière ce fantôme, un homme jeune, brun et livide.

Cet homme fit un geste pour écarter Mme de Reynière et se trouver le premier en face de l'amiral.

L'affreuse vision, confuse, à la fois indistincte, vue comme à travers un brouillard rouge, et pourtant atrocement réelle, arracha à M. de Reynière un cri de douleur sinistre, plein de colère.

— Misérables ! cria l'amiral. Ah ! les misérables ! répéta-t-il avec une sorte d'égarement farouche.

Et, comme éperdu, tirant sur cet homme et sur cette femme, deux fois, affolé, il pressa la gâchette de son revolver, deux fois la lumière de son arme raya la demi-obscurité de cette chambre et, dans une vision plus affreuse encore, l'amiral vit cet homme s'affaisser en reculant de quelques pas, tandis que la comtesse, demeurant un moment debout, immobile et roidie soudain, tombait sur le tapis, la face en avant, sa chevelure flottant autour d'elle comme une auréole noire.

M. de Reynière ne demeura même pas une seconde écrasé devant un tel spectacle. Un cri, déchirant comme un sanglot, s'échappa de sa gorge, et, jetant au loin le revolver, il se précipita vers cette femme et la releva en lui donnant son nom, en l'appelant, en répétant : « Blanche ! Blanche ! »

La vue de ce corps, tombant là à ses pieds, venait de briser, d'un seul coup, toute sa rage.

Il ne songeait plus à celui qui était là, sanglant ; il ne pensait qu'à elle. Il la releva, écarta les cheveux souillés de sang, et regarda ce visage dont les yeux fixes plongeaient dans ses yeux. Des marbrures rouges maculaient les joues de la comtesse, et le peignoir d'algérienne blanche laissait apercevoir au côté gauche de la poitrine une large tache de sang.

— Blanche ! Blanche ! répétait l'amiral devant ce corps étendu comme tout à l'heure devant la porte fermée. Elle est donc morte !... Blanche ! Blanche ! Ah ! dit-il en se frappant le front avec fureur, elle ne me répond pas, elle ne m'entend plus, je l'ai tuée !

Puis, tout à coup, d'une voix tonnante :

— Au secours ! A moi ! s'écria-t-il. Au secours !

Il regardait, d'un air fou, autour de lui, comme si le secours attendu allait surgir, et il aperçut alors une forme humaine, chancelante, un homme, la figure en sang, se tenant aux meubles, qui marchait comme à tâtons vers la porte, voulant appeler, lui aussi, et ne poussant que d'affreux râles.

L'amiral vit passer ce mourant et le regarda, stupide, sans faire un mouvement pour le poursuivre, disparaître en soulevant la portière de satin gris-perle qui, rencontrant le front du blessé, se teignit aussitôt de rouge.

Que faisait ce spectre à M. de Reynière ? Blanche mourait. Blanche était morte. Il se penchait vers elle, il la soulevait comme il eût fait d'un enfant, il appuyait sur ses genoux la tête livide de la jeune femme, il cherchait un rayon de vie au fond de ces grands yeux noirs aux prunelles élargies et hagardes. Est-ce que ces yeux ne voyaient plus ? Est-ce que ces lèvres étaient muettes, pour toujours muettes ?

— Blanche ! Blanche ! réponds-moi, Blanche ! Parle-moi ! Regarde-moi ! Pardonne-moi !

Les deux coups de feu avaient attiré la seule créature

qui, avec le portier endormi dans sa loge, fût à l'hôtel, la femme de chambre Antoinette, confidente de Mme de Reynière. Cette fille veillait dans sa chambre, attendant les ordres, le cocher et les valets ayant été autorisés par la comtesse à se rendre à une réception de domestiques, les gens de quelque voisin titré ayant leur *jour*.

Mme de Reynière avait voulu sans nul doute être seule. Celui qui devait venir pouvait ainsi, introduit par la rue Jean-Goujon et guidé par Antoinette, éviter les regards du portier qui surveillait la grande entrée de l'hôtel, du côté de l'avenue Montaigne.

Antoinette poussa des cris terribles en apercevant un homme qui venait à elle, le visage dégouttant de sang et le front troué.

— Miséricorde ! dit-elle. On assassine ici !

— Sauvez votre maîtresse ! répondit le blessé.

Au moment où il arrivait devant la porte de l'avenue Montaigne, il se heurta de nouveau contre François, le portier, qui sortait à demi habillé, et qui, entrevoyant un homme dans l'obscurité, bondit sur lui et le prit au collet en criant :

— Au voleur !

Pour toute réponse, avec un effrayant courage, le blessé dit fermement ces mots :

— Ouvre-moi cette porte !

Quelque transformée par la douleur que fût la voix de cet homme, François la reconnut et il dit, en tremblant, sentant ses jambes se dérober sous lui :

— Vous, monsieur le marquis ?... Ce n'est donc pas des voleurs ?... Oh ! le malheur est plus grand que je ne pensais. Madame la comtesse ?

— Va. L'amiral l'a tuée peut-être !

François, égaré, ouvrit la porte, et, pendant que le jeune homme disparaissait, perdant son sang et prêt à tomber, il monta aussi vite que le lui permit le tremblement de ses jambes jusqu'à l'appartement de Mme de Reynière.

Il se passait là quelque chose de navrant.

Le hasard avait été sans merci. La balle du revolver était allée droit au cœur de Mme de Reynière.

L'amiral sentait bien que ce corps inerte ne se ranimerait plus. Il sentait ces bras charmants tomber, alourdis, sur cette poitrine ensanglantée. Il lui semblait que ces yeux fixes, effrayants, qui le regardaient sans le voir — avec une expression bizarre où il y avait plus de résignation que d'effroi, plus de pitié que de colère, comme si la dernière pensée de Blanche eût été une pensée de pardon — il lui semblait que ces prunelles se couvraient déjà d'un voile et prenaient l'indécision sinistre des regards des cadavres. Il eût voulu réchauffer ces membres qui se glaçaient, lui semblait-il encore, entre ses mains. Il pressait contre sa poitrine ce frêle corps de femme comme on le fait d'un petit enfant endormi qu'on veut bercer. Il contemplait cette morte avec la stupeur morne, l'épouvante incrédule d'un homme foudroyé.

Il ne pleurait pas, il ne parlait pas, il ne pensait pas : il attendait. Quoi? Un réveil qui ne viendrait plus.

Peu à peu, lentement, cette atroce pensée de l'irrémédiable, de la séparation, de la mort, lui entra enfin dans l'âme. Sa poitrine se souleva sous le gonflement déchirant d'un sanglot. Il se jeta sur ces lèvres qu'il avait baisées, sur ces mains qu'il avait pressées, sur ces oreilles vers lesquelles il s'était penché pour murmurer, tout bas, des mots d'amour ; il enfonça sa tête dans les flots de cheveux noirs répandus et, la bouche sur le cou blanc de cette femme adorée et expirée, il resta là, comme pâmé, comme si Blanche allait pousser un soupir de réveil après une telle étreinte.

Et, ce suprême baiser donné à cette morte, ce dernier embrassement, plein de murmures et de souvenirs, donné à ce cadavre, l'amiral se releva, effrayant, tourna autour de lui un regard farouche, comme s'il cherchait quelque chose, son revolver peut-être où il y avait encore assez de plomb pour mourir.

Doucement, François avait ramassé sur le tapis plein de sang le pistolet et l'avait glissé dans sa poche.

Les yeux de M. de Reynière rencontrèrent le visage de la femme de chambre et du portier :

— Vous? dit-il éperdu; qu'est-ce que vous voulez, vous? Qu'est-ce que vous faites ici? Allez-vous-en! allez-vous-en! Malheureuse, tu étais peut-être sa complice... ajouta-t-il en se relevant et marchant vers Antoinette, qui recula, terrifiée.

— Monsieur le comte...

— Ah! taisez-vous! Allez-vous-en! Laissez-moi! Mais laissez-moi donc! Demain vous parlerez; demain je vous arracherai la vérité. Allez chercher un médecin et le commissaire!

III

ARTICLE 324

L'*Affaire de Reynière*, comme disaient les comptes rendus de journaux, avait fait grand bruit, et elle n'était pas complétement oubliée après deux ans, quoique, pour oublier, Paris ait besoin, non de mois, mais de jours, lorsque Mme Lehidec de Grandier, veuve du capitaine de vaisseau de Grandier, un des meilleurs amis du contre-amiral de Reynière, donna, vers la fin de mars, un bal qui, pour bien des raisons, fit grand bruit dans le monde officiel.

Mme Lehidec de Grandier était une veuve de vingt-huit ans, dont on avait pu dire, lorsque, quelques années auparavant, le bruit de la mort de M. de Grandier était parvenu à Paris, qu'elle serait plus inconsolable qu'Artémise. Elle avait fait parler de sa douleur comme d'autres font parler de leurs aventures. Elle avait mis une coquetterie profonde à vouer au fer des ciseaux ses magnifiques cheveux d'un blond roux. On avait un moment affirmé que cette Mme de Grandier, si jolie, si séduisante, excessivement riche, était décidée à terminer ses jours dans un couvent. Les larmes coulant des plus beaux yeux bleus du monde avaient ému les plus indifférents. Ceux qui affirmaient, en parlant d'elle, qu'elle se consolerait un jour, et qu'elle finirait même par se remarier, étaient généralement traités de monstres et de « sans cœur » par les femmes, très-enchantées de voir l'une d'entre elles se sacrifier à un profond renoncement du monde pour l'honneur du sexe tout entier.

La mort de ce pauvre capitaine de Grandier était bien faite d'ailleurs pour navrer à jamais une jeune femme sensible et qui avait adoré son mari. Le commandant du *Saint-Clément*, après avoir quitté le dernier son navire en perdition, s'était jeté dans une barque avec deux matelots, et, tandis que l'équipage était recueilli le lendemain par un navire anglais, ces trois hommes se trouvaient poussés, emportés, on ne savait où, et disparaissaient sans qu'on pût même assurer qu'ils étaient morts. Mme de Grandier avait ainsi pleuré son mari, de confiance, comme disaient les méchantes langues, et porté son deuil sans savoir officiellement qu'il était décédé. Au bout d'un an de cette terrible incertitude, qui redoublait la douleur de la jeune femme et la rendait particulièrement intéressante, le ministère de la marine acquit la certitude que le capitaine Lehidec de Grandier était probablement mort de faim sur un bout de rocher, en pleine mer, et que son cadavre et ceux de ses compagnons avaient été dévorés par des crabes. Cette horrible mort rendit la douleur de sa veuve absolument exaltée et cruelle. Ce fut alors que Mme de Grandier parla de réclusion, de couvent, de prières éternelles. Le cilice même, le cilice, n'eût pas été trop fort.

Cette exaltation atteignit son complet développement vers la fin de l'année 1875, après quoi elle se calma, les crises aiguës ne pouvant pas durer, et, peu à peu, Mme de Grandier en arriva à un tel état d'esprit, qu'elle rouvrit décidément ses salons au mois de mars 1876, en faisant bien remarquer d'ailleurs que le capitaine lui-même, qui l'avait tant aimée, lui eût donné positivement le conseil d'agir ainsi. Mme de Grandier tenait, au surplus, à imposer à son salon une couleur et une tenue qui eussent fait plaisir au commandant du *Saint-Clément*. Ce serait un salon politique. On y traiterait les questions les plus sérieuses. Point de badinage. On y tiendrait des discours *demi-deuil*. Au centre du salon, le portrait en pied du commandant présiderait à ces discussions, et des bougies allumées, un lustre flambant, des fleurs dans les vases, seraient, en somme, autant d'hommages rendus à la mémoire du défunt.

Henriette de Grandier se rappelait avec attendrissement combien « ce pauvre Raoul » aimait les cheveux qu'elle portait ondulés sur le front, et avec quelle profondeur d'affection il se mirait dans les yeux bleus qu'elle levait sur lui. Aussi bien, elle reprenait un soin infini de cette chevelure d'or roux; elle voulait, par amour pour Raoul, qu'il n'y eût pas le moindre cercle bleuâtre sous les paupières entourant ces prunelles qu'il adorait. Raoul la grondait si fort lorsque, pour avoir un peu veillé, en lisant ou en passant trop de temps à sa toilette, elle avait les yeux un peu battus!

— Je me soigne pour lui, disait-elle en soupirant. Il me semble que c'est ce malheureux Raoul qui m'ordonne de renaître!

Raoul avait sans doute ordonné aussi l'arrangement vraiment exquis du petit hôtel que Mme de Grandier habitait près du parc Monceaux, ses fenêtres donnant sur les massifs d'arbres et sur les pelouses de ce délicieux coin de Paris. L'hôtel, morne et désert depuis plus de trois ans, semblait tout à coup rajeuni. Les housses attristantes des fauteuils s'étaient envolées, laissant apercevoir les bergers et les bergères d'Aubusson, des idylles sur fond blanc. La gaze, qui mettait comme un brouillard sur les lustres et les candélabres, venait de disparaître comme une brume au soleil. Tout étincelait, les cristaux, les miroirs, les cuivres élégants des meubles Louis XVI. Au milieu du salon, se mirant complaisamment dans une immense glace placée en face de lui, le capitaine Lehidec de Grandier, en grand uniforme, se dressait dans un large cadre, et, la tête haute, le torse hardiment découplé, semblait vraiment appeler et héler tous ses hôtes avec le porte-voix qu'il posait sur ses lèvres.

Henriette avait voulu que le portrait de Raoul reçût une moisson de fleurs nouvelles. On avait arrangé une vaste jardinière de laque au-dessous du cadre que les fleurs cachaient, et, les jambes du capitaine plongeant dans ces tiges, le brave marin semblait, non point sortir de l'onde, mais émerger d'un énorme buisson de fleurs.

Mme de Grandier trouvait « convenable » et « touchant » que le commandant fût ainsi le héros de la fête. Elle avait même senti monter à ses yeux une larme — la dernière — en apercevant M. de Grandier épanoui au milieu de ces roses. Albéric Réville, le cousin d'Henriette, allait bientôt, avec sa manie de faire des *mots*, dire en respirant ces fleurs : « Voilà du moins un mari bien *embaumé !* »

Il n'était pas très-tard encore, et Mme de Grandier achevait sa toilette, tandis qu'on finissait d'illuminer le salon. Avec son habitude de traiter douze ou quinze affaires à la fois, Henriette, petite tête turbulente comme un volcan, recevait justement, tout en livrant ses cheveux roux au coiffeur, un architecte, récemment revenu de Rome, et qu'elle avait prié et supplié d'accourir sur-le-champ. Demain eût été trop tard.

L'architecte s'était rendu à cet ordre capricieux d'une jolie femme, et Mme de Grandier se confondait en excuses de recevoir un artiste tel que M. Wadmann dans son boudoir, et pendant qu'on la coiffait.

M. Wadmann, au contraire, remerciait Mme de Grandier d'une telle faveur et, tournant agréablement un madrigal inévitable, il ajoutait qu'il n'avait jamais, en admirant la chevelure que déroulaient les doigts du coiffeur, autant regretté de ne pas être peintre.

Mme de Grandier sourit, songea que le capitaine eût été bien heureux d'entendre ce compliment, et le coiffeur, se voyant devant un artiste, voulut montrer qu'il était digne de parler à un confrère :

— Madame possède en effet, dit-il, les cheveux les plus enviés : c'est le cheveu flavescent, le roux titianesque. Une Vénitienne d'autrefois en eût été jalouse. Monsieur doit savoir que Cesare Vecello n'admet qu'une nuance pareille en ses costumes.

L'architecte s'inclina, dissimulant une expression d'étonnement un peu railleur, et Mme Grandier lui dit:

— Voilà ce que je veux, monsieur Wadmann : un vrai mausolée. J'ai tardé jusqu'ici à faire exécuter cela parce qu'il me semblait que c'était sceller pour jamais le pauvre commandant en une prison de pierre. Mais aujourd'hui que, grâce au ministère, on a rapporté son squelette avec quelques débris de son uniforme, — un morceau de son portefeuille et mon portrait-carte, — et puisque je reprends, — presque pour lui obéir! — une existence qui ressemble à l'ombre de ma vie d'autrefois, je tiens à ce que M. de Grandier ait un monument, un monument superbe, un mausolée admirable, quelque chose enfin de vraiment digne de lui.

Elise, dit Mme de Grandier, en s'adressant à sa femme de chambre, vous ôterez ces rubans de ma robe. Après tout, je ne dois pas être à faire peur. Le commandant ne l'eût certainement pas souffert!

Et revenant à l'architecte qui attendait et écoutait, très-curieux de ces petits traits d'humeur féminine :

— J'ai rêvé, moi, un monument tout particulier; mais vous entendez bien, monsieur Wadmann, que je ne vous dicte rien, mais rien du tout. On n'arrive pas de la villa Médicis pour recevoir les conseils d'une veuve qui ne puise son inspiration que dans un cher souvenir. J'avais rêvé — écoutez-moi bien — une sorte de bateau en pierre, une frégate, et *lui*, au milieu, appuyé à son mât, et à ses côtés deux figures : le Courage et l'Abnégation. Ce serait peut-être un peu compliqué?

— Peut-être, madame.

— Vous pensez même, j'en suis persuadée, que ce serait prétentieux. C'est possible. Et puis, vrai, je serais jalouse de cette figure de l'Abnégation. Une figure de femme à côté de Raoul! Il est vrai que je pourrais parfaitement poser pour le sculpteur chargé de cette figure-là! A qui me conseilleriez-vous de la commander? Au fait, je vous laisse libre. — Une simple fleur là, n'est-ce pas, monsieur Jules? Une rose blanche? une rose-thé?...

— Oui, madame, une seule fleur. La simplicité est toujours le grand secret de tous les arts, répondit doctoralement le coiffeur.

— Bref, monsieur Wadmann, j'abandonne mon projet personnel. Vous me trouverez une idée de monument très-poétique, je n'en doute point. Et ne songez pas au prix, n'y songez pas! Faites avant tout un chef-d'œuvre, quelque chose de tendre plutôt que d'héroïque. Songez bien que ce n'est pas le commandant que je regrette, c'est le mari... Et cela en forme de caveau. Je passerai, enfermée là, plus d'une après-midi. Pauvre Raoul!

L'architecte promit de rapporter avant peu un croquis, un projet, au besoin la maquette même du monument. Il se leva pour prendre congé.

— Au fait, monsieur Wadmann, s'écria Mme de Grandier, je vous prie de m'excuser, je ne vous ai pas invité : voulez-vous bien être des nôtres ? C'est un peu tard que je vous demande cela. Mais il faut me pardonner, je suis si troublée. Il me semble que je m'habille pour ma première entrevue avec M. de Grandier.

Le jeune homme n'eut garde de souligner l'étourderie de la veuve; il prétexta un empêchement quelconque, et se retira au moment où M. Jules achevait la coiffure et où quelques coups discrets étaient frappés à la porte du boudoir.

— Qui est là? demanda Mme de Grandier.

— Moi, ma cousine, moi !

— C'est M. Réville, dit la femme de chambre.

— Ce fou d'Albéric !... On n'entre pas, fit Henriette.

Une tête souriante et assez jeune, posée sur une cravate blanche, avec de petites moustaches imperceptibles et une calvitie naissante, apparut entre les deux battants de la porte que M. Wadmann et le coiffeur venaient de franchir.

— C'est que j'ai quelque chose à vous demander, ma cousine, et à vous apprendre !

— Vous?

— Moi !

— Voyons, entrez. Et ne regardez pas, surtout. Je suis à peine vêtue.

Mme de Grandier était debout devant une glace Psyché à pieds de sphinx et, la tête inclinée par-dessus son épaule, elle regardait l'effet de la tunique de point d'Alençon qui recouvrait sa robe de faille mauve.

La femme de chambre achevait seulement d'attacher quelques touffes de fleurs semées sur la jupe et qui relevaient, çà et là, les dentelles.

— Comment ! dit Albéric, mais vous êtes adorable ! Mais il n'y a pas un point à reprendre à votre toilette. C'est une merveille, cette robe ! Et quant à celle qui la porte...

Le jeune homme avait approché de ses lèvres le bout des doigts de sa main droite et les renvoyait en avant avec un geste arrondi.

Mme de Grandier parut flattée. Elle savait que son cousin Réville passait, auprès des dames, grandes ou petites, pour un bon conseiller en matière de costumes, de meubles et de bibelots; il était de ceux qui suivent la mode correctement et qui parfois la décrètent ou la précèdent.

— Alors, dit-elle, Worth s'est surpassé?...

— Absolument.

— Maintenant, mon cher *couturier*, asseyez-vous là, sur ce pouf, et, pendant qu'Élise va me repincer, là, légèrement ce corsage, dites-moi ce qui vous amène.

— C'est moi qui vous amène quelqu'un, ma cousine.

— Un valseur aussi intrépide que vous? Merci. On n'a jamais trop de bons valseurs. Ah! comme Raoul valsait, lui, vous vous en souvenez?

— Parfaitement. Je doute que la personne que je vous demande la permission d'amener valse aussi bien, et je ne sais même pas si elle valsera.

— Elle! C'est donc une femme?

— Hélas! ma cousine, en dehors de nos amies communes, je ne connais malheureusement pas de femmes que je puisse vous présenter. Non; je vous parle d'un compagnon à moi — et quand je dis compagnon! — d'un héros de roman. Vous les adorez, les romans?... Eh bien! je vous montrerai tout à l'heure, si vous le permettez, quelqu'un qui pourrait figurer dans un chapitre de Balzac!

— Vraiment? Eh bien, mon cousin, cela tombe d'autant mieux que j'ai, moi aussi, un héros, une *bête curieuse* à offrir à mes invités!

— Mais celui-là ne garde pas au front la trace d'une

balle qu'il a reçue pour une femme! Oui, celui dont je vous parle a failli mourir pour une de vos pareilles, madame, dit Albéric Réville en grossissant sa voix et en riant.

— Il n'a fait que cela? dit Mme de Grandier en donnant un suprême regard à sa toilette, décidément parfaite. Le mien a fait mieux ou pis.

— Et quoi donc?

— Il a tué sa femme!

— Ah! bah! fit le jeune homme qui se leva, quittant brusquement le pouf sur lequel il était assis, son chapeau-claque entre ses mains et ses genoux.

— Qu'avez-vous donc, Albéric? dit Mme de Grandier. Vous avez l'air contrarié!

— J'ai... j'ai, ma cousine... je n'ai rien... Mais dites-moi, comment s'appelle votre... *bête curieuse?*

— Othello.

— Ne riez pas, ma demande est très-sérieuse.

— Je vous dis : Othello. Ça ne vous suffit point?

— Ce n'est pas un nom, Othello!

— Eh bien! pensez que c'est le pseudonyme du contre-amiral comte Jean de Reynière!

— Patatras! s'écria le jeune homme en frappant légèrement du pied. Ah! voilà, par exemple, voilà ce qui s'appelle un *impair*...

— Un impair? répéta Mme de Grandier, assez surprise.

— Une sottise, si vous voulez. Mais du diable si je pouvais me douter que vous aviez invité, ce soir, l'amiral de Reynière.

— Comment donc! Ce sera la grande *attraction* de la soirée, c'est le docteur Vernier qui l'a décidé à venir.

— Eh bien! ma cousine, le héros de roman que j'ai décidé, moi, à m'accompagner chez vous et que je venais vous demander la permission de vous présenter, c'est le marquis Robert de Salviac!

— Perdez-vous la tête, Albéric ? s'écria Henriette en regardant son cousin d'un air effrayé. Le marquis de Salviac, ici ? Face à face avec...

— Avec l'homme qui lui a brisé le crâne et dont il a aimé la femme. Ce serait épouvantable. Ah ! j'ai eu là une idée lumineuse !... Mais rassurez-vous, ma cousine... je cours... Robert est encore chez lui très-certainement. Il devait m'attendre. Je lui arrache ses gants et sa cravate blanche, je lui dis que votre bal est contremandé, que vous avez la migraine, que vous êtes morte, que mon cousin est ressuscité, tout ce que je trouverai, mais je l'empêcherai bien de venir ici ! Et moi qui ai dépensé tous mes talents d'avocat pour le décider à m'accompagner ! Le marquis et l'amiral ! Autant vaut inviter la foudre !

— Voilà un grand toqué qui n'en fait jamais d'autres, se disait Henriette, tandis qu'après lui avoir baisé la main, Albéric se précipitait vers l'antichambre à travers les salons déjà illuminés.

La jeune veuve voulut ensuite jeter un coup d'œil sur ses appartements joyeusement transformés. C'était l'aurore après la nuit, une silencieuse nuit de trois ans. Les miroirs renvoyaient complaisamment à Henriette l'image d'une jolie femme au teint de lait, les yeux doux et le sourire étrange, qui promenait sa taille souple et sa toilette à la fois sévère et provocante, dans des salons changés en parterres. La jeune femme trouvait alors que les lumières avaient du bon. Elle s'arrêta, attendrie, devant le portrait du commandant du *Saint-Clément*, armé pour l'éternité de son énorme porte-voix. Elle considéra avec une émotion bien réelle ce cher et excellent Raoul, qui l'avait tant aimée, et il lui sembla qu'il était là, toujours présent, et que cette fête était solennellement donnée pour son retour.

Elle sourit au souvenir de cette plaisanterie assez déplacée d'Albéric Réville : « Je lui dirai que mon cousin Raoul est ressuscité, » et elle se demanda si les morts ne sont pas heureux, là où ils sont, quand ils se sentent si fidèlement aimés.

La résurrection de Raoul n'eût certainement rien ajouté au rayonnement de ce bal.

— Je trouve même, pensa Mme de Grandier, qu'Albéric a commis là une de ces facéties dont il est coutumier et qui sentent le boulevard et les petits théâtres. — Après tout, il n'était que le cousin de Raoul, ajouta Henriette, il n'est pas contraint de le pleurer comme moi !

Mme de Grandier, orpheline et millionnaire, était la fille de M. Réville, autrefois gérant de la Banque de France, et cet étourneau d'Albéric était le propre fils d'un grand-oncle, ancien pair et vieux parlementaire de 1840 à 1848, et qui, mort depuis longtemps, avait servi de tuteur à Henriette.

Elle fut enchantée du coup d'œil donné à son hôtel. Décidément les invités pouvaient venir. On ne pouvait manquer de louer la réception qui les attendait.

La foule allait d'ailleurs être grande. Ce bal était, dans le monde, la grande conversation du moment. Ne voulait-on pas voir de près comment la veuve inconsolable se montrerait toute disposée à se consoler ? Mme de Grandier avait lancé dans le monde officiel des invitations choisies, et il y avait comme une émulation entre les vieux amis de M. Réville qui avaient connu Henriette tout enfant et qui la reverraient avec plaisir, et les jeunes gens, chasseurs de dot, qui trouvaient à la fois l'occasion de coucher en joue une belle fortune et une jolie femme.

La belle Mme Gobert, — dont on louait d'ailleurs la beauté depuis M. Molé, — arriva la première à l'hôtel Grandier. C'était une femme brune, forte et ramassée, haute en couleurs, les cheveux aplatis en bandeaux sur un front ridé, et qui, pleine de majesté, ressemblait vaguement à un vieux portrait d'Ingres. Mme Gobert parlait beaucoup, savait tout, et le contait volontiers, en agrémentant la vérité de détails inédits.

La belle Mme Gobert sauta au cou d'Henriette, l'appelant *ma chère enfant*, et la félicita très-chaleureusement d'avoir repris le courant de la vie ordinaire.

— On vous raillera un peu, mais on vous enviera beaucoup. Il y a bien des femmes qui n'eussent pas été fâchées de vous voir entrer au couvent. Envie pure, ma chère. Jalousie féminine. Je me suis mariée trois fois — toujours dans la politique — et j'ai laissé dire les caquets. J'avais été *préfète*, toute jeune femme, avec M. Danglars; *députée* de Saône-et-Loire, à trente ans, avec M. Raymondi. Si M. Gobert n'était pas mort sitôt, j'eusse certainement été *ministre*. Pour une femme, le veuvage ne doit pas être un dénoûment, mais un chevron.

Henriette, un peu troublée, regarda du coin de l'œil le portrait du capitaine Lehidec de Grandier, comme pour tâcher de deviner ce qu'il pensait d'une semblable théorie, mais le commandant demeurait toujours impassible, appelant sur le pont, et sans entendre la belle Mme Gobert, les matelots du *Saint-Clément*.

Mme de Grandier détourna d'ailleurs bien vite la conversation en racontant à Mme Gobert le danger couru, grâce à l'étourderie du cousin Albéric. L'amiral de Reynière et le marquis de Salviac pouvant se trouver là, l'un devant l'autre, face à face! Quel drame!

— Comment! s'écria la belle Mme Gobert, nous aurons l'amiral ce soir! Voilà une surprise. Je l'ai beaucoup connu, moi qui vous parle! C'est un homme charmant.

— Qui n'en a pas moins tué une femme, dit Henriette.

— Oh! par amour, ma chère petite! L'excuse est valable, je pense. Il faut être d'un autre temps et d'une race supérieure pour tuer une femme par amour! Qu'est-ce que vous voulez? Je l'excuse. Je déteste les êtres froids et impassibles. Une belle fureur, un coup de pistolet, eh bien! mais, c'est encore un hommage!

— Un hommage dont on se passerait fort bien, répondit Mme de Grandier, qui tendait la main à un homme jeune encore, la joue, la lèvre et le menton rasés, l'air pincé et compassé d'un magistrat, un substitut d'ailleurs, M. Désorbiers.

— Nous parlions de l'affaire de Reynière, mon cher substitut, dit Mme Gobert, lorsque M. Désorbiers eut débité à Mme de Grandier les banalités d'usage. Vous devez connaître bien des détails là-dessus?

— Beaucoup. Et à propos de quoi cette conversation?

— A propos de l'amiral, qui sera ici ce soir...

— Je le croyais en Algérie.

— A son poste?

— Oh! fit M. Désorbiers, l'amiral n'occupe plus aucun poste. Après avoir été acquitté, il a donné sa démission.

— Je ne savais pas.

— Vouliez-vous donc qu'il remontât à son bord? Ah! c'est une perte pour notre marine. Je ne sais pas d'homme plus éminent.

— Le bruit n'avait-il point couru, demanda Mme de Grandier, que l'amiral avait tenté de se brûler la cervelle? Qu'y avait-il de vrai là dedans?

— Rien du tout, dit le substitut. Je puis vous certifier même que l'amiral a voulu vivre pour souffrir davantage. Car il souffre. Ce n'est plus le même homme qu'autrefois. Je le vois encore à l'audience, pâle, mais ferme, regardant droit devant lui comme un justicier. Lorsque le marquis de Salviac fut amené à déposer, l'amiral abaissa sur ce jeune homme des yeux pleins d'une pitié mâle qui parurent plus cruels que la balle même dont M. de Salviac portait encore la trace sanglante.

— Ce devait être très-dramatique. Comment n'étais-je pas là ? fit la belle Mme Gobert. Quand donc a eu lieu ce procès ?

— En octobre ou novembre 74.

— J'étais en Italie ; c'est dommage. Et le marquis de Salviac, quelle attitude gardait-il ?

— Très-correcte, très-digne et très-triste.

— Celle de don Juan châtié.

— Ce n'était pas du tout don Juan, fit le substitut. Je vois que vous ignorez l'affaire. Et si je ne craignais d'être un peu long...

— Mes invités n'arrivent pas, et on trouve toujours vos récits trop courts, dit Mme de Grandier avec un charmant sourire.

— Eh bien ! dit Désorbiers en remerciant d'un signe de tête, Mme de Reynière avait épousé l'amiral par un sentiment assez fréquent chez les femmes : le dépit. Jeune fille, elle avait incarné dans le jeune Robert de Salviac, fils d'un voisin de campagne de son père, tous ses rêves de pensionnaire. Elle avait tout fait pour amener de la part de M. de Salviac un aveu que les lèvres du jeune marquis ne pouvaient laisser tomber, sans doute parce que l'amour n'était pas dans son cœur. Coquetteries juvéniles, reproches malicieux, larmes furtives, M. de Salviac n'avait, paraît-il, rien vu ou rien compris. Voilà donc une jeune fille tout à fait navrée, pis que cela, furieuse. M. de Clarens, son père, était intimement lié avec l'amiral de Reynière, et l'amiral s'était senti profondément épris de cette adorable enfant dont le petit cœur battait pour un autre. Amour contrarié de Mlle Blanche pour cet aveugle M. de Salviac. Amour silencieux de l'amiral pour la jolie Blanche de Clarens. M. de Reynière, après tout, n'avait que quarante ans. Ajoutez à cela que c'est un héros.

« Il pouvait n'avoir aucune fausse honte à se confier à son ami Clarens, et lorsque celui-ci parla discrètement à sa fille, il n'y avait rien d'étonnant à ce que Mlle Blanche mît un certain empressement, qu'on prit pour de la passion, à accepter la main de l'amiral. Jusqu'au dernier moment, la pauvre femme s'était imaginé que Robert de Salviac, frappé en pleine poitrine par l'annonce de ce mariage, accourrait et viendrait l'enlever au château de Clarens pour lui donner son nom, son amour, et en faire une marquise. Hélas! M. de Salviac restait muet. Il était écrit que Blanche de Clarens serait comtesse. C'est tout un roman que je vous raconte là. Or, le plus étrange, c'est que Robert de Salviac aimait Mlle de Clarens. Une dignité un peu farouche et la timidité d'un homme qu'on croit riche et qui ne l'est point l'avaient empêché de laisser soupçonner le sentiment qui l'agitait. M. de Salviac le père était totalement ruiné, et, très-orgueilleux, d'une fierté un peu hautaine, dissimulait, à force d'expédients et de privations secrètes, sous des dehors encore assez magnifiques en apparence, une situation difficile. Robert de Salviac, pour réparer bien des spéculations malheureuses de son père, avait abandonné, malgré M. de Salviac, toute sa fortune maternelle. Il se trouvait à vingt-six ou vingt-sept ans sans argent, sans état, sachant de tout un peu et même beaucoup, car c'est un esprit d'élite, savant chimiste, artiste de race, mais, en somme, amateur en toutes ces choses. Amateur, le plus terrible des défauts, agréable pour un homme riche, mortel pour un homme ruiné! Bref, Robert de Salviac crut de son devoir d'étouffer en lui l'amour naissant qu'il éprouvait pour Mlle de Clarens, et lorsque Mlle de Clarens eut épousé M. de Reynière et que M. de Salviac le père fut mort, le marquis abandonna son château au délabrement et vint à Paris chercher fortune. Je ne vous ennuie pas, mesdames ?

— Comment donc! fit Mme de Grandier, au contraire.

— Le plus triste pour ce malheureux marquis, reprit le substitut, c'est que, deux ans après, il était devenu ou redevenu fort riche et qu'il eût très-bien pu alors épouser Mlle de Clarens. Une grand'tante à lui l'avait constitué son légataire universel. C'était un million qui tombait du ciel, ou qui venait du purgatoire, car la vieille Mme de Lombreuil a fait beaucoup parler d'elle. Paix à ses cendres! Robert de Salviac, qui menait à Paris et avec une dignité suprême une vie laborieuse et difficile, était sauvé. Il accueillit d'ailleurs sans grande joie une telle manne qui venait si tard. Ah! si trois ans auparavant Mme de Lombreuil, octogénaire, avait eu le bon esprit... Ce n'est pas lui qui parle, c'est moi! Il paraît certain que M. de Salviac aimait toujours, et très-silencieusement, Blanche de Clarens qu'il n'avait jamais revue depuis qu'elle était...

— *Amirale*, dit Mme Gobert, l'ancienne *préfète.*

— Mais quoi! il y a un hasard en ces sortes de choses. Il est évident qu'un jour ou l'autre le marquis et Mme de Reynière devaient se rencontrer. Ce fut à Luchon, durant une absence de l'amiral. Il y avait plus de trois ans que Blanche était mariée. Elle n'avait pas trouvé chez M. de Reynière cette tendresse un peu exaltée qu'elle souhaitait. Elle respectait plus l'amiral qu'elle ne l'aimait. Ce qu'elle admirait surtout en lui c'était le héros ; mais elle avait rêvé sans doute un mari idéal, un mari aussi — comment dire le mot? — aussi amusant qu'un amant. Vous souriez? C'est exactement cela. Je ne voudrais pas vous donner une méchante idée de la pauvre femme qui a payé son erreur assez cher et qui, au surplus — l'instruction l'a prouvé — n'était pas, quoique le mot semble paradoxal, une malhonnête femme.

— Ces magistrats ! fit Mme de Grandier. Ils savent et ils analysent tout.

— C'est notre métier. Mme de Reynière, avec ses vingt-trois ans, sa cervelle en ébullition et son rêve de jeune fille — Souvenirs et Regrets — eût peut-être été sauvée, si l'amiral, homme du devoir avant tout, eût subordonné son rôle de soldat à son personnage de mari. La comtesse était trop seule et se figurait très-sincèrement qu'elle était abandonnée. Elle suppliait M. de Reynière de donner sa démission. Il la traitait d'enfant, retournait à son poste, s'embarquait et la laissait livrée à ses songes. Notez qu'elle s'imaginait ainsi que son mari, qui l'adorait de toute son âme, ne l'aimait pas. Il ne l'aimait pas, puisqu'il lui préférait son devoir, son escadre et la mer ! Les femmes, — je vous en demande bien pardon, — font de ces raisonnements qui pèchent absolument par la base. Lors du dernier voyage à Saïgon de l'amiral de Reynière, la comtesse le supplia avec plus d'ardeur, et comme éperdue, de ne pas se rendre aux ordres du ministre. C'était le bris de son épée qu'elle lui demandait. L'amiral fut sur le point d'obéir. Puis il se dit que ce n'était pas d'un homme ni d'un soldat de céder ainsi à des larmes de femme. Il pressa ardemment sa femme sur sa poitrine, lui jura de demander, plus tard, des missions moins lointaines et partit. Tout était fini.

« Jusque-là, Mme de Reynière avait lutté victorieusement contre ses souvenirs. Mais elle allait revoir, rencontrer M. de Salviac, se heurter à ce marquis dont l'attitude encore et toujours réservée la piqua au jeu. Elle n'avait rien au monde qui pût l'empêcher de faire une folie. Avec une tête si vive, Mme de Reynière fût demeurée la plus vertueuse des femmes si elle avait eu à dépenser son cœur en amour maternel. Certainement un enfant eût été sa sauvegarde. Il n'y a rien de tel qu'un berceau ou un baby pour défendre victorieusement, par le charme invincible de l'enfance, l'honneur menacé d'un mari. Cette joie et ce secours avaient été refusés à Mme de Reynière. Elle retrouva donc M. de Salviac, s'exalta, compara son existence présente à l'existence autrefois rêvée, voulut avoir, en véritable femme qu'elle était, le fin mot sur la froideur du marquis et le força si bien à lui révéler ses pensées cachées que, lorsqu'elle apprit que c'était là le secret d'un amour étouffé, et grandissant malgré le temps, malgré la séparation, il était trop tard pour reculer avec effroi devant un précipice qu'on avait soi-même creusé de ses jolies mains imprudentes. M. de Salviac s'était déclaré et Mme de Reynière s'était perdue.

— Pauvre femme! dit Mme Grandier.

— Et pauvre amiral! dit Mme Gobert. C'est vrai, vous oubliez toujours l'amiral!

— Pauvres gens, voilà la vérité, répondit Désorbiers. Dès le lendemain, le réveil fut terrible. Il y eut, après les trop courtes heures d'enivrement aveugle, des remords entre ces deux êtres. Lui n'était certes pas de ceux qui dérobent sciemment et froidement le bonheur des autres; elle n'était point, la malheureuse, de celles qui trompent hypocritement avec un sourire aux lèvres. Elle eût voulu, je le gagerais, rompre aussitôt, chasser le souvenir de la trahison comme un mauvais rêve. Mais elle aimait, elle aimait vraiment. Et alors elle s'enfonçait plus avant dans sa passion, comme on prendrait plaisir à descendre au fond du gouffre, où l'on espère sans doute l'éternel repos. M. de Reynière ignorait tout. A son retour de Cochinchine, Mme de Reynière eut, dit-on, la tentation de lui tout révéler, ou l'idée folle de s'enfuir avec M. de Salviac. On prétend qu'elle ne voulut pas briser l'existence du jeune marquis, et il paraît prouvé que les deux amants étaient résolus à en finir par une séparation, qui eût été vraiment un sacrifice, lorsque la catastrophe arriva. Deux coups de feu. Une femme morte. M. de Salviac presque à l'agonie. Voilà la fin du roman. Elle est assez sombre, je pense. Mais elle est d'autant plus sinistre qu'il y a une terrible part d'inconnu dans cet affreux drame...

— Et quel inconnu ? demanda Mme de Grandier.

— C'est une lettre anonyme qui avertit l'amiral de la trahison. Eh bien ! en dépit de toutes les investigations, on n'a pu parvenir à savoir qui avait écrit cette lettre mortelle.

— Comment ! on n'a jamais su ? Et la justice, pourquoi a-t-elle été faite ?

— Pour chercher la vérité !

— Eh bien ?...

— Eh bien ! elle a cherché, dit M. Désorbiers, et elle a fait buisson creux. Un certain commissionnaire de Rambouillet a déposé qu'un jeune homme, vêtu de telle et telle façon, avec un visage que le brave homme a cherché à décrire, lui avait remis cette lettre, mais cet inconnu n'avait jamais été vu à Rambouillet, n'y a vraisemblablement jamais reparu, et allez donc trouver un grain de sable dans cet immense Paris !

— Il doit y avoir, dit Henriette de Grandier, une femme mêlée à tout cela.

— Oui, certainement, « cherchez la femme, » ajouta Mme Gobert.

— Je vous répète qu'on a cherché partout.

— Mme de Reynière avait-elle une ennemie?

— Ou, ce qui revient au même, une amie intime ? dit la belle Mme Gobert, évidemment sceptique en matière d'amitié.

— Et M. de Salviac ? N'avait-il pas de rival, ou une autre maîtresse ? Un monsieur qu'on supplante ou une femme qu'on abandonne, c'est méchant, cela, comme un chat sauvage !

— M. de Salviac avait été lié assez longtemps avec Angèle Ferrand...

— La comédienne ?

— Comédienne si l'on veut, dit Désorbiers. Femme intelligente et supérieure, à coup sûr.

— Elle n'a pas de talent, cette Angèle Ferrand, dit Mme Gobert, mais elle a *le je ne sais quoi.*

— La beauté d'abord, ajouta Mme de Grandier. L'élégance ensuite. On dirait qu'elle a de la race.

— Ce n'est ni la dernière ni la première venue, fit le substitut en hochant la tête avec un petit sourire admiratif. Elle a, dit-on, beaucoup aimé Robert de Salviac et elle était digne de comprendre un tel homme. On la savait aussi capable, à l'occasion, de certaines cruautés et on l'a mandée auprès du juge d'instruction, lors de cette affaire Reynière. Mais il a bientôt fallu se convaincre qu'Angèle Ferrand n'y était pour rien. M. de Salviac devait au surplus lui importer fort peu, au moment du drame de l'avenue Montaigne. Angèle Ferrand était alors — et elle est encore, ma foi — folle d'amour pour Monteclair... Vous connaissez bien Monteclair ?

— Qui ne le connaît ? dit Mme Gobert. Un héros du turf et des *premières*. Avec cela, un homme politique, à ce que prétendent ses amis. On dit qu'il est très-capable de devenir excellent orateur.

— Il est très-capable de devenir tout ce qu'il voudra, et même tout ce qu'il ne voudrait pas, fit le magistrat d'un ton net comme une sentence.

— J'avais envie de l'inviter, murmura Mme de Grandier.

— Alors dépêchez-vous, madame, répondit Désorbiers. Plus tard, il serait peut-être trop tard.

Plus d'un invité était arrivé pendant cette causerie, et, tandis que le substitut parlait, on venait saluer Mme de Grandier, dont le sourire rayonnait. M. Désorbiers en était d'ailleurs à la fin de son histoire. Il n'avait plus que quelques mots à ajouter. Mme Gobert tenait à savoir les phases du procès. Le substitut les lui fit connaître. M. de Reynière avait été défendu — et magnifiquement défendu — par Me Herblay, le bâtonnier, son ami. La plaidoirie de Me Herblay avait été d'autant plus écoutée et intéressante que, peu d'années auparavant, le même avocat avait fait acquitter un certain Placial Estradère, coupable d'avoir, dans des circonstances analogues, et en surprenant sa femme en flagrant délit, tué non pas la femme, cette fois, mais l'amant, un nommé Lecourbe. En vertu de l'article 324, ce Placial avait été acquitté, comme allait l'être, mais de plein droit, M. de Reynière, quoique le flagrant délit n'eût pas, lors de l'affaire Estradère, été constaté dans la maison conjugale.

— M. Herblay n'eut aucune peine à faire remettre le contre-amiral en liberté, dit M. Désorbiers; mais son amitié lui dicta des mouvements d'une émotion telle que le public éclata en applaudissements.

— Le public avait raison, sans doute, fit Mme de Grandier; mais pourquoi dites-vous, mon cher Désorbiers, que M. Herblay n'eut pas grand'peine à faire acquitter son ami? Tuer une femme à coups de pistolet est donc une chose toute simple?

— Toute simple, en effet. Article 324, madame. Ce n'est pas moi qui parle, c'est la loi.

— Et que dit-elle au juste, votre loi?

— *Article* 324, récita le magistrat en souriant correctement. *Le meurtre commis par l'époux sur l'épouse ou par celle-ci sur son époux n'est pas excusable...*

— Ah! vous voyez...

— Attendez, madame,... *n'est pas excusable, si la vie de l'époux ou de l'épouse qui a commis le meurtre n'a pas été mise en péril dans le moment même où le meurtre a eu lieu. Néanmoins,* — écoutez ce terrible néanmoins, — *dans le cas d'adultère prévu par l'article* 363, *le meurtre commis par l'époux sur son épouse, ainsi que sur son complice, à l'instant où il les surprend en flagrant délit dans la maison conjugale, est excusable.*

— Ce qui veut dire, s'écria Mme Gobert, que M. de Reynière eût été aussi parfaitement acquitté s'il avait tué M. de Salviac en même temps que la comtesse!

— Et c'est votre *néanmoins* qui permet ces belles choses-là ? fit Mme de Grandier. C'est une horreur !

— J'avoue que l'article est draconien.

— Draconien ! Il est épouvantable, voilà la vérité. Le jour où les femmes voteront les lois, on vous le biffera d'un trait, votre article – combien dites-vous ? — 314, 334?

— 324.

— Voyez, nous ne savons pas même au juste le chiffre qui permet aux hommes de nous égorger. Çà, raisonnons, Désorbiers, dites-moi donc un peu pourquoi on n'a pas plus de pitié pour les femmes.

— Vous allez me trouver pédant, dit le substitut, mais Montesquieu donne plusieurs raisons de ces sévérités de la loi envers la femme. La meilleure, ou du moins la plus concluante, c'est que les enfants adultérins de la femme sont toujours au mari, — *is pater est quem nuptiæ...* — et, qui pis est, à la charge du mari, tandis que ceux du mari ne sont ni à la femme ni à la charge de la femme. Vous savez le mot de cette femme d'esprit qui n'était pas, ce semble, fort rigoriste : « Que m'importe, disait-elle, que mon mari promène son cœur du matin au soir, pourvu que le soir il me le rapporte ! »

— C'est une morale comme une autre, fit Mme Gobert. Mais on serait bien en droit cependant de demander ce que deviennent ces enfants adultérins que le mari lance anonymement à travers le monde. Ces êtres aussi me paraissent, je pense, assez dignes d'intérêt.

— Sans doute. Mais, si la recherche de la maternité est tolérée, vous savez que celle de la paternité est interdite. Alors...

— Alors, votre loi est barbare, inique, masculine, voilà tout.

— Masculine est charmant, madame. Et *masculine* est vrai.

— Parbleu! Mais a-t-on partout le droit de massacrer de pauvres femmes, et l'a-t-on toujours eu?

— Oh! vous me demandez là de vous refaire ma thèse de doctorat. A Athènes, madame, on arrachait les cheveux aux femmes adultères, et on leur jetait de la cendre chaude sur la peau, ainsi épilée, afin de rendre la douleur plus aiguë. J'ai envie de vous renvoyer au scholiaste d'Aristophane. Mais il y a un auteur plus moderne qui a plus simplement formulé la peine à appliquer. Il a dit : *Tue-la!*

— C'est un mot. Il cherche des mots.

— Et si on le prenait au mot? dit Mme de Grandier.

— L'article 324 en donne le droit.

— Et alors, en vertu de cet article, on peut à toute heure...

Et Mme de Grandier, comme une véritable élève du Conservatoire, fit, tout en souriant, un geste tragique.

— Oh! répondit le substitut, à toute heure!

— Ainsi on a positivement le droit de tuer les femmes?

— Les femmes mariées, oui.

— Eh bien! et les autres?

— Ah! les autres. Non, madame, non, pas les autres!

— Un homme qui tue sa maîtresse est donc coupable?

— Absolument.

— Mais si elle le trompe cependant?

— Tant pis pour lui!

— Mais s'il l'aime? Mais s'il souffre?

— Encore tant pis!

— Mais alors il aurait tout intérêt à l'épouser et à...

— On y a songé, madame. Il était une fois un peintre de beaucoup de talent qui était amoureux fou de son modèle. Ce modèle n'était pas un modèle de vertu. — Pardon du jeu de mots. — Le malheureux artiste était fou de sa maîtresse. Un jour, il la... surprend... il la trouve... enfin, peu importe!... la vérité est que son meilleur ami le trahissait. Il se bat avec l'ami, il le blesse, et il veut battre sa maîtresse; il l'aurait tuée. « Ah! non. Ah! mais non, dit-elle, tu n'en as pas le droit. Non, tu ne l'as pas; je ne suis pas ta femme, moi! » Et d'un air de bravade : « Ah! c'est comme ça? répond-il alors. Je n'ai pas le droit! Je ne suis pas ton mari? Eh bien, je t'épouse! » Et il l'a épousée; et il est enchanté. Et il tient braqué sur la malheureuse ce terrible et merveilleux article 324. Et si elle bouge, et si elle commet aujourd'hui ce qu'elle pouvait impunément commettre hier... Feu!

— *Tue-la!*

— C'est extraordinaire, dit Mme de Grandier.

— C'est bien drôle, fit un jeune homme.

— C'est indécent, s'écria, rouge comme une tomate mûre, la grosse Mme Gobert. Oh! tenez, je souhaite à votre peintre l'abomination de la désolation... Des tromperies cachées! des trahisons inconnues! des...

— Il n'attend que ça. Article 324, — il est armé!

Mme de Grandier hochait la tête et soupirait.

— Et quand je pense, disait-elle, que M. de Grandier pouvait, lui aussi... Un homme à qui je viens de commander un chef-d'œuvre comme monument... Hou! les maris!

— Le capitaine ne pouvait être tenté de vous traiter comme M. de Reynière a traité Mme de Reynière, madame, puisque...

— Puisque j'étais honnête femme, n'est-ce pas ? fit la jeune veuve. Mais votre infernal article 324 ou 25 serait capable de donner la tentation de ne l'être plus, ne fût-ce que pour savoir si votre mari aurait le courage de vous poignarder. Ah ! si le commandant vivait, je sais bien que, moi...

— J'ai presque envie de me remarier, pour voir si l'on m'aimerait assez pour m'assassiner, dit l'apoplectique Mme Gobert.

— Bref — et Mme de Grandier, en parlant, changea de ton — nous aurons ce soir l'amiral de Reynière. C'est une primeur.

— L'amiral ?

— M. de Reynière ? dirent çà et là, parmi les nouveaux venus, quelques voix d'hommes et de femmes.

Henriette de Grandier était enchantée de l'effet que ce nom produisait. Elle eût annoncé le ténor à la mode, que le chanteur eût causé moins d'émotion que le tragique héros du drame de l'avenue Montaigne.

— Moi qui n'ai pu obtenir de billet pour assister à son jugement, dit une jolie blonde aux yeux vagues, prononçant le mot de *jugement* avec la douceur un peu traînante qu'elle eût donnée au mot *exécution*. Que je suis enchantée de la bonne fortune !

— Et on le verra de près ?

— On pourra lui parler ?

— C'est tout un événement !

— C'est le *More de Venise* au lendemain des funérailles de Desdemona !

— Le More sans cimeterre !

— Oui, c'est le sixième acte d'*Othello*.

— Le joli sujet de pièce ! fit Albéric Réville, qui accourait, un peu essoufflé, mais souriant et cherchant toujours des mots. On pourrait appeler ça : la rentrée d'Othello dans le monde !

Pendant qu'un murmure flatteur accueillait la définition, Mme de Grandier se penchait à l'oreille de son cousin et lui disait très-rapidement :

— Eh bien ! monsieur de Salviac ?

— Il ne viendra pas.

— Bien sûr ?

— Bien sûr.

— Vous l'avez vu ?

— Non. Il était déjà sorti ! Mais son valet de chambre m'a affirmé qu'il allait rentrer, et je lui ai laissé un mot qu'il a certainement lu maintenant.

— Un mot?

— Concluant.

— Un mot ? Et s'il ne le reçoit pas ?

— C'est impossible, ma cousine. Je vous dis que...

— Ah ! tenez, Albéric, vous me faites trembler, avec votre malencontreuse idée.

— Gagez-vous une discrétion, ma cousine, mais une discrétion absolue, que Robert de Salviac ne viendra pas ?

— Vous avez une assurance !

— Dites une certitude !

— Monsieur le marquis de Salviac ! annonça tout à coup, avec éclat, un valet qui jeta ce nom d'une voix cuivrée, hardiment, hautement, comme s'il était bien certain de l'effet qu'il allait produire.

IV

L'AMANT

Mme de Grandier devint livide et Albéric rougit jusqu'aux oreilles, et pendant que Robert de Salviac entrait d'un pas très-ferme, avec la démarche distinguée d'un homme qui ne cherche point à se faire distinguer, les invités de la jolie veuve s'entre-regardaient et même chuchotaient tout bas, les lèvres murmurant aux oreilles de ces paroles d'attention qu'on échange au théâtre lorsqu'on arrive à la grande scène dramatique, et les yeux pleins de curiosité de gens qui vont assister à un intéressant spectacle.

Tout à l'heure, on promettait le mari tout seul : Othello veuf promenant sa douleur dans un salon, et voilà que l'amant surgissait brusquement pour rendre la situation plus piquante et plus poignante. La soirée de Mme Lehidec de Grandier ne devait pas être décidément quelque chose de banal.

La jeune veuve était trop femme du monde pour laisser soupçonner à M. de Salviac l'embarras auquel son apparition la condamnait. C'était au cousin Albéric à réparer, subitement, son étourderie. Pour le moment, Mme de Grandier, qui peut-être, après tout, avec son amour instinctif du romanesque, n'était pas très-désolée du péril qui surgissait ainsi, ne songeait qu'à accueillir le marquis avec sa bonne grâce habituelle et son plus charmant sourire.

Elle chercha et trouva une de ces phrases aimables qui ne signifient rien et n'ont de prix que par le regard ou par le geste qui les accompagne. Elle était enchantée que M. de Salviac eût bien voulu accepter de lui être présenté par M. Réville. Le marquis ne pouvait entrer chez elle guidé par quelqu'un qui lui fût plus cher. Avait-il besoin d'ailleurs de personne pour être accueilli selon ses mérites, lui dont la renommée... La jeune femme s'arrêta là, tout à coup et bien à point. Elle sentait que tout autre compliment allait devenir une douloureuse allusion à l'affaire de Reynière.

Mme de Grandier baissa même les yeux qu'elle tenait fixés sur le front de Robert; elle craignait qu'en persistant à regarder la cicatrice qui étoilait le front du marquis, M. de Salviac ne se sentît mal à l'aise et troublé.

Cette cicatrice, toutes les femmes — et la plupart des hommes — la regardaient en même temps. Elle attirait toutes les prunelles. Elle apparaissait au milieu du front de Robert comme une marque romanesque. Cette blessure rappelait le sceau des Ravenswood à plus d'une tête féminine, des têtes féminines où l'on eût trouvé plus d'un cheveu blanc, les jeunes femmes ne lisant guère Walter Scott.

— C'est singulier, disait à M. Désorbiers la belle Mme Gobert. Le colonel de Gourville a au front une cicatrice exquise. Une balle de Gravelotte. C'est glorieux, n'est-ce pas? Plus glorieux que la blessure faite par un mari? Eh bien, ça ne lui va pas comme ce coup de feu va à M. de Salviac.

— Voilà, répondit le substitut, ce qui prouve la supériorité du roman sur l'histoire!

Le marquis Robert de Salviac supportait fort bien

les interrogations muettes de toutes ces prunelles braquées sur lui. Il semblait, à la vérité, ne pas s'apercevoir qu'il était examiné ainsi et comme analysé. Son clair regard allait droit devant lui, calme, grave et profond. On eût dit qu'une pensée intérieure sévère et qui rendait pâle son visage attristé, mûri et sculpté avant l'âge, pétri par les doigts de la douleur, l'empêchait de faire grande attention à ce qui s'agitait à ses côtés.

Jeune, mince et élégant, à trente-deux ans Robert eût tout au plus paru avoir atteint vingt-six ou vingt-huit ans, si des rides à peine visibles n'eussent tiré ses paupières vers les tempes et creusé une ligne profonde entre ses sourcils bruns. Il était de taille haute, le cou bien dégagé, portant sa tête sans fierté, mais hardiment, les yeux francs, la bouche mélancolique et pourtant volontiers souriante, laissant apercevoir des dents saines dans une barbe noire, très-fine.

On devinait en lui une nature énergique, ardente et pourtant hésitante à ses heures, douce, crédule, se laissant prendre à bien des rêves, combattant toutes ses pensées chimériques par une action incessante, comme s'il eût voulu lasser, par l'écrasement du corps, une âme éprise de mirages éternels, multipliant les travaux, les recherches, attiré par toutes choses, tour à tour contenté et déçu par les moindres joies et les moindres chocs, — un cœur déchiré qui avait eu pour blessure la passion, une raison et une honnêteté viriles qui avaient pour règle le devoir.

Robert de Salviac n'était pas de ceux qui se dérobent à l'investigation. On lisait dans son regard, d'un noir de jais, comme dans un livre ouvert.

A l'heure où il se présentait ainsi chez Mme de Grandier, il éprouvait un besoin instinctif de sortir de la solitude où il s'était volontairement enfermé, comme dans la froide cellule d'un cloître, depuis cette nuit où il avait vu tomber à ses pieds Blanche de Reynière, et ce jour — cruel comme une expiation — où, devant un tribunal, il avait été jeté en pâture à la curiosité avidement stupide de la foule et obligé de soutenir, devant tous, l'œil implacable du mari outragé, de cet homme pâle comme un mort, et plus terrible avec son regard muet sur ce banc de cour d'assises, que là-bas, dans la chambre du meurtre.

Robert de Salviac s'était réveillé de l'amour où l'exaltation, la folie de la pauvre morte l'avaient entraîné, comme on s'éveillerait d'un rêve embaumé pour se heurter à un cauchemar vivant. Ce hideux cauchemar, d'une réalité sauvage, c'était le revolver du mari et la parole de la loi.

Lorsque ces deux hommes s'étaient trouvés face à face devant les juges, c'est l'époux qui, par l'instinctive attitude du droit, avait eu l'air de la victime et l'amant qui avait ressemblé au meurtrier.

Non pas que Salviac eût tremblé! Il était de ceux qui ne connaissent point la peur. Mais sa conscience lui tordait les entrailles et lui demandait si l'homme qui avait réellement tué Blanche, ce n'était pas lui, lui, l'amant.

Il s'était plongé à corps perdu, après cette épreuve pleine d'épouvante, dans des labeurs de géant qui tuaient, comme il disait, ses journées et ses nuits, et étouffaient ses remords. Il faisait de la chimie pour occuper son esprit, il pétrissait de la glaise, suant et peinant comme un sculpteur qui se collète avec le marbre, pour fatiguer ses muscles, et trouver la paix avec le sommeil.

Il avait voyagé. Puis il était revenu dans ce Paris où il se sentait plus libre et plus occupé de toutes choses qu'en aucun lieu du monde. Cet hiver, il avait fait, çà et là, de courtes apparitions en des salons nouveaux plutôt qu'en des maisons amies. Il éprouvait parfois, en se trouvant au milieu d'inconnus, la délicieuse sensation d'un homme qui recommencerait son existence. Il respirait, il renaissait, il oubliait.

Décidé à lutter et à revivre, Robert de Salviac n'avait pas hésité lorsque Réville, son ami, l'avait engagé à se faire présenter à Mme Lehidec de Grandier que le marquis avait vue plus d'une fois au Bois, et avec qui il avait même valsé autrefois à un bal du ministère de la marine, du vivant du capitaine.

— Tu es un misanthrope, lui avait dit Albéric Réville. Mais ma cousine n'est pas Célimène. Elle veut pourtant avoir un salon politique, et si tu viens à te porter député, eh bien, c'est une occasion : — elle te recueillera des voix.

Albéric n'avait pas été longtemps effrayé par l'apparition de Salviac, qu'il croyait bien et dûment averti par un billet laissé au valet de chambre. Il en prenait bravement son parti. Et après tout, quand l'amiral rencontrerait le marquis chez Mme de Grandier ! Ce pouvait être « amusant » au contraire !

Il s'approcha de M. de Salviac et lui dit :

— Tu n'as donc pas lu mon petit mot ?

— Quel petit mot ?

— Un « poulet » laissé pour toi, entre les mains de Pierre.

— Je ne suis pas rentré chez moi.

— Tout s'explique. Je t'avais pourtant dit...

— Tu m'avais dit que tu m'attendrais au café Riche, et c'est moi qui t'y ai attendu. Ne te voyant pas venir, comme je tenais à me présenter à Mme de Grandier...

— Mais c'est vrai, c'est parfaitement vrai ! fit Albéric en se frappant le front. Quelle tête de linotte ! Je t'avais donné rendez-vous chez Riche ! Et je croyais fermement que c'était chez toi ! J'oublie tout ; je suis léger, léger... Ah ! je ferais un bon diplomate !

— Eh bien ! demanda sérieusement Salviac, que me disais-tu dans ce billet ?

— Rien.

— Mais encore?

— Ou presque rien! Je voulais te prévenir d'une chose à laquelle je n'avais point songé, c'est que ma cousine a invité — devine qui? — l'amiral de Reynière, et qu'il viendra ce soir.

Le front de Robert s'était légèrement rembruni, et ses yeux noirs brillaient d'un feu sombre. Il était devenu extrêmement pâle, les sourcils froncés.

— Après tout, dit Réville, ce qui est passé est passé. Vous êtes du même monde et vous devez certainement vous rencontrer plus d'une fois. Le meilleur est peut-être de commencer ici, sur un terrain neutre, et de ne pas faire semblant de connaître l'amiral. Qu'en dis-tu?

Robert de Salviac ne répondit rien, et machinalement, mais sans affectation — et sans aucune crainte à coup sûr, — il cherchait du regard, à travers et par-dessus les groupes des invités, les habits noirs et les épaules blanches, la porte par laquelle il était entré. Albéric vit ce mouvement et essaya de retenir son ami, mais le jeune homme semblait résolu à ne pas demeurer plus longtemps dans un salon où il pouvait se retrouver avec le mari de Blanche.

— Y penses-tu? Tu t'en vas? répétait Albéric. Que va penser ma cousine? Voyons, reste donc. La jolie Mme de Béharde récitera des vers. C'est la mode. Robert, Robert, on ne s'en va pas quand on arrive.

Salviac, n'écoutant point Réville, était au seuil de la porte où les invités entraient, lorsqu'il s'arrêta net et comme foudroyé. Le laquais, de sa voix de stentor, venait de lancer ce nom qui produisit, dans tous les groupes, l'effet de l'acteur en vedette dans un drame :

— M. le comte de Reynière!

Il y eut dans le salon étincelant de Mme de Grandier, dans ce nid de lumières et de fleurs, déjà rempli du murmure des propos divers, à demi assourdis par un orchestre invisible jouant les valses à la mode, un silence immédiat, solennel et glacial. Les conversations s'arrêtèrent, les yeux se tournèrent à la fois vers le même but, et l'entrée de M. de Salviac, tout à l'heure, eût pu sembler inaperçue à côté de cette angoisse soudaine. Les éventails féminins s'agitaient fébrilement au bout des mains gantées, Robert de Salviac, arrivé tout juste au milieu du salon, à deux pas de la porte d'entrée, ne pouvait battre en retraite et il allait infailliblement se trouver sous le regard de l'amiral.

— Diable, pensait Albéric, comme si cette situation de la vie eût été celle d'une pièce de théâtre, ça se *corse!*

Robert d'ailleurs avait compris qu'il devait, devant cette foule, faire ce qu'il regardait comme un devoir. Il ne voulait point reculer devant l'amiral, pas plus que devant personne. Il attendit donc, le visage blême, mais impassible, la tête haute, son chapeau claque sous le bras, que M. de Reynière entrât, et, lorsque l'amiral parut, il le laissa venir à lui et le regarda tout d'abord bien en face.

M. de Reynière avait à ses côtés le docteur Vernier, que le laquais avait annoncé bruyamment, sans que nul eût même entendu le nom du médecin, — un comparse aux yeux de cette foule.

L'amiral, méconnaissable pour ceux qui l'avaient connu deux ans auparavant, toujours beau cependant, et la taille droite, un peu roide, ressemblait, en entrant dans ce salon, à un homme habitué à l'ombre, et que la grande lumière éblouit. Ses yeux creusés et fatigués supportaient difficilement l'éclat de tous ces lustres. Il laissa, en recevant en plein visage la bouffée parfumée de l'air chaud, échapper un sourire triste, furtif et bientôt effacé.

Maigre dans son habit noir, à la boutonnière la rosette d'officier, on n'eût pas deviné en lui l'intrépide marin d'autrefois : — un *autrefois* qui datait de deux années à peine, deux ans de tortures muettes, profondes, capables de faire d'un homme un vieillard.

M. de Reynière était cependant plutôt miné et émacié que vieilli. Cet homme, si élégant jadis et si vraiment séduisant en son costume de contre-amiral, gardait peut-être dans ces noirs vêtements qui étaient l'uniforme de son deuil, une beauté mâle plus attirante et plus pénétrante. C'était un autre être, mais un être touché de la souffrance comme d'un sceau, un être tragique et inquiétant dont la puissance même semblait grandie et qui, avec ses cheveux blancs aux tempes, ses longs favoris blonds maintenant striés de fils d'argent, conservait un magique pouvoir sur les imaginations et devait, plus qu'un homme jeune et souriant, faire battre le cœur des femmes. L'effroi est aussi une attraction.

Le mari avait d'ailleurs le même charme romanesque que l'amant. Il semblait que la mort marchât derrière eux, invisible comme un fantôme.

Et le hasard — une fatalité inévitable devenue la banale rencontre dans une soirée — jetait ainsi, visage contre visage, ces deux hommes dont l'un avait pris l'honneur de l'autre, en lui donnant en même temps sur lui le droit de mort.

M. de Reynière n'avait évidemment pas aperçu tout d'abord Salviac et, en entrant dans le salon, il se dirigeait tout droit sur lui, lorsque le docteur Vernier, placé à sa droite, le poussa légèrement par le bras comme pour le faire instinctivement obliquer vers la gauche.

D'un mouvement machinal, l'amiral regarda celui qu'on cherchait ainsi à lui faire éviter, et une brusque contraction de sa face montra qu'il avait reconnu Robert. Sur le maigre visage de Reynière, devenu blanc comme un suaire, une sorte d'électrique secousse passa, semblable à un de ces courants qui font tressaillir les cadavres. L'expression de cette face blafarde — calme et sérieuse d'ordinaire — maintenant convulsée et menaçante, fut terrible. Un instinctif éclair de colère courut dans les prunelles bleues du marin, et on put croire un moment à quelque effrayant éclat, pareil à un coup de foudre.

Robert avait supporté le feu de ce regard comme autrefois celui du pistolet, sans baisser la tête, puis, lentement, avec une expression de respect grave, il s'inclina devant l'amiral comme on se découvre devant un vieillard ou une gloire, et il y eut dans son silence, dans son geste, dans ce front cicatricé qui se courbait ainsi, quelque chose de grand comme de l'oubli, et de profond comme le remords.

Les hôtes de Mme de Grandier étaient nombreux, d'âges et de tempéraments capables d'impressions diverses, il n'y en eut cependant pas un qui se méprît sur le salut du marquis. La dignité la plus fière s'y alliait à la tristesse la plus mâle, et on devinait comme un sous-entendu tragique, comme une publique confession, dans le pli des épaules, et dans l'arc décrit par cette main gantée tenant un chapeau et saluant.

Mme de Grandier, dont l'angoisse allait croissant et qui voyait sa soirée compromise par un scandale, contemplait cette scène avec des battements de cœur, et jamais rien ne se vit de plus émouvant que cet échange silencieux de regards pendant que tant de gens émus retenaient leur respiration et qu'on entendait venir d'un autre salon, comme un accompagnement poétique, les notes mélancoliques de *la Vague*.

Cela ne dura qu'un moment, mais le choc fut rude. Évidemment, l'amiral de Reynière souffrit horriblement. Il eut d'ailleurs la force de dompter cette douleur qui lui entrait dans la poitrine comme quelque chose d'atroce et d'aigu et qui se trahissait par une convulsion de son visage. Il rendit à M. de Salviac une sorte de salut imperceptible et passa, tandis que Robert disparaissait, et que Mme de Grandier s'avançait souriante, tendant les mains à l'amiral, et disant de sa plus douce voix :

— Quelle joie et quel honneur vous me faites, amiral ! A ma première soirée votre première sortie !

— Ordonnance du docteur, répondit M. de Reynière d'un accent où il y avait quelque chose de brisé. Il paraît que je suis menacé de mort si je ne me distrais pas un peu, et, comme je tiens à souffrir un peu plus longtemps, j'ai pris le parti de me distraire !

Sans le ton de parfaite conviction et de tristesse virile dont elles étaient dites, ces paroles de M. de Reynière eussent pu sembler légèrement mélodramatiques, et, comme eût dit Albéric, *poseuses*. Sur les lèvres de cet homme, elles étaient à la fois naturelles, sincères et tragiques.

— Si c'est au docteur Vernier que je dois cette bonne fortune, dit Mme de Grandier, en affectant de n'avoir pas saisi le sens légèrement lugubre du propos, je remercie le médecin, et je finirai par croire à la médecine !

— Vous n'y croyez donc pas ? fit Vernier.

— Comment voulez-vous que j'y croie ? Vous ne pouvez seulement pas me guérir de mes migraines. Les gouttes japonaises et les bagues électriques, qui n'aboutissent à rien, en savent autant que vos ordonnances.

— C'est qu'il y a, répondit assez étourdiment le docteur, des maladies que toute notre science ne peut pas guérir.

Mme de Grandier fit, par-dessus son éventail, un signe de tête à Vernier et lui montra du regard M. de Reynière, qui écoutait et hochait la tête avec un étrange et presque effrayant sourire.

— Enfin, songeait-elle, après tout le plus gros danger est passé. Mais le tonnerre dans mon salon ne m'eût pas plus effrayée que ces deux hommes en présence. Où donc est passé M. de Salviac ?

A la même minute, Albéric Réville se faisait aussi la même question.

Salviac s'était dirigé tout droit à travers le premier salon, vers l'antichambre, réclamant son paletot et très-troublé de cette apparition soudaine du mari, lorsque, tout à coup, il recula comme ébloui, et, en même temps, terrifié par une vision qu'il prit, cette fois, pour un spectre.

Une femme, jeune, admirablement belle, grande et brune, venait d'entrer au bras d'un petit homme assez étrange, l'air affairé et fureteur, que Robert ne remarqua d'ailleurs qu'à demi, car il venait d'être, en quelque sorte, foudroyé par l'arrivée de cette jeune femme: Blanche de Reynière n'eût pas été morte, il n'eût pas vu son cadavre, retrouvé son nom sur un tombeau, que Robert eût juré que cette femme était Blanche.

Il resta, un moment, cloué au parquet, immobile, contemplant cette inconnue avec des yeux de fou.

Matériellement, Salviac se demandait s'il perdait la tête, s'il ne rêvait pas, si ce qu'il voyait était bien vrai.

Elle ne le regardait point. Détachant sa mantille de dentelle blanche et dégrafant sa sortie de bal, elle tendait, de ses petites mains gantées, le manteau et la dentelle à une femme de chambre qui la saluait avec le sourire que prennent les domestiques en face des amis de la maison :

— Bonsoir, mademoiselle !

Et, tandis que le petit homme, allant, venant, ôtant le foulard qui lui entourait le cou et le glissant dans une poche de son pardessus, déjà bourrée de paperasses et de brochures, répétait :

« Prends garde d'avoir froid, Valentine. Mets bien

ta mantille avec ta *chose* de cachemire... ton mantelet... je ne sais pas, » elle répondait, comme au hasard, gentiment, mais en pensant visiblement à autre chose: « Oui, mon oncle, » et donnait un regard instinctif, sans coquetterie préméditée, au miroir, tandis qu'Élise, la femme de chambre, corrigeait délicatement les plis de la traîne de la robe blanche.

Rien de plus charmant que cette jeune fille : la taille serrée dans sa robe de faille unie, avec une simple ruche au corsage, des roses blanches piquées dans ses cheveux noirs, elle avait l'air d'une statue de marbre dont quelque coloration rose eût vivifié le visage.

Mme de Reynière avait cette démarche un peu altière et ce port de tête résolu.

Celle que le petit homme appelait Valentine se tenait droite, l'air pourtant timide, baissant volontiers sur ses grands yeux noirs, d'une douceur infinie, malgré leurs sourcils larges, de longs cils qui projetaient leur ombre veloutée sur les prunelles. De noirs cheveux, ondulés sur le front que cachaient à demi des boucles légères, se relevaient, tordus derrière la tête en nattes puissantes, aux reflets d'encre, et découvraient, en s'aplatissant aux tempes, une oreille fine, d'un dessin exquis, doucement charnue et rosée, qui continuait la courbe savoureuse d'une joue d'enfant, jeune et d'une pureté charmante.

Robert la voyait de profil, et il y avait dans ce cou élégant, aux ondulations virginales, dans le dessin du nez attaché au front comme celui d'une statue grecque, dans l'énergie du menton corrigée par un sourire triste, d'une tendresse profonde, un peu vague, comme si cette enfant eût déjà souffert, quelque chose de doux et de résolu à la fois qui, dès l'abord, dès le premier regard étonné et ravi s'arrêtant sur elle, révélait une femme réellement supérieure et dont la séduction se doublait d'une valeur morale.

Une sorte de rayonnement chaste et grave l'entourait. C'était, descendu de son cadre, un de ces beaux portraits aux regards tranquilles dont on dit, après en avoir sondé les prunelles : le bonheur était là ! Ces lèvres étaient faites pour le baiser de l'enfant, ces yeux devaient s'allumer à quelque flamme honnête et profonde, cette voix même, cristalline et tendre, qui venait de réveiller tant de souvenirs dans le cœur de Robert — car c'était aussi la voix de Blanche — cette voix avait la douceur câline de la compagne qui vous berce en même temps qu'elle vous aime. On sentait, on devinait, dans une telle créature, tous les charmes de la femme : dévouement, affection, tendresse, et ce clair et bon regard dont Robert surprenait un rayon ajoutait aussi : loyauté !

Quelle vision ! Salviac ne savait plus s'il devait fuir ou rester. Il eût voulu tendre la main à cette enfant et lui dire : « Est-ce vous? »

Non ! ce n'était pas *elle!* Ou plutôt c'était *elle* purifiée, rajeunie, virginale, adorable. Était-ce donc possible qu'il y eût en ce monde de telles ressemblances ?

— Dépêchons-nous, dépêchons-nous, répétait fébrilement le petit homme. Tu sais que je ne veux pas rester longtemps. Je dois me lever matin, très-matin, pour mes expériences !

— Est-ce moi qui vous retiens jamais au bal? répondit Valentine de sa voix douce qui s'envolait comme un soupir.

Elle reprit son éventail qu'elle avait déposé sur les manteaux entassés et ajouta en souriant :

— Allons !

En passant devant Robert, ses deux grands yeux enveloppèrent le jeune homme d'un regard instinctif, banal, à vrai dire, et qui pourtant fit au marquis l'effet d'une caresse.

Il y avait, dans ce regard honnête, tout un monde

de sentiments endormis et qu'on eût été fier d'éveiller. Robert en fut comme ébloui.

Il regardait encore cette jeune fille marchant du pas cadencé d'une fille de la Bible ou d'une Arlésienne, et, au moment où elle arriva dans l'encadrement illuminé du salon qui fit comme une auréole à cette beauté, il se sentit mordu du désir de rentrer et de la suivre.

Elle resta une seconde dans ce cadre lumineux, avec le petit homme sautillant à côté d'elle, puis le laquais annonça :

— Monsieur et Mademoiselle Trézel!

Et elle s'enfonça, au bras de son oncle, dans le flot des invités ; elle disparut, les deux lignes d'habits noirs qui s'étaient ouverts devant elle se refermant comme un flot sombre.

— Valentine Trézel! répéta instinctivement Robert qui restait là, immobile, comme écrasé, tandis qu'un valet de chambre lui répétait, en lui tendant son pardessus :

— Monsieur le marquis veut-il que je l'aide?

Robert jeta son paletot sur son bras et descendit l'escalier en songeant à tout ce qu'avait de fantastique cette vision qui lui montrait réellement Blanche sortie de sa tombe. Jamais deux sœurs ne s'étaient plus complétement ressemblées entre elles. Il y avait là comme un prodige. Robert avait lu bien des romans où cette situation, l'amour né d'une ressemblance, était exploitée comme une des causes déterminantes les plus mystérieuses; mais cette fois, c'était la réalité même qu'il rencontrait et qui le troublait jusqu'à l'âme.

Il se demandait s'il n'allait pas rentrer chez Mme de Grandier et étudier, interroger encore la beauté de cette inconnue, ou plutôt s'en enivrer. Mais il s'éloigna lentement et remonta à pied jusque chez lui.

Le grand air de la nuit ne le calmait qu'à demi. Robert se sentait énervé, pris d'une fièvre soudaine.

Il habitait, place Vintimille, un hôtel élégant, donnant sur le square, et qui avait naguère appartenu à un peintre en renom. M. de Salviac s'était arrangé là un nid artistique tout à fait choisi et charmant.

Du vaste atelier de l'artiste, il avait fait à la fois sa bibliothèque et son double cabinet de travail, dissimulant derrière un large paravent de laque le laboratoire où il continuait ses essais de chimie et les ébauchoirs, la glaise et le chevalet qui lui servaient lorsqu'il sculptait.

Machinalement, au lieu d'entrer dans sa chambre, Robert monta dans son atelier, s'étendit sur un divan de Caramanie, pendant que Pierre, son valet de chambre, déposait une lampe sur une table, et se mit à penser, sa fièvre redoublant de façon à lui causer un véritable malaise.

Robert revoyait, avec un frisson, la terrible scène de la mort de Blanche. Il entendait encore le bruit de la chute de ce corps charmant tombant sur le tapis. En fermant les yeux, il lui semblait, dans une sorte de cauchemar éveillé, que la morte entrait dans le salon de Mme de Grandier au bras du petit homme sautillant, et il entendait distinctement l'éclatante voix du laquais annoncer : « Mme de Reynière ! » Puis, tout à coup, il se trouvait dans l'hôtel tragique de l'avenue Montaigne, deux coups de feu retentissaient, et ce n'était plus Blanche, c'était Mlle Trézel qui tombait là, toute sanglante.

— Valentine ! Valentine ! répétait Salviac dans cette espèce de rêvasserie maladive.

Ah ! çà, dit-il tout à coup, est ce que je deviens fou, moi ? Est-ce que j'ai le délire ?

Il se remit sur pied très-rapidement, et descendit à sa chambre, située au-dessous de son atelier.

Une fois couché, il ne put dormir. Les mêmes visions continuaient. Une obsession cruelle l'empêchait de trouver le repos. Il passa la nuit dans une angoisse malsaine, et prit enfin le parti de se lever et de sortir, le jour à peine venu. Le vent du matin chasserait toutes ces idées, rafraîchirait son sang.

Ces frileuses aurores de printemps ont parfois la douceur des matins d'été. Il y avait déjà dans l'air comme un souffle d'avril. Robert fut, en quelques pas, sur les boulevards extérieurs, et il se sentit plus à l'aise. Ses membres se détendaient dans la marche. Il regardait, en curieux peu habitué à ce spectacle, l'éveil de ces boutiques, la première palpitation de vie de ces quartiers populeux. Des ouvriers passaient, se rendant à l'ouvrage, un journal à la main, lisant avant le labeur. Des fillettes sans bonnet, les joues fraîches, les yeux reposés, descendaient allègrement du côté de Paris, vers l'atelier. On eût dit que la colline de Montmartre était une fourmilière qui envoyait ses travailleurs à la cité. Des terrassiers, dans un terrain en construction, jetaient au tombereau des tas de pierres. Dans les premières lueurs du matin, les premiers bourgeons, d'un vert doux, s'éclairaient d'une lumière tendre comme un baiser de vierge.

Le jeune homme ressentait à chaque pas une impression de bien-être. Il n'était pas un oisif, mais il avait peu l'habitude d'être debout et dehors à ces heures matinales. La vue de cette activité populaire l'arracha à ses idées noires. Il ne pensa qu'à admirer ceux qui se lèvent avant le jour pour s'atteler à la machine immense qui nourrit, vêtit, fait vivre ceux qui ont, en s'éveillant, la journée assurée et l'existence facile.

Il songeait qu'à cette heure où les pauvres gens descendaient vers leur tâche quotidienne, les bougies et le gaz de plus d'un souper brillaient encore, éclairant autour des nappes fripées des visages livides et des yeux rougis. Et il se disait que, si tant d'êtres humains, habitués à ne vivre que dans les salons, étaient sourds à de certaines plaintes, c'est qu'ils n'avaient jamais été sans doute chassés de leur lit par l'insomnie et jetés au milieu des champs à l'heure où le paysan commence à se courber sur la terre dure, ou sur un boulevard populaire, lorsque Paris s'éveille et se met à l'ouvrage.

Robert s'était assis sur un banc et regardait les crémeries s'ouvrir, les boucheries montrer leurs étals de chair rouge, les kiosques des vendeurs de journaux s'emplir de feuilles en tas que des gens apportaient par paquets, presque mouillées encore. Il se leva enfin, monta lentement vers Montmartre. Par les ruelles grimpantes, des hommes, des femmes, des jeunes filles descendaient encore. Au haut des buttes, on travaillait à des remblais. Robert s'assit là-haut sur un peu d'herbe sèche, au-dessus d'un mamelon de terre jaune qui, entouré de gazon brûlé, ressemblait à un crâne chauve, et de là, il regarda Paris.

Les premiers plans seuls étaient visibles : des monuments, des clochers détachaient sur un fond indistinct leurs arêtes vives, mais une brume épaisse enveloppait encore l'horizon, se laissant trouer çà et là par quelques étincelles accrochées à des vitres ou à des dorures par le soleil levant. Il y avait sur la ville un voile qui se levait avec lenteur, comme si Paris se fût dévêti doucement en sortant du sommeil.

Robert rivait ses yeux sur cet autre Océan, essayant de percer du regard la brume prête à s'envoler et, chose étrange, ne cherchant qu'un seul point dans ce vaste amas de maisons encore invisibles : là, vers la droite, essayant de deviner l'endroit où se trouvaient enveloppés le boulevard Malesherbes, le parc Monceaux, l'hôtel de Mme de Grandier, encore illuminé sans doute, mais déjà triste de l'absence de tous ses hôtes de la nuit. Et parmi tous ces passants, le logis devait regretter surtout, se disait Robert, cette jeune fille, cette Valentine Trézel, chaste vision disparue...

— Valentine! disait encore M. de Salviac, répétant ce nom, comme s'il eût eu un sens.

Et n'en avait-il pas un? Il signifiait Blanche de Clarens, tragique amour, bonheur enfui: — profonde, sinistre, éternelle douleur!

Robert s'arracha tout à coup à cette muette contemplation de la grande ville éclairée de lueurs d'aurore. Un léger froid l'avait saisi d'ailleurs. Et puis, il lui semblait voir, là-bas, derrière l'hôtel plein de bruit du parc Monceaux, le logis plein de sang de l'avenue Montaigne.

Il secoua, en quelque sorte, sa torpeur, passa avec un sentiment de volupté physique sa main sans fièvre sur son front rafraîchi, et, tout haut, songeant à quelque recherche savante ou à quelque labeur artistique :

— Allons, dit-il, en redescendant la butte, les rues déjà bruyantes, animées, turbulentes; je suis reposé. Rentrons travailler!

V

LE MARI

L'amiral de Reynière, qui n'était plus, depuis sa démission, que le comte Jean de Reynière, avait plus longtemps hésité que Mme de Grandier à reprendre, sinon sa vie d'habitude, au moins une existence qui ne fût pas lugubre. Son veuvage était d'ailleurs plus difficile à porter que celui de Mme Lehidec. Quel que fût le droit dont il s'était armé, l'amiral était, à ses propres yeux, le meurtre vivant. Un justicier sans doute, mais un bourreau. Cet homme se jugeait lui-même ainsi, devant sa conscience. Ce qui l'excusait, c'était l'amour entier, profond et grave qu'il avait eu, qu'il avait pour Blanche ; c'était le châtiment quotidien de la plus atroce douleur que pût supporter un être humain.

Cette femme adorée, il l'avait tuée, lui qui eût versé avec passion tout son sang pour elle ! Et cette créature en qui il avait foi comme en sa mère, elle l'avait trompé lâchement ! Ces deux pensées, inséparables et sinistres, ne le quittaient pas.

Son avocat et son ami, Me Herblay, le seul homme, avec le docteur Vernier, que l'amiral fréquentât volontiers, essayait assez souvent de détourner M. de Reynière de ces pensées qui pouvaient, qui devaient, à la longue, — le docteur l'affirmait et le redoutait — devenir meurtrières, mais tous les efforts de l'amitié ne réussissaient guère qu'à rejeter le comte dans un silence morne ou dans des accès de colère qui contrastaient cruellement avec son tempérament grave et sa froideur, cette froideur jadis superbe et proverbiale, devant le danger.

Reynière, volontiers renfermé, enfonçant au plein de son cœur sa souffrance, laissait parfois échapper, mais devant Herblay seul, le secret de fureurs que le marin eût certainement autrefois regardées comme des faiblesses.

— L'impassibilité n'est point la force, disait-il volontiers, à son bord, mais la force véritable est toujours maîtresse d'elle-même.

Le malheur avait amèrement changé tout cela.

Reynière éprouvait comme un besoin de confier à son vieil ami toutes ses souffrances.

— Au moins, Herblay, toi, tu n'en riras pas, disait-il souvent. Comprends-tu mon état d'esprit, mon pauvre ami ? Je suis amoureux d'une morte. Voilà mon désespoir et mon remords, Herblay. Cette femme, cette Blanche que j'ai tuée, je la revois là, étendue, pâle, ses beaux cheveux noirs traînant dans son sang ; cette femme que j'ai surprise dans un rendez-vous d'amour, je me demande encore si elle était coupable ; il n'y a pas de doute possible, et je doute. Et quoi ! coupable comme elle l'était, je l'aime encore ! La nuit, chacun de mes rêves me montre Blanche vivante encore, me regardant avec ses grands yeux doux. Quel supplice ! Moi vivant, mon ami, mon pauvre Herblay, je suis comme attaché à cette morte par une chaîne que rien, rien ne peut briser. Et cette souffrance, je l'aime. Et ces heures de cauchemar sinistre qui me font me redresser debout sur mon lit, les yeux pleins de larmes qui brûlent, je les appelle, je les réclame, comme les seules heures de ma vie où j'existe réellement. Que me fait tout ce qui s'agite autour de moi? Rien. Ce qu'il y a de vrai pour moi, c'est ce fantôme, ce fantôme à qui je tends les bras et à qui je crie : Pardonne! C'est qu'en vérité, vois-tu, je l'adore; oui, cette femme que j'ai tuée, tuée, tuée de ma main, ah! misérable! je l'aime! Je l'aime à finir dans un cabanon, en forcené, à Bicêtre! Elle a menti, et je lui pardonne; elle m'a trompé, elle m'a trahi, et je lui pardonne. Je donnerais tout, sur mon honneur il me semble que je commettrais l'action qu'on voudrait, pour pouvoir la faire revivre, ranimer ce cadavre, entendre cette voix et te savoir encore auprès de moi, Blanche, chère et bien-aimée Blanche!

L'amiral s'efforçait d'ailleurs de se maîtriser et de se remettre de tels élans qui le minaient et qui effrayaient vraiment le docteur Vernier, devenu, depuis deux années, profondément attaché à Reynière. C'était souvent avec préméditation que M. Herblay, dans leurs propos, ramenait la pensée du comte vers l'ennemi inconnu qui avait si lâchement déterminé la catastrophe.

— Ce que je voudrais savoir, disait l'avocat, c'est le nom du misérable qui t'a fait remettre chez moi...

— La lettre? disait alors Reynière avec des éclairs dans les prunelles. Quand je pense que je ne saurai peut-être jamais... Jamais! jamais! Il y a en ce monde un misérable qui a armé ma main, qui a fait de moi l'assassin de mon bonheur, et ce bandit je ne le connais pas! Et cette justice, cette police qui a cherché sans rien trouver! Personne. Au fait, qu'y a-t-il d'étonnant à cela? Une écriture contrefaite, c'est un masque sur le visage. Ah! celui qui a commis cette infamie, si le sort me le livrait jamais, il me semble, tiens, Herblay, que je le déchirerais avec mes ongles!

L'avocat était enchanté : cette juste haine d'un inconnu était plus saine pour l'amiral que cet amour d'outre-tombe pour la pauvre Blanche.

Le temps, il est vrai, apaisait un peu Reynière. Ou plutôt l'amiral parvenait à dissimuler sa souffrance ; elle était aussi déchirante, mais moins apparente, si bien que plus d'un la croyait étouffée. On avait vu, l'été précédent, M. de Reynière à Vichy, et on l'avait trouvé presque aussi bien portant qu'autrefois. Les femmes particulièrement avaient été d'avis que la douleur seyait bien à son visage. L'amiral avait été, là-bas, le lion de la saison. Les femmes vaporeuses, avides de se sentir aimées, disaient assez volontiers à leurs maris, et d'un ton d'envie ennuyée : « Ah ! ce n'est pas vous qui me tueriez comme lui ! »

Herblay et le docteur Vernier seuls ne se trompaient pas sur l'état réel de la santé de Reynière. Au point de vue physique et au point de vue moral, le comte était terriblement affecté. Le médecin redoutait une maladie de cœur, ou tout au moins une anémie. Il fallait, à tout prix, contraindre Reynière à se distraire, et c'était à la suite de véritables adjurations de Vernier que l'amiral avait consenti à réapparaître dans un salon de Paris.

— Lisez, marchez, montez à cheval, allez au spectacle, cherchez la distraction à tout prix, répétait le docteur. Si vous ne faites pas cela, vous vous suicidez.

— Docteur, répondait alors l'amiral, vous rappelez-vous ce déjeuner de chasse chez Herblay, où je vous racontais qu'une paysanne du bourg de Batz m'avait prédit que je me tuerais deux fois? Eh bien, Victoire Tranchart pourrait avoir raison tout à fait. Elle a déjà deviné à moitié. Tuer ce qu'on aime le plus au monde, docteur, c'est bien un suicide, je pense, et cela je l'ai fait.

— Raison de plus pour en rester là, disait le médecin, essayant de sourire.

L'amiral, à la fin, céda. Il avait eu pour le commandant Lehidec de Grandier une affection très-réelle qu'il reportait en affectueuse estime sur sa veuve. Il répondit au docteur Vernier en lui disant qu'il acceptait l'invitation de celle qui gardait encore le nom d'un ancien compagnon d'armes.

— J'apprendrai peut-être là comment on oublie, fit-il avec une douceur mélancolique.

Il fut, comme de raison, fort entouré chez Mme de Grandier. C'était un héros de roman. Othello après le baisser du rideau, comme avait dit Albéric Réville. L'amiral portait bien son deuil sanglant, et sa voix mâle avait tout naturellement des notes si émues, brisées, que les sympathies féminines elles-mêmes s'écartaient du souvenir de la morte pour aller au mari vivant.

— Ce qui n'empêche pas que, moi, disait Albéric à l'oreille de sa cousine, à sa place j'eusse pardonné.

— Et avec le caractère que je vous connais, répondit Mme de Grandier, vous auriez été si ennuyeux à rabâcher votre grandeur d'âme, que vous auriez ensuite fait mourir votre femme de chagrin. Un coup de revolver vaut encore mieux que cent mille piqûres d'épingle.

Le docteur Vernier tenait à ne pas quitter M. de Reynière. Il avait constaté chez lui des symptômes de nervosisme, des palpitations de cœur, durant l'après-midi et, malgré les sachets de bromure de potassium ordonnés, il voulait savoir si les symptômes douloureux reparaîtraient le soir. L'amiral et le médecin causaient dans un petit salon, lorsque Valentine Trézel et son oncle furent annoncés.

M. Trézel, qui portait aussi le titre de docteur, « docteur Urbain Trézel, membre correspondant de plusieurs académies de province, » était quelque peu cousin de feu le commandant du *Saint-Clément*. Henriette de Grandier avait donc le droit d'appeler Valentine

« ma cousine, » mais cette parenté remontait à des degrés tels qu'elle ne valait guère que par le plus ou moins de sympathie inspirée. L'affection, c'est, après tout, la vraie parenté.

Mme de Grandier fit à Valentine un accueil charmant. La jeune fille d'ordinaire ne sortait guère. Elle était pauvre d'ailleurs et ne pouvait assidûment se montrer au bal ou dans les salons. Les moindres parures coûtent cher. Mme de Grandier savait donc un gré véritable à Valentine, qui avait bien voulu sortir pour elle de sa « tanière ».

— Ah ! ma tanière ! fit la jeune fille en souriant.

— J'aurais dû dire votre nid, ma chère enfant. C'est vrai, avec vos doigts de fée, vous vous êtes tissé et brodé un adorable petit appartement qui vaut tous les Aubussons de la terre. Rien n'est banal comme un ameublement qui sent le tapissier, rien n'est charmant comme ces coussins et ces guipures brodés par soi-même, et qui contiennent tant de rêveries et tant de souvenirs.

Elle avait fait asseoir Valentine à ses côtés, tandis qu'Urbain Trézel se tenait debout, redressant sa petite taille et, de temps à autre, rejetant en arrière ses longs cheveux d'un blond jaune et passé, aux reflets grisonnants, et tenant son pouce sous le revers gauche de son habit pour mettre en relief le ruban rouge qu'il portait, avec une croix imperceptible au milieu : — la croix de Portugal, ce spectre de la Légion d'honneur.

Visage en lame de couteau, nez fin, pointu et fureteur, des yeux bleus un peu hagards, la lèvre mince et pincée, les oreilles à demi décollées du crâne et presque diaphanes, il y avait, dans la physionomie de ce petit homme maigre, un reflet quasi-fantastique, quelque chose de fébrile et de pressé, comme si le petit docteur eût été en route vers un but qu'il avait hâte d'atteindre.

D'ailleurs, une certaine naïveté dans ce regard bon enfant et tout à la fois, égaré.

Il écoutait Mme de Grandier, sa cousine de Grandier, comme il disait souvent, tout en songeant évidemment à autre chose, et ses lèvres prononçant très-bas, avec vivacité, des paroles qu'on n'entendait point.

Valentine avait souri de son brave et bon sourire de fille honnête lorsque Henriette avait parlé de souvenirs et de rêveries :

— Oh ! je ne rêve pas, dit-elle en hochant la tête. Je n'ai pas le temps de rêver. La maison, qui n'est pas bien lourde, repose tout entière sur moi, et mon oncle ne s'occupe guère des réalités de ce monde.

— Je sais que vous êtes un peu la maman de votre oncle, Valentine. Ah çà ! docteur, vous êtes donc toujours féru de votre idée de produire des monstres ?

— Qui ? moi ? fit Urbain Trézel qu'on semblait tirer par les pieds du fond de quelque nuage. Oui, ma cousine. Je suis en train de prouver que l'homme peut, à sa volonté, produire des poulets à deux têtes, ou à tête énorme, ou encore des poissons monstrueux...

— C'est horrible ! dit Henriette. Et à quoi cela vous avance-t-il ?

Les yeux hagards de Trézel devinrent brusquement comme inspirés, et un sourire de supériorité parfaite glissa sur ses lèvres.

— Cela m'avance, ma cousine, à avoir déjà fait couver artificiellement neuf mille quatre cents œufs de poulets et à avoir produit, selon mon désir, à peu près trois mille deux cents monstres... Des poulets nains, des poulets géants, des poulets à deux becs...

— Qui ont vécu ?

— Qui sont morts. Mais la question n'était pas là !

— Et vous appelez cela de la science ?...

— De la tératogénie. Ce sera la grande découverte de l'avenir.

— Mon cher Trézel, dites-moi, à quoi s'est donc ruiné votre frère ? demanda Mme de Grandier.

— Dans l'agriculture. Il inventait des machines économiques.

— Oui. Ça tient de famille. Et il a laissé Valentine sans dot !

— Je vous demande pardon, interrompit doucement la jeune fille, il m'a donné une bonne éducation ; il m'a légué, puisque vous parliez de souvenirs, une mémoire vénérée et il m'a beaucoup aimée. De l'affection qui vous console et une instruction qui vous permet de gagner votre vie, vous n'appelez donc pas cela une dot ?

Elle avait dit ces derniers mots avec un sourire profond, sans affectation d'orgueil blessé ou de vanité hors de saison.

Mme de Grandier lui prit les mains.

— Je suis bien certaine que vous ressemblez à votre mère, ma chère petite, dit-elle.

— J'en suis certaine aussi, puisque mon père adoré m'aimait un peu pour cela !

— Vous ne l'avez pas beaucoup connue, votre pauvre mère ? Vous aviez cinq ans quand elle est morte. Vous vous la rappelez bien ?

— Assez pour ne jamais m'endormir sans revoir son cher visage.

— Mais vous êtes un ange, Valentine ! s'écria Mme de Grandier en surprenant comme des larmes dans les yeux humides de la jeune fille.

— Oh ! fit naïvement Urbain Trézel, elle n'est pas méchante !

A l'instant même où Henriette achevait de s'entretenir ainsi avec Valentine, M. de Reynière, qui avait quitté le petit salon, revenait, en compagnie du docteur Vernier, auprès de la maîtresse du logis. En apercevant Mlle Trézel, assise là, charmante dans sa robe blanche, éventant doucement son visage au teint mat, et promenant autour d'elle ses regards profonds, Reynière laissa échapper une sorte de cri soudain étouffé, que le médecin prit pour de la souffrance.

— Qu'avez-vous? dit le docteur en saisissant la main du comte.

Le regard de l'amiral ne quittait point Valentine. Plus vivement et plus cruellement encore que Salviac, M. de Reynière venait d'être frappé par cette étrange ressemblance qui faisait en quelque sorte revivre Blanche dans Valentine Trézel. Le docteur Vernier et Mme de Grandier avaient peu connu, à peine entrevu Mme de Reynière. Ils ne pouvaient donc se rendre compte de la surprise douloureuse de l'amiral et de Robert. Le plus étonnant d'ailleurs, dans cette ressemblance profonde, c'était le geste, la voix, l'allure même des deux femmes, toutes choses saisissables seulement pour ceux qui avaient vécu de la vie de l'une d'elles, mais qui rendaient vraiment la présence de Valentine chez Mme de Grandier fantastique comme une apparition.

Le premier mot de l'amiral, sa parole presque instinctive fut :

— Quelle est donc cette jeune fille?

Il s'adressait ainsi, machinalement, au docteur, comme si Vernier dût nécessairement tout savoir.

C'était, au contraire, par hasard que le docteur connaissait Mlle Trézel. Les recherches pseudo-scientifiques d'Urbain Trézel avaient mis parfois le médecin en relations avec l'oncle de Valentine.

— C'est mademoiselle Trézel, répondit Vernier.

— Trézel!

— Oh! une jeune fille charmante! Pas très-riche,

absolument pauvre même, mais une âme d'élite, une vraie femme.

— Ah ! fit l'amiral en regardant toujours et avec une fixité émue la jeune fille qui ne le voyait pas.

— C'est la nièce de ce petit monsieur que vous voyez debout, là, décoré de l'ordre du Christ. Un *étoilé*, un toqué, comme eût dit Gavarni ! Il passe sa vie à fabriquer des animaux odieusement ridicules, affreux, épouvantables et à rédiger des Mémoires pour l'Institut. Ce faisant il croit naïvement marcher sur les traces d'Étienne et Isidore Geoffroy-Saint-Hilaire ou du savant M. Dareste. Il me paraît d'ailleurs avoir tout juste la science d'un officier de santé, mais il est bel et bien docteur. C'est un confrère.

— Ne trouvez-vous pas, murmura M. de Reynière, d'un ton lent et bas, avec un accent qui surprit Vernier et qui lui fit plaisir comme un peu d'espoir, dites, ne trouvez-vous pas que cette jeune fille est étrangement belle ?

— Non pas étrangement, mais extrêmement belle ; je suis de votre avis, amiral. Elle ressemble à un de ces portraits aux yeux calmes et pensifs de J.-J. Henner, le peintre des honnêtes femmes !

— Oui, vraiment belle ! répéta l'amiral qui ne détachait point ses regards de ce profil de jeune fille, de ce cou jeune et savoureux, de cette taille souple, virginale, attirante.

Ce sentiment de trouble douloureux à la fois et plein d'une volupté funèbre qu'avait éprouvé l'amant, le mari le ressentait à son tour. Pour lui, comme pour Robert, c'était Blanche qui était là, Blanche ressuscitée, Blanche rajeunie et purifiée.

— Tiens ! tiens ! tiens ! pensait le docteur en suivant la direction des prunelles de M. de Reynière. Voilà qui est bizarre et qui serait plus souverain que mon bromure. Ah ! nature, nature, tu es, à toi seule, une Faculté tout entière, nature, *natura naturans !*

Valentine, comme si elle eût ressenti magnétiquement l'impression des regards de Reynière, se retourna tout à coup et ses yeux rencontrèrent justement ceux de l'amiral.

Il tressaillit et ses paupières s'abaissèrent, tandis que les claires prunelles de cette enfant demeuraient levées vers lui, un peu étonnées.

— C'est l'amiral de Reynière, dit tout bas à sa cousine Henriette de Grandier.

Ce nom, pour Valentine, habituée à vivre loin du monde, n'évoquait aucun souvenir, mais au ton dont il était prononcé, la jeune fille devina qu'elle se trouvait en présence d'une individualité considérable. Valentine, sans s'inquiéter du titre, avait assez l'instinct de la véritable grandeur morale pour subir ce sentiment de respect, magnétique en quelque sorte, que Jean de Reynière imposait à ceux qui l'approchaient. Elle regardait l'amiral, tandis que le docteur Trézel, se penchant rapidement vers Mme de Grandier, demandait tout bas :

— N'est-ce point M. de Reynière ?

— C'est lui !

Le petit homme se redressa aussitôt d'un seul coup, absolument mû comme par un ressort. Et se tournant du côté de l'amiral, il salua et resalua, commençant avec un léger bredouillement, causé par un flux de paroles, un compliment qui n'en finissait pas.

— J'ai eu l'honneur, amiral, de vous rencontrer chez M. Maréchal (de l'Institut), votre ami... et qui daigne s'intéresser à mes expériences... Ah ! que je suis heureux, amiral, de me retrouver devant un homme de votre valeur, de votre renommée, de...

— Monsieur le docteur Urbain Trézel, interrompit Mme de Grandier en présentant le petit homme pour couper court à son bavardage. Elle ajouta ensuite, en prenant par la main Valentine, qui se leva : — Mademoiselle Trézel.

Très-pâle, la lèvre agitée par un frémissement qu'il s'efforçait de maîtriser, l'amiral s'inclina devant la jeune fille, et il y eut tant de simplicité gracieuse et de séduction modeste dans le geste de Valentine saluant le comte, que Reynière demeura un moment immobile devant elle, la regardant en silence, avec une sorte d'admiration et de respect.

Ce silence même, l'expression de ce regard, étaient faits pour rendre bientôt la situation de Valentine difficile. La jeune fille rougit légèrement et regarda son oncle comme pour lui demander, par un coup d'œil, de la tirer d'un embarras qui s'aggravait en se prolongeant. Mais Trézel n'avait pas l'air de se douter de cette muette prière, et l'œil ardent, il contemplait l'amiral avec la secrète pensée du postulant qui songe au protecteur : « — Voilà cependant un homme qui pourrait me donner un fameux coup d'épaule ! »

Valentine ne savait plus d'ailleurs quelle contenance tenir, et il fallut que Mme de Grandier rompît le charme et ramenât l'amiral au sentiment de la réalité.

— Vous ne valsez plus, amiral, sans cela ma cousine eût été une danseuse idéale !

— Ah ! fit Reynière, comme brusquement réveillé, mademoiselle est votre cousine ?

— Elle est la petite cousine de Raoul, ce pauvre Raoul, dit Henriette en se tournant languissamment vers le portrait de M. de Grandier souriant toujours, les pieds dans les fleurs.

— Je vous fais compliment de votre parente, madame, dit l'amiral d'un accent profond.

— Félicitez-moi plutôt, monsieur, répondit Valentine, d'une amitié aussi bienveillante que celle de Mme de Grandier.

Cette fois, le cœur de Reynière se tordit comme

pressé par quelque main invisible. C'était jusqu'à la voix de Blanche ! En fermant les yeux et en écoutant, il eût pu croire la morte debout à ses côtés. Et même en cherchant des traits différents sur le visage de Mlle Trézel, c'était encore, c'était toujours Blanche qu'il retrouvait et qu'il revoyait, qui se dressait là, devant lui.

Peut-être y avait-il une expression de gravité précoce dans le regard de Valentine et qui contrastait avec le regard plus passionné de Blanche. Séduction plus prestigieuse encore et plus déchirante : ce n'était pas « l'adultère, » c'était « la jeune fille » que Jean de Reynière écoutait avec une sorte de ravissement plein d'angoisses. C'était Blanche, telle qu'il l'avait rencontrée et aimée. Ce n'était pas Mme de Reynière. C'était Mlle de Clarens, cette pureté vivante. Et si pourtant la trahison, la douleur, le crime, la mort, tout cela n'était qu'un horrible rêve ! Si c'était vraiment Blanche ! Si de la lettre maudite, des rouges souvenirs de la nuit du meurtre, de cette scène épouvantable de l'avenue Montaigne, rien n'existait, rien qu'un songe de malade ! Si cela était vrai que l'amiral n'avait pas tué, et qu'il aimait et qu'il était aimé... Ah ! quelle impression de salut, de fraîcheur, de pur réveil ! La même pensée et le même rêve torturaient, à la même heure, l'amiral et Salviac.

La voix d'Albéric Réville venant tout à coup inviter Mlle Trézel pour la valse prochaine ramena brutalement le comte à la réalité farouche.

Il retomba du haut de sa vision comme dans un gouffre.

Valentine accepta le bras du jeune homme, et l'amiral, immobile, vit disparaître, dans un tournoiement d'étoffes, de soieries et de fleurs, cette enfant que ses yeux, pleins d'une fixité bizarre, n'avaient pas quittée depuis un moment.

Il lui sembla qu'on lui arrachait un peu de sa chair, qu'on lui volait une nouvelle fois sa Blanche adorée. Ce jeune homme qui entraînait sa valseuse, c'était — eût-on dit — celui qui, là, tout à l'heure, avait devant lui incliné un front brisé. Et pendant que la valse continuait, tendre, amoureuse, faisant défiler dans ses enlacements de mélodies comme des tournoiements de couples heureux aux regards perdus, aux lèvres soupirantes, il semblait à ce malheureux homme, dont la douleur mâle et fière se réveillait plus lancinante, que c'était le chœur de ses souvenirs, de ses espérances, de ses illusions, qui tournait, passait, repassait et s'envolait ironiquement au vent de l'infini.

L'amiral demeura assez longtemps ainsi, comme perdu dans cette contemplation, et le docteur Vernier, à qui rien n'échappait, se sentait quelque peu satisfait. Il fredonnait machinalement, tout en suivant aussi du regard les valseurs, un accompagnement de fantaisie.

— Mais vous êtes bien gai, docteur? lui dit la belle Mme Gobert.

— Est-ce un reproche?

— Au contraire. Et pourtant, quand je vois un médecin sourire, je me dis : Bon Dieu! serions-nous menacés d'une épidémie?

— Oh! il n'est pas question de maladie. Je vous répondrai comme vous : Au contraire. Je viens de m'apercevoir qu'un malade que j'étais prêt à déclarer incurable peut parfaitement être guéri.

— A la bonne heure, fit Mme Gobert, vous acquittez quelques-uns de vos clients, vous!

La grosse dame avait, en riant, prononcé assez haut ce mot d'*acquittement*. Il arriva comme une balle au milieu de la rêverie de l'amiral, et Reynière, qui tressaillit, sortit de son immobilité en même temps que finissait la valse.

Valentine, souriante, un peu étourdie, sa poitrine se

soulevant légèrement, les boucles noires de ses cheveux se collant à son front, revenait vers l'amiral, reconduite jusqu'au canapé par Albéric, son valseur.

— Je vous remercie, mademoiselle.

La jeune fille s'inclina, s'assit, et fut aussitôt rejointe par Urbain Trézel qui lui dit rapidement :

— Il se fait tard, très-tard, Et mes expériences?

— C'est juste, dit Valentine en se relevant.

Elle ressentait une espèce de trouble qui n'était ni sans charme ni sans inquiétude à voir que M. de Reynière ne la quittait décidément pas des yeux.

Lorsqu'elle passa devant lui, il la salua avec une expression de respect où il y avait comme une effusion instinctive, et elle lui rendit ce salut avec son regard loyal, tandis que le petit docteur répétait :

— Que je suis heureux, amiral, d'avoir pu... d'avoir eu l'honneur... la bonne fortune... Si jamais vous daigniez vous intéresser à mes essais de tératologie... un homme de votre science, de votre valeur !... Et si vous vouliez bien... un jour... avec M. Maréchal, visiter... en passant... mon humble laboratoire...

Mais au moment où l'amiral répondait par un sourire bienveillant, Valentine, comme si le ton suppliant de son oncle l'eût blessée, entraînait doucement le petit homme vers la porte du salon et disparut avec lui, laissant l'amiral sous l'impression d'une fin de rêve.

Elle partie, ce salon lui semblait désert, ces lumières lui paraissaient mornes : l'ombre était partout. L'illumination disparaissait. Il semblait à M. de Reynière qu'il retombait brusquement en pleine nuit.

— Je me retire, docteur, dit-il à Vernier au bout d'un moment; je suis un peu las.

— Pardieu ! songeait le médecin, je gagerais bien qu'il serait resté si elle était encore là. Eh bien ! répondit-il, je vous accompagne. Partons à l'anglaise.

Ils remontèrent dans le coupé du docteur qui déposa d'abord l'amiral rue de La Rochefoucauld, dans cette partie basse et quasi déserte qui donne dans la rue Saint-Lazare. M. de Reynière y habitait le rez-de-chaussée d'un hôtel assez vaste au fond d'un jardin.

Au moment où le comte descendait du coupé et tirait devant sa porte le bouton de cuivre du timbre :

— Eh! bien, amiral, fit le docteur Vernier, regrettez-vous votre soirée?

— Non, répondit Reynière d'un ton bizarre.

— Se fouetter le sang, aller, venir, cela vaut bien le bromure de potassium. Je vous condamne à deux cachets par jour et à une soirée en ville tous les deux jours.

— C'est beaucoup, fit l'amiral.

— Bah! quand le bromure n'a pas de goût et quand les soirées sont bien choisies!

Reynière ne répondit pas, mais il envoya de la main un salut au docteur, poussa la porte et entra.

— Allons! murmura le médecin en s'enfonçant dans son coupé, pendant que le cocher touchait ses chevaux et que la porte de l'hôtel se refermait lourdement sur l'amiral; — si je le sauve, j'aurai bien prouvé qu'il y a des revenants en ce monde, et cette enfant m'y aura vraisemblablement aidé. Mlle Trézel tient pourtant la guérison de ce héros dans sa petite main! Et il y a encore des gens qui refuseraient le diplôme de docteur aux femmes!

VI

LA MAISON VIDE

Depuis la terrible nuit où le sang avait coulé dans l'hôtel de l'avenue Montaigne, le logis coquet et élégant où Blanche de Reynière était, un soir, entrée frissonnante et peureuse dans sa robe de mariée, avait étrangement changé d'aspect. Le malheur semble marquer aussi, comme d'un coup d'ongle, les choses et les hommes. Certaines demeures semblent hantées et suent le crime.

A travers la grille dont les portes immobiles, pareilles à celles d'un tombeau abandonné, ne s'ouvraient plus, et que rongeait déjà et rougissait la rouille, la maison apparaissait attristée et funèbre, ses fenêtres closes comme des yeux morts aux paupières baissées. Il y avait, dans cette espèce de masque posé sur la façade du logis par ces persiennes éternellement tirées, quelque chose de farouche et de sépulcral. Les marques des contrevents, poussés jadis contre la muraille, lorsqu'on les ouvrait tout grands pour laisser entrer à flots le soleil, cette joie vivante, étaient encore visibles sur la pierre, des deux côtés de chaque fenêtre, en zébrures parallèles, régulières comme des raies d'insectes. Mais on sentait que nulle main, depuis longtemps, n'avait touché ce bois couvert d'une poussière où la pluie avait tracé des sillons, gouttes d'eau pareilles à des larmes sur une joue humaine.

Un verdâtre reflet, quelque chose comme des mousses indécises, contournait les appuis de pierre qui soutenaient, au centre du logis, un balcon de fer forgé, historié et d'un style exquis, dominant, du fond de la cour d'entrée, l'élégante avenue, et où bien souvent, par les soirs d'été jadis, on avait pu entrevoir, dans la demi-lumière d'une nuit pleine d'étoiles, deux formes humaines accoudées, l'amiral disant tout bas à l'oreille de Blanche : M'aimez-vous, mon enfant? M'aimes-tu, ma bien-aimée?

Maintenant, la moisissure envahissait le balcon désert. Entre les rinceaux de fer, plus d'une araignée avait tissé sa toile, et l'impondérable amas des poussières qui tombent sur les choses abandonnées comme l'herbe pousse sur les morts oubliés, emplissait les brindilles, se logeait dans les calices des fleurs forgées, s'incrustait dans les trous de la pierre et étendait sur la trace invisible des pas de ceux qui avaient posé là leurs pieds un manteau, linceul grisâtre chaque jour plus épais.

La maison vide, autrefois si charmante, attirait invinciblement les regards des passants. On voyait souvent quelque coupé s'arrêter devant, quelque couple furtif regarder curieusement à travers la grille, examiner rapidement ces toits d'ardoises, cette porte close, ce logis muet, cette cour déserte où l'herbe verdissait entre les pavés, ces arbres dont on apercevait, au delà du bâtiment, les plus hautes branches, et qui laissaient se détacher et tourbillonner leurs feuilles à chaque automne, sans qu'on balayât ce fumier amassé autour d'eux comme une chevelure tombée.

Parfois, poussés par le mystérieux attrait de l'inconnu, par le magnétisme effrayant de la mort, quelques gens avaient bien essayé de porter leurs investigations plus avant. Simple curiosité ou réel désir d'acheter l'hôtel, plus d'un avait tenté de dépasser le seuil du logis. Mais, après avoir tiré une sonnette qui rendait un tintement aussi douloureux que le signal du viatique promené dans la campagne, on se trouvait — la petite porte qui s'ouvrait à gauche de la grille immobile, une fois franchie — en présence d'un homme aux cheveux blancs, la barbe en collier, l'œil gris de fer, de petites boucles d'or aux oreilles, qui fumait sa pipe dans un pavillon d'entrée, et dont l'abord, tout à la fois cordial et triste, devenait bien vite implacable dès qu'on essayait de pousser plus loin la visite.

C'était Gauthier, qui veillait là aussi assidûment que pendant un quart de nuit, et qui ne laissait approcher personne. Ni supplications ni ruses, rien n'y faisait. Il avait, un jour, pris par la ceinture et tout simplement porté dehors, dans l'avenue, un Anglais qui, pour entrer, faisait reluire devant lui des louis ou des guinées.

Le vieux marin était comme le chien de garde de ce logis désert. Il vivait seul dans le pavillon, à deux pas de la maison vide. De l'hôtel où les coups de feu avaient retenti, il avait la clef, confiée par l'amiral; mais il ne pénétrait jamais dans ces salles pleines de nuit et de silence. L'amiral seul y entrait quelquefois et s'y enfermait comme dans un mausolée.

M. de Reynière avait congédié tous les serviteurs d'autrefois : cette misérable Antoinette, qui savait le secret de Blanche; François le portier, leur complice. Il ne voulait rien autour de lui qui lui rappelât le passé, excepté cette maison même où s'était jouée sa vie, accomplie sa destinée. Pour rien au monde il n'eût vendu la maison vide. C'était le tombeau de son amour. Il avait mis là Gauthier, le plus humble et le plus fidèle des amis de son existence entière. Puis, fuyant l'avenue Montaigne, où il venait comme retremper sa douleur, rouvrir sa blessure, s'enivrer d'amertume, mais où son cœur se fût rompu en y vivant longtemps, il avait choisi un endroit de Paris silencieux et à demi désert où, entre un valet de chambre et un cuisinier qui ne savaient rien de sa vie — ou du moins qu'il n'avait jamais vus avant de se réfugier dans le rez-de-chaussée de la rue de La Rochefoucauld — il laissait les jours s'écouler, triste et le regard voilé comme celui d'un malade, et n'ayant plus désormais d'autres joies — et quelles joies! — que ces pèlerinages, cruellement longs et déchirants, à la maison vide, mais peuplée de souvenirs.

Gauthier n'aimait pas trop ces visites de l'amiral à l'hôtel de l'avenue Montaigne. M. de Reynière en sortait plus pâle, les joues marbrées comme de traces de doigts, les yeux affreusement rougis, la gorge serrée et étouffant. Il semblait au marin que, sortant d'un sépulcre, c'était le spectre de l'amiral qui passait.

Mais il n'osait pas, le matelot, dire ce qu'il pensait à son amiral. Et puis il sentait bien qu'il y avait comme une consolation dans cette souffrance.

— Qui sait? Sans ça, il ne serait déjà plus là peut-être!

Et il songeait à ces compagnons de bord, épris de boissons mortelles et dont quelques gouttes, en brûlant leurs entrailles, prolongent pourtant l'existence.

— Ah! mille millions de tonnerres de chien! ajoutait le marin en se promenant dans les allées solitaires du jardin, quand je pense que c'est des femelles qui vous tordent comme un bout de fil un être trempé comme ça, c'est à se demander si on ne devrait pas les étouffer toutes petites. Tout de même, mon vieux Gauthier, hein? si on aurait jamais cru pareille chose d'une femme comme celle-là!

Il se parlait ainsi à lui-même, allant et venant, tout seul dans le morne logis, dans le jardin plus touffu, mais sauvage, envahi par les ronces. Le sable criait sous ses pas en été, ses talons s'imprimaient dans la neige en hiver, et Gauthier ne sortait pas plus de ce coin de terre que d'un bâtiment en pleine mer. On lui apportait ses repas d'un cabaret voisin achalandé de cochers et de grooms.

— Je comprends, se disait le brave homme, si un autre que moi habitait ici, il semblerait à l'amiral qu'on souille cette espèce de cimetière. Mais moi... C'est comme qui dirait quelqu'un de la famille. Pauvre homme ! ça prouve qu'il m'aime, voilà !

Et le vieux marin solitaire se redressait fièrement, — non devant ces témoins muets, les arbres, les murailles, — mais devant sa propre conscience, comme si M. de Reynière, après une belle manœuvre, eût félicité le brave gabier devant l'équipage.

Cet homme, qui avait quitté le service après la catastrophe pour suivre son amiral, se regardait toujours comme militairement soumis à la volonté de M. de Reynière : la maison vide, c'était son poste, et, ajoutait-il, un poste d'honneur.

Il ne regrettait qu'une chose. Lorsqu'il avait quitté la mer, il était question de le décorer. La croix ! Il l'avait cent fois gagnée; d'autres l'avaient attachée à leur poitrine qui la méritaient moins que lui. Encore quelques mois, un an peut-être, et Gauthier pouvait, allait certainement porter le ruban rouge.

— Reste, lui avait dit l'amiral.

— Pour ça, mon amiral? Ni pour ça, ni pour rien ! Où vous irez, j'irai ! Et puis, quoi ! il y a des poignées de main — la vôtre — qui valent des décorations. D'ailleurs, ces choses-là, c'est pour les autres qu'on les porte. Ça aurait fait plaisir aux *vieux*, c'est sûr. Leur garçon décoré, ah ! dame ! Mais ils ne sont plus là, les pauvres!... Alors, qu'est-ce que vous voulez que ça me dise? Bah! je me passerai de croix, et je vous aurai, mon amiral, et quand vous verrez votre vieux Gauthier, eh bien! vous croirez peut-être que nous sommes toujours comme autrefois, et vous serez peut-être un peu moins triste.

Le ferme dévouement de cet humble était, en effet, de ceux qui pouvaient réconcilier Reynière avec le sort. Quand le matelot parlait de voir son amiral « un peu moins triste », il savait bien d'ailleurs que c'était là souhaiter l'impossible. La douleur qui accablait M. de Reynière n'était pas de celles qui s'effacent. La blessure saignait toujours. Il y aurait toujours une plaie..

Gauthier avait, un soir d'hiver, en temps de neige, surpris l'amiral ouvrant la petite porte du jardin, du côté de la rue Jean-Goujon, entrant doucement par là, suivant l'allée qui menait à l'escalier extérieur donnant sur sa chambre, et, — très-pâle, ce jour-là, — M. de Reynière passant roide et comme mû par une volonté supérieure devant le marin, lui avait produit l'effet d'un somnambule.

— Que diable fait-il là? se demandait Gauthier.

En suivant les pas de Reynière marqués sur la neige et en se rappelant certaines lignes rouges tracées en pointillé sur le plan du logis soumis autrefois au jury de la cour d'assises, Gauthier devina le secret de cette entrée presque furtive.

Ce qu'avait fait l'époux, c'était avec une précision effrayante la répétition même du chemin par lui suivi, la nuit du meurtre; c'était l'itinéraire tragique du mari outragé devenu justicier. Avec un âpre besoin de souffrance plus atroce et plus lancinante, M. de Reynière voulait se représenter cette épouvantable scène, revivre cette minute affreuse, se punir effroyablement par l'ombre même de la tuerie, et — qui sait? — il espérait peut-être que tiré brusquement d'un lugubre cauchemar, au moment où il allait pénétrer dans la chambre de Blanche, une voix lui crierait :

— Ce n'est qu'un rêve. Éveille-toi !

Cette fois, l'amiral s'éloigna du logis plus pâle que jamais.

Le pauvre Gauthier hochait la tête :

— Ce n'est pas sa femme seulement qu'il a tué, murmura-t-il, c'est lui, c'est son repos ! Ah ! pouvoir étrangler le scélérat qui a écrit la gredine de lettre...

Gauthier espérait pourtant, contre tout espoir, que le temps calmerait cette souffrance. Et les longs mois écoulés n'avaient fait que la rendre plus terrible. Jadis les hirondelles nichaient sous le toit du logis. On apercevait encore, à l'angle droit de la maison, un gros nid gris et solide bâti par les oiseaux fugitifs. Mais Gauthier, un peu superstitieux comme bien des marins, avait remarqué que, depuis le meurtre, le pauvre nid, comme la maison, demeurait vide. Les hirondelles n'étaient pas revenues.

Un jour, au printemps, le matelot eut pourtant un espoir. Il ramassa, sur la table de son pavillon, une hirondelle à la première sortie du nid, et qui, fatiguée, lasse de voler, inhabile, était venue, à travers la fenêtre ouverte, tomber là où elle était entrée par hasard.

Gauthier prit, dans sa grosse main noueuse, le pauvre oiseau effaré. Il regarda un moment cette soyeuse tête nacrée, ce petit bec effilé, ces yeux peureux, ce ventre blanc qu'un souffle de terreur soulevait et qui donnait à la paume de sa main une chaleur douce.

— Est-ce que tu serais notre hôte ? lui dit-il. Est-ce qu'il y aurait, là-haut, nichées comme aux années de de joie, des hirondelles que je n'aurais pas vues ?

Il monta par les degrés d'une échelle, comme autrefois aux huniers, et regarda.

Le nid poudreux était vide. Point de duvet, couche des petits, tressée et étendue par la mère qui couve. Ce n'était rien qu'un nid déserté.

Gauthier ouvrit sa main et laissa partir la petite hirondellereposée.

— Elle est tombée d'un nid voisin, se disait-il, et s'est trompée de route. Les oiseaux qui portent bonheur ne viennent plus dans la maison vide !

Pourtant, la seule présence de l'hirondelle entrée dans son logis avait suffi pour donner confiance au marin, et il pensait plus d'une fois superstitieusement à cette messagère de joie qui peut-être était venue lui dire : « Espère ! »

— Ah ! si, comme les arbres, les hommes aussi pouvaient rajeunir au printemps !

Gauthier s'était justement rappelé cette hirondelle de l'an dernier, en fumant sa pipe et en regardant toujours le nid sans hôtes, le lendemain du jour, où, chez Mme de Grandier, l'amiral avait rencontré Valentine Trézel. Si le matelot eût appris une telle rencontre et l'effet produit sur Reynière par la jeune fille, sans nul doute il se fût écrié :

— Tout est possible, et l'hirondelle avait raison !

Mais ne sachant rien, il contemplait le pauvre nid gris, poussiéreux, triste, abandonné, et il hochait la tête tout en jetant au grand air une bouffée de tabac.

Gauthier rentra ensuite dans son petit pavillon bien meublé et tapissé de petits trophées qu'il s'était composés lui-même avec deux sabres d'abordage, des pistolets, son chapeau de cuir, quelques idoles de bois et des ceintures rapportées du Cambodge. Il s'assit, ouvrit la fenêtre assez étroite et grillée qui donnait sur l'avenue Montaigne, et regarda machinalement devant lui, comme, à travers un sabord et par-dessus le dos d'un canon, il eût regardé la mer.

L'avenue Montaigne, à cette heure encore matinale,

était à peu près déserte. On n'apercevait, entre les arbres aux bourgeons naissants, que des cochers en veste d'écurie et en chemise de flanelle qui, une toque écossaisse sur la tête, causaient en regardant filer quelque cavalier isolé dont ils discutaient la science, et des chevaux dont ils analysaient les mérites. Parfois une amazone, suivie d'un groom, apparaissait, se dirigeant vers la grande avenue des Champs-Élysées et passait au galop de sa monture. Des chevaux tenus par la bride et qu'on promenait sans selle, une couverture à carreaux sanglée sur eux, hennissaient comme s'ils eussent senti dans l'air les premières chaudes effluves. Le ciel était d'un bleu déjà profond et l'éveil des petits logis, des restaurants, des maisons de l'avenue, avait quelque chose de gai et de printanier qui rendait plus triste encore et plus morne l'aspect de cette grande demeure close et muette dans ce quartier de haute vie.

— Ce qu'il y a de bon dans leur Paris, songeait Gauthier, c'est qu'on peut y vivre à sa guise, y crever de bombance et même de faim, sans que les voisins s'inquiètent de vous ! Comme tout ça va, vient, paraît et disparaît sans se soucier de ce que ça coudoie ! Des crabes sur la plage, quoi ! et tout prêts à se renfoncer dans leur coquille au premier appel du prochain !

Il eut cependant presque envie de sourire lui-même avec ironie de cette observation en voyant deux curieux — un homme et une femme — passer et repasser, avec une évidente préoccupation, devant la maison vide.

Gauthier, accoudé à sa fenêtre, se pencha vers la droite autant que le grillage le lui permettait, afin d'apercevoir encore ces deux personnages qui, maintenant, s'éloignaient.

Ils étaient très-élégants l'un et l'autre. La femme avait fait au marin l'effet d'être charmante : une toilette bleu foncé, du chapeau aux bottines ; et, derrière une voilette noire tendue sur le visage, des yeux très-bleus et des cheveux très-blonds. L'homme qui la suivait — son mari sans doute — était grand, bien découplé, la moustache en croc et la barbiche bien fournie. Il portait un pardessus gris clair militairement serré à la taille.

Gauthier croyait qu'ils allaient disparaître et il fut tout maussade de les voir revenir sur leurs pas, du côté de la maison. Le marin devina qu'il allait se voir encore soumis à quelque inquisition indiscrète et, sa bouche se fronçant aussitôt d'un air de mauvaise humeur, il se mit à étudier de plus près, de ses yeux gris perçants et comme à travers ses sourcils en broussaille, ce jeune homme et cette jeune femme.

Il apercevait, à quelques pas de là, contre la chaussée, un coupé arrêté, le cocher tenant majestueusement son fouet, comme au port d'armes, la poignée sur sa cuisse droite.

— Ce doit être leur voiture, pensait le marin, tandis qu'avec lenteur ces deux inconnus — des importuns à coup sûr — venaient vers lui à petits pas.

Dans sa toilette bleu-marine, la jeune femme, mince, souple, son mantelet collant à son corsage et faisant ressortir l'élégance séduisante de sa taille, marchait droite, la tête fièrement tournée vers le jeune homme et les mains dans un manchon minuscule de martre zibeline. Gauthier apercevait le bout de ses bottines, apparaissant à chaque pas, régulièrement, comme si elle eût rhythmé sa marche, et chacun de ces mouvements collait en même temps la jupe sur les hanches et les jambes, fines et hautes.

A mesure qu'elle approchait, Gauthier la regardait, l'étudiait avec cette sorte de curiosité admirative et sévère, pourtant, qu'ont les pauvres gens de son espèce pour ces élégances à peine entrevues. Autant qu'il en pouvait juger sous le voile, le visage était charmant, et ces cheveux blonds donnaient un éclat singulier à des yeux d'un bleu sombre, pleins d'éclairs.

Mais il y avait, dans cette démarche lente, souple, séduisante, étudiée, quelque chose de douteux, de capiteux et de félin. Le nez, le bout du nez, rose comme le museau mignon d'une chatte, apparaissait sous la dentelle de la voilette.

L'œil perçant de Gauthier passa rapidement de cette femme à cet homme, et si elle lui parut exquise, il lui sembla redoutable. C'était un homme d'une trentaine d'années, d'un blond tirant sur le roux, l'air plutôt soldatesque que martial, d'une élégance correcte et affectée, le chapeau très-brillant, légèrement planté sur l'oreille, tenant de la main gauche un magnifique jonc à pomme d'écaille chiffrée en or, et de l'autre relevant volontiers ses moustaches, caressant son impériale, ou se donnant quelque peine pour faire apparaître ses manchettes éblouissantes. Ses mains étaient gantées de gants anglais, brodés de rouge, à larges boutons d'acier.

En passant devant la fenêtre où se tenait le marin, ce jeune homme laissa tomber comme instinctivement un regard dans l'intérieur du pavillon, et ce regard, le marin le saisit au passage.

Gauthier, qui n'était point l'homme des petits frissons, en éprouva pourtant une impression désagréable: celle qu'on subit lorsqu'on fixe brusquement un miroir d'acier.

Ce regard était vif et froid ; un œil bleu, une prunelle allumée comme une flamme.

— Drôle de chose, pensa le marin. J'ai baissé les yeux, moi !

L'homme avait passé.

Le marin attendit qu'il revînt encore avec cette femme devant la fenêtre.

Lorsqu'ils furent en face du pavillon, Gauthier entendit la jeune femme qui disait d'une voix charmante, pleine de caresses, avec un certain éclat métallique pourtant :

— Je donnerais je ne sais quoi pour entrer là !

— Allons, allons, j'avais bien deviné, se dit le matelot. Des curieux !

Mais, lui, qui se montrait simplement sévère pour tous les autres, pourquoi se sentait-il tout disposé à être, non-seulement brusque, bourru, mais agressif avec ceux-là ?

Ils ne s'arrêtaient pas, ils ne sonnaient pas, ils continuaient leur marche. Ils faisaient bien.

Gauthier les eût reçus « comme il faut ! » Il avait encore sur les yeux l'impression acérée de ce regard.

— C'est curieux, ça ! Lorsque le soleil donne d'aplomb sur la mer, il y a des lames qui ont ce reflet-là !

Cet homme et cette femme venaient de repasser encore devant la fenêtre, n'apercevant point Gauthier sans doute, ou feignant de ne point le voir, lorsque le marin entendit brusquement la jeune femme s'écrier :

— Justement, voici l'amiral !

L'amiral ! Elle connaissait donc M. de Reynière ? Et l'amiral venait donc, ce matin, à l'hôtel ?

Gauthier aperçut, en effet, Reynière qui, à pied, traversait l'avenue et, les yeux levés sur la maison vide, se dirigeait droit vers la petite porte, à côté du pavillon habité par le marin.

La jeune femme avait fait très-rapidement à son compagnon un petit geste bref comme pour lui dire de s'éloigner, et le jeune homme se recula de quelques pas, laissant cette inconnue s'avancer vers l'amiral.

Gauthier étudiait, tout étonné, ce manége inaccoutumé.

— Qu'est-ce que c'est donc que cette femme? Après ça, quoi! mon amiral me le dira.

Et il regardait.

La jeune femme s'arrêta, se campa en quelque sorte à deux pas de Reynière, qui, absorbé, ne l'avait pas vue, et tout d'un coup, de sa voix harmonieuse et nette :

— Bonjour, amiral, lui dit-elle.

M. de Reynière sembla tout d'abord plus surpris que charmé en regardant cette femme, mais il la salua avec cette bonne grâce exquise qui corrigeait toujours en lui ou sa tristesse ou sa froideur.

— Vous, mademoiselle? Ici?

Il y avait, dans cette question étonnée, un sens auquel on ne pouvait se méprendre. L'amiral voulait dire évidemment que la curiosité seule attirait sans nul doute ces passants vers la maison vide.

La jeune femme le comprit et, d'un ton très-sincère et que M. de Reynière crut parfaitement vrai :

— Le hasard d'une promenade, amiral. Vous savez combien j'aime à respirer l'air du matin. A Vichy, nous luttions, vous et moi, à qui serait le premier descendu dans le parc, un livre à la main. Vous en souvenez-vous depuis l'an dernier?

Un signe de tête de M. de Reynière répondit.

— Je fais donc à Paris comme à Vichy, mon cher amiral, je sors de bonne heure et vais où le vent me pousse. M. Monteclair (elle désigna d'un petit geste bref le jeune homme blond que l'amiral regarda instinctivement, et qui salua), M. Monteclair a bien voulu m'accompagner. Nous avons mis pied à terre en causant, et voilà comme vous me rencontrez ici, amiral, sans autre but que de voir verdoyer les premiers bourgeons!

La jeune femme accompagnait d'un joli sourire cette petite confidence, où il y avait un sous-entendu d'excuses, et elle tenait évidemment à ne point paraître venue là pour examiner, après si longtemps, un endroit tragiquement célèbre.

— Bonne promenade, répondit alors Reynière, très-pressé d'entrer dans le logis et en saluant d'un geste cordial la jeune femme.

Il fit deux pas pour s'éloigner, mais elle se rapprocha de lui très-vite, et, d'un mouvement charmant, se glissant entre lui et la maison, lui coupant en quelque sorte le chemin :

— Ainsi, mon cher amiral, dit-elle, c'est bien décidé, vous ne voulez point me venir voir?

— Moi?

— Nous sommes fâchés? Que vous ai-je fait?

— Rien, dit l'amiral. Mais je ne sors pas. Je vis chez moi, seul.

— Et vous oubliez ceux qui vous aiment.

Reynière s'inclina avec un sourire triste.

— A Vichy, nous étions les meilleurs amis du monde, dit la jeune femme. A Paris, vous n'êtes jamais venu me donner le plus petit bonsoir dans ma loge. Décidément, je le vois bien, vous trouvez que je joue très-mal la comédie.

— Le public vous répond mieux que moi et plus éloquemment!

— Le public? Quel public? La claque. Mais on sait ce que coûtent les bravos de cette sorte. C'est tarifé. De l'émotion, *tant*, de l'enthousiasme, *tant*. Ce que j'aimerais mieux, c'est la poignée de mains sincère et l'approbation d'un ami. Venez donc, un soir, me dire franchement si je fais des progrès et si je suis mauvaise, oui ou non!

— Eh bien! oui, j'irai, fit l'amiral, à qui cette conversation devant la maison où Blanche était morte semblait atrocement douloureuse et comme sacrilége.

Sa réponse était brève comme celle d'un homme qui veut en rester là.

La jeune femme le comprit.

Elle se décida alors à aborder très-nettement un sujet auquel elle voulait arriver avec plus de lenteur et une habileté mieux calculée :

— Amiral, dit-elle, en donnant à sa voix une sorte de tremblement ému qui en doublait l'harmonie, ce que je viens de vous demander, la faveur d'une visite, c'est un caprice égoïste, mais voulez-vous me permetre, maintenant, de vous adresser une prière ?

— Une prière ?

— Oui, amiral, et la plus fervente des prières. Angèle Ferrand n'est certainement pas habituée à supplier ; mais c'est aussi qu'elle n'a point autour d'elle, parmi ceux qui l'adulent et la flattent, la courtisent et l'ennuient, un seul homme comme vous.

Elle avait adorablement, et en actrice consommée, nuancé les divers mots qui peignaient l'effet produit sur elle par la foule de ses courtisans : le mépris et la lassitude.

Celui que la jeune femme avait appelé Monteclair s'était éloigné de quelques pas et n'entendait point. Tout en marchant et d'un mouvement machinal, en homme passionné pour l'escrime, il décrivait dans l'air des *contre-de-quarte* du bout de sa canne de jonc.

— J'écoute la prière, répondit l'amiral, avec un assez pâle sourire.

— Eh bien, amiral, cet hôtel où personne que vous ne pénètre, cette maison close où vous allez chercher des souvenirs passés et des amertumes nouvelles, je voudrais — ce serait mon rêve — je souhaiterais ardemment...

Elle s'interrompit, en voyant l'expression presque dure et la lividité du visage de Reynière.

Dès les premiers mots d'Angèle Ferrand, l'amiral était devenu blême comme si on eût touché à une plaie toujours ouverte. Un éclair terrible avait rapidement passé dans ses yeux clairs. Il s'était senti atteint au profond de son âme. Il regarda l'actrice avec une fixité telle et une sévérité si soudaine qu'elle se troubla et s'arrêta, et, tout à coup, soumise et balbutiante, d'une voix qui suppliait :

— Pardonnez-moi, amiral! Je ne croyais pas... je ne pensais pas que ce que j'allais vous demander...

M. de Reynière, cruellement déchiré maintenant par cette harmonieuse voix de la comédienne, regardait avec une expression apaisée Angèle Ferrand confuse et comme tremblante. Il y avait vraiment sur le visage de la jeune femme une émotion très-poignante, et dans ses yeux bleus, l'amiral crut apercevoir des larmes.

On eût dit que, comprenant l'immense et brutale indiscrétion qu'elle allait commettre, elle avait reculé tout à coup.

L'amiral lui sut gré d'une telle émotion. Il avait bien deviné quelle prière la comédienne allait lui adresser, et son premier mouvement avait été une colère indignée. Il se calmait, trouvant cependant encore qu'une telle supplication était une insulte faite à la morte. Céder à cette prière, laisser pénétrer une indifférente dans ce cimetière de son amour, c'était impossible. Il lui eût semblé qu'une main étrangère venait brutalement soulever la pierre de ce tombeau, le linceul de ce cadavre.

Le silence de M. de Reynière avait arrêté, en les glaçant, les paroles sur les lèvres tremblantes d'Angèle.

Le comte salua la jeune femme, la laissant interdite, et marcha rapidement vers la petite porte que Gauthier, en le voyant s'élancer, avait déjà ouverte, et qui se referma brusquement sur lui.

L'amiral avait d'ailleurs corrigé par un regard d'une mélancolie résignée cette rupture nette et soudaine, ce silence attristé qui était aussi une réponse.

Angèle sentait qu'elle venait de blesser profondément cet homme et qu'il avait cependant pardonné comme à une main étourdiment cruelle.

Elle demeura un moment immobile, les yeux fixés sur cette porte à peine entr'ouverte et close aussitôt, sur ces fenêtres fermées, sur cette grille rouillée, sur ce logis muet, morne et abandonné ; puis, avec un mouvement bref des épaules et de la tête, elle chercha du regard Monteclair qui s'avançait justement vers elle en frappant maintenant de sa canne, machinalement, le talon de sa bottine droite.

— Eh bien ? dit alors le jeune homme, avec un sourire narquois sous sa moustache blonde, il n'a pas voulu ?

— Non, fit Angèle d'une voix maintenant acérée et où vibrait un peu de dépit, et je n'ai même pas osé lui demander... Je voulais lui dire, pour le convaincre et aussi parce que c'est vrai, — qui sait ? — « Laissez-moi pénétrer là ; j'y entrerai avec la ferveur et le respect et j'irai m'agenouiller, comme dans une église, dans la chambre de la morte ; » eh bien ! je n'ai pas osé. Son regard m'a rendue muette ! Il est effrayant, ce regard !

— Si tu n'es pas plus à la *réplique* que cela... Une comédienne ! Allons ! Le mieux est de donner deux ou trois louis au matelot qui sert de portier. Mais après tout, entrer ou ne pas entrer, qu'est-ce que ça te fait ? dit Monteclair.

— Si ça ne me faisait rien, je ne serais pas venue avenue Montaigne. Je voudrais la voir, moi, cette chambre ! Ça m'attire !

— Et pourquoi aujourd'hui plutôt qu'hier ? Il y a déjà beaux jours que c'est passé. Histoire ancienne !

— Pas tant que ça, dit Angèle d'un ton étrange. J'en ai encore rêvé cette nuit !

— Un cauchemar, alors ? fit Monteclair en riant.

Mauvaise digestion, voilà tout. Et puis, tu as bien besoin de te bourrer la tête de ces souvenirs. Visiter la chambre! Et après? Un tour au Bois, cela vaut mieux. Ça calme les nerfs. Allons!

Il avait pris le bras d'Angèle Ferrand, et la menant à la voiture qui attendait, il s'effaça légèrement pour laisser passer la jeune femme, puis, montant à son tour, le pied posé sur le marchepied :

— Au Bois! dit-il au cocher. Jusqu'à la cascade!

Et, s'asseyant à côté de la comédienne :

— Nous déjeunerons là, si tu veux, et, au retour, il n'y aura pas plus de diables bleus dans ta cervelle que de verrues sur ta jolie main.

— Tu as toujours des comparaisons, toi!... dit Angèle en haussant les épaules. Enfin, soit, allons au Bois.

Elle se pencha pour regarder encore la maison vide, pleine de silence, devant laquelle la voiture passait au galop. Puis, haussant rapidement les épaules, comme tout à l'heure, elle s'enfonça sur les coussins et posa sa tête charmante sur la robuste épaule de Monteclair.

— Voyons, dit-elle, raconte-moi quelque chose, toi, des cancans, des scandales, ce que tu voudras; mais désennuie-moi. Je m'ennuie, je m'ennuie, ah! je m'ennuie! C'est comme un cancer, cet ennui-là!...

Et ses yeux profonds, ses yeux bleus un peu hagards semblaient chercher à l'horizon quelque chose d'invisible et de nouveau.

— Veux-tu que je te dise? répondit Monteclair d'une voix un peu dure, tu aimes toujours M. de Salviac, toi!

— Robert!... cette bêtise! répondit Angèle.

— Alors qui aimes-tu?

— Toi!

— Et tu me dis que l'ennui te ronge?

— Aussi c'est pour ça que je vais avec toi pour le chasser, l'ennui.

— Vraiment?

— Vraiment.

— Tant mieux, répondit Monteclair, car il me semblait que tu n'étais plus la même avec moi, et que tu pensais à quelqu'un...

— A qui cela?

— Le sais-je?

— A l'amiral, peut-être?

— Peut-être à l'amiral!

Angèle continuait de fixer ses prunelles bleues sur quelque invisible horizon.

— L'amiral est en effet très-digne d'être aimé, dit-elle lentement et d'une voix profonde. Je suis une fille perdue, une baladine, une saltimbanque sans talent, comme dit Thibouville quand je ne répète pas bien ses leçons; c'est vrai, je suis déclassée et tombée, mais il me semble que, moi, si je m'étais appelée la comtesse de Reynière et si l'amiral m'avait aimée...

— Eh bien?

— Eh bien! je serais encore vivante, parce que je ne l'aurais pas trahi et que je l'aurais adoré! Voilà!

Monteclair eut un rire nerveux, railleur et mécontent.

— Si j'étais jaloux pourtant? dit-il.

— Quoi! jaloux? Comment! jaloux?

— Tu parles de M. de Reynière comme tu ne parles pas d'Armand Duval quand tu joues *la Dame aux Camélias*.

— C'est que ça m'est si égal, Armand Duval!... Tandis que...

— Tandis que lui!... Ah! Angèle! dit Monteclair furieux.

Elle posa ses petites mains gantées sur l'épaule du jeune homme et, approchant des oreilles de Monteclair ses lèvres minces, délicieusement arquées, et terribles :

— Tu es bête, va, Henry, dit-elle, as-tu donc à craindre que quelqu'un m'enlève à toi? Pas plus que je ne redoute qu'une femme ne t'arrache à moi! Tu irais à une autre, que tu me reviendrais comme le chien à sa niche. Et moi, je puis admirer un autre, me dire, comme en songeant à l'amiral : Celui-là est un homme! Mais à toi, je suis rivée, attachée mieux qu'avec un bracelet de fer. Ma vie t'appartient et je te tiens dans cette petite main-là!... C'est fini, nous sommes cadenassés l'un à l'autre, car il y a entre nous plus que de l'affection, il y a l'habitude, la peur et le mépris! Ne te fâche pas, tu sais comment je dis ça. C'est bon de pouvoir se livrer l'un à l'autre sans fausse pudeur et de se déshabiller moralement sans crainte de rougir de ses verrues, qu'on n'a pas toujours sur les mains, comme tu disais, mais qui parfois poussent au cœur, en pleine chair, il paraît... Va, va! voilà ce qui fait que je t'aime et t'aimerai toujours! Tu es plus que mon amant, tu es mon complément. Tope là! Ne t'inquiète ni de l'amiral, ni de personne. Entre nous, c'est à la vie, à la mort!

Elle changea de ton brusquement.

— Tiens! dit-elle tout à coup, en apercevant Thibouville, son professeur de déclamation, qui se promenait, gesticulant, devant l'Arc de l'Étoile. Qu'est-ce qu'il fait ici, celui-là?... Toujours est-il que le hasard est excellent. Comme tu n'es pas bien en train ce matin, et que tu t'essayes à jouer les broyeurs de noir, Thibouville me distraira, lui. Emmenons-le déjeuner avec nous.

Et, se penchant vers le professeur, la voiture une fois arrêtée, Angèle Ferrand se mit à crier en forçant un peu la voix :

— Thibouville! Thibouville! Venez! venez donc, Thibouville!

VII

ANGÈLE FERRAND

Tout Paris connaissait le vieux Thibouville. Ancien acteur de second ordre à la Comédie-Française, après avoir quitté le théâtre un peu par hasard, un peu par dégoût, il donnait depuis des années, comme Delsarte et Ricourt, — des leçons de récitation et d'art dramatique. C'était un singulier homme, vivant de peu, content de tout, excepté de la pénurie d'artistes véritables et de ce qu'il appelait la décadence du théâtre. Sa vie matérielle, c'était sa vie intellectuelle ; son existence, c'était son art. Fort indulgent en toutes choses, très-peu porté à se poser en puritain dans les mondes divers et souvent frelatés qu'il était bien forcé de traverser, Thibouville ne devenait implacable que lorsqu'il s'agissait de ce qu'il nommait *le beau.* Il y avait un peu du neveu de Rameau chez ce bohème de l'art dramatique, insoucieux de sa propre existence, profondément préoccupé, au contraire, de l'avenir du théâtre, cherchant à faire jaillir la moindre étincelle de talent chez ses élèves, et suivant avec anxiété, puis avec désespoir, les concours du Conservatoire pour y découvrir une *étoile* qu'il ne trouvait jamais.

Thibouville était surtout le professeur des femmes

qui désiraient monter sur les planches. A côté de l'enseignement officiel du faubourg Poissonnière, il promenait à travers Paris et logeait dans un petit appartement fort modeste un enseignement officieux qui, avec une place de lecteur remplie, le matin, chez un prince de la finance, lui donnait de quoi vivre discrètement. Mais Thibouville ne tenait pas à vivre en nabab. Il eût volontiers déjeuné — et de bon appétit — d'une tirade de Corneille avec la perspective de souper d'une scène de Molière.

Depuis assez longtemps déjà, Angèle Ferrand prenait des leçons de Thibouville. Il trouvait en elle une nature distinguée et une intelligence rare, mais il se heurtait, en même temps, à il ne savait quelle froideur étrange qui, sur la scène, paralysait complétement la comédienne et lui donnait l'aspect admirable et glacial d'une belle statue.

— Anime-toi donc, Galathée! lui criait souvent, en frappant du pied, Thibouville, qui pendant ses leçons et durant les répétitions, tutoyait généralement ses élèves, quitte à oublier le tutoiement en rentrant dans la vie réelle.

Angèle l'aimait d'ailleurs beaucoup, cet homme, qui savait lui dire quelquefois, avec une fureur de prophète indigné, des vérités dures, tandis que tous les autres ne l'entouraient et ne l'accablaient que de protestations banales et de fadeurs déjà entendues. L'artiste, le grand prêtre d'un art que Thibouville avait, disait-on, assez médiocrement pratiqué jadis, mais qu'il honorait avec une foi de martyr, et qu'il voulait qu'on respectât comme ce qu'il y a de plus sacré au monde, s'imposait avec le professeur d'une façon puissante. Quelquefois, lorsque Angèle Ferrand *répétait* avec une insouciance trop grande et frappait de glace quelque tirade cornélienne, Thibouville, emporté, outragé dans son culte, la saisissait par le poignet et lui disait de sa voix de basse un peu enrouée où les *r* vibraient admirablement par habitude :

— Mais, qu'est-ce que c'est qu'une meringue à la crème comme ça ? Est-ce que tu es aussi froide avec un amant ? Et pourtant, vive Dieu ! tu peux chercher, tu n'en trouveras pas des amants qui vaillent Corneille !

Lorsqu'il eut entendu et reconnu la voix d'Angèle, l'appelant par la portière du coupé, Thibouville s'avança vers la voiture et monta, sans plus de cérémonie, s'asseoir sur le strapontin, en face de la jeune femme et de Monteclair.

— Et d'où venez-vous, mon maître ? lui demanda son élève en souriant.

— Ne m'en parlez pas, je sors de chez Sichel Oppermann. Vous savez que je suis son lecteur attitré. Je lui récite tous les journaux chaque matin. Les feuilletons surtout, les nouvelles de théâtres. Quand Gautier vivait, c'était un plaisir de traduire ce feu d'artifice ! Maintenant, sauf trois ou quatre exceptions, il n'y a plus que des *reporters*. Mais encore me parlent-ils de ce que j'aime. Ce matin, il paraît qu'il y a des *points noirs,* comme disait l'autre, du côté de l'Orient, et Oppermann, au lieu d'écouter le feuilleton dramatique, m'a réclamé : « Non ! non ! le *pulletin vinancier !* » Comprenez-vous ça, le bulletin financier ?... Avoir joué le vieil Horace, Burrhus, Alceste, Othello, donné la réplique à Beauvallet dans les *Burgraves,* et finir par déclamer des poésies comme celle-ci : « *La petite Bourse a été fort agitée. Le courant est pessimiste. Les recettes générales continuent à vendre du* 3 o/o, etc... » Et l'Italien, et les Consolidés anglais, et la Banque Ottomane ! Un tas de valeurs que je ne connais pas ! Je lisais ça comme j'aurais joué Shakspeare, moi ! Et Sichel Oppermann de répondre : « Très-*indéressant,* très-*indéressant !* » Ah ! si ce n'était le morceau de pain que je trouve là tout cuit, comme j'enverrais promener le financier pour m'en tenir à mes poëtes!

— Bah! ils se comprennent entre eux! fit Monteclair.

Thibouville, encore énervé, s'agitait sur son strapontin comme tout à l'heure devant l'Arc de Triomphe.

— Êtes-vous bien là, Thibouville? dit Angèle.

— Fort bien. D'ailleurs je ne suis pas gros!

Thibouville, en effet, le visage en lame de couteau, le dos voûté, très-maigre et très-grand, les joues blêmes, ridées, la lèvre inférieure pendante, à la fois mélancolique et railleuse, les membres osseux, ce Thibouville, agité, fiévreux, se dépensant en gestes télégraphiques et en tirades irritées, avait dans toute sa personne quelque chose de décharné et presque de maladif. Vêtu proprement, mais d'une redingote et d'un pantalon coupés à la vieille mode, il posait sur ses cheveux longs et grisonnants un chapeau légèrement roussi et dont les coups de fer ne dissimulaient pas tout à fait les cassures, un de ces chapeaux bossués et sacrifiés qui ne craignent ni les averses ni les horions. On eût volontiers pris ce pâle Thibouville pour un convalescent aspirant l'air frais, n'eût été l'énergie qui flambait dans ses yeux noirs et cette étonnante rapidité de mouvements, cette volubilité de paroles qui, dès qu'il s'agissait de théâtre et d'art, éclataient, s'échappaient avec des écumes de torrent débordé, de toute sa personne émaciée et blafarde.

Thibouville connaissait fort bien Monteclair qu'il avait, plus d'une fois, rencontré chez Angèle Ferrand et qui avait même conduit Angèle au quatrième étage habité par le professeur de déclamation, rue des Petites-Écuries. Sur Monteclair, pas plus que sur tout autre individu dont il pouvait faire la connaissance chez ses élèves, Thibouville n'avait d'opinion arrêtée. Il se heurtait volontiers à ces personnages divers sans se donner la peine de les étudier. Il connaissait à fond Hamlet, Oreste, Ruy-Blas, Hernani — ses amis immortels — mais il ignorait les passants. Ce qui lui importait encore, c'était d'analyser le caractère et le tempérament des élèves qui lui demandaient ses conseils. Monteclair eût voulu se destiner au théâtre que Thibouville eût aussitôt classé le jeune homme dans une catégorie toute faite — parmi les jeunes premiers ou les raisonneurs; — mais Monteclair n'étant pour lui qu'un « accessoire » vivant, une manière de figurant, un choriste de la vie, le professeur lui souriait, le saluait, échangeait avec lui, de temps à autre, quelques banalités, et ne s'en inquiétait guère.

— Vous déjeunez avec nous, Thibouville? dit Angèle, quand le professeur eut donné libre cours à sa bile et maudit le bulletin financier de Sichel Oppermann...

— Très-volontiers. Et c'est au Bois que vous déjeunez?

— A la Cascade. Par ces premiers beaux temps, c'est charmant; on y est seul et l'on peut causer.

— Nous pourrons même y répéter le songe d'*Athalie*, fit Thibouville en riant, et s'il n'y a personne, nous nous croirons à l'Odéon, du temps de Lireux. Voyons, le *tenons-nous bien*, ce songe-là?

— Pas trop, dit Angèle en hochant la tête.

— Piochez, piochez ferme! Ah! si j'avais seulement parmi mes élèves trois filles douées comme vous, je répondrais du salut de l'art dramatique. Mais je n'en connais qu'une, c'est vous, et, au lieu de plonger en plein répertoire; ah! ouiche! vous faites du théâtre un passe-temps; vous n'y mettez ni votre cœur, ni vos nerfs. Vous jouez comme une savate. On dirait que ça vous ennuie!

— Ça ne m'amuse pas toujours, répondit lentement Angèle en fronçant ses jolies lèvres

Thibouville tressauta sur son strapontin et ses maigres épaules semblèrent vouloir trouer sa redingote et saillir jusqu'à ses oreilles :

— Est-il possible d'entendre des choses comme ça ? dit-il. Ça « ne m'amuse pas toujours ! » Alors, pourquoi montez-vous sur les planches, dites? Les planches, mais c'est plus qu'amusant, sarpejeu! c'est vivant, c'est brûlant, c'est grisant! Ça ne vous amuse pas toujours?... Moi, ça me plaisait toujours et tant et si bien que j'ai dû les quitter comme on quitterait un pays torride ; littéralement, ça me tuait; je me brûlais le sang et me cassais les nerfs à ce métier-là ! Et ça m'amusait! ah ! ça m'amusait! Si ça ne t'amuse pas, ma fille, dit-il en reprenant, avec une certaine brusquerie, le tutoiement d'usage, alors', inutile de continuer; résilie ton engagement, congédie Thibouville et va aux eaux faire la sieste. T'as pas l'allumette sacrée qui fait tout flamber. Ah! Dieu de Dieu, est-il possible! Être au théâtre et ne pas sentir tout ce qu'il y a là d'enivrement, de passion et de plaisir ! Ça ne te réchauffe donc pas les doigts, le rôle que tu tiens et que tu études?... Ça ne te monte pas à la tête, l'odeur de ta loge et des coulisses? Tout ce monde, toutes ces lumières, tout ce bruit, ça ne te fait pas quelquefois te demander si ce n'est pas la vie ordinaire qui est le rêve (et un vilain rêve!) et le théâtre qui est la vraie vie?

— Non, dit Angèle.

— Ah! figurantes que vous êtes! Vous êtes toutes les mêmes, tenez! s'écria Thibouville, que Monteclair regardait en souriant, et que la jeune femme écoutait avec une volupté étrange, comme si elle eût été avide de reproches, affamée d'injures. Des comédiennes, vous! allons donc! Des femmes qui promènent leurs toilettes sur les planches, qui posent devant le public comme les modèles devant les peintres! Des figures de cire! des poupées! tout ce que vous voudrez! Mais des artistes! mais des comédiennes! Ah! bien oui!... J'en ai connu, moi, des comédiennes, et des vraies. Une Dorval, qui se crevait pour rendre la douleur d'une malheureuse à qui l'on prend son enfant. Elle comprenait, celle-là, elle sentait, elle palpitait. Et se tuer chaque soir, tu crois que ça lui semblait pénible? Je vais te dire une chose : ça l'amusait. Car tout ce qu'on aime, tout ce qui vous attire, tout ce qui est vraiment votre vie, celle pour laquelle on est né, ça amuse, vois-tu, ma fille, et ça vous fait tout oublier : les amourettes et les ennuis, tout, tu entends, tout! Mais, si tu bâilles à l'idée d'entrer en scène, si tu ne sens pas dans tes veines le frémissement de la bataille avec le lustre pour soleil, bonsoir! tu peux jeter par la fenêtre tes rôles de tragédie. Tu peux renoncer au drame, ma petite Angèle. Tu as de la voix, tu chantes bien : — joue l'opérette. Débute aux Bouffes. Il n'y faut ni cœur, ni âme. En ce cas, c'est ton affaire! Qui sait? tu seras peut-être une grande artiste du petit art. Mais le grand, mais le vrai, mais le seul, si tu ne lui donnes pas tout ton cerveau et la chair de ta chair, alors, *good morning!* fini, ma fille, ça t'est défendu!

Angèle Ferrand éprouvait à s'entendre fustiger ainsi des frissons de cavale rétive sous la main de fer d'un maître écuyer. Elle souriait aux colères de Thibouville, à ses catilinaires où se mêlait à une certaine phraséologie classique l'argot des coulisses et du boulevard. Altérée de franchise brutale, elle trouvait un plaisir bizarre à recevoir en plein visage les insolents reproches de ce bohème convaincu, comme pendant un orage elle eût présenté son front et ses lèvres assoiffées aux gouttes d'eau chargées de soufre.

Monteclair, au contraire, fronçait le sourcil et semblait mordiller d'un air de méchante humeur la pomme d'écaille de sa canne.

— Je m'étonne, dit-il d'un ton sec, lorsque Thibouville eut fini, que vous n'ayez pas, en votre temps, fait fureur à la Comédie-Française ! Quand on a de si belles théories, on les met en pratique.

— Pas toujours facile, dit Thibouville, en s'accompagnant d'un petit sifflement railleur. Et puis, j'ai une santé stupide, une voix que la laryngite accroche à toute sortie de théâtre et à chaque coin de rue. Écoutez ça : heu ! heu ! Pas de physique. Rien. Une lame solide et un fourreau ridicule. Alors, quoi, j'ai choisi le professorat et je me suis dit : « Puisque tu ne peux être un grand artiste, mon petit Thibouville, apprends aux autres comment on grandit ! » Et voilà. J'oublie un peu qu'on ne m'applaudit plus quand j'entends applaudir mes élèves par hasard... Chacun son goût, je suppose !

— Et combien avez-vous formé de grands artistes ? dit Monteclair en imitant les vibrations de Thibouville.

— Pas un ! pas un !

Monteclair souriait.

— Oh ! si vous croyez que c'est aussi commun que les petits pois, les vrais artistes ! Il y en a trois ou quatre par siècle, et c'est beaucoup. On ne vend par les phénix à la douzaine, comme les alouettes, et vous n'avez jamais vu, je suppose, ramasser des diamants à la pelle !

Le coupé filait rapidement vers la porte du Bois, suivant la grande avenue où quelques rares cavaliers, à droite, au milieu de l'allée sablée, faisaient envoler en galopant les moineaux qui jouaient, comme en juillet, dans le sable lentement réchauffé par un soleil déjà tiède. Cette journée de printemps, à peine éveillée, s'annonçait peu à peu comme un beau temps d'été. Paris a de ces capricieuses erreurs de saison.

Thibouville regardait les blanches maisons entre les arbres sans feuilles, mais déjà estompés de vert ; et ces hôtels coquets, ces tourelles, ces toits d'ardoises, les affiches gigantesques qui couvraient parfois les palissades de planches ou des murs entiers, l'amusaient. En approchant des fortifications, dont l'herbe jaune et pelée ressemblait, sur les pentes géométriques, à du velours usé, le pauvre homme dit naïvement, avec l'impression ravie d'un voyageur qui revoit un coin de terre autrefois visité :

— Tiens ! c'est drôle, je ne suis pas venu là depuis six ans bientôt. Le Bois, c'est le quartier de mes élèves, ce n'est pas le mien ! J'aime mieux Vincennes ou Nogent, les canotiers de la Marne ! Voilà pourtant où j'ai passé déguisé en guerrier, dit-il à Angèle Ferrand pendant que le coupé franchissait la grille. Oui, en janvier 71. Le sac sur le dos et trois livres de boue à chaque semelle. Je pouvais figurer parmi les *pantouflards*, j'avais cinquante ans moins deux mois. Mais, ma foi non, je n'ai jamais aimé jouer les *doublures*. Je m'étais donc mis dans les premiers rôles : — les compagnies de marche. *En vedette*, quoi ! Vous rappelez-vous que nous nous sommes vus à Champigny, monsieur Monteclair ?

— Non.

— Moi, je m'en souviens bien. Vous étiez à cheval, avec un uniforme un peu chic, il fallait voir ! Beau cavalier, messeigneurs ! Votre escadron d'éclaireurs a d'ailleurs crânement donné. Je regrette que tu n'aies pas vu Monteclair le sabre au côté, Angèle, tu l'aurais adoré !

— Oh ! dit-elle avec un sourire profond, bizarre et inquiétant, en regardant Monteclair, je l'adore sans ça ! Mais ce que je regrette plus que cela, moi, c'est de n'avoir pu m'enfermer à temps derrière ces talus et d'avoir passé ce triste hiver au bord de la mer, à lire les journaux, puis à les déchirer avec colère et à me dire : — Il a peut-être été tué aujourd'hui !

— *Il?* qui *il?* fit Thibouville.

Monteclair fronça de nouveau les sourcils et fit claquer sa langue contre son palais avec une expression de dépit qui amena un sourire nouveau sur les lèvres d'Angèle, et cette réponse accompagnée d'un petit soupir :

— Quelqu'un pour qui je me serais peut-être parfaitement tuée alors, et que j'ai complétement oublié aujourd'hui. Ainsi va le monde!

— Il ne fait pas bon tomber dans ce sac aux oublis, dit Monteclair sèchement.

— Dans tous les cas, ce n'est pas à vous de m'adresser un tel reproche. S'il n'était pas oublié, vous ne seriez pas là !

— Très-bien dit, pensa Thibouville, en écoutant la riposte nettement et fermement accentuée. Voilà le ton. Ah! si elle *prononçait* comme ça à la scène!

Il y eut un silence dans le coupé, et Angèle regardait le paysage. A travers les troncs d'une teinte presque violacée des pins, elle apercevait le miroitement du Lac. Les arbres disparaissaient des deux côtés de la voiture, de robustes troncs de chêne que la ligne grêle d'un bouleau rayait, çà et là, d'un trait blanc. Le Bois était charmant, par ce temps attiédi. Près de la Cascade, les coteaux de Suresnes, les Tribunes des Courses, les ailes du Moulin apparurent un moment, comme dans un panorama plein de lumière et d'air, puis le coupé s'arrêta devant le restaurant, et, tandis qu'un garçon en casquette de cuir galonnée d'or ouvrait la portière et tendait son bras à Angèle Ferrand, Monteclair descendait en se caressant la moustache et Thibouville secouait ses jambes engourdies durant le trajet.

La comédienne — Thibouville, plus sévère, ne lui eût certainement pas donné ce nom — se sentait aise de respirer un peu, loin de son boudoir, de sa loge de théâtre, de ses cabarets d'habitude. Il n'y avait personne dans le Bois, personne dans ce restaurant. C'était comme une fuite loin de Paris, quelques heures de liberté en compagnie de ce Thibouville, dont le franc parler la divertissait en la fouaillant.

Elle entra, en fredonnant entre ses dents un air à la mode, dans l'espèce de rotonde vitrée où les nappes blanches attendaient les convives, rares en cette saison, et tandis que Thibouville regardait le plancher de marqueterie, les dessins des murailles et le plafond de verre dépoli par où tombait la lumière, Angèle approcha ses petits pieds d'une bouche de fonte, ouverte dans le parquet, et les présenta à la chaleur du calorifère, coquettement, comme si elle eût voulu montrer à Thibouville l'exiguïté de ses bottines. Elle n'en était point cependant à jouer les coquettes avec son professeur. C'eût été peine perdue. En fait de marivaudage, Thibouville ne connaissait que Marivaux.

Thibouville éprouvait d'ailleurs une sensation de bien-être à s'asseoir devant une table bien servie et à étaler sur ses genoux une serviette aux plissures franches, un linge blanc qui donnait sous les doigts une impression de fraîcheur. Et puis il se sentait à l'aise avec Angèle Ferrand. Cette jolie fille était de son monde et Monteclair aussi. Il pouvait se livrer et déblatérer avec eux tout à son gré. Il regardait Angèle rompant le pain de ses jolis doigts, cassant gracieusement une patte d'écrevisse et tournant autour d'elle ses yeux bleus. Monteclair parlait peu et semblait légèrement sombre. Angèle, au contraire, s'efforçait de s'égayer, et comme si elle avait quelque pensée triste à oublier, de s'exciter à des plaisanteries qui finissaient par un petit rire nerveux et qui sonnait faux.

— C'est charmant ici, disait-elle. On se croirait à cent lieues de Paris!

— A Vichy, peut-être! fit Monteclair d'un ton sec et un peu narquois.

— Pourquoi à Vichy ? Il n'y a rien qui ressemble à Vichy, rien qui le rappelle, dit-elle.

— Il y aurait l'amiral, s'il était là.

Angèle haussa les épaules et regarda Monteclair sans répondre. Est-ce que Monteclair qui, depuis l'avenue Montaigne, n'avait pas prononcé le nom de M. de Reynière, allait tout à coup, comme cela, s'aviser d'être jaloux ?

Elle ne répondit même pas à cette allusion ou à cette attaque du jeune homme et elle continua à regarder les arbres du dehors, la pelouse, le bout de rocher factice qu'on apercevait sous les chênes, les vases blancs entre les troncs d'arbres et les verres de bec de gaz en forme de boules, éclairant, les soirs d'été, les bosquets désertés maintenant. Sur le sable gris des allées apparaissait parfois quelque voiture, le gilet rouge d'un cocher, la silhouette d'un passant et l'on n'entendait rien que le sourd murmure de la Cascade qu'on ne voyait pas ou le bruit du sabot d'un cheval sur la terre durcie de l'avenue.

Ce coin de paysage parisien, aperçu à travers la rotonde vitrée, se reflétait dans les glaces, où Angèle regardait les branches encore nues, les troncs goudronnés, comme si l'eau noire de quelque inondation eût laissé là sa trace, les ombres portées sur le sable jaune des allées, et il y avait une poésie de renouveau dans ces verts tendres déjà visibles et dans ce lambeau de ciel bleu qui souriait entre les branchages des acacias encore noircis par les pluies d'hiver.

Depuis que Monteclair avait parlé de l'amiral, Angèle ne riait plus, n'essayait plus même de feindre une gaieté qu'elle n'avait pas, et fronçait maintenant ses beaux sourcils noirs.

L'expression assombrie de ce visage frappa Thibouville, qui, tout en versant de l'eau de Saint-Galmier dans un verre de Saint-Julien, s'écria :

— Ah! bravo! Ah! si *t'avais* ces sourcils-là pour jouer Phèdre!

— Je ne jouerai jamais Phèdre, répondit Angèle avec humeur, et je suis destinée à remplir, comme je le fais, des rôles *à toilettes* dans les comédies du Gymnase ou du Vaudeville! Je joue pour les lorgnettes, voilà!

— Parce que tu joues pour les autres. Joue pour toi, tu verras! Quand je te dis que tu es douée, ce qu'on appelle douée...

— Ah! bah! le théâtre s'en va, vous le dites vous-même, Thibouville!

— Raison de plus pour essayer de le retenir! Tiens, il m'arrive une chose curieuse... Vous savez, dit Thibouville en s'adressant tantôt à Monteclair et tantôt à Angèle, que « le chic » pour les femmes du monde est aujourd'hui de réciter des vers. La plupart sont faites pour ça comme moi pour être pape, mais c'est la mode, rien à dire! On est dans un salon, on ouvre le bec, on récite le *Vase brisé*, et le public applaudit. Il applaudit tout, le public. Eh bien! l'autre jour, j'ai été mandé chez une dame qui veut prendre des leçons de Thibouville (il parlait volontiers de lui-même, mais sans infatuation, tout naturellement, à la troisième personne). C'est Mme Lehidec de Grandier. Jolie, intelligente, une vraie Parisienne. Mais pas plus comédienne que cette fourchette, tenez! Je vais lui donner des leçons. Autant vaut semer du blé sur du marbre. Seulement, il y avait là, chez elle, une jeune fille... Ah! si celle-là voulait monter sur les planches!... Des yeux grands comme ça, une tête tragique, une voix superbe, un physique de grand premier rôle. Pauvre avec ça! En voilà une qui est née, de pied en cap, artiste et jusqu'aux ongles.

— Le sait-elle?

— Elle ne s'en doute pas. C'est une bourgeoise, voilà le malheur. Je lui dirais : « Voulez-vous que je fasse de vous, en deux ans, la première actrice de Paris? » Elle me prendrait pour le diable. — Thibouville-Méphisto : *Vade retro !*

— Elle est donc bête? fit Angèle.

— Non pas. Tout ça dépend de l'éducation. C'est la nièce d'un savant qui m'a même l'air d'un drôle de savant. Un homme qui, paraît-il, passe son temps à fabriquer des poulets à deux têtes, le docteur Urbain Trézel.

Dans les yeux bleus d'Angèle Ferrand, un rapide éclair passa comme une traînée de lumière livide, et ses lèvres laissèrent lentement tomber ces mots, d'un ton bizarre :

— C'est fort étrange ! Mais je la connais votre grande artiste ignorée !

— Je n'ai pas dit que ce fût une grande artiste, reprit Thibouville, j'ai dit qu'elle a l'étoffe et le physique d'une véritable...

— Est-ce qu'elle ne s'appelle pas Valentine? interrompit Angèle Ferrand.

— Si fait, Valentine Trézel.

— Eh bien, comme on se rencontre ! C'est une camarade de pension à moi !

— A vous ? demanda Monteclair.

— Parfaitement.

— Mais elle est charmante cette demoiselle Trézel ! s'écria Monteclair dont la voix prit une singulière expression d'admiration très-vive.

— Vous dites cela comme si ça vous étonnait ! fit Angèle. Est-ce parce que Valentine Trézel a grandi à côté de moi que ce charme vous surprend ?

— Vous me prêtez là une pensée mauvaise et bête, répondit Monteclair. Je veux simplement dire que j'ai vu par hasard Mlle Trézel, spectatrice comme moi, dans un concert de charité, où je m'ennuyais profondément. Son oncle, le docteur, qui est fort bavard, m'a adressé la parole. Nous avons causé, et, oubliant les romances chantées et les morceaux de piano exécutés — comme si les auditeurs eussent été les condamnés, — j'ai trouvé Mlle Trézel tout à fait exquise. Jolie d'abord, intelligente ensuite, quoiqu'elle ait fort peu parlé. Une vraie femme.

— Une Pauline, une Emilie, une doña Sol ! s'écria Thibouville.

— Il sera dit, fit Angèle, la lèvre arquée par un étrange rictus, que cette Valentine et moi, nous nous rencontrerons toujours sur le même chemin. Est-ce qu'il n'y a pas une fable de La Fontaine où il est question de deux chèvres qui se heurtent sur un pont?...

— Et qui ne veulent, ni l'une ni l'autre, céder le passage.

— Livre XII, fable IV, répondit Thibouville, récitant en prenant le ton du professeur de diction :

Faute de reculer, leur chute fut commune :
Toutes deux tombèrent dans l'eau.
— Cet accident n'est pas nouveau
Dans le chemin de la fortune!

— La fable n'a pas toujours raison, dit Angèle Ferrand avec une certaine amertume. En fait de chute, je n'en connais qu'une, la mienne ! Bah ! tant pis pour moi ! A qui la faute?

— Je croyais, dit Monteclair, railleur, que nous étions venus ici pour nous divertir !

— Et vous dites que Valentine Trézel ferait une artiste, Thibouville? demanda la comédienne, comme si elle n'avait pas entendu ce que venait de dire son amant.

— Une artiste de premier ordre. Elle a la ligne.

— Seulement, fit Monteclair, elle préfère être une honnête femme.

— Elle n'est pas dégoûtée! dit Angèle. Pourtant, je vous remercie, Henry, de me rappeler, de temps à autre, la différence qu'il y a entre une femme honnête et moi. Ça me flatte. Et c'est bien à vous, qui êtes de principes si sévères, de me rappeler cela!

— Je ne suis pas sévère, répondit Monteclair, légèrement pâle et qui sentait que ses derniers mots, un peu trop irréfléchis, avaient en effet dû blesser la comédienne. Vous savez, au contraire, quelle est ma règle de conduite : *Vivre gaiement et mourir proprement!*

— Vivre gaiement, c'est facile à dire! s'écria en riant Thibouville, un peu égayé par la Chartreuse, jaune comme la fleur bouton d'or, qu'il dégustait à petites gorgées.

— Mourir proprement, c'est parfois plus difficile à faire, ajouta Angèle, dont l'œil devenait profond comme certains ciels d'été, chargés d'électricité et étouffants.

Monteclair, à son tour, feignit de n'avoir pas entendu; il regardait, du côté de l'allée qui mène au terrain des courses, deux cavaliers débouchant du Bois au trot de leurs chevaux et qui se rapprochaient du restaurant, un petit chapeau de feutre sur la tête, des gants anglais aux mains et des bottes aux mollets.

— Tiens, c'est Boispréaux, dit-il, peut-être pour détourner la conversation ou la laisser tomber là. Boispréaux et Rongère!

— J'espère que vous n'allez pas les amener là? fit Angèle.

— Qu'est-ce que c'est que Boispréaux? demanda Thibouville. Est-ce Gauvain de Boispréaux, le député?

— Oui, Léon de Rongère et lui représentent l'ordre à Versailles. C'est pour cela qu'ils s'y agitent si éperdument, poussent des clameurs si fortes et ont rendu à peu près sourd le vieux Clérambourg, qui est bien forcé de les avoir pour voisins, puisqu'il les a pour collègues et qu'il est de leur parti.

— Allons! dit Monteclair, je vois, chère amie, que vous allez encore parler politique!

— Dieu m'en garde. Mais j'ai bien le droit, je pense, de trouver vos amis un peu bruyants et de vous prier de ne pas les inviter.

— A s'asseoir à vos côtés? C'est cruel. D'ailleurs, voyez. Ils n'entrent pas. Boispréaux a tout simplement décroché son éperon, et il demande un bout de fil à un garçon pour le rattacher. Et Rongère ne descend même pas de cheval. Je vais leur serrer la main. Vous permettez?

— Comment donc!

Monteclair se leva et Angèle le suivit des yeux en hochant la tête, tandis que le jeune homme s'avançait au dehors vers M. de Rongère, qui poussait en l'apercevant un cri joyeux, — un cri de viveur découvrant un boute-en-train, — et faisait redresser Boispréaux courbé sur son éperon, le haut du pied sur une chaise.

Une conversation, dont Angèle et Thibouville n'apercevaient que la pantomime, s'engagea entre ces trois hommes, et bientôt Monteclair, Boispréaux et Rongère, devisant et riant, se mirent à aller et venir devant la rotonde en causant, tandis que le valet à casquette galonnée tenait leurs chevaux par la bride.

Machinalement, Thibouville suivait le regard vaguement rêveur et comme lassé qu'Angèle Ferrand fixait sur Monteclair, et il cherchait à deviner, par l'attitude de la jeune femme accoudée et par l'expression de ses yeux songeurs, les pensées qui s'agitaient sous ces cheveux blonds et soyeux, à reflets d'épis mûrs.

— Sais-tu, dit-il, qu'à un lever du rideau où l'on te verrait comme ça accoudée, ça ferait un rude effet, ma petite?

— Pourquoi ? demanda Angèle comme si la question venait de la réveiller brusquement.

— Parce que, posée comme tu l'es, tu as l'air d'attendre quelqu'un ou de pleurer sur quelque chose. La main, le coude, les yeux, c'est superbe. Ça intéresserait tout de suite.

— Ah ! bah ?... fit Angèle.

— Il n'y a pas de : *ah! bah!* je te le dis et te le redis, ma fille. Mets donc un peu de tes douleurs — si tu en as, — de ta vie, de tes amours, de toi-même, en un mot, dans tes rôles, et tu m'en donneras des nouvelles. *T'as* un crâne avenir, si tu veux !

— Un aussi bel avenir que Mlle Valentine Trézel ? demanda la comédienne avec l'éclair de tout à l'heure dans les prunelles.

— Certainement, dit Thibouville. Mais tu ne veux pas, voilà le *hic !... T'as* donc jamais éprouvé quoi que ce soit au monde que tu puisses exprimer comme tu l'as senti ?

— Moi ?

— Oui, toi.

Angèle Ferrand jeta à son professeur un regard de pitié, accompagné de ce terrible et inquiétant sourire qui relevait parfois sa lèvre mince, et elle dit, en tenant entre ses doigts un couteau à lame d'argent et en frappant à petit coups la nappe, où elle dessinait des croix :

— Vous ne connaissez pas ma vie, Thibouville. On en ferait un drame, vulgaire peut-être, banal, ressemblant à beaucoup d'autres, c'est possible, mais douloureux, ce qui est certain, pour la principale héroïne :— Mlle Angèle Ferrand, fille majeure, ici présente !

Elle prenait à Thibouville lui-même ses façons de plaisanter, l'accent un peu amer de ses railleries, le ton boulevardier de sa causerie et de ses leçons.

— Vous savez le refrain éternel des femmes tombées? « Je n'étais pas née pour une telle existence! » Vieille chanson, romance usée. J'aurais pourtant le droit de la chanter, moi ! Ce Monteclair, qui me faisait reluire tout à l'heure devant les yeux, comme une neige à laquelle il m'est défendu de toucher, la vertu des honnêtes femmes! Eh bien! quoi, j'ai été honnête aussi, très-honnête, ma foi, et, telle que je suis, j'ai peut-être encore des honnêtetés que d'autres n'ont pas. Ça me regarde.

— Est-ce que tu l'aimes, ton Monteclair? demanda Thibouville, pour dire quelque chose, et en voyant que la jeune femme, poursuivant comme en elle-même quelque idée, se taisait.

Elle releva la tête.

— Monteclair? Oui. Je l'aime. Par habitude. Je ne l'aurais plus là, il me manquerait. Nous sommes bien accouplés. Une jolie paire! Seulement, ah! seulement, ce n'est pas avec lui que je rêvais de couler mes jours quand j'étais jeune fille et que dans ce cerveau-là il y avait tout un monde d'ambitions et d'espoirs. J'étais née riche, il paraît. Mon père était l'honneur même, avec une confiance bête dans l'honnêteté des autres. Il s'était associé, pour l'exploitation de je ne sais quelle fabrique de cristalleries ou de faïences, à un homme à la fois incapable et coquin. Et il se fiait à lui, si bien qu'il dut abandonner toute sa fortune pour éviter la faillite et payer même les dettes particulières de l'autre qui avait apporté ça dans le fonds social. On m'a raconté cela bien souvent. Mon père, donc, mourut sans un sou, moi toute petite. Maman... — je ne sais pas dire ce nom-là, je n'ose pas, c'est drôle! — ma mère, désolée de se voir sans fortune, n'avait pas survécu, et c'était sa mère à elle, maman Grivet, presque ruinée elle-même par son gendre, qui m'a élevée. Pauvre femme! Elle mangeait son mince capital, année par année, pour donner ce qu'on appelle une brillante éducation à sa petite-fille.

« Elle se répétait qu'avec une intelligence comme la mienne on pouvait devenir — c'est votre mot, Thibouville — une *artiste*. Ce qu'est une artiste, la chère et honnête maman Grivet l'ignorait; mais quoi! elle se disait que les métiers féminins ne donnent que des salaires insuffisants, et qu'on paye des prix fous les chanteuses et les comédiennes lorsqu'elles ont du talent. Et quant à avoir du talent, j'en aurais certainement! Il paraît que j'étais déjà jolie. Brune — vous savez que ces cheveux blonds ne sont pas à moi, Thibouville, oui, c'est une perruque — brune avec des yeux bleus. Ma parole, je crois que les premiers mots que j'ai entendus de ma vie, c'est : « Mais voyez donc comme elle est jolie, cette petite! » On ne sait pas ce que des banalités comme ça enfoncent de mauvaises pensées précoces dans une cervelle d'enfant. Mais, jolie ou non, je me rappelle fort bien, moi, que j'étais irascible, capricieuse, alternativement bonne et méchante. Pauvre bonne maman Grivet! Que j'ai dû la torturer! Mais non, elle me trouvait parfaite. Elle se disait : « Ce caractère se refera; c'est si jeune! »

« Nous habitions je ne sais trop où, du côté de la banlieue, au pied de la colline de Montmartre, une grande maison neuve, pleine de petits logements, et nos fenêtres donnaient à la fois sur un lambeau de rue et sur un tas de derrières de constructions nouvelles, avec des grands murs nus et des linges aux fenêtres. Je m'y vois encore, tenez, Thibouville! Au bas de ma fenêtre, à moi, un petit jardin, un de ces jardinets tristes et grands comme la main où les fleurs sont phthisiques et où, lorsqu'un papillon y vient, il s'en échappe bien vite, comme nous sortirions d'un cimetière. Puis, à gauche, un morceau de rue que j'ai si souvent regardé en rêvant. Il y avait là, et sous mes yeux, la porte d'entrée d'une pension de jeunes gens, des petits, avec une inscription sur la muraille, que la grille d'entrée coupait en deux, et dont je n'ai jamais pu déchiffrer que ces mots tracés en grandes lettres noires... *ion de jeunes gens*. Ah! que j'ai passé de longues heures à regarder cela, ces lettres, cette grille, ce mur, et ces enfants de mon âge qui entraient là et dont j'entendais les cris et les rires, moi prisonnière, aux heures de récréation! J'avais une raison et une tristesse, hélas! au-dessus de mon âge. Je me disais : « Il y a, parmi ces jeunes gens, des êtres qui seront des maris pour des jeunes filles comme toi, mais plus riches que toi, car tu es pauvre, et pas un de ces enfants ne voudrait de toi, Angèle, quand l'âge d'homme sera venu. Ils seront les maris d'autres jeunes filles, de celles que tu rencontres à la pension, quand bonne maman Grivet t'y conduit. Ils épouseront Laure Guérin, Pauline Hardouin, Valentine Trézel, qui sont jolies et riches sans doute; mais toi, non, pas toi! toi, tu es pauvre! »

« Et dans tous les romans que je lisais malgré bonne maman, il y avait des jeunes filles pauvres qui pleuraient, qu'on n'aimait pas et qui me ressemblaient. Et je songeais : « C'est ton histoire. » Il faut vous dire qu'on m'avait retirée de pension de bonne heure. Affaire d'économie. Et je regardais toujours ce mur blanc, cette grille et ces lettres fatidiques, épelées tant de fois : *...ion de jeunes gens*. Le pan coupé de notre maison, faisant façade, m'empêchait de voir le commencement du mot *institution*. Il y avait, dans un coin du jardin de cette institution, sous les marronniers, une espèce de kiosque recouvert de zinc avec un balcon extérieur comme un chalet suisse, et Dieu sait combien je l'ai regardé. Il était pour moi comme un prétexte à rêveries. L'été, il avait l'air de quelque petite mosquée comme j'en voyais sur les images, et, en le contemplant, je me croyais transportée je ne savais où, au Caire, à Constantinople, loin de ce coin poudreux et triste de banlieue parisienne. L'hiver, la neige, en le couvrant, lui donnait l'aspect d'une construction russe, et je voyageais par la pensée, là-bas, à travers les plaines blanches.

« J'étais romanesque, je le sais bien. Mais je m'ennuyais tant ! Oh ! les atroces bâillements, les lentes journées ! Des après-midi d'été étouffantes, avec des ciels bêtement bleus, des murs atrocement blancs, et ce jardin aux feuilles jaunes, là-dessous ! J'en étais réduite à considérer comme une joie la fête du maître de pension, les soirs où l'on allumait huit à dix lanternes vénitiennes dans les arbres et où l'on tirait un feu d'artifice de douze francs, dont je ne voyais pas toujours les fusées. Je tuais mes journées à compter les omnibus qui passaient sur le morceau de rue qui se découpait là, entre deux maisons, à regarder la silhouette des buttes, là-haut, ou plutôt à me redire, à me répéter : « Institution de jeunes gens ! *...ion de jeunes gens !* Ils grandissent là, les maris que les autres auront et que tu n'auras pas, Angèle ! » Me voyant triste, inquiète de l'avenir, maman Grivet me disait : « Tu es pauvre, deviens artiste, l'art justifie tout et mène à tout. » Qui diable lui avait dit cela à la sainte femme ? « Eh bien, quoi ! ajoutais-je alors, bonne maman a raison ! Je m'affranchirai par moi-même, je me ferai mon existence moi-même ! Je serai artiste ! J'entrerai au Conservatoire, et bientôt... » Mais voilà, je m'ennuyais à travailler. Tout m'ennuyait. J'avais seize ans. On n'entre au Conservatoire qu'après un concours. — Je suis bête, c'est à vous que j'apprends ça ! — Je ne fus pas même admise à faire partie des élèves, à m'asseoir dans une classe. Alors, dégoûtée, je ne savais à quelle folie me vouer ; bref, dans cette disposition d'esprit, lasse, amère et accablée, voilà que je rencontre un jeune homme venu à Paris pour étudier la médecine et qui, je ne sais pourquoi, — pour éviter les tentations du quartier latin, peut-être, — s'était établi là-haut, du côté de Montmartre. Vous me demandiez tout à l'heure si j'aime Monteclair, Thibouville? Je vous ai répondu *oui*, je ne sais trop pourquoi. Mais celui-là, ah! celui-là, je l'ai adoré! Robert Weldon... oui, il s'appelait Robert, comme l'autre...

— L'autre? fit Thibouville.

— M. de Salviac, vous savez bien!

La comédienne reprit :

— C'est drôle, hein? — Robert Weldon était né à la Louisiane, d'une mère française et qui était morte poitrinaire. Le père, d'ailleurs peu riche, s'était remarié là-bas. Robert était venu à Paris, le pays de sa mère, après avoir juré à la pauvre femme de se faire médecin. Elle redoutait, la malheureuse, de lui léguer le mal dont elle mourait, la phthisie, et Robert, brun, joli garçon, semblait taillé pour vivre cent ans. Il y avait pourtant ses yeux, de grands yeux noirs, doux et ardents, qui brûlaient parfois d'une flamme étrange. Mais ce n'était rien. Robert avait une petite somme d'argent à lui, nécessaire pour atteindre l'époque où il aurait du talent. Le talent! Ça a de longues jambes, et on court parfois longtemps après, n'est-ce pas, Thibouville?

— Je rabâche, dit le professeur, mais encore une fois si tu jouais comme tu parles là, tu verrais l'*effet!*

— Ça vous intéresse donc, mon *racontar?*

— Beaucoup.

— C'est vrai, au fait, vous ne me connaissez pas. Eh bien! si Monteclair m'en laisse le temps, vous saurez le fond et le tréfond d'Angèle Ferrand. Une confession, quoi!... Et je ne vous demande pas de m'absoudre à la fin, ô mon père!

Elle riait, mais il y avait quelque chose de brisé et de tragique dans ce rire aux vibrations d'acier.

— Monteclair a l'air très-occupé avec ses députés, dit Thibouville en regardant au dehors.

— Eh bien! me voilà donc rencontrant Robert Weldon. Et éprise!... Et affolée! Lui, songeant à m'épouser, moi, ne pensant qu'à l'aimer, et à être aimée! Une femme à la mer. Je ne songeais déjà plus à travailler *mon art*, — je parle comme vous, — et lui, Robert, oubliait étrangement sa médecine. Passionné, ne pensant qu'à moi, brûlant sa vie, la terrible maladie se développait sans qu'il s'en aperçût et sans que moi-même je visse autre chose dans ses yeux agrandis que son amour et son sourire. Ah! les beaux rêves! les rêves fous! Il m'épouserait. Nous partirions. Nous irions dans son beau pays ensoleillé, là-bas. Et il me semblait que le kiosque environné de marronniers de la pension de jeunes gens se retrouverait dans la Louisiane, et que nous y vivrions tous deux, et y mourrions le même jour, dans longtemps, bien longtemps. Ma folie, — comment appeler autrement cet amour-là? — ma folie avait frappé au cœur bonne maman Grivet. Elle hochait la tête, me disant, sans autres reproches que ses larmes, pauvre vieille femme : — « Tu manqueras ta vie, Angèle! Il n'y avait que le talent, les succès, le triomphe, qui pussent fournir un aliment à ton terrible caractère, si ardent. Que deviendras-tu, malheureuse fille? Ah! les enfants sans père ni mère, comme ça tourne! J'étais pourtant une bonne conseillère, Angèle, et je t'aimais bien! » Aujourd'hui, Thibouville, quand je songe que j'ai fait, moi, couler des larmes sur ces pauvres joues ridées, je me dis que tout ce qui m'arrivera de dur dans le monde, je l'aurai mérité!

— Voyons, voyons, dit Thibouville, n'exagérons rien...

— Oh! ce n'est pas que je cherche à vous attendrir, vous savez. Parce que je me repens de ça, ce n'est point une raison pour que je sois parfaite. Tudieu!

monseigneur, ajouta-t-elle sur un ton de tragédie poussé au comique, je vous jure que j'ai fait pis !

— Ne pose donc pas à la *Lucrèce Borgia*, répondit Thibouville. Joue les Desclée, et non les *mam'zelle* Georges ?

— Bref, ce Robert Weldon, je l'aimais, reprit-elle. Et, comme il faut que je porte malheur à tous ceux que j'aime...

— Vrai ? Alors déteste-moi un peu, fit Thibouville en repoussant la chartreuse et en se versant du kümmel.

— ... Après quelques mois, Robert mourut. Ah ! Dieu ! ce que j'ai pleuré ! J'étais insensée de désespoir. Je voulais me tuer. J'aurais dû me tuer. Ça serait fini, et bien fini. Mais à dix-huit ans, on a comme un ressaut instinctif et stupide devant la mort. Je n'avais pas un sou. Tout ce que possédait Robert était mangé. Il ne me restait que le peu de bijoux qu'il m'avait donnés. Je *bazardai* tout ça, et quelques meubles avec, et j'achetai à Robert un terrain à Montmartre, tout près de la petite chambre où nous avions vécu si heureux. Puis je fis placer là une pierre où je vais encore quelquefois m'agenouiller quand le passé revient me trotter par la tête. Ça vous étonne ? Si Robert avait vécu, pourtant, je serais une honnête femme, moi aussi, comme votre Valentine Trézel !... *Madame Weldon!* Et ni vous, ni Monteclair, ni personne n'auriez connu Angèle Ferrand. Et personne n'y perdrait rien.

— Ah çà, mais...

— Laissez-moi continuer, Thibouville, puisque aussi bien ça me distrait, ces confidences ! Voyez-vous ce médaillon ? Oui, à mon cou ! Il ne me quitte jamais. Je dis jamais ! Il y a là des cheveux de Robert Weldon, coupés sur sa tête refroidie et qui s'en iront en terre avec moi ! Quand il est mort : « Allons, me suis-je dit, avec lui ta jeunesse est morte et ta vie peut-être? » Il me semblait que c'était une autre femme qui commençait à naître en moi. Aussitôt me voilà prise d'une véritable rage de travail, lisant, étudiant, dévorant tout. J'ai appris le grec, Thibouville. *Ah! pour l'amour du grec... Du grec, quelle douceur!* J'ai voulu apprendre l'hébreu. Je voulais m'assourdir, et, puisque j'étais une fille perdue, être du moins une fille différente des autres et supérieure aux autres! Et alors, à moi Paris! J'entrai au théâtre hardiment, ne sachant rien de ce qui est l'art ou le métier, mais ayant l'aplomb de ma toilette et de ce qu'on appelle ma beauté! Elle n'était plus là, la pauvre vieille grand'mère! Tant mieux. Mon luxe lui eût crevé le cœur et l'eût navrée! Il me navre bien, moi, quelquefois! Rarement. Quand je redeviens bêtasse. De quoi me plaindrais-je? Tout me réussit à en pouffer de rire, au point de vue de l'argent.

— Le *vil métal* est quelque chose, dit Thibouville en riant.

— Quand on a autre chose avec.

— Et quoi donc, gourmande?

— L'amour. Oui, oui, je sais, un mot bête! Mais le souvenir même de Robert Weldon ne m'empêche pas d'aimer encore et d'aimer en croyant toujours que, cette fois, le bonheur est là, et en me raccrochant à l'affection rencontrée comme un être qui se noie se cramponne à un arbre de la rive. Ah! bien oui, la branche casse! A l'eau, l'espoir! Dans cette vie de baladine et de fille qui est mon existence, si je joue à la Bourse, je gagne; si je mets, aux Courses, sur un cheval quelconque, il arrive premier et bat les autres de toute sa longueur. Un jour de Derby me rapporte de quoi nourrir pendant un an vingt familles. Bêtises du sort! Si je prends des actions, elles montent. Je trouverais, je parie, le moyen de gagner à une loterie où il n'y aurait aucun lot, et je dois être l'étonnement et l'admiration de mon agent de change.

— C'est déjà quelque chose, diable! fit le professeur.

— Oh! quand vous voudrez faire fortune, vous savez, mettez dans mon jeu, Thibouville!

— Dans votre jeu d'actrice, oui. L'autre ne me regarde pas, dit le pauvre homme.

— Eh bien! heureux au jeu... Le proverbe a raison. Je ne veux pas poser à la *jettature*, mais on jurerait, ma parole, que je porte malheur à mes amants. Cantenac me demande de souper avec lui la veille de son départ pour Wissembourg, en 70?... Accordé. Il part. A peine descendu du chemin de fer, une balle l'étend raide au coin d'un bois, dans les vignes. J'ai eu un caprice pour de Rivailles : il s'est pendu.

— *T'avais* pas serré la corde toi-même, n'est-il point vrai?

— Non. Mais écoutez... Avant la guerre, Sabourey, l'acteur de l'Odéon, m'avait engagée pour donner à Rouen, et sur la côte normande, quelques représentations. Une tournée d'été. Je devais jouer une ou deux comédies de notre répertoire de genre.

— Pacotille, petite bière, art de bibelot, du théâtre pour étagère, dit Thibouville avec dédain.

— Je pars avant la troupe, avec ma femme de chambre; et voilà que, tout près de Vernon, le train déraille. Je suis légèrement atteinte par un éclat de vitre au-dessus de l'œil, et un jeune homme, très-charmant garçon qui avait fait route avec nous, dans le même wagon, et dont l'air sombre et triste m'avait frappée, est, lui, tout à fait blessé, presque grièvement.

— La *jettature!*

— On m'amène à l'hôtel, on le transporte en même temps à deux pas de moi, dans une chambre, et nous voilà installés, moi à peu près quitte pour la peur, lui presque en danger de mort. Ma foi, je télégraphie à Sabourey, je romps mon engagement pour cause majeure et je m'installe à Vernon, à la fois blessée et sœur de charité.

— Il y a là une situation, lui dit Thibouville, toujours un peu railleur. Mais, vois donc, je crois que Monteclair reconduit ses amis. *Enchaînons, enchaînons,* dit-il encore en se servant du mot d'argot théâtral, qui éperonne les acteurs trop lents.

— Je parle sérieusement, mon maître, fit Angèle en suivant vaguement du regard quelque image invisible. N'ayant pas pu être la femme de Robert Weldon, que la mort devait me prendre, j'aurais pu être heureuse en vivant de la vie de Robert de Salviac, dont je devins la maîtresse !

— Le marquis de Salviac ? Ce voyageur était le marquis de Salviac ?

— Oui.

— Le Salviac de l'amiral de Reynière ?

— Oui, répéta Angèle Ferrand, d'une voix qui tremblait un peu.

— J'ai assisté au procès, dit Thibouville. Très-bien ! oh ! très-bien ! ce M. de Salviac. Bonne attitude. Une voix vibrante. Une tenue superbe, et devant l'amiral, ce n'était pas chose facile. Ah ! la belle cause célèbre ! Il n'y a pas de *première* qui m'ait autant ému et *retourné* que ça !

— Eh bien ! Thibouville, reprit la comédienne en hachant ses phrases par de petits rictus amers, ce Salviac-là, je l'ai aimé, vraiment aimé, comme je ne croyais pas pouvoir aimer, et...

— Et tu ne lui as pas porté un malheur si grand, puisque l'amiral a tiré dessus et ne l'a pas tué !

— Non, mais cette femme me l'a pris, fit Angèle, en jetant son petit couteau d'argent avec un geste de rage. Et lorsque je le soignais, à Vernon, lorsque je l'avais rencontré, c'était de l'amour qu'il avait pour elle qu'il souffrait, plus encore que de sa blessure.

— De quelle femme parles-tu donc? demanda le professeur de déclamation, qui devinait fort bien et craignait de trop comprendre.

— Je parle, dit Angèle, de Mme de Reynière. Oui, la morte. Il paraît qu'ils étaient compagnons d'enfance; que Salviac l'avait toujours aimée, qu'il n'avait pas osé se déclarer, et quand le hasard me jeta dans sa vie et le jeta dans la mienne, Robert avait encore cette plaie au cœur! Je ne sais pas trop dans quelles dispositions d'esprit j'étais alors, moi! Mais je m'attachai à lui tout d'un coup, comme une bête. Ce nom de Robert qu'il portait comme l'autre m'avait paru une sorte de rapprochement. A quoi me sert d'avoir étudié assez pour être une Bélise? je suis superstitieuse comme une paysanne italienne. Et puis, à Vernon, dans cet hôtel, il m'avait semblé que je rencontrais vraiment le rôle de ma vie — je ne parle pas de théâtre — un rôle de dévouement et d'attachement. Je me revoyais, comme jadis, au chevet de l'autre lorsque je prenais dans mes mains ses pauvres mains brûlantes dont je sentais sous la peau les os décharnés, comme si j'eusse déjà touché un squelette. Il me semblait que c'était mon premier amant, mon premier amour, que je disputais à l'agonie. Ma tête se montait. Je me donnai tout entière à ce Robert de Salviac, et je puis dire que les deux mois qui suivirent, passés à Sainte-Adresse, dans une maison que je revois encore, je fus heureuse comme si jamais je n'avais connu ni d'autres peines, ni d'autres bonheurs. Ah! les bonnes, longues et chères journées! Quelquefois, couchée là-haut sur la falaise, les yeux en l'air, plongeant dans l'infini, j'avais des joies si profondes et si intenses, que, redoutant de les voir finir, je lui demandais s'il ne serait pas heureux, bien heureux de descendre avec moi dans cette mer qui bruissait à nos pieds et d'y marcher jusqu'à ce que les vagues eussent effacé même notre trace. Il souriait tristement et me répondait que j'étais folle.

« Je sentais bien qu'il n'éprouvait pas pour moi l'immense amour que je lui avais voué, et je devinais bien qu'il y avait une autre image entre nous; mais je comptais sur le temps et sur mon amour pour effacer tout cela et me livrer Robert tout entier. La guerre éclata. Il part pour Paris, me promet de revenir, et, lorsqu'il m'écrit d'aller le rejoindre, impossible. Les trains coupés, le blocus. Comme elle m'a paru lugubre alors, pendant ce sombre hiver, la petite maison de Sainte-Adresse! Comme j'y ai revécu, si je puis dire, toute ma vie, une vie remplie, à vingt ans, de déceptions et de misères! Vous avez raison, Thibouville, si jamais je mets un peu de moi-même dans mes rôles, on sentira la femme sous l'actrice. Mais, je vous le répète, ça m'ennuie! Il serait temps d'y songer, cependant; je vais avoir vingt-six ans! Mais le théâtre, c'est faux, c'est vide, à côté de cette réalité qui vous tord le cœur. Je tremblais, après le siége, de ne plus retrouver Robert. De lui, je n'avais reçu qu'une lettre, quelques mots, et depuis décembre rien, pas une ligne. C'est étonnant comme chacun a oublié les angoisses de ces heures-là. Moi, pas. Elles me serrent encore à la gorge quelquefois. Enfin, je revis Robert. Nous quittons Paris, nous partons pour Arcachon, et là, sur cette terre de sable, à l'ombre des pins, je retrouve mon paradis de Sainte-Adresse.

« Les années passèrent. Nous étions revenus à Paris. Je jouais tant bien que mal, plutôt mal que bien, au Vaudeville. Je m'inquiétais d'ailleurs fort peu de mes rôles. Je ne m'inquiétais que de *lui*. Je sentais que l'habitude attachait à moi mon amant, et je me prenais à espérer que c'était pour sa vie entière qu'il était lié à ma vie. Un jour, je le trouvai sombre, très-nerveux, livide. Je devinai une souffrance aiguë, mais quelle souffrance? J'interrogeai. Il était muet. Un journal, par hasard, me donna le mot de l'énigme : on annonçait, parmi les nouvelles parisiennes, le mariage du contre-amiral Jean de Reynière avec Mlle Blanche de Clarens. Le secret de l'amour de Robert pour Blanche, je le connaissais, mais je ne savais pas que cette affection fût encore si profonde. Je sentis comme un coup de ciseau dans le cœur. Il l'aimait encore! Il l'aimait toujours!... Et moi, qu'étais-je donc? J'ai dit tout à l'heure le mot : *une habitude*. Il ne soupçonna toujours pas que ma fierté en souffrait. Je ne lui parlais jamais de cette femme. Mariée d'ailleurs, elle était perdue pour lui. Robert me restait à moi, à moi qui ne trahissais personne pour me donner à lui, qui n'étais infidèle qu'au souvenir de Weldon; car les autres, ah! les autres, je ne sais plus même leurs noms, et leur souvenir me dégoûte.

« Mais voilà, s'écria tout à coup Angèle Ferrand en changeant de ton et en parlant si haut que Thibouville, instinctivement, fit à un garçon, qui entrait, signe de s'éloigner, il paraît que les femmes du monde, les honnêtes femmes, se mêlent d'enlever leurs amants aux filles de théâtre! Elle se donna à Robert cette Mme de Reynière. Et moi?... Allons donc, toi! Passe-temps inutile! Rentre dans ton boudoir. Cours à tes amours vulgaires. Tu es le pis-aller et la consolation banale des amours déçus! Ce qu'il faut au marquis de Salviac, ce n'est pas une cabotine. Fi donc! C'est une comtesse, et il paraît que, de la fille tombée ou de la femme qui tombe, c'est celle-ci qui a le plus de saveur, parce qu'elle sait le mieux tromper et masquer d'un sourire un mensonge. Je ne mentais pas, moi! Je ne trompais pas! Je me donnais tout entière! Je me serais fait tuer pour Salviac! J'aurais expié par des années de cilice mon passé, s'il m'avait dit : « Je le veux !... » Sauf celui qui dort à Montmartre, j'aurais craché sur le nom de tous ceux dont j'ai subi l'amour. Ah ! l'imbécile, il ne savait pas ce que vaut l'amour d'une femme comme moi quand elle aime, et il ne sait pas non plus ce que pèse une petite main comme celle-ci lorsqu'elle tient dans ses ongles...

Angèle s'arrêta brusquement, nettement, comme effarée elle-même de ce qu'elle allait dire, et regarda en riant Thibouville qui, dans toute cette confidence, ne cherchait et n'étudiait que les *effets* de théâtre et les *moyens* de son élève.

— Voyons, dit le professeur de déclamation, s'il t'a trompée pour une autre, il a été assez puni, ton Salviac, et quant à la femme du monde...

Les prunelles de la comédienne s'illuminèrent d'une lueur furtive.

— Tu lui as pardonné, à celle-là ? demanda Thibouville.

— Oui, dit Angèle.

— Et le marquis ? tu lui en veux toujours ?

— Ma foi, non !

— Tu ne l'aimes donc plus ?

— Je n'en sais rien, je ne crois pas.

— Tu le reverrais, là, tu le rencontrerais, que lui dirais-tu ?

— Je ne sais pas. Peut-être rien du tout.

— Toi, qui l'adorais !

— Bah ! 1870 est loin ! D'ailleurs, si je ne l'aime plus (ce que je ne sais pas), à qui la faute ?

— Allons, allons, fit Thibouville, je vois que Monteclair a pris toute la place.

— Monteclair ?

Angèle haussa les épaules.

— Un associé, un ami, une *habitude*, dit-elle en appuyant ironiquement sur le mot de tout à l'heure.

Mais entre lui et Salviac, il y a, à mes yeux, toute la distance d'Angèle Ferrand à Mlle Rachel.

— Bah! Alors, tu n'aimes plus personne?

— Qui sait?

— Un nouveau roman?

— C'est le cœur d'une femme qui a inventé *la suite au prochain numéro*. On n'aime peut-être qu'une fois, mais, quand on a perdu cette *fois-là*, on cherche à la retrouver et voilà peut-être pourquoi on recommence.

— Et qui aimes-tu?

— Qui?

— Oui.

La comédienne se mit à rire, et tendant ses deux jolies mains à son professeur :

— Toi, tiens, mon bon Thibouville!

— *T'es* bête! Qui aimes-tu?

— Cherchez, mon maître, dit Angèle en redevenant sérieuse. Mais vous serez bien habile si vous trouvez, car je ne sais pas moi-même si vraiment ce que j'éprouve est de l'amour ou de la peur. Seulement, il y a une telle volupté à se sentir doucement frissonner devant quelqu'un, qu'on est toute prête, je parle de moi, à adorer qui vous effraye. Un homme intrépide et froid, impassible, pâle, un homme de marbre, c'est terrible, et ça vous charme. J'aimerais parfaitement la statue du Commandeur, moi! A côté d'elle, don Juan lui-même n'est qu'un petit criquet. Et ne pensez-vous pas comme moi, Thibouville?

— Dis donc, répondit lentement le professeur, je connais, moi, quelqu'un qui ressemble étrangement à la statue du Commandeur.

— Ah bah!

— Et veux-tu que je te le nomme?

— A quoi bon?

— A savoir si j'ai deviné.

— Peu importe. Je vous tiens pour devin excellent,

Thibouville. Eh bien, dit-elle brusquement, après tout, voyons. Qui est-ce qui ressemble à cette statue?

— Le contre-amiral Jean de Reynière !

— Tais-toi ! répondit rapidement Angèle. Laissons cela. Voici Monteclair !

Souriant, caressant sa barbiche d'une main et faisant, de l'autre, saillir sa manchette, Monteclair s'arrêtait, en effet, devant la porte vitrée de la rotonde, et, avant de la franchir, donnait un dernier regard à Boispréaux et à Rongère, qui s'éloignaient par l'allée de la cascade au petit trot de leurs chevaux.

Il rentra, l'air enchanté, tout guilleret, comme un homme à qui l'on vient d'apporter une bonne nouvelle.

— Vous ne savez pas?... dit-il à Angèle, Rabasse est mort !

— Vous nous annoncez cela d'un ton joyeux. Que vous fait la mort de Rabasse?

— Comment ! Mais Rabasse était député d'un arrondissement qui nous est tout acquis. Ces populations picardes sont excellentes ! Et Rongère vient de me dire qu'il se chargeait, lui, de faire agréer ma candidature par un comité lorsqu'il s'agira de remplacer Rabasse.

— Alors?

— Alors, je suis aux anges. Je vous répète que l'arrondissement est sûr. Je cherchais ma voie, voilà ma voie !

— Et les *voix* de vos concitoyens vous la traceront, dit Thibouville en riant.

— Vous n'avez pas étudié beaucoup, que je sache, dit Angèle, les traités d'économie politique.

— Aussi n'en ai-je pas besoin. Je n'entrerai pas à la Chambre pour gouverner, mais pour empêcher qu'on gouverne. Il faut à ce jeu de bons poumons. Eh ! parbleu, maître Thibouville, vous compterez désormais un élève de plus : vous m'apprendrez à interrompre !

Le déjeuner était fini. Angèle rentra à Paris, un peu soucieuse et, regardant de temps à autre Thibouville, assis en face d'elle sur le strapontin, elle se demandait comment le nom de M. de Reynière s'était trouvé si vite sur les lèvres du brave homme. Monteclair faisait, tout en riant, l'éloge de Rabasse : un champion de l'ordre qui ne laissait que des dettes, un défenseur de la famille qui vivait, depuis trente ans, avec l'ancienne femme de chambre de Mme Rabasse, dont il était judiciairement séparé, et un des plus fervents avocats de la religion qui se vantait, au dessert, d'être doucement athée.

— Mais alors, qu'est-ce que c'était donc que votre Rabasse ? demanda enfin Thibouville un peu étonné.

— Un homme d'esprit, répondit Monteclair.

— Un malin, pensa Thibouville. Je n'aime pas beaucoup ces malins-là !

Près du boulevard, Monteclair descendit. Il voulait passer un moment à son Cercle.

— Nous prendrons jour pour votre première leçon, dit-il en riant au professeur. Ma chère Angèle !

Et il serra vivement, à l'anglaise, la main que la comédienne lui tendait.

— Voulez-vous que je vous reconduise chez vous ? demanda Angèle à son maître.

Thibouville remercia et refusa. Il n'était point fâché de marcher un peu. Les confidences d'Angèle Ferrand lui trottaient par la tête, où fermentait peut-être aussi le kümmel. Habitué à déjeuner de deux œufs à la coque, il sentait qu'après cette petite débauche, le grand air lui ferait du bien.

— Faut-il que j'aille chez vous, Thibouville, ou viendrez-vous chez moi pour la prochaine répétition ?

— J'irai chez toi, répondit le professeur accoudé à la portière du coupé. Mais une dernière fois, écoute, ma fille. Si tu avais sur les planches le *chien* que tu as montré tout à l'heure en contant ton histoire, tu n'aurais pas besoin de Thibouville et c'est Thibouville qui te demanderait des leçons.

Et répétant son mot habituel :

— Anime-toi donc, Galathée !

— Bah ! Galathée s'anime pour elle, ça suffit, répondit Angèle. Qu'est-ce que le public, après tout ?

— Le public ? Petite malheureuse ! C'est ton maître ! Notre maître à tous ! Songes-y ! Et à bientôt.

— A bientôt. Et, dites-moi, Thibouville, l'amiral de Reynière, — puisque vous en avez parlé, — qu'est-ce que ça peut être, à votre avis ?

— L'amiral ? Eh ! eh ! fit Thibouville, ce peut être Pygmalion ! Adieu.

Angèle, un peu pâle, se renfonça dans le coupé, les bras croisés, les jambes l'une sur l'autre, regardant sans les voir les fiacres qui se croisaient, les omnibus, les passants, les kiosques du boulevard, et se demandant s'il est possible à un être humain de retrouver dans un cœur brisé assez de chair encore pour y sentir les blessures d'un nouvel amour.

— On aime donc deux fois, trois fois ?... Allons donc ! on n'aime qu'une fois !

Et, abaissant la glace du coupé, derrière le cocher :

— Félix, au cimetière Montmartre, vous savez, dit-elle.

— Oui, madame, je sais.

Thibouville regardait filer le coupé d'Angèle parmi les équipages. Il le perdit bientôt de vue, et lentement, en sifflotant, en s'arrêtant aux devantures des magasins, aux boutiques de libraires, aux *charges* et aux gravures des journaux illustrés, il regagna sa rue des Petites-Écuries, monta à son quatrième étage, poussa la petite porte où, sur une carte de bristol glacé, clouée par quatre pointes, on lisait : *Adrien Thibouville, pro-*

fesseur de déclamation. Comédie, tragédie, drame ; traversa une antichambre tapissée de portraits-cartes avec des *ex-dono : A Thibouville, mon maître ; A l'excellent Thibouville ; A mon vieil ami Thibouville; A Thibouville aimé comme un père*, une salle à manger où des aquarelles d'Eustache Lorsay, représentant Thibouville dans les costumes de ses rôles d'autrefois, alternaient avec des caricatures en plâtre de Dantan, posées sur de petits socles et montrant Déjazet, Bouffé, Bocage, Frédérick, Duprez, Levassor, grimaçants, amusants, terribles ou comiques, — puis il alla s'étendre sur un divan, dans son salon de déclamation, au mobilier fané, usé, pauvre, avec une table chargée de brochures, de volumes dépareillés de Molière, de Corneille, et, portant les mains à sa tête qui lui faisait un peu mal, comme aux approches d'une migraine naissante :

— Ah çà ! mais, dit-il, — ses idées s'embrouillant déjà dans un demi-sommeil, — quand j'ai assisté à l'affaire Reynière, il a été question d'une lettre anonyme qui a tout amené, les péripéties et le dénoûment ? Et personne n'avait pu savoir d'où venait cette lettre et qui l'avait écrite ? Est-ce que par hasard ?... C'est qu'elle avait vraiment l'air d'une Hermione, cette Angèle, en parlant de Mme de Reynière !...

> Conduisez ou suivez une fureur si belle;
> Revenez tout couvert du sang de l'infidèle !

Une Hermione visant Andromaque au lieu de Pyrrhus... Mais à quoi vais-je songer ? Quelle bêtise ! Allons, allons, Thibouville, tu n'es qu'un imbécile ! C'est une honnête fille, après tout, Angèle Ferrand ; c'est, en tous cas, une honnête femme. Serait-elle capable d'une telle infamie ? Donner un coup de couteau, oui ; envoyer une lettre comme ça, non ! Ne pense plus à ça, Thibouville. — Il était très-bon, ce kümmel !

VIII

VALENTINE

Les êtres nerveux ont des moments d'irritation profonde, où leur pensée déborde pour ainsi dire, et des besoins ardents, impatients de confidence. Il semble qu'étouffée, endiguée, leur douleur ait hâte de jaillir, toute chaude, comme un jet de sang.

Angèle Ferrand se trouvait dans une de ces heures de crise, et Thibouville s'était rencontré là, tout à point, pour lui servir de confident. Elle disait vrai, d'ailleurs : elle l'aimait, ce Thibouville. C'était, pour elle, comme une part de sa conscience, une conscience artistique dont elle n'écoutait point la voix. Revenue du cimetière, la comédienne se sentait toujours poursuivie par cette question : « Comment Thibouville a-t-il deviné que je songeais à l'amiral? » Était-elle donc vraiment si préoccupée de M. de Reynière qu'un étranger le pût deviner, à la seule façon dont elle en parlait? Angèle se croyait réellement plus *forte* que cela.

Rentrée chez elle, rue Prony, et condamnant sa porte pour s'enfermer dans son boudoir, au coin du feu, elle se rappelait alors, silencieusement, toute pelotonnée dans son fauteuil, les souvenirs de Vichy, sa rencontre avec l'amiral, au Casino, où elle jouait *Dalila*, ses causeries avec lui, aux Sources, à l'heure où, autour de la margelle, les buveurs tendent leurs verres numérotés aux donneurs d'eau, et combien l'air de dignité douloureuse de cet homme l'avait impressionnée et émue. Il y avait, là-bas, autour de Reynière, pâle comme s'il eût été frappé à mort, une atmosphère de tristesse respectueuse qui avait d'abord étonné Angèle Ferrand, puis s'était invinciblement emparée d'elle. Le monde — cet immense public des drames de la vie, public sévère qui paye sa place en ricanements et en calomnies — semblait, par extraordinaire, désarmer devant le héros. Il ne voyait et ne voulait voir chez le contre-amiral que le martyr, oubliant volontairement le bourreau. Le meurtre de l'avenue Montaigne, le châtiment de l'adultère assuraient décidément un prestige un peu terrible à ce mari trompé et sans merci.

La comédienne s'était sentie attirée vers lui par un respect instinctif et par l'effrayant attrait du danger. C'était elle qui, poussée par un avide désir de lire au fond de cette âme, s'était, après de savants manéges, rapprochée de l'amiral. Reynière était à la fois trop triste et trop réservé, ne semblant plus, dans la vie, rechercher que l'ombre, pour entrer en relations avec une comédienne, fort adulée et très-brillante, qu'il rencontrait assez souvent à son hôtel, mais, en même temps, il était de trop bonne compagnie pour répondre par de brusques retraites à des attentions féminines. Angèle sut donner, uue fois de plus, raison au proverbe : *Ce que femme veut...* Elle se glissa, en quelque sorte peu à peu, dans l'intimité de l'amiral, c'est-à-dire qu'elle prit ses mesures pour le rencontrer, soit aux Sources, soit au Parc, et pour qu'il ne l'évitât point. Il la trouvait d'ailleurs fort aimable, intelligente, et il n'affectait pas une misanthropie condamnée à la solitude.

Quant à Angèle, on eût dit qu'elle souhaitait ardemment se rapprocher de lui et qu'il y avait pour elle chez le comte un magnétisme étrange. Était-ce une perversion de sens moral, ou une simple mais ardente curiosité féminine, qui poussait la comédienne vers un meurtrier? Il était clair, à Vichy, pour les camarades de théâtre d'Angèle, à qui elle parlait assez souvent de M. de Reynière, il était évident que le drame de l'année précédente donnait à l'amiral un singulier relief aux yeux de Mlle Ferrand.

Monteclair, qui accompagnait la comédienne, s'en montra irrité plus d'une fois, et on l'avait entendu dire, assurait-on, un soir, en sortant du Casino :

— Ce serait à vous moins qu'à toute autre de chercher à vous lier avec l'amiral!

A quoi Angèle avait répondu :

— Je me lie avec qui je veux et avec qui me plaît!

Les relations — toujours un peu orageuses, mais solides, puisqu'elles duraient — de Monteclair avec Angèle remontaient à plus d'une année avant cette saison de Vichy. C'était vers le mois de septembre 1874 qu'on avait vu Angèle Ferrand, qui, depuis sa rupture avec Robert de Salviac, ne s'affichait plus avec personne, se montrer au théâtre, au Bois, aux Courses, partout, avec Henry Monteclair. Cette bonne fortune, on l'enviait profondément à Monteclair, Angèle n'étant point une fille banale. On se demandait seulement parfois comment le jeune homme, assez endetté, disait la chronique, et « battu de l'oiseau » pouvait subvenir aux dépenses de la comédienne. Le petit hôtel qu'elle occupait rue Prony et qu'elle louait en attendant qu'elle l'achetât, était meublé comme un palais. Elle avait les plus jolis chevaux de Paris, des chevaux noirs, à mors et à gourmettes d'argent, très-célèbres. Lorsqu'elle créait, dans quelque comédie nouvelle, un rôle de *figurante,* comme elle disait elle-même en s'en moquant, les reporters usaient des flacons d'encre à décrire, ruban par ruban et bout de dentelle par bout de dentelle, les toilettes dont elle illustrait la prose des écrivains. Ce n'était évidemment pas Monteclair qui pouvait payer ces chefs-d'œuvre. Angèle, il est vrai, était riche. Le vieux baron Garrickel, qui avait autrefois voyagé avec elle à Bade, en 1869, lui avait laissé une fortune considérable, affirmaient ces gens bien informés qui savent, à cinq francs près, ce que contient la poche des autres.

D'ailleurs, Monteclair avait des ressources, d'autant plus étendues qu'elles étaient plus mystérieuses. Il avait le jeu. Un homme qui joue est, à Paris, un homme difficile à classer. Comme il peut aussi bien être décavé que millionnaire, on lui fait toujours souriant accueil. Il ne faut pas se brouiller avec quelqu'un qu'une carte peut faire tout-puissant. Des gens ont vécu respectés et redoutés, toute leur vie, par la seule vertu de cet *alea*. Ils ont parfois le grabat pour dernière couche, mais ils ont eu l'avenir et l'espoir pour bons compagnons pendant des années. Ce sont ceux-là que souvent Paris a pour maîtres.

Bon tireur, très-répandu, fort élégant, connu de tout le monde, brave sans doute, joli garçon très-certainement, Henry Monteclair promenait donc fièrement ses moustaches blondes à côté des cheveux dorés d'Angèle. Ils passaient pour s'aimer beaucoup. Monteclair seulement s'ennuyait parfois de n'avoir point dans la vie un but plus déterminé que celui de sa maxime favorite: « *Vivre gaiement et mourir proprement.* » La plupart de ses amis étaient entrés à la Chambre ou dans l'administration, ou figuraient, à un bon rang, sur une page de l'*Annuaire militaire.* D'autres s'étaient mariés, vivaient en province d'une vie de châtelains à l'engrais. Lui se disait qu'il avait dépassé ses trente-cinq ans et qu'il n'était rien.

Une non-valeur. La politique le tentait. Le tapage d'une Assemblée le grisait. Il eût aimé montrer à la tribune sa large carrure et ses pectoraux.

Laissant à quelques-uns de ses anciens compagnons de collége le soin de défendre la liberté — cette sauteuse, comme il disait en soupant — il trouvait d'excellent ton de proclamer les bons principes : l'ordre, la famille, l'horreur de la discussion, la religion, tout ce que feu Rabasse avait si bien défendu. Il méprisait tout ce qui pense, tout ce qui travaille, tout ce qui halète et monte. Il divisait volontiers l'humanité en deux classes d'individus : ceux qui ont des gants et ceux qui n'en ont pas, ne se demandant nullement si les pauvres hères, qui d'ailleurs les fabriquent, ont de quoi en acheter. Son idéal était net et simple : c'était la force. Une cravache, un fleuret, un revolver, au besoin, étaient ses arguments. Il lisait peu, le roman à la mode quelquefois, et encore lorsque le livre passait pour être un peu gras, les échos de théâtre et les bruits de coulisses, l'annonce des premières représentations. Après cela, rien. Les journalistes lui semblaient, il est vrai, d'insolents gazetiers, quand ils n'étaient pas de bons compagnons qui racontent des *mots de la fin* au dessert. En somme, il les méprisait, ce qui ne l'empêchait point de leur envoyer sa carte lorsque quelqu'un d'entre eux citait une de ses passes d'armes dans le compte rendu de quelque assaut. Mais il y avait en lui un vieux fond de gentilhomme haïssant les plumitifs. Cent ans avant, il eût volontiers bâtonné Voltaire.

Monteclair était donc noble? Point du tout. Le père Monteclair faisait fonction de notaire à Pithiviers, et il était mort là en laissant à Henry une fortune bientôt dévorée. Mais Monteclair s'était dit qu'après tout on n'a pas besoin d'être un Rohan ou un Xaintrailles pour afficher les préjugés de la race, et il n'hésita pas entre les souvenirs du père Monteclair, vieux libéral de 1830, et même, disait-on tout bas à Pithiviers, — parfois en se signant, — décoré de juillet, et ses propres aspirations et ses appétits. Il fut, comme il disait, du parti le « mieux porté, » assurant que dans ce parti seul « on se lave les mains. »

Indifférent à la forme même du pouvoir, c'était un lambeau saignant de ce pouvoir que Monteclair eût souhaité tenir entre ses dents. Il avait vu Rongère, Boispréaux, tant d'autres de ses compagnons de Club solliciter et recevoir le mandat de député, pariant eux-mêmes, en riant et par habitude, qu'ils seraient ou ne seraient pas élus, comme s'il s'agissait d'une poule ou d'un steeple-chase; il avait assisté à l'étonnante transformation de tant de clients nocturnes du café Anglais en législateurs patentés, qu'il éprouvait la tentation de faire, à son tour, sa tapageuse entrée au théâtre de Versailles, et de prendre position pour se jeter, la griffe tendue, sur la première situation que lui livrerait le hasard.

Les camarades de Monteclair ne prenaient pas très au sérieux ses opinions politiques. « Toi, Henry, lui disait un jour Léon de Rongère, tu te ferais radical le jour où ce serait *chic* d'être radical. » Mais ils respectaient volontiers — car eux aussi adoraient la force — l'audace et l'énergie de cet homme, et Boispréaux, très-influent dans l'arrondissement de feu Rabasse, venait de promettre de très-bonne foi de pousser hardiment à la candidature de Monteclair.

Angèle songeait à cet Henry et le comparait instinctivement à Jean de Reynière, tout en regardant son feu se consumer doucement dans l'âtre. Elle mêlait aussi à ces images de l'amiral et de Monteclair la figure brune et sérieuse de Valentine Trézel, sa camarade d'enfance. Une amie, non; une rivale de la pension Renard, où elles avaient été élevées. Et Angèle revoyait une fillette, de trois ou quatre ans plus jeune qu'elle, laborieuse, aimée des sous-maîtresses, chargée de couronnes à la fin de l'année, elle, la plus petite de la classe. — « Du papier, ces couronnes!... Rien que du papier!... Mais je les enviais! murmurait Angèle. Je n'aurais eu qu'à travailler pour les lui arracher, seulement ça m'ennuyait. De l'ennui?... Sitôt?... L'ennui, ma maladie, à moi! » Et cette enfant, c'était Valentine. De grands yeux noirs et bons. Un front soucieux. Pourquoi déjà, à quatorze ans, Angèle, poussée par l'instinct, se prenait-elle à détester cette enfant de dix ans?

Elle la haïssait, comme elle les haïssait toutes, ses camarades plus heureuses et plus riches qui avaient, se disait-elle, des petits maris grandissant dans l'*Institution de jeunes gens*.

— Et il serait curieux, songeait Angèle, qu'après m'avoir enlevé mes couronnes de papier, elle vînt m'enlever les bravos du théâtre. Thibouville ne m'a-t-il pas dit... Drôle d'idée!... Ce serait capable de me donner du talent!

Angèle avait de la jalousie à perdre, en pensant que Valentine Trézel pouvait ainsi devenir une rivale. C'était là une idée folle de Thibouville, aussi fugitive qu'une bulle de savon. Valentine ne pensait qu'à tenir correctement le logis de son oncle, et à le rendre propre et gai comme une maison hollandaise.

Elle était l'âme de l'appartement occupé par le docteur Trézel, rue de Fleurus, dans une de ces demeures dont les fenêtres donnent sur le Luxembourg, poudré à blanc aux mois printaniers, d'un vert puissant, puis d'un jaune roux quand viennent l'été et l'automne, pittoresque encore et charmant aux jours d'hiver, avec ses blanches statues aperçues à travers les arbres gris. Les croisées du docteur Trézel s'ouvraient toutes larges sur le grand jardin. La lumière emplissait la chambre de Valentine : un nid virginal fait de mousseline blanche avec des rubans roses, un réduit où la grâce juvénile, un goût pur, quelque chose de tendre et de calme, faisaient coquette une chambre sans coquetterie. Des livres sur une étagère. Des portraits chaque soir regardés avec la ferveur éternelle de ceux qui n'oublient pas les morts bien-aimés. Cette chambre de jeune fille faisait un étonnant contraste avec le cabinet de travail où le docteur Urbain poursuivait ses expériences. C'était la cuisine, une cuisine vaste et aérée, large comme une officine flamande. Le docteur s'en était emparé bien vite, reléguant la cuisinière Adèle, toujours grognant, dans une sorte de cabinet obscur, au fond de l'appartement, et prenant possession avec ivresse de ce grand fourneau de brique où il installait ses appareils, ses éprouvettes, ses cornues. Et l'intérieur de Chardin était devenu quelque chose comme un tableau de Rembrandt.

— Si on ne dirait pas un cabinet d'*archimiste* ou de sorcier! s'écriait la vieille Adèle avec désespoir. Il y a de tout là dedans, comme dans un *pendez mon homme!*

— Pandémonium, rectifiait le petit homme. Et ne dites pas de mal des alchimistes; ce sont les aïeux des chimistes, comme les astrologues furent les précurseurs des astronomes. Vous ne comprenez pas? Tant pis. Allez à vos fourneaux et laissez-moi aux miens.

Le docteur ne permettait guère à personne qu'à Valentine de pénétrer — et rarement — dans cette cuisine transformée en laboratoire. Valentine alors levait les bras au ciel et souriait. Il y avait autour d'Urbain Trézel des œufs de toutes sortes, les uns recouverts de vernis, les autres déposés auprès d'un tuyau que le docteur contemplait avec des sourires attendris. Des coquilles d'œufs criaient, en se cassant, sous les pieds, lorsqu'on marchait. Dans des bocaux, de malheureux petits fœtus de poulets se dandinaient, avec des formes bizarres et des attitudes fantastiques, dans des liquides jaunes.

— Encore des victimes! disait Valentine en joignant les mains. Pauvres poulets ! Mais que leur voulez-vous donc, mon oncle?

— Je veux... Mais tu ne peux pas t'en rendre compte... Je veux... Réaumur a déjà entrevu cette découverte... L'abbé Raynal en parle dans sa *Correspondance*... Je veux... Tu ne serais donc pas très-fière, Valentine, d'avoir un oncle qui produisît à volonté, en les faisant couver artificiellement et selon le degré de calorique, des poulets géants et des poulets nains?

— Je suis enchantée d'avoir un oncle que j'aime; mais j'avoue que je me passerais fort bien d'une telle découverte.

— Tais-toi, tu blasphèmes! Pense donc, modifier la création, c'est créer, tout simplement.

— Mais, mon pauvre oncle, vous n'avez jusqu'ici abouti qu'à créer, quoi? des monstres!

— Justement. Voilà ce que je cherche : des monstres! Je vernis un œuf à un certain endroit, le vernis empêche le passage de l'air à travers la coquille qui cesse d'être poreuse, l'embryon de poulet ne se développe pas à cet endroit-là, et...

— Et vous dépensez tout votre argent à fabriquer d'affreux petits poulets qui ressemblent à des gnomes et qui seraient si gentils pourtant si vous les laissiez éclore librement!

— Où serait le mérite si l'incubation était naturelle?

— Mais vous vous ruinez...

— En attendant que je m'illustre!

— C'était l'idée de mon pauvre père!

— Ton père? S'il existait, ton père, il serait là, avec moi, l'œil sur le thermomètre ou sur le point de chauffe, et m'aidant, et m'approuvant, et m'applaudissant. C'était un savant, ton père!

— Enfin, mon oncle, faites à votre gré, répondait

Valentine, ce n'est pas moi qui vous contrarierai jamais!

Avec l'égoïsme absolu et l'aveuglement de tous les chasseurs de chimères, le docteur Urbain ne se rendait point compte des miracles d'économie que réalisait, au logis, la pauvre Valentine. Les « merveilles » de ses monstres étaient choses simples à côté du quotidien souci qu'avait la jeune fille de ne point dépasser le médiocre budget que de petites rentes viagères et les quelques profits de visites assez rares à des clients intermittents assuraient au docteur et à sa nièce.

Urbain Trézel ne voyait rien, ne se doutait de rien, s'occupait à peine de Valentine et passait ses journées l'œil rivé à ses œufs. Le petit homme était assez habile cependant et même fort adroit, lorsqu'il s'agissait de sa marotte. Son ambition, c'était d'obtenir de l'Institut une récompense officielle, et, qui sait? plus tard de s'aller reposer, habillé de vert, sous la coupole jaune! Aussi bien accablait-il de visites tous les savants de sa connaissance, ceux qu'il appelait tout bas, bien bas, « ses futurs collègues. »

Il rentrait quelquefois tout joyeux, se frottant les mains et donnant un tour conquérant aux longues mèches de ses cheveux jaunes :

— Valentine, disait-il fièrement, j'ai fait quatre visites aujourd'hui!

— Ah! tant mieux! Vous devriez, mon bon oncle, vous reconstituer ainsi, peu à peu, une clientèle.

— Quelle clientèle? Je ne te parle pas de malades. J'ai rendu visite à quatre membres de l'Académie des sciences. Nous avons causé tératogénie. Un jour ou l'autre ça peut servir!

Peu à peu Valentine avait ainsi appris à savoir ce que le docteur entendait par ses *visites*.

Le lendemain du bal donné par Mme de Grandier, Urbain Trézel s'était levé de belle et bonne humeur. Il y avait des teintes couleur d'espérance dans son ciel ; sa causerie avec l'amiral de Reynière lui ouvrait des horizons inattendus.

— Sais-tu qu'il est charmant, cet amiral ? dit-il à sa nièce.

— Il est fort bien, répondit Valentine.

— Poli, affable. On se sent tout de suite à l'aise avec lui.

— Je ne trouve pas.

— Qu'est-ce que tu lui reproches ?

— Rien. Au contraire, c'est évidemment un homme remarquable, mais c'est précisément parce qu'on se sent comme troublée devant lui qu'on devine qu'il est *quelqu'un.*

— Tiens ! je ne vois pas comme ça, moi. Après tout, à chacun son impression. Toujours est-il qu'il connaît un membre de l'Institut, et qu'il a promis, mais promis, tu entends, de parler de moi, de mes recherches.

— Ah ! fit Valentine.

— J'aurais dû l'inviter à venir juger par lui-même... Il doit aimer les sciences, l'amiral ! Mais, au fait, s'écria le petit bonhomme vif, actif, et saisissant toute balle au bond, si je lui écrivais ?...

— Vous, à M. de Reynière ?

— Pourquoi pas !

— Y pensez-vous, mon oncle ? dit doucement Valentine, mais avec une expression un peu sévère.

— Comment, si j'y pense ? C'est une idée excellente qui me pousse là. Et pourquoi n'y penserais-je pas ?

— L'amiral ici ?... Chez nous ?

— Oh ! je sais bien, ce n'est pas un Louvre ! Mais d'autres qui valaient bien l'amiral n'ont pas dédaigné de venir voir — et admirer, j'ose le dire, — mes fours à poulets... Ainsi...

Le petit docteur ne pouvait deviner quel sentiment vaguement inquiet s'emparait de Valentine à cette idée de voir M. de Reynière dans le petit appartement de la rue de Fleurus. Et certes, Urbain Trézel eût été bien embarrassé d'analyser, s'il l'eût connu, ce sentiment que la jeune fille ne s'expliquait pas elle-même. Il y avait dans cette inquiétude mal caractérisée un peu de crainte et, en même temps, un secret désir de revoir cet homme, si différent des autres hommes.

Valentine n'était pas une fille romanesque. Elle ne connaissait de la vie que les devoirs les plus sérieux et les plus simples, et non-seulement elle les acceptait en souriant, mais elle les aimait, elle les eût sollicités de la destinée. Elle était de celles qui éprouvent à se dévouer comme une volupté sévère. Elle entourait de soins tendres et d'affection profonde le docteur Trézel, si doucement égoïste, comme elle eût bercé contre sa poitrine un enfant, ou loyalement appuyé son bras, prêt à la lutte, sur le bras plus fort d'un époux. Jamais, jusqu'à présent, dans ce cœur fait pour les émotions les plus ardemment honnêtes, l'amour ne s'était glissé. Quand il faut songer à la tâche de chaque journée, on n'a point le temps de rêver à l'avenir. Les pensées de Valentine ressemblaient à un pur miroir qui, tourné vers un ciel printanier, ne réfléchirait qu'un lambeau de la profondeur bleue.

Et pour la première fois, — en pensant à l'amiral, — elle se sentait, non point attirée, mais troublée. Charmée? Non pas. Inquiète plutôt. Cette froideur douloureuse lui causait une impression de gêne et de pitié. Cet homme devait évidemment avoir subi bien des tortures. Valentine ignorait tout du drame des années précédentes, mais elle avait la certitude qu'un malheur proportionné à la grande âme de cet homme avait frappé M. de Reynière. Cette bonté devinait cette souffrance.

La jeune fille eût d'ailleurs revu l'amiral chez Mme de

Grandier, par exemple, avec une curiosité sympathique. Il n'est point de femme, même la plus raisonnable, qui n'éprouve la tentation de se pencher sur un gouffre quand elle passe à côté. Mais se trouver en face de M. de Reynière, là, dans son logis, voir l'oncle Urbain attirer chez lui un homme si supérieur sans doute, mais si inquiétant, c'était là pour Valentine une frayeur instinctive, sans nulle cause, mais non sans un trouble absolu.

Ce trouble même, lorsque l'amiral eut, quelques jours après, accepté l'invitation d'Urbain Trézel, ne devait pas échapper au petit homme, tout absorbé qu'il était par ses œufs de poulets, et allait même faire naître et germer dans cette cervelle ambitieuse une idée qui valait bien, comme résultat possible, tous ses essais de tératogénie.

Le docteur Urbain avait facilement remarqué, dès la première visite de M. de Reynière à son laboratoire, la façon toute particulièrement aimable, gracieuse et un peu émue, dont l'amiral avait parlé à Valentine. La jeune fille s'était sentie plus troublée encore par ce « je ne sais quoi » de prévenant, d'attendri et de voilé qu'il y avait dans les paroles de Reynière, dans ses regards, dans ses moindres gestes. L'amiral paraissait évidemment aussi intimidé qu'elle-même, et cela si profondément, que Valentine, après cette première visite, aussi courte qu'une apparition, se demanda pourquoi M. de Reynière, si calme, si grave chez Mme de Grandier, avait presque balbutié là, devant elle.

Après avoir hésité à se rendre à l'invitation pressante du docteur Trézel, l'amiral s'était enfin décidé à se rendre au laboratoire de la rue de Fleurus; mais les expériences et les monstruosités d'Urbain l'y attiraient certainement beaucoup moins que la perspective et l'espérance de revoir Valentine. L'image de cette enfant ne lui sortait pas de la pensée. Pour lui, c'était Blanche vivante, c'était Blanche elle-même, et, le lendemain du bal de chez Mme de Grandier, l'amiral était allé, en sortant de cette espèce de tombe qui s'appelait la « maison vide, » se courber le front, lourd de pensées, sur la pierre de la comtesse de Reynière.

Il avait voulu, après avoir rencontré, pour ainsi dire, Blanche debout et ressuscitée, demander au tombeau : « Me l'as-tu donc rendue? »

Cette visite au cimetière lui avait même laissé un souvenir plus poignant que ses autres entrevues avec celle qui n'était plus.

A la même heure et au même jour, comme s'il y avait eu là un double magnétisme funèbre, Angèle Ferrand, tout émue de ses propres confidences faites à Thibouville, quittait ce champ de repos où elle était allée songer, auprès de la tombe de Robert Weldon. Elle eût pu y rencontrer l'amiral de Reynière, revenant, la joue pâle et les yeux creux et rouges, de sa visite à l'avenue Montaigne, et entrant lentement par cette porte sombre du cimetière de Montmartre qui, à deux pas du bruyant boulevard où passent les vivants, s'ouvre, muette, sur la ville des morts.

Et Reynière s'était avancé, marchant à pas alourdis, parmi les tombes, cherchant, dans les allées funèbres, la place où dormait Blanche.

Il le connaissait bien ce coin de terre où il avait, un jour, enseveli son amour et sa vie.

L'endroit était désert. Point de monument orgueilleux, de longues phrases de regrets gravées dans le marbre et effacées du cœur des survivants. Non. Une simple pierre étendue sur le terrain froid avec ce seul nom au milieu : *Blanche.*

— Elle serait abandonnée, se disait l'amiral, cette tombe, si je ne venais la revoir. Plus de parents. Et sans moi — sans moi qui l'ai tuée — qui se soucierait de la pauvre morte?

Ce jour-là pourtant, Reynière avait aperçu — et cette vue l'avait frappé au cœur, — il avait ramassé sur la tombe, à l'angle de la pierre, un bouquet de violettes, enveloppé de lierre vert, et qu'une main inconnue avait, — peu d'instants auparavant, à coup sûr, car les fleurs étaient toutes fraîches, — laissé tomber là ! Un bouquet, des violettes pâles ! Qui donc avait apporté ces fleurs, comme un hommage à la morte? Qui donc savait quelle femme, quelle martyre, quels lugubres souvenirs gisaient là sous ce nom de *Blanche?*

Alors une pensée terrible avait traversé le cerveau de l'amiral.

Si c'était M. de Salviac?

Si cet homme!...

Reynière n'avait point pour le marquis la haine basse d'un être trompé et qui ne se regarde point comme assez vengé par une blessure et par un cadavre, mais il gardait à Blanche un amour assez profond, assez entier pour que tout son sang lui affluât au cœur lorsqu'il pensait à Robert, à ce Robert qui lui avait volé tout ce qui était non pas son honneur, — l'honneur était vengé, — mais sa joie, — et cette joie était morte.

Et si Robert de Salviac avait encore l'audace de venir demander à la pierre de cette tombe place pour y appuyer ses deux genoux ? S'il disputait encore au mari le droit de parler seul, à travers le sépulcre, à celle qui n'était plus ?

Cette pensée torturait l'amiral qui avait tout d'abord pétri entre ses doigts et broyé le bouquet de violettes; puis qui avait laissé sur la pierre tomber les fleurs, une à une, comme des larmes, en se disant :

— Si pourtant ce n'était pas *lui?*

Et sa main égrenait doucement les derniers pétales.

Le souvenir de ce bouquet rencontré là ne lui sortit point cependant de la pensée. Troublé par la rencontre de Valentine, agité par cette jalouse souffrance, pris entre ces deux sentiments comme entre les coins de la torture, Reynière souffrit cruellement.

Deux jours après, au moment où il remontait la petite pente de la rue de la Rochefoucauld où se trouvait, en face de la paisible rue La Tour-des-Dames, l'hôtel ombragé d'acacias et presque enfoui dans les arbres, dont il habitait le rez-de-chaussée, l'amiral s'entendit appeler par une voix de femme et, se retournant, il aperçut Angèle Ferrand qui marchait derrière lui, rapidement.

— Ah! dit-il, c'est vous?

— Je passais. J'ai fait arrêter mon coupé. Voyons, amiral, il est donc dit que vous ne viendrez pas me donner le bonsoir, une fois, dans ma loge, et que nous serons toujours forcés de converser au grand air? Quoi! malgré ma prière de l'autre jour?... Vous me fuyez, décidément.

— Je ne fuis personne, et je voudrais, vous le savez bien, pouvoir au contraire me fuir moi-même.

— Vous êtes très-malheureux? fit la comédienne avec un accent plein d'une pitié qui, certes, n'était point jouée.

Reynière eût répondu à tout autre par un silence un peu hautain, étant de ces êtres qui veulent garder jusqu'à la pudeur de leur souffrance. Mais cette femme avait un certain charme que l'amiral reconnaissait sans le subir. Elle était évidemment sincère. A Vichy, dans des causeries assez fréquentes, elle avait laissé maintes fois échapper des confidences un peu amères, dans le genre de celles qu'avait reçues Thibouville, et Reynière s'était laissé aller à une espèce d'intimité née du hasard, et surtout d'une certaine communauté de douleurs.

Au lieu de laisser la question d'Angèle sans réponse

et d'en rester là, il appuya doucement sa main sur la main gantée de Suède de la comédienne, et, sous la fièvre qui brûlait les doigts du comte, Angèle Ferrand se sentit comme secouée par un frisson bizarre, fait de volupté et de terreur.

Elle n'avait jamais eu un tel frisson devant personne. Les grands yeux au regard tendrement morbide de Robert Weldon n'avaient pas remué en elle des fibres aussi profondes; les baisers même de Robert de Salviac l'avaient moins émue, lui semblait-t-il, que cette simple pression de la main de Reynière sur sa main.

C'est que le regard profond du comte s'enfonçait en même temps dans son regard, et la comédienne ressentait quelque chose de l'effroi doublé d'amour de la panthère pour le dompteur qui la magnétise, et qui la couche à ses pieds, mollement étendue, peureuse, les prunelles noyées de menaçantes caresses.

— Je suis si malheureux, ma chère enfant, dit Jean de Reynière, que je regarde la vie comme une expiation et la mort comme une récompense. Quand je l'aurai bien méritée et bien attendue, le sort me la donnera peut-être!

— Allons donc! fit Angèle en essayant de sourire, est-ce que c'est à votre âge que la vie est finie?...

— Elle est finie à tout âge quand un homme a fait ce que j'ai fait.

Angèle, très-pâle, et la lèvre un peu tremblante, voulut d'abord répondre à ces paroles de Reynière, mais elle crut sans doute plus prudent et plus habile de laisser tomber ce propos tragique.

— Voyons, dit-elle, il y a souvent pour les êtres ainsi frappés une vie nouvelle.

— Oh! je sais, la *Vita nuova!* fit l'amiral avec amertume; vous avez lu les poëtes, ma chère?

— Oui, dit-elle avec une voix d'acier; mais ils ne m'ont pas consolée. Seulement, ce que les poëtes ne peuvent faire, c'est-à-dire un miracle, il y a quelque chose qui l'amène en ce monde!

— Et cela, c'est?

— L'affection.

— Ou l'amour? dit lentement Reynière.

— Ou l'amour, répéta Angèle dont la voix tremblait tout à fait, cette fois.

— Je suis certain qu'on n'aime pas deux fois, répondit l'amiral très-simplement, et comme s'il n'eût pas été frappé par l'émotion de la comédienne.

Angèle, comme traversée d'un élancement intérieur, baissa involontairement les paupières sur ses yeux ardents, à cette nette réponse de Reynière, qui répondait si bien à sa propre pensée, puis les relevant et reprenant son expression d'habitude assez railleuse :

— Ah! vous croyez, monsieur le comte? dit-elle. Eh bien! *That is the question.* Ah! ah! où irait le monde si l'on n'aimait qu'une fois? Il périrait vite! Bref, si vous pensez, ce qui est possible, qu'on ne puisse avoir deux amours, on peut certainement avoir deux et dix amis, si on les trouve. Et je vous jure, mon cher amiral, qu'en fait d'amitié, je suis une petite barre de fer. Appuyez-vous sur moi, vous me rendrez très-heureuse. Est-ce drôle tout de même? fit la comédienne, nous philosophons là, en pleine rue, en marchant. Les péripatéticiens du sentiment!

Et elle se mit à rire.

— Au lieu de cela, je vous le répète, que ne venez-vous donc un soir au théâtre, dans ma loge! Vous me direz que je rabâche, mais j'en serais si contente! Et vous me l'avez promis? Tenez, *je ne suis* pas du troisième acte. Entre dix et onze, nous aurions le temps d'ergoter et nous serions mieux qu'ici. Mais je suis pressée, je répète. Roblot va même me mettre à l'amende. C'est mon régisseur, Roblot! Mais bah! mériter des amendes pour vous, amiral...

Et elle se mit à fredonner, en souriant d'un air à la fois ironique et triste :

— *C'est encore du bonheur!*

Elle lui tendit la main en ajoutant :

— Au théâtre, n'est-ce pas? Ou rue Prony, chez moi! Je vous jure que j'ai beaucoup de choses à vous dire.

— Tant mieux, fit M. de Reynière, je vous verrai plus souvent.

Les paroles étaient charmantes, mais le ton dont elles étaient dites avait cette banalité polie qui ne pouvait laisser aucun doute à Angèle. M. de Reynière ne viendrait pas.

— J'ai, en outre, dit-elle alors d'une voix très-grave, un pardon à vous demander.

— Je ne suis pas habitué à en donner, fit l'amiral. Il est accordé d'avance, mon pardon!

— Eh bien, je suis superstitieuse, mon cher comte. Et l'autre jour... Mais non, je n'ose pas...

Elle s'interrompit, devenue très-pâle.

— Pourquoi n'osez-vous pas? demanda Reynière.

— Ce n'était pas à moi de m'agenouiller sur cette tombe... et vous allez trouver mon action sacrilége. De quel droit priais-je?... Est-ce que j'avais le droit d'adresser à la morte des paroles que je n'eusse osé murmurer à la vivante?

Angèle parlait, comme à elle-même, d'une voix saccadée et d'un air étrange. Elle était livide maintenant, et l'amiral devina, avec cette prescience des souffrants, qu'il s'agissait de Blanche.

—C'est vous?... c'était vous?... s'écria-t-il. Ce bouquet?

— Nous sommes un peu folles, nous autres, dit Angèle de ses lèvres blêmes. C'était pour prier sur un autre tombeau que j'étais entrée au cimetière. J'ai rencontré celui-là, que je connais. Je me suis arrêtée, j'ai déposé là ces fleurs, et j'ai prié, et avec ferveur, je vous jure, pour quelqu'un... pour... pour vous, fit-elle brusquement en apercevant un éclair dans les yeux de l'amiral.

Reynière interrompit brusquement, presque brutalement, la comédienne, et, la saluant avec ce geste irrité qu'il avait eu devant la maison vide :

— Merci, dit-il, mais voilà les prières les plus inutiles que je sache. Si *elle* pouvait pardonner encore, il y a quelqu'un qui ne m'absoudrait pas, qui ne m'absoudrait jamais. Et celui-là, c'est moi !

Il poussa la grille de l'hôtel et laissa Angèle, pâle comme une morte, sur le trottoir de la rue déserte.

— Il l'aime encore ! Et comme il l'aime ! dit la comédienne écrasée.

Elle regagna son coupé et donna au cocher, non pas l'adresse du théâtre, mais celle de son hôtel :

— Rue Prony. Roblot doublera l'amende s'il veut. Ça m'assomme, le théâtre ! — Comme il l'aime ! Comme il l'aime ! Il n'y a qu'un nom dans ce cœur, et c'est Blanche !

Et cette pensée ne la quittait plus. Reynière, blessé que ces deux noms : Blanche et Angèle, pussent être même furtivement accolés l'un à l'autre, et que la comédienne eût osé prier pour la victime, avait éprouvé pourtant un soulagement profond à apprendre que le bouquet trouvé sur la tombe de la comtesse, c'était Angèle Ferrand qui l'avait apporté. Etrange femme cette Angèle ! L'amiral, après tout, se sentait pour elle une certaine faiblesse. Elle était de ces créatures supérieures à leur destinée, et qu'on ne peut s'empêcher, après réflexion, ou de plaindre ou d'estimer.

— Je suis *un bon garçon!* disait parfois, en parlant d'elle-même, Angèle, dont le rictus amer et le regard aux flammes bleuâtres semblaient un peu démentir les paroles.

Jean de Reynière, sans se donner la peine d'étudier ce contraste, croyait Angèle de bonne foi. Il devinait et sentait d'ailleurs en elle une affection réelle et une profonde pitié, et, après ces mouvements de brusquerie hautaine, pareils à ceux qu'il avait laissés échapper et devant son hôtel et devant la maison vide, il se disait :

— La pitié et l'affection sont bénies, quel que soit le cœur d'où elles tombent !

Ces deux sentiments attiraient son cœur blessé, comme le soleil attire les malades. Et puis la comédienne était une femme ! Faible et tombée, elle méritait, elle aussi, de cette pitié qu'elle gardait aux autres. L'amiral ne soupçonnait guère ce qui s'agitait au fond de l'âme d'Angèle Ferrand.

Il ne put, au surplus, s'empêcher de penser à ce que lui avait dit la comédienne : « L'affection ou l'amour peut amener l'oubli, » lorsqu'il eut revu Valentine Trézel. Ce fut justement une huitaine de jours après cette rencontre avec Angèle et, par conséquent, dix jours après la soirée chez Mme de Grandier, que l'amiral, l'esprit toujours hanté de la vision de Valentine, accepta l'invitation pressante et intéressée du petit docteur. Jamais, depuis la mort de Blanche, Reynière ne se sentit aussi profondément ému que lorsqu'il se retrouva auprès de Mlle Trézel, chez elle, lui parlant, s'enivrant de sa beauté, de ses paroles, de cette candeur profonde et grave qui était le charme de cette jeune fille et qui rayonnait autour d'elle. Et, dans cette émotion, dans le trouble qui agitait Reynière, il y avait à la fois de la douleur et de la joie. Par une sorte d'étonnant mirage, les murailles de l'appartement d'Urbain Trézel disparaissaient, les arbres du Luxembourg devenaient ceux du jardin de l'avenue Montaigne, et ce n'était pas Valentine, c'était Blanche qu'il contemplait, qu'il écoutait et que le sort lui avait rendue.

Quelques semaines passèrent, durant lesquelles le malin docteur, fort préoccupé des récompenses académiques et l'esprit féru de cette idée que M. de Reynière, véritablement empressé auprès de Valentine, pourrait devenir son mari, multiplia les invitations, redoubla d'obsessions auprès de l'amiral, malgré la réserve de Reynière et malgré les observations de Valentine elle-même. Le matelot Gauthier, lorsque M. de Reynière venait, selon son habitude, visiter la maison vide, remarquait — chose extraordinaire — que son « amiral » reprenait plus de vie dans l'expression du visage, que sa voix perdait quelque chose de son accent mélancolique, et qu'il y avait un peu de la flamme d'autrefois dans ses yeux bleus et impératifs.

— Que diable ! se demandait le vieux marin. Qu'est-ce qui se passe donc ?

L'amiral, un jour, lui ayant parlé plus longuement que de coutume, lui avait dit :

— Toi, l'esprit fort, Gauthier, tu ne crois point, n'est-ce pas, aux revenants et aux fantômes ?

— Ni vous, mon amiral, je suppose. On a bien son petit lot de crédulité, vous concevez, mais ça... non ! ma foi, non !

Et Gauthier se grattait bien souvent la tête ou se demandait, tout en fumant sa pipe et en regardant passer dans l'avenue les équipages, ce que l'amiral pouvait bien avoir voulu dire avec ses revenants.

— Le vent debout m'emporte ! songeait le matelot, s'*il* n'avait pas la tête aussi solide, je dirais que tous ces tremblements de tonnerre de Dieu de malheurs la lui ont un peu fêlée.

Mme Lehidec de Grandier aimait beaucoup Valentine. Elle la protégeait et l'admirait sincèrement. Elle s'était même mis en tête de la marier.

— Vous êtes libérée, ma cousine, disait Albéric Ré

ville, lorsque la jeune femme laissait tomber une allusion à ces projets, soyez donc un peu indulgente à ceux qui n'ont pas fait leur temps. Donnez-leur au moins du répit.

Henriette se contentait de répondre :

— L'épouseriez-vous, vous qui parlez ?

— Non, ma cousine.

— Pourquoi ?

— C'est bien simple. Parce que je ne l'aime point et parce que je vous aime, vous !

— Ne vous croyez pas obligé à me dire des banalités, parce que vous êtes mon cousin et parce que je suis veuve. Vous ne voulez pas épouser ma jolie Valentine, — puisque nous jouons aux *parce que,* — parce que vous préférez gâcher votre temps avec ces horreurs d'abominables et charmantes femmes qui vous grugent, mon pauvre Albéric, et qui se moquent de vous et qui...

— Et qui ne se moqueront jamais autant de ma candeur que moi de leur maquillage. Parole d'honneur, ma cousine, je vous répète que vous seule...

— Merci. Depuis que Désorbiers m'a fait sentir toutes les grâces du Code, il me semble que tout homme qui se mettrait avec moi en frais de galanterie me demanderait, non la bourse, mais : « La main ou la vie ! » Article 324. Brr !

— Et alors, ne voulant pas risquer votre adorable petite existence, vous ne craignez pas de mettre en péril la vie de Mlle Valentine Trézel !

— Oh ! ce n'est pas la même chose !

— Comment ?

— Valentine est un ange. Elle n'aura jamais de sa vie, fût-ce pendant une minute, la tentation du mal ; ce n'est certainement pas pour elle que ce maudit Code a été fait. Tandis que moi, depuis que je sais que le capitaine avait le droit de me tordre le cou... eh ! ma foi !... Pauvre Raoul, va !

— Ne dites donc pas cela, ma cousine, vous êtes la plus honnête des femmes !

— Oui, mais j'en suis peut-être la plus curieuse !

— Eh bien ! ma chère Ève, quand vous voudrez, je risquerai tout, bien certain que vous serez aussi charmante, aussi accomplie, aussi peu tentée que votre admirable Mlle Valentine, dont vous parlez toujours.

— Laissez-moi donc tranquille et ne me comparez pas à cette enfant-là ! Elle est parfaite.

— Elle a toutes les vertus de la fourmi de la fable !

— Avec tous les charmes de la cigale, monsieur. N'avez-vous pas entendu, l'autre jour, mon professeur Thibouville s'écrier : « Voilà une Andromaque ! »

— Eh bien ! qu'Andromaque entre donc au théâtre. Nous verrons à lui faire un succès, disait Albéric en souriant, et si bien que Mme de Grandier devenait furieuse, appelait son cousin « *mécréant,* » et lui intimait l'ordre de ne plus remettre les pieds chez elle puisqu'il n'admirait pas sa charmante protégée.

— Alors, vous me chassez ?

— Parfaitement.

— Jusqu'à demain ?

— Jusqu'à ce soir. Allez faire pénitence...

— Et méditer sur les vertus de Mlle Trézel.

— En compagnie de vos danseuses d'Opéra ou de vos chanteuses d'opérette. Jolie retraite !

Albéric raillait, s'amusant volontiers à courroucer Mme de Grandier, intraitable lorsqu'il s'agissait de ce « phénix » de Valentine. La veuve du commandant du *Saint-Clément* était à la fois très-évaporée et très-bonne. Affairée, allant, venant, mêlant à la fois mille occupations, *répétant* avec Thibouville, courant chez Wadmann surveiller la construction du monument élevé à ce « pauvre Raoul, » de là à l'atelier du sculpteur chargé des statues, montant chez Trézel, criant à la peste et à l'horreur en apercevant par la porte entre-bâillée le laboratoire du petit homme; embrassant Valentine, causant, redescendant, jetant à son cocher l'adresse de quelque ministère, de sa couturière, de sa modiste, de son marchand de musique, de la Librairie nouvelle, où elle achetait tous les recueils nouveaux de poésie pour y trouver une poésie de salon; connaissant tout le monde, à l'affût de toute réputation nouvelle, sollicitant les ministres — pour les autres, il est vrai — ne manquant pas une séance importante de la Chambre, désolée depuis son deuil de n'avoir plus sa loge aux *premières*, mais se promettant bien de la retrouver l'hiver venu; se montrant partout, furetant, bavardant, hurluberlue, et plus d'une fois, en route, arrêtant son coupé pour vider sa bourse dans le tablier d'une pauvre femme, accroupie contre un mur, avec un petit enfant pâle dans les bras, ou escaladant, essoufflée, un cinquième étage pour soulager quelque misère cachée; rentrant enfin dans son hôtel harassée, fatiguée, lassée, « moulue, » comme elle disait, mais enchantée et toute prête à recommencer le lendemain.

Il fallait à Henriette le mouvement, le bruit, mille propos, mille entreprises. Elle avait — c'était une expression d'Albéric — le veuvage turbulent. C'était une de ces femmes dont le plaisir est de présider des œuvres de bienfaisance, d'organiser des loteries, de quêter à domicile, de bombarder leurs amis de billets de concerts, et de faire des mariages. Elles ont toujours dans leur poche un pianiste de génie qui a quelque symphonie à faire entendre, un peintre inconnu qu'il faut sauver, et une jeune fille pauvre, toute chargée d'affection, très-disposée à faire le bonheur d'un honnête homme. N'en rions pas trop: leur charitable turbulence est, après tout, une des formes de la bonté.

Mme de Grandier s'était imaginé, et peut-être avec

raison, que la nièce du docteur Trézel devenait un peu pâle et semblait, non point malade, mais souffrante.

— C'est l'effet de vos sottes expériences ! disait-elle, Est-ce qu'une jeune fille est faite pour vivre dans une atmosphère pareille ?

— Attendez, attendez, madame, répondait le docteur d'un air profond, et vous verrez quelle gloire rejaillira sur Valentine, grâce à mes poulets monstres...

— Des monstres ? Vous avez besoin d'en fabriquer, vous ? Regardez simplement autour de vous : il n'en manque pas !

— Réaumur, lorsqu'il inventa son four à poulets...

Henriette interrompait Urbain Trézel ou le laissait chevaucher sur ce que Sterne eût appelé son *dada*. Mais elle finit par le faire consentir à quitter, pour un ou deux mois, son logis de la rue de Fleurus et à habiter, avec Valentine, un très-joli pavillon, très-bien situé, dans la propriété qu'elle possédait à Saint-Germain, rue du Château-Neuf, et où elle passait tous les ans une partie de l'été, avant de se rendre aux bains de mer.

— La maison a été bien triste jusqu'ici, mais ce pauvre Raoul me pardonnera peut-être de lui donner un petir air de fête maintenant qu'il aura un des plus beaux monuments — oh ! mais des plus beaux ! — du Père-Lachaise. Wadmann a fait là un chef-d'œuvre. D'ailleurs, c'est pour ma chère petite Valentine... Vous serez comme chez vous, et le jardin est un paradis...

— Et mes poulets ?...

— Oh ! le terrible homme ! Eh bien, vous ne manquerez ni de poulets ni d'œufs, car nous avons un verger, s'il vous plaît ! Et si la basse-cour ne suffit pas, vous pillerez toutes les fermes du voisinage, du Pecq à Marly et de Marly à Versailles. Êtes-vous content, cousin ?

C'est ainsi qu'aux premiers jours de juin, Urbain

Trézel et Valentine se trouvaient installés, avec la vieille Adèle, dans un nid de verdure au fond du jardin, Mme de Grandier habitant un étage du principal corps de logis : — un hôtel Louis XVI, élégant et gai, souriant, avenant, un des plus charmants de cette rue coquette et blanche qui, d'un côté s'ouvre sur l'horizon immense et, de l'autre, a pour perspective le bâtiment rouge et blanc du Château.

Cet hôtel, avec sa grille ouvragée, dans le genre italien, ses plantes grasses dans des vases Médicis, sa serre et ses grands acacias, était un paradis silencieux et embaumé. Le pauvre capitaine Lehidec aimait à s'y reposer autrefois de ses traversées.

Henriette avait résolu de recevoir encore fort peu de gens cet été-là, mais de les choisir. Des amies, Mme Gobert, quelques députés, un ou deux sénateurs, et l'amiral de Reynière, qui lui avait plu infiniment.

Avec ces rares intimes, et Thibouville, son professeur qui, tout en lui donnant des leçons, apporterait les nouvelles, les échos de Paris et l'air des boulevards, le séjour de Saint-Germain ne serait pas ennuyeux. Valentine avait la forêt pour se distraire et reprendre un peu de couleur aux joues. Puis tant d'excursions ! Le pays est charmant. Albéric n'était pas banal. Parmi ces députés, il y aurait peut-être un fiancé pour Mlle Trézel. Henriette de Grandier était persuadée qu'elle allait passer une saison fort agréable, d'autant plus qu'elle retrouvait là des souvenirs de Raoul, ses armes, des panoplies de lances, de coutelas et de boucliers exotiques, et un portrait du commandant, mais un portrait en habit de ville, sans porte-voix. Henriette regrettait le Raoul de l'hôtel du parc Monceau. Raoul sans épaulettes, Raoul sans porte-voix, ce n'était pas Raoul.

— Fort heureusement, disait-elle, je n'ai pas besoin d'avoir un de ses portraits sous les yeux pour le revoir. Son image est là.

Et sa petite main touchait sa robe à l'endroit de son petit cœur.

Valentine était vraiment heureuse que son oncle eût consenti à quitter Paris. Elle que Mme de Grandier trouvait un peu pâlie, se sentait un peu inquiète sur la santé d'Urbain Trézel. Le petit homme se desséchaît à se pencher éternellement sur ses appareils. Il y avait comme une fièvre intense dans ses yeux bleus un peu égarés. Ses couveuses artificielles l'absorbaient et l'amaigrissaient. A force de produire des monstres, le docteur, avec ses pommettes saillantes, ses oreilles décollées, ses doigts osseux, son dos de squelette où les vertèbres, marquées sur son habit, apparaissaient comme une rangée de boutons, en arrivait à devenir lui-même un phénomène de consomption. Le grand air lui ferait du bien évidemment. Et puis, à Saint-Germain, peut-être apporterait-il moins de passion à ses expériences.

Hélas! A Saint-Germain comme à Paris, Urbain Trézel poursuivait avec une vivacité âpre ses essais mille fois infructueux. Ses monstres naissaient pour expirer. Il produisait des embryons hydropiques, gonflés, énormes, des embryons cyclopes, des poulets proencéphaliques avec une tumeur au front, des monstres aux corps unis par le côté; il se grisait de ces mots de grimoire savant : ***exencéphalie, célosomie, symélie, triocéphalie.*** Il les répétait avec joie; il en avait plein la bouche. Il en arrivait à trouver que la nature était trop simple dans ses productions et que la vérité, c'était la monstruosité. Son rêve le plus cher était de produire un poulet à trois têtes!

— Je le répétais l'autre jour à M. Maréchal (de l'Académie des sciences), l'ami de M. de Reynière... Je lui répétais : Quand je serai parvenu à cela, l'Institut me rendra peut-être justice.

Valentine laissait dire et laissait faire. Elle eût

trouvé méchant, égoïste et cruel de réveiller son oncle de ces songes en lui disant : — Tout cela nous mène à la ruine!

Elle oubliait d'ailleurs et Paris et la réalité un peu sombre, dans ce pavillon entouré d'arbres, de fleurs, comme d'une mer verdoyante, et le matin, à son réveil, elle avait une impression de fraîcheur et de joie, toute ravie par le gai concert des oiseaux dans les branches. C'était son Luxembourg, mais plus silencieux, plus calme et plus doux.

M. de Reynière était déjà venu à Saint-Germain. Chez Mme de Grandier, comme chez Urbain Trézel, chaque fois que Valentine le revoyait, elle éprouvait cette même impression de respect craintif et pourtant de sympathie qu'elle avait ressentie lors de la première entrevue. Lui en emportait, au contraire, un sentiment qu'il subissait sans l'analyser et qui lui rendait comme un prétexte pour vivre. La jeune fille et l'amiral se parlaient fort peu, cependant. Elle, timide; lui, pensif, recueilli et songeant.

Henriette ne s'en était pas moins demandé si le comte, par hasard, ne pouvait pas devenir le mari de Valentine.

— C'est, en vérité, la seule femme qui puisse consoler un tel homme!

Le projet était tentant. Mais, quoi! l'amiral consentirait-il jamais?... Et Valentine, elle-même, pourrait-elle oublier, lorsqu'elle saurait tout, qu'il y avait du sang sur les mains de ce héros? Ah! si toutes les femmes avaient l'appétit du romanesque comme la belle Mme Gobert!

Henriette se réservait, au reste, de parler de Reynière et de le peindre sous les couleurs voulues, au jour et à l'heure convenables. Il fallait s'assurer auparavant que le comte n'avait pas complétement dit adieu à la vie. Mais allez donc aborder un semblable sujet de conversation avec un tel homme!

Mme de Grandier ne s'imaginait guère qu'avec son humeur de marieuse, elle allait précisément dans le sens des projets de son cousin, le petit docteur. Entre deux expériences et entre deux poulets hydropiques, Urbain Trézel soupirait :

— Au besoin, Valentine ferait pourtant une jolie comtesse ! Ah ! quelle jolie comtesse ! Et à quoi n'arriverais-je pas avec un protecteur tel que M. de Reynière ?

Toutes ces pensées, ces rêves, ces projets n'étaient encore qu'à l'état latent, et Valentine ne se doutait pas de l'intérêt spécial que lui portait la veuve de « Raoul. » Elle ignorait la tragique histoire de l'amiral et les ambitions d'Urbain, et cependant le docteur, en parlant habilement de temps à autre, à sa nièce, de la grandeur d'âme d'un homme tel que Reynière, essayait déjà de faire partager peu à peu à Valentine ses beaux et séduisants espoirs.

Urbain, il est vrai, se désolait. On eût dit que la jeune fille ne comprenait point. Elle traitait toujours Reynière avec la même condescendance intimidée. Elle éprouvait même un certain sentiment de gêne lorsque l'amiral était là, et si le docteur en eût marqué de la tristesse, Henriette de Grandier n'eût pas manqué de dire : — Allons, bravo, au contraire ! Qui sait ? Voilà peut-être le commencement de l'amour !

Il était bien évident que le comte n'était pas indifférent à Valentine ; elle songeait beaucoup à lui, dans ses heures de solitude. Dans une promenade faite en forêt avec lui et Henriette, sous les beaux arbres de la Croix de Noailles et de l'Étoile de Houx, assise en face de Reynière, elle s'était sentie comme enveloppée de caresses par le regard paternel et triste de cet homme, et elle avait longtemps gardé le souvenir de cette après-midi poétique et charmante.

Valentine aimait cette forêt immense, et lorsque

Mme de Grandier ne pouvait sortir, le plaisir de la jeune fille était de se promener seule sous les chênaies, emportant un livre et ne le lisant pas devant l'éternel livre ouvert. Elle se plaisait, tandis que l'oncle Urbain poursuivait ses expériences et qu'Henriette faisait des visites, à explorer tous les environs si pleins de souvenirs : Mesnil-le-Roi, Carrières, Louveciennes, et ces jardins déserts de Marly, où il reste moins de traces du caprice fastueux du « grand roi » qu'il ne subsiste de Ninive. Elle savait tout et retrouvait le passé tapi sous l'herbe ou les moissons. Elle savait qu'André Chénier s'était caché là, elle retrouvait la place du tombeau de « l'enfant mort » que saluait de ses vers le poëte qui allait mourir, et le soir, quand elle rentrait chez Henriette, ses beaux grands yeux noirs rayonnaient, et ce bouquet de souvenirs lui semblait embaumé comme une brassée de fleurs cueillies en chemin.

— Et vous, ma cousine, disait-elle à Mme de Grandier, qu'avez-vous fait ?

— Moi ? J'ai vu notre sous-préfète. Charmante. Nous ne sommes pas très-d'accord. Je suis centre gauche, et elle penche vers la droite... mais bonne personne. Puis l'abbé Polard, un abbé qui traduit Horace, s'il vous plaît! Ensuite, visite chez la générale de Mérague. Grand événement, chère enfant. On organise un carrousel, une cavalcade, je ne sais quoi. Enfin quelque chose de ravissant. Ces messieurs de la garnison veulent représenter l'entrée de François Ier dans sa bonne ville de Saint-Germain-en-Laye, avec des costumes. Vous voyez que, moi aussi, je m'occupe d'histoire !

— Et vous, mon oncle?

— Eh bien, je vais vous étonner, mais, de mon côté j'ai fait une découverte...

— Ah ! bah !

— Oui, ma cousine. Oui. J'ai remarqué — vous allez voir comme c'est curieux ! — j'ai remarqué que les kings'charles de Saint-Germain, tous ces petits chiens que vous apercevez courant par les rues, sont de pure race anglaise. Mais de race exquise, de race introuvable. Eh bien! savez-vous pourquoi?

— Non.

— Non! Voilà, après la révolution de 1688, Jacques II d'Angleterre, vous ne l'ignorez pas, reçut au château de Saint-Germain l'hospitalité de Louis XIV. Or, il avait amené des chiens anglais avec lui, Jacques II. Ils ont fait des petits, et la race anglaise sans mélange ne se retrouve peut-être qu'ici, ici, vous entendez. Ah! Et trouvez-vous maintenant que mes études et mes observations sont inutiles?

— Pas du tout. Seulement, mon cousin, vous ajouterez, s'il vous plaît, à l'histoire naturelle un chapitre spécial : « *De l'influence de l'exil des rois sur la race des kings'charles.* »

— Tenez, cousine, vous ne croyez à rien, mais à rien! répondait alors le petit homme, plus piqué qu'il ne le laissait voir.

Valentine, ainsi libre parfois de ses rêveries et de ses promenades, ressentait une impression d'affranchissement qu'elle n'avait jamais éprouvée. Son existence était si uniforme et si mélancolique! C'était peut-être là le premier *congé* qu'elle eût pris de sa vie. Aussi, comme elle se grisait d'air, de verdure, comme elle se perdait, du haut de la Terrasse, dans l'immensité de ce vaste horizon qui avait pour point extrême, là-bas, le grand Paris! Elle préférait cependant les coins plus discrets, les contre-allées pleines d'ombres, les sentiers au bord de l'eau.

Le docteur la laissait volontiers à sa solitude, se demandant pourtant s'il était « convenable » qu'une jeune fille... Mais Henriette l'interrompait bien vite :

— Valentine n'est pas une enfant, et croyez-vous que Saint-Germain soit peuplé de sauvages?

La jeune fille, une après-midi, suivait ainsi, aspirant à pleins poumons le vent frais qui caressait ses cheveux, agitait les petites mèches folles autour de ses oreilles, la rive de la Seine, l'imagination partie vers le pays des songes, sa tête brune lumineusement enveloppée par les rayons de soleil qui traversaient son ombrelle écrue, et cheminant en ne voyant rien que le sentier où elle posait ses petits pieds.

Elle était descendue vers le Pecq par ces escaliers qui, du haut de la Terrasse, mènent le long de sentiers frais, par une déclivité douce, jusqu'au bord de la Seine, et, après avoir marché jusqu'au pont du chemin de fer par le quai des Champs, elle revenait, l'œil sur le chemin, ou relevant la tête pour contempler au loin, au-dessus du pont du Pecq, les coteaux de Marly, d'un vert déjà profond, avec leur aqueduc se découpant là-haut, superbe comme une ruine dans la campagne romaine.

L'eau du fleuve miroitait au soleil. Un saule au tronc gris penchait sur le courant, comme pour les baigner, ses branches vertes; le reflet des masses d'arbres de l'île Corbière donnait à la Seine une couleur d'un vert sombre.

Valentine ne regardait que l'horizon de Marly ou l'herbe du chemin. Le ciel bleu piqué de nuages, les maisons blanches de l'autre côté de la rive, les fils du télégraphe tendus au-dessus de sa tête et où des hirondelles nombreuses s'étaient posées, comme des notes noires sur une portée musicale, elle ne voyait point tout cela. Elle allait lentement, sa pensée ne s'arrêtant sur aucun sujet; mais, heureuse de ce grand calme qui la berçait, elle regagnait la montée qui, en face du pont, conduit à la ville, à pas très-doux, comme quelqu'un qui n'a point hâte de voir finir le moment qu'il savoure; — lorsque, tout à coup, au moment où elle arrivait sous les allées de petits ormes, un grand cri, un terrible appel, quelque chose de strident et d'effrayant, tira brusquement Valentine de cette sorte de torpeur délicieuse, de ce rêve vague, mais charmé, fait en marchant.

Elle tourna rapidement la tête à gauche, vers l'endroit d'où était parti ce cri. Un cri d'enfant ou de femme, un cri tragique, déchirant, auquel d'autres cris répondaient.

Alors Valentine aperçut là, sur cette rive, à une trentaine de pas de l'endroit où elle avait passé sans apercevoir personne ; elle vit, sur la langue de terre couverte d'herbe qui conduit au fleuve, une petite fille de cinq ou six ans qui frappait du pied avec un désespoir sinistre, levait les bras, puis les tendait en criant vers un endroit de la Seine où il y avait, auprès d'un bouquet de plantes d'herbes lancéolées, une barque amarrée et, à côté de cette barque, quelque chose qui s'agitait dans les herbes, une forme humaine, une tête d'enfant. C'était cet enfant qui venait de pousser l'affreux cri, le cri d'angoisse et de mort. Cet enfant se noyait.

Valentine sentit tout son sang se glacer et, pendant une seconde, elle demeura immobile, petrifiée et clouée sur le chemin, puis, instinctivement, elle s'élança, jetant son ombrelle à terre et criant :

— Au secours ! au secours !

Sur le chemin, personne. Une noire usine à gaz, qui dressait tout près ses tuyaux de brique rouge au-dessus de ses murailles noires, demeurait muette, étant déserte et à louer. Des petites villas du quai, sans doute inhabitées, aucun secours ne sortait. Fenêtres et portes étaient closes.

— Seule ! songeait Valentine avec effroi, seule !

Et elle répétait :

— Au secours !

La petite fille, dans les herbes, se tordait les mains, trépignait et répétait avec une terreur impuissante :

— Mon frère! c'est mon frère! André! André! André!

Et chaque cri de la pauvre petite enfonçait un coup de couteau dans le cœur de Valentine qui regardait si, d'un bond, elle pourrait sauter de la rive dans la barque et saisir l'enfant. Mais cette barque était trop éloignée. Il fallait, pour l'atteindre, se jeter dans le fleuve.

— Ah! mon Dieu! pensait Valentine. Mais il est perdu, ce malheureux!

Il venait de reparaître, agitant au-dessus de l'eau une main crispée, les yeux hors de l'orbite, hagards, et elle le vit s'enfoncer, des globules d'air et des cercles effrayants indiquant seuls l'endroit où il venait d'être englouti. Et pendant ce temps les hirondelles, effrayées par la voix de Valentine, s'envolaient avec de petits appels aigus, quittant les fils télégraphiques et tournoyant, effarées, au-dessus de l'eau qui étouffait le noyé. En haut, dans l'air, des cris d'oiseaux et des battements d'ailes en pleine lumière; en bas, dans le gouffre, la mort silencieuse et invisible...

Valentine détourna les yeux avec horreur. Instinctivement, descendant le talus, elle s'était précipitée, la pressant contre elle comme pour la protéger ou lui cacher la vue du fleuve, sur la petite fille, qui hurlait maintenant :

— André! André! Mon frère!

Tout à coup, un homme, à l'angle de la petite ruelle noire contournant l'usine à gaz et débouchant sur le quai, un homme élégant et jeune apparut, qui sans doute, de loin, avait tout vu ou tout entendu, tout deviné, et qui se précipitait, tête nue, vers le bord du fleuve; il bondit sur le chemin, se laissa glisser le long du talus, à travers les chardons violets, les fleurettes jaunes et les orties, regarda fixement l'endroit où l'enfant avait disparu, le trou refermé où, sous l'eau glauque, le petit noyé luttait contre l'agonie, et lançant sur l'herbe, au hasard, sa redingote et son gilet arrachés à son corps, il plongea dans le fleuve et Valentine, qui le suivait des yeux, eut à peine le temps de le voir accourir, paraître et disparaître.

Au loin, des gens venaient, attirés sans doute par les cris.

Il y eut, pour la jeune fille, quelques secondes d'angoisse suprême. Le plongeur ne se montrait plus hors de l'eau. Il n'y avait à la surface que le glauque remous d'une lutte cachée. Si les herbes avaient enlacé, comme des serpents, cet homme, et si le sauveur, lui aussi, mourait étouffé là?

Mais Valentine jeta bientôt un cri de joie, et ses larmes jaillirent avec ses sanglots. Elle était pâle comme une morte et ses dents claquaient comme dans une crise nerveuse : l'homme sortait du fleuve, secouant la tête, les cheveux collés au front, d'une main se cramponnant à la barque qu'il poussait vers la rive, et serrant de son bras droit, contre sa poitrine, l'enfant évanoui qu'il tenait par le milieu du corps.

— André! André! répétait sur le même ton aigre, stupide et effaré, la petite fille qui mêlait des pleurs à ses appels épouvantés.

Par un effort robuste, l'homme se souleva jusqu'à la ceinture contre la barque et y laissa glisser l'enfant, puis, de ses deux bras roidis appuyés au bord gluant du bateau, il se dressa hors de l'eau, entra dans la barque, y saisit une gaffe, et l'enfonçant dans le fleuve il approcha le bateau au ras de la rive et lorsqu'il fut à peu de distance du rivage, reprenant l'enfant entre ses bras,. il bondit nerveusement sur l'herbe, les jarrets régulièrement détendus comme dans une leçon de gymnastique. Puis, vivement, il se pencha sur le petit, — un garçon de dix à douze ans vêtu d'une veste d'alpaga et d'un pantalon de velours à côtes taillé sans doute dans quelque vieux vêtement du père, — et lui enleva à demi ses vêtements, découvrant son torse chétif et ses épaules maigres, le couchant sur le côté droit, la tête un peu élevée, appuyée sur un tertre de gazon et exposée au soleil.

— Est-il mort, monsieur, est-il mort? demanda Valentine, dont la voix tremblait et qui fixa, pour y deviner la réponse, ses grands yeux interrogateurs sur les prunelles de cet homme.

Sous ce regard, l'homme à genoux se releva brusquement, comme s'il eût tremblé soudain.

La jeune fille, se méprenant sur ce mouvement où elle crut voir de l'effroi, balbutia alors :

— Pauvre enfant ! Le pauvre petit ! C'est donc fini ?

— André, c'est moi, André, André !... répétait la petite fille qui s'était mise à genoux devant le corps de son frère et qui lui parlait à l'oreille. C'est ta petite sœur, c'est Berthe !

Il y avait tant de douleur, d'instinctive pitié dans les beaux yeux noirs de Valentine que celui qu'interrogeait la jeune fille se hâta de répondre :

— Non, mademoiselle, ne craignez rien. Il est sauvé !

Et sa voix profonde, malgré l'émotion qui l'étranglait, sa voix au timbre mâle et caressant, fit à Valentine l'effet d'une musique.

Cet homme, les cheveux plaqués sur le crâne, la barbe mouillée, les vêtements collés aux jambes, la chemise en eau dessinant ses bras nerveux et une poitrine élégante, n'avait certes rien de ridicule aux yeux de la jeune fille. L'eau et la boue qui mouillent un sauveteur sortant d'un fleuve sont comme la poudre et la poussière sur le visage du soldat victorieux : quelque chose de glorieux et de sympathique.

Le soleil éclairait cette physionomie mâle et jeune, et Valentine, au milieu du front de cet inconnu qu'elle croyait pourtant avoir vaguement entrevu elle ne savait où, aperçut une cicatrice aux lignes blanches. Cet homme avait évidemment l'habitude du danger, et ce n'était pas la première fois qu'il voyait de près la mort.

Il semblait cependant intimidé, troublé, et comme écrasé d'émotion. Ce n'était plus le même homme que tout à l'heure. Il contemplait Valentine avec une telle expression étonnée, ravie et inquiète à la fois, qu'elle se sentit légèrement rougir.

— Ah! monsieur, dit-elle, sans trop savoir ce qu'elle balbutiait à son tour, sans vous!...

Il fit un geste qui répondait : « Ce que j'ai fait est tout simple, » ramassa ses vêtements et les jeta sur ses épaules, ne boutonnant que la redingote.

Puis, revenant à l'enfant :

— Des briques chaudes aux pieds, des frictions, et dans une heure il courra au soleil. Mais je suis arrivé à temps.

— Ainsi, ce n'est rien?

— Rien. Où demeures-tu? demanda le jeune homme à la petite Berthe.

— Là-bas, monsieur. Oui, dans la cité Monceau... cette maison que vous voyez... C'est encore loin... Maman y est.

— Eh bien! mène-nous chez ta maman.

Il ramassa le petit André, le coucha sur ses bras, la tête haute et appuyée sur son épaule, et, tout en marchant, il dégageait parfois son bras droit et frictionnait la poitrine de l'enfant.

— Mais vous allez prendre froid, monsieur, dit Valentine.

— Ne craignez rien. Le soleil est très-ardent, et la maison n'est éloignée que pour les petites jambes de cette enfant.

Dans la course, le jeune homme avait perdu son chapeau, il ne savait où, là-bas, au loin, près de quelque buisson.

Un des hommes accourus, des mariniers, tendait justement à Valentine l'ombrelle de toile qu'elle avait jetée sur la route. Elle le remercia en souriant et, tandis que le jeune homme marchait assez rapidement, portant, avec des soins de mère pour un nouveau-né, l'enfant dont la petite bouche et les narines rendaient l'eau absorbée, la jeune fille levait, de son bras au galbe exquis, l'ombrelle et garantissait à la fois contre le soleil le visage du petit et le front étoilé du jeune homme. Et parfois, sous le regard profond, ravi, pensif que lui jetait cet inconnu, elle baissait les yeux.

Ils arrivèrent ainsi, suivant le quai, vers le viaduc, jusqu'au logis qu'avait désigné la petite Berthe. C'était dans un assemblage d'humbles, mais proprettes maisons de blanchisseurs, de marchands de sable de rivière, et de vendeurs de vers de vase, accotées l'une à l'autre, une pauvre demeure dont la porte, précédée d'un petit jardinet entouré de palissades, s'ouvrait sur le quai des Champs. La petite Berthe la poussa et, entrant dans la chambre du rez-de-chaussée en courant, dit tout haut, bien vite, avec sa voix grêle, pour rassurer quelqu'un que Valentine n'apercevait pas encore :

— N'aie pas peur, maman ! *C'est* rien !

— Quoi, rien ? répondit une voix bien faible, une voix de malade, il y a donc quelque chose ?

Le jeune homme était entré, portant André, et Valentine, se tournant vers un angle assez obscur du pauvre logis, vit alors, étendue sur la méchante paillasse d'un lit très-plat, une femme jeune encore, mais très-maigre, très-pâle, phthisique sans doute, et dont les yeux brillaient, la tête enfoncée dans un oreiller.

La malheureuse poussa un cri en apercevant son petit, et elle se mit avec peine sur son séant, sortant déjà de dessous ses couvertures une jambe osseuse et jaune, mais d'un signe Valentine la rassura, et instinctivement, devant un homme, la malade se rejeta dans le lit, demeurant assise et répétant :

— Mon petit ! mon André ! mon pauvre petit !

— Il est tombé à l'eau, mais rassurez-vous, grâce à monsieur, il n'y a aucun danger...

— C'est rien ! c'est rien, maman ! répétait Berthe en prenant la main de la malade, une main d'une pâleur de cire, et en la caressant de ses petits doigts potelés.

Le jeune homme avait assis l'enfant sur une chaise, et, demandant du vinaigre, un peu de flanelle, — ce qu'on pouvait trouver, — il continuait ses frictions, tandis que, devant ce pâle visage du petit André, machinalement Valentine songeait à ce tombeau des bois de Louveciennes qu'avait chanté Chénier et qu'elle avait cherché dans les bois :

> Adieu, dans la maison d'où l'on ne revient pas !

Cette fois, ce n'était même plus le petit mort oublié depuis si longtemps, c'était un enfant en danger, un pauvre être menacé d'asphyxie, qui lui faisait monter aux yeux des larmes.

André rouvrit les paupières assez vite, sourit, regarda autour de lui d'un air hagard, et son premier mouvement, lorsqu'il put se mouvoir, fut de se précipiter vers sa mère. Mais il chancela. La tête lui tournait et il fallut que Valentine et le jeune homme prissent le petit chacun par un bras, pour le guider vers le lit de la malade.

Étrangement troublée, à son tour, et violemment émue, Valentine remarqua encore ce regard fixe, profond, que tout à l'heure cet inconnu attachait sur elle.

Valentine essayait de sourire.

La malade prit entre ses mains exsangues la tête de l'enfant et y posa, avec une sorte de fureur, ses lèvres blêmes. Elle sanglotait en embrassant son fils et le couvrait de baisers.

— Méchant petit ! dit-elle ensuite, tu as encore été près de l'eau ! Tu ne sais pas nager !...

— Si fait, maman. Oh ! si, je sais un peu, un peu. Mais c'est les herbes... vois-tu !... les lianes... C'est mauvais, ça ! Si tu savais. Le père Blicard, le pêcheur, m'avait permis de jeter deux coups d'épervier... deux ! Le premier, ça va bien. Je me disais : « Si maman a faim, ce soir, puisque le médecin a dit qu'elle pouvait manger, eh ben, comme ça, elle aura une friture aussi bonne qu'elle en mangeait à l'*Ancien-Poisson-Rouge.* » Pense donc, j'amène huit goujons, et pas des petits, des gros ! Huit goujons et un chevenne !... Berthe tapait des mains et disait : « Encore ! Encore ! » Je rejette l'épervier, je me penche trop, le pied me manque... et voilà ! C'est pas ma faute !

— *Et voilà ! Et voilà !...* Et si tu étais mort, petit malheureux ?... Mort ! Qu'est-ce que ta mère deviendrait ! hein ? Oh ! tu n'iras plus dans ce bateau, dis ? Je me moque bien des poissons du père Blicard ! Tu n'iras plus ? Jure-le-moi.

— Je le jure, maman.

— C'est que, voyez-vous, dit la malade en se tournant vers Valentine, je tremble toujours, moi, qu'il ne lui arrive ce qui est arrivé à son père... Mon pauvre Louis !... Oh ! il ne s'est pas noyé, non !... Mais il s'est ouvert la tête en tombant d'un échafaudage... Oui... à Saint-Germain... Il était maçon... et un bon *compagnon* même ! Il travaillait aux réparations du Château... Vous avez peut-être visité ça ?... Vous avez vu... Il y a encore des planches... Il est tombé de très-haut sur le pavé, dans le fossé, en face le théâtre... le théâtre où nous étions allés la veille... nous amuser... Nous amuser ! On l'a porté à l'hôpital, il y est mort une heure après, et je n'ai même pas eu le plaisir de le soigner là, dans cette petite maison que je lui avais apportée en dot. C'est tout ce qui nous reste !

Il y avait une douleur si profondément sincère dans ces paroles navrées que Valentine ne fit même pas attention à ce naïf mot de *plaisir* dont se servait la pauvre femme regrettant l'amère joie de cette vision d'une agonie qu'elle eût consolée.

Valentine ne songea qu'à une seule chose :

— Elle est pauvre !...

Et, comme si le jeune homme eût en même temps la même pensée, il demanda à la malade :

— Alors, vous êtes chez vous, ici ?

— Oh ! pas pour longtemps !... On parle de tout vendre... Des créanciers... Nous n'étions pas très-riches... Les économies faites ont passé ou en frais d'enterrement (Oh ! le pauvre homme a son petit coin, là-haut, sur le coteau, au cimetière, dans les vignes), ou en notes de pharmaciens ou de médecins, car, depuis la mort de leur père, à ces petits, je suis toujours malade. On dirait que ça m'a tourné les sangs.

— Et vous n'avez pas de ressources ?... Des parents ? des amis ?

— Des amis, oh ! si. Les voisins. Des parents aussi, j'en ai. Mon père a laissé onze enfants. Il était maraîcher et à son aise, mais partager quelque chose en onze, dame ! chacun n'en a pas beaucoup. J'ai eu cette maison, moi.

— Mais alors ?

— Oui, je comprends ce que vous voulez dire... Mes frères, mes sœurs, tout ça est ou parti loin d'ici ou marié. Et, quand on est marié, quand, l'un et l'autre de son côté, on a des enfants, des besoins... on songe aux siens d'abord et ensuite on oublie les autres... C'est tout naturel... Il n'y a de vrais parents, je crois, que le père et la mère... Je me trompe. J'ai eu mon frère plus jeune, celui de Tracy-le-Val, qui m'a souvent obligée... Il est mort à la Noël, l'an passé...

— Pauvre malheureuse femme! songeait Valentine, dont le cœur s'emplissait de pitié.

La malade secoua la tête comme pour chasser toutes ces pensées, sourit doucement et tendit la main au jeune homme, en disant de sa voix brisée, qu'elle essayait de rendre joyeuse :

— Je suis bête avec mes jérémiades ! *J'ai* pas besoin de vous conter tout ça, moi ! Mais ce que je tiens à vous dire, c'est que je vous remercie du fond de mon âme, vous, monsieur, qui m'avez conservé mon petit ! Remercie-le, André ! Remercie le monsieur, Berthe !

— Merci, monsieur! dit le garçon.

— Merci, monsieur ! répéta la jeune fille en se dressant sur la pointe des pieds pour tendre son front au baiser.

— Et madame ?... remercie donc aussi madame !... Ah ! je vous souhaite de n'être jamais séparés l'un de l'autre comme moi de mon pauvre Louis ! C'est dur, quand on s'aime tant !

Elle prenait la jeune fille et le jeune homme pour deux époux, deux époux heureux, adorés ; et tandis que la joue de Valentine se couvrait d'une subite rougeur, le visage du jeune homme devenait blême comme sous la torsion de quelque souffrance.

Il y avait du trouble chez elle; chez lui, il y avait de la douleur.

— Madame, dit-il rapidement en s'avançant vers le lit de la malade, permettez-moi, puisque le hasard a voulu que je vous fusse utile, de compléter ce que j'ai fait. Votre enfant — mon protégé maintenant — a besoin de cordiaux et de soins... quoiqu'il en soit quitte pour la peur ! Eh bien ! tenez, voici pour lui acheter ce qu'il lui faudra.

Il tendit à la pauvre femme une petite bourse de cuir noir à fermoir d'argent.

— Oh ! prenez ! prenez ! dit-il.

— La charité ! fit-elle avec une sorte de douleur. Ce n'est pas la charité que je demandais et que Louis...

— Aussi n'est-ce pas la charité que je vous fais. C'est un prêt, si vous voulez. Mais gardez cela, je vous en prie !

— Le garder ? Un prêt ? Comment vous rendre ? Combien y a-t-il là dedans ?

— Je n'en sais rien.

— Mais c'est de l'or, dit la malade qui avait ouvert la bourse. De l'or ! Mais jamais...

— A votre tour, un service ? Je ne puis rentrer à Saint-Germain ainsi. Avez-vous des vêtements à me donner ?

— Des vêtements ?... Si j'en ai ! Là, dans la pièce à côté « le bahut. » Il y a ce qui me reste de mon pauvre vieux !... Il y a aussi l'autre veste du petit...

— Je l'habillerai avec moi. Viens, André.

Il prit l'enfant par la main, disparut dans l'autre pièce, et pendant qu'il changeait de vêtement, Valentine essayait de consoler la mère, lui parlait, l'encourageait, lui promettait des dévouements à venir, lui demandait son nom :

— Céleste François.

— Eh bien, madame François, permettez-moi de joindre mon souvenir à celui de monsieur... Tenez, Berthe, voici pour vous! dit Valentine en mettant dans la petite main de l'enfant une pièce d'or — qui valait, à elle seule, toutes les autres, car la jeune fille la prenait sur ses minces économies.

— Pour acheter des gâteaux alors? dit la petite fille. Merci, madame!

— Non, pas madame, mademoiselle!

— Ce n'est donc pas votre mari? dit Céleste.

— Non.

— C'est votre frère alors?

— Je ne connais même pas son nom.

— Ah! bah! fit la malade. Et c'est le danger de mon pauvre André qui...

— Qui nous a réunis, oui, répondit Valentine. Et s'il vous a causé une grande joie, il m'a délivrée d'une grande terreur.

— Le voici! dit Mme François.

L'inconnu rentrait, en effet, avec André qui avait changé de vêtements, des pieds à la tête. Le jeune homme avait chaussé d'épais souliers, passé un pantalon de coutil et, sous son paletot et son gilet qui n'étaient point mouillés, il avait revêtu une chemise de grosse toile bise, dont le grand col de paysan ne se boutonnait point, mais s'attachait avec un cordonnet. Cette chemise grossière n'en dégageait que mieux le cou élégant, brun, élancé et robuste du jeune homme, qui ressemblait ainsi à quelque hardi et franc campagnard. Il tenait à la main un chapeau de feutre mou.

Valentine lui trouvait grand air, même ainsi transformé.

— Madame, dit-il en souriant à la malade, je viendrai certainement vous revoir avant deux jours, mais si vous voulez bien me renvoyer ce que je laisse ici et faire reprendre ce que j'emporte, voici mon adresse...

Il lui tendait une petite carte.

— Merci, monsieur, merci bien...

Céleste épela tout haut le nom gravé et l'adresse :

— Monsieur... Robert de Salviac.

Céleste continua d'épeler la carte :

— Place... Vint... Vinti...

— Non, c'est mon adresse à Paris. Je l'ai effacée et, au-dessus, j'ai écrit au crayon...

— Ah ! oui !... *Hôtel du pavillon Henri IV.*

— C'est cela.

— Je connais ! Merci, merci, monsieur !

Robert de Salviac! Ce nom qui n'évoquait pour Valentine aucun souvenir, la jeune fille le répétait tout bas, en lui trouvant elle ne savait quelle sonorité vaillante. *Robert de Salviac!* Elle avait pourtant entendu prononcer ce nom. Oui, par Henriette de Grandier ou par M. Réville. *Salviac! Robert!* Le nom et le prénom étaient nets et hardis comme celui qui les portait.

Le marquis s'inclina devant la jeune fille, après avoir salué la malade, et lui dit avec une sorte de tremblement dans la voix :

— Je n'ose, mademoiselle, vous demander d'avoir l'honneur de vous accompagner...

Il s'arrêta, et son geste et son sourire ajoutèrent : *ainsi accoutré.*

— Oh ! fit-elle en souriant à son tour comme pour dire : « ce n'est point votre costume qui m'arrête... » Je vous remercie, monsieur, je connais la route, et...

Elle n'osait accepter. Une sorte de crainte la retenait.

— Eh bien, mademoiselle, veuillez, je vous prie, présenter mes respects à Mme de Grandier... Si vous la voyez, ce soir, comme je suppose...

— Ma cousine ? J'habite chez elle ! Mais comment savez-vous ?

— J'ai eu l'honneur de me trouver avec vous chez Mme de Grandier à son dernier bal et le malheur d'en sortir quand vous y entriez.

Valentine se sentait maintenant plus troublée encore.

— Soyez assez bonne aussi, mademoiselle, pour dire à M. Urbain Trézel que j'ai lu son récent Mémoire. Je ne suis qu'un profane en ces matières, quoique la science m'attire et me fascine. Mais un de mes parents, M. Loreau, médecin, m'a dit le plus grand bien du travail du docteur.

— Vraiment ? fit naïvement Valentine, un peu surprise, presque incrédule.

— Vraiment.

— Ah ! qu'il en sera content, mon pauvre oncle !

— Vous n'y manquerez pas ?

— Non, certes. Et si vous voulez lui faire grand plaisir, monsieur, c'est...

— C'est...

— C'est de venir, un de ces soirs, lui répéter cela vous-même !

Robert, très-pâle, remercia et regarda Valentine.

— Nous avions déjà, dit-elle, une bonne action en commun ; mais cette bonne parole vaudra plus que tout pour le docteur Trézel !

— Eh bien ! mademoiselle, j'aurai l'honneur de vous prier de me présenter à lui... après avoir demandé à Mme de Grandier de me présenter à vous !

— Oh ! vous êtes tout présenté, monsieur ! Et il n'y a pas beaucoup de présentations qui vaillent celle-là !

D'un geste gracieux, elle indiquait, avec un bon sourire, le petit André qui jouait, avec sa sœur, sous le geste caressant de Mme François.

Puis la jeune fille tendit la main à Robert, et, quand

le marquis lui donna la sienne, elle sentit qu'il tremblait, mais instinctivement elle n'osa pas lui demander si c'était de fièvre ou de froid.

Elle regretta un peu de n'avoir pas accepté l'offre faite par le jeune homme de la reconduire à Saint-Germain. Il la connaissait. Elle eût voulu le connaître. Elle embrassa comme il l'avait fait lui-même, avant de partir, les deux petits; elle dit « au revoir » à la pauvre femme qui lui répétait, comme à Robert, des paroles de reconnaissance, et elle reprit, mais non plus lentement, au contraire comme pressée d'arriver et de parler de Robert, le chemin de la maison d'Henriette.

En montant les marches qui conduisent à la rue du Château-Neuf, elle regarda instinctivement le pavillon où M. de Salviac habitait. Quoi! si près d'elle? L'hôtel s'ouvre, en effet, d'un côté sur la terrasse, de l'autre sur la rue du Château-Neuf. Elle reverrait sans doute ce jeune homme.

— Eh! d'où venez-vous, cousine? s'écria la jeune veuve lorsqu'elle aperçut Valentine. Nous commencions à nous inquiéter.

— C'est vrai, dit Urbain Trézel, on me demandait où tu étais. J'ai redouté un malheur... J'en ai chauffé de trois degrés de trop deux œufs de canards qui...

— Laissez donc vos canards, Trézel! Voyons, cousine, qu'y a-t-il?

— Il y a que j'ai cru voir mourir un enfant et que j'ai rencontré un héros de roman, dit en souriant Valentine.

Et elle conta l'aventure du petit André avec une telle verve et un tel enthousiasme que Mme Lehidec murmura doucement: « Tiens! tiens, tiens! la petite tête! »

— Et il se nomme, ce Galaor, qui après tout n'est qu'un paladin de l'école de natation?

— Robert de Salviac, dit Valentine.

— Le marquis! Oh! alors, réparation d'honneur.

Oui, Valentine, vous avez raison ! C'est un véritable héros de roman ! Mais qui m'expliquera pourquoi le marquis est à Saint-Germain et ne m'a pas fait visite ?... Il est au Pavillon sans doute ?

— Un héros de roman ! pensait Valentine. Quel roman ? demanda-t-elle aussitôt.

— Comment ! vous ne savez pas ? Mais, ma chère enfant, c'est Robert de Salviac, c'est lui qui...

Henriette allait parler, lorsque le petit docteur la tira doucement par un plissé de sa robe et lui dit à l'oreille :

— Chut ! chut ! elle ne sait point l'histoire de Reynière ! Pas un mot, si nous voulons qu'elle ne le prenne pas pour un croquemitaine !

— Tiens, c'est vrai ! pensa Mme de Grandier. J'oubliais !

— Eh bien ? demanda Valentine. C'est M. de Salviac qui ?...

— Rien, dit la jeune femme, je vous conterai ça plus tard.

— Madame est servie, annonça une voix retentissante.

— Ah ! tant mieux ! Je meurs de faim, dit vivement Urbain Trézel. Et, en offrant le bras à Mme Lehidec, il ajouta :

— Voilà, cousine, un : *Madame est servie!* qui, par ma foi, arrive à point pour couper court aux confidences.

Et Valentine songeait encore et se répétait :

— « *Un héros de roman! Je vous conterai cela plus tard.* » Qu'est-ce qu'il y a donc de caché dans l'existence de M. de Salviac?

IX

SAISON D'ÉTÉ

Robert de Salviac était rentré dans sa chambre plus troublé cent fois et plus songeur que Valentine. Le hasard, qui remettait sur son chemin cette jeune fille, voulait-il donc l'éprouver ? Il n'avait pas oublié Mlle Trézel depuis cette nuit de mars où elle lui était comme apparue, et cette apparition même, ce bal, cette vision, cette nuit d'insomnie, tout cela ne lui avait laissé que l'impression d'un rêve, mais d'un rêve exquis. Comme Reynière, Salviac se demandait, en songeant à Valentine, si vraiment Blanche était morte.

Il fut sur le point de quitter Saint-Germain, tout à coup, dès le soir même, lorsqu'il eut revu Mlle Trézel. Une sorte d'instinctif avertissement lui conseillait de s'éloigner. Il était venu s'établir là parce que cette ville silencieuse, aux grands horizons, lui plaisait. Il retrouvait à la fois tant de calme et d'oubli dans cette forêt qui étend comme un couronnement superbe sa ligne d'arbres au-dessus de la vallée et tant de souvenirs dans ce vieux château planté et découpé comme celui de Lucrèce Borgia à Ferrare et tout plein des *reliquiæ* du vieux temps, armes romaines, dolmens druidiques, vestiges de l'âge de pierre! Salviac se trouvait à la fois ainsi à Paris et à cent lieues de Paris.

Il avait apporté à l'hôtel son outillage de sculpteur; il passait souvent de longues heures à sa fenêtre, pétrissant la glaise et s'interrompant pour s'accouder au balcon et plonger dans ce paysage immense et beau, seulement comparable à la vue du haut de la terrasse de Richmond et plus imposant peut-être. Robert avait à ses pieds le vide attirant caché par les branches des arbres, puis la Seine se déroulant comme un ruban nacré, des villas enfoncées comme dans du velours vert; çà et là quelques cheminées d'usine, la route de Sartrouville coupant d'un trait net, d'une ligne blanche, les bois, avec leurs maisons essaimées; un clocher d'église sortant, droit, de ces masses vertes; la silhouette du Mont-Valérien, hautain comme un dogue géant veillant sur Paris inaperçu, là-bas, mais deviné, dans la brume.

De Maisons à Marly, Robert dominait ainsi un des plus beaux paysages de ce monde, et il s'enivrait de cette immensité rencontrée dans cette solitude.

Il n'y avait guères, d'ailleurs, que quelques jours qu'il venait de s'établir à Saint-Germain, et il ignorait absolument, quand il y était venu, que Mme Lehidec de Grandier possédât une maison d'été dans la rue du Château-Neuf. La veille seulement du jour où il devait rencontrer Valentine, sur le bord du fleuve, il avait appris, par une conversation au Pavillon, que la jeune veuve avait un hôtel situé tout près de là, entre la rue de Médicis et l'avenue du Boulingrin.

— J'irai demain saluer Mme de Grandier, s'était-il dit, tout en regrettant que la jeune femme fût si près de lui, car elle venait un peu ronger, en quelque sorte, de l'isolement qu'il recherchait.

Mais Robert se demanda, après avoir revu Valentine, s'il irait vraiment chez Mme de Grandier. Il en mourait d'envie, et pourtant il semblait intérieurement redouter une telle visite.

Ce n'était pas qu'il pensât y retrouver l'amiral. Il aurait soin de se faire annoncer, de prévenir Mme de Grandier de sa venue. Non, c'était la présence de Valentine qui le faisait hésiter ainsi.

Tout le trouble profond que Robert éprouvait auprès de Blanche de Clarens, il le ressentait comme à nouveau lorsqu'il pensait à Mlle Trézel. L'étonnante ressemblance qu'avaient entre elles ces deux femmes, ressemblance qui causait à Reynière une sorte de joie cruellement saignante, fascinait moins Robert qu'elle ne l'effrayait. L'amiral croyait retrouver dans Valentine celle qu'il avait adorée; le marquis redoutait de se sentir le cœur conquis par un amour nouveau qui lui ferait oublier celle qui n'était plus.

Il l'aimait, ce souvenir sinistre d'un tragique amour.

Il n'avait eu, dans sa vie, d'autre affection vraie que Blanche. Amour d'adolescent, amour de l'homme fait. L'idylle de la jeunesse était devenue le drame de l'âge mûr. Toute l'existence de Salviac tenait entre ces deux souvenirs. Un jour, en ouvrant au hasard un volume de Chateaubriand, ses yeux tombèrent sur une page de la *Vie de Rancé*, il avait lu ces lignes : « *Rompre avec les choses réelles, ce n'est rien; mais avec les souvenirs! Le cœur se brise à la séparation des songes, tant il y a peu de réalité dans l'homme!* » Et il avait senti en lui remonter et gronder l'amer sanglot de la souvenance. Non, certes, il ne voulait pas rompre avec ces fantômes. Ils lui étaient chers. Il vivait avec eux et ils le faisaient vivre. A trente ans passés, Robert portait déjà, comme Reynière, le poids de la plus lourde peine, le remords d'avoir causé la mort d'une créature humaine et le regret cuisant de ne plus la revoir et de l'avoir perdue.

Et voilà bien pourquoi la vue de Valentine, qui le charmait, lui avait causé en même temps un certain effroi. La vivante venait-elle donc chasser l'image de la morte? Était-ce le glas du passé qui sonnait en même temps que se levait une nouvelle aurore? « J'ai envie de ne pas me montrer chez Mme de Grandier, se disait Robert, et de ne jamais revoir cette jeune fille. A la fin, son nom, son visage, tout cela me hante et me fait souffrir. Tu as perdu ta vie, Salviac, tant pis pour toi ! tu n'as pas le droit de la recommencer. »

Il avait fait sa malle, mais pour la défaire bientôt, et, après avoir voulu partir, il restait.

— Après tout, ce n'est point parce que je trouverai charmante Mlle Trézel que j'oublierai la pauvre Blanche. Non, jamais je n'oublierai. Est-ce qu'on oublie?

Elle était profondément touchante, d'ailleurs, cette fidélité de pensée gardée à la morte, et de sa vie d'autrefois, Robert ne conservait que ce souvenir. Le sourire d'Angèle Ferrand était pour lui comme une de ces vapeurs des ruisseaux au fond des prairies, et que chasse un rayon de soleil. Il avait aimé la comédienne, mais d'un amour nerveux, moins profond que violent. Et maintenant il n'avait pas même la mémoire de cette passion fugitive comme un caprice. Quels êtres sommes-nous donc, que des songes parfois nous laissent une sensation plus vive de réalité que des sentiments jadis éprouvés en toute vérité et des peines qui nous ont quelquefois coûté des larmes sincères? — Ce qui a été vécu se fond en brouillard. Ce qui a été un rêve se grave dans la mémoire, et tandis qu'on se demande si l'on a réellement ressenti telle émotion absolument profonde pourtant à son heure, on se dit, en retrouvant au fond de la mémoire le rêve tapi : — Est-ce que vraiment cela ne m'est pas arrivé ?

L'amour de Robert pour Angèle était un songe

évanoui. Comme il faut qu'en toute affection humaine, il y ait un des deux êtres qui donne plus que l'autre à cet amour englouti demain peut-être dans l'oubli, c'était Angèle qui avait aimé Robert plus que Robert ne l'aimait. Angèle s'était donnée à Salviac tout entière, l'adorant vraiment, prête à sacrifier sa vie si son amant l'eût exigé. Il lui plaisait. Elle le trouvait beau, hardi, loyal, avec cela triste, de cette tristesse un peu amère qui était la sienne propre.

— Sais-tu pourquoi nous sommes faits l'un pour l'autre? lui avait-elle dit bien souvent, jadis. C'est que nous sommes deux blessés et que nous nous consolons l'un par l'autre. L'amour qui rit, c'est un enfant. L'amour qui pleure, c'est l'amour solide. Tu te rappelles ce que Byron dit du pouvoir des larmes. Eh bien! toi et moi nous en trouvons l'odeur sur nos joues et voilà pourquoi nous ne nous quitterons jamais. — Jamais. — N'est-ce pas? — Ou très-tard...

Et elle essayait de rire à ces derniers mots, que Salviac laissait tomber silencieusement comme des pelletées de terre sur un mort.

La présence de Robert de Salviac à Saint-Germain enchantait Mme de Grandier. C'était un visiteur de plus, et un visiteur charmant. Elle était seulement préoccupée du soin d'éviter qu'il se rencontrât avec Reynière.

— A votre place, lui disait Albéric, moi, je choisirais, ma cousine!

— Vous voulez dire qu'on ne peut recevoir à la fois le mari et...

— C'est un peu mon avis.

— Eh bien, je vous demande pardon. Ils me plaisent l'un et l'autre. Ils sont charmants l'un et l'autre. L'un et l'autre sont gens de cœur. Je suis enchantée de les fêter et de les aimer l'un et l'autre.

Et elle appuyait sur ces *l'un et l'autre* avec une

sorte de bravade, comme si elle eût voulu montrer, sans malice aucune, avec son habituelle bonne humeur, qu'elle se souciait peu du monde et encore moins du cousin Réville.

Le contre-amiral ne venait, au surplus, à Saint-Germain que rarement; mais Henriette remarqua fort bien que la présence de Valentine attirait cependant M. de Reynière. Il était évident pour elle que le fameux projet d'union, le rêve du docteur Trézel, pourrait se réaliser. Quel triomphe pour Henriette Lehidec si elle parvenait à rendre à « l'existence de tout le monde » un blessé de la vie, un homme tel que l'amiral.

— Quel succès! Mme de Vergny, qui a marié le capitaine Ribard, avec ses deux poignets emportés à Saint-Privat, n'aura point, pensait Mme de Grandier, fait certainement un plus grand miracle!

Et l'oncle Trézel se voyait déjà entrant à l'Institut et y représentant l'incubation artificielle, M. Maréchal le prenant par une main et M. de Reynière par l'autre.

Henriette et le docteur Urbain comptaient ainsi sans Valentine. Ce cœur paisible et chaste, doucement attaché au devoir et qui n'avait jamais battu pour aucun autre amour que pour les affections de la famille, ce cerveau sans rêves de passion, cette exquise Valentine se sentait en quelque sorte pénétrée d'une sympathie grandissante pour Robert de Salviac. Elle le revoyait rue du Château-Neuf, elle le rencontrait aussi au chevet de la pauvre Céleste François. Il y avait déjà une communauté de sentiments dans cet entrain de charité qui les réunissait dans la petite maison du quai des Champs.

C'était d'abord pour Céleste, pour le petit André, pour Berthe, que Valentine allait, chaque jour, savoir des nouvelles de l'enfant et de la malade. Puis, la certitude qu'elle y rencontrerait M. de Salviac semblait entrer pour quelque chose dans son empressement à se rendre là.

Elle se disait :

— Je verrai bien s'il a bon cœur, s'il manquera un seul jour à aller visiter notre malade.

Notre malade! Il y avait déjà dans ce seul mot tout un monde de pensées communes.

Robert n'eût eu certainement garde de faillir à ces visites quotidiennes. Lui aussi savait bien qu'auprès du lit de la malade il rencontrerait Mlle Trézel. Cette apparition de chaque jour, cette rencontre, ces causeries lui faisaient l'effet d'un baume.

Il laissa échapper, un jour, sans le vouloir et comme s'il se fût parlé à lui-même, cette parole triste, avec un accent de reconnaissance et d'espoir :

— Savez-vous bien, mademoiselle, que vous avez deux malades à la fois dont vous calmez la souffrance?

Valentine devint rouge et ne répondit pas, ne questionna point. A quoi bon? Elle avait compris, et Robert se reprochait déjà intérieurement d'en avoir trop dit.

Cet homme eût été un séducteur habile qu'il n'eût pu d'ailleurs tenter avec plus d'adresse de s'emparer du cœur et de la pensée de Valentine. Mlle Trézel était de ces femmes que toute douleur attire. Il y en a beaucoup, de ces créatures d'élite, qu'un sanglot touche plus qu'un sourire et qui, nées pour le dévouement, vont droit à une douleur comme d'autres à un caprice. Il y a les affolées de pitié comme il y a les affolées de plaisir, et les unes rachètent les autres. La femme a beau trahir et tromper et promener, comme la faux dans l'herbe, son meurtrier amour à travers le monde, la somme des vertus qu'elle fait éclore, des héroïsmes qu'elle suscite, des consolations qu'elle répand, est plus forte cent fois que celle des maux qu'elle sème.

Les larmes qu'elle verse sont plus nombreuses que celles qu'elle fait verser.

Sentir, deviner, voir que Robert de Salviac souffrait, c'était l'attrait suprême pour cette Valentine, dont l'héroïsme de tous les jours s'appelait la tendresse courageuse, éternelle et profonde. Robert n'avait pas besoin de lui dire qu'elle avait deux malades à la fois à consoler. Le cœur de Salviac eût saigné devant elle, qu'elle n'eût pas mieux vu la douleur empreinte sur les traits pensifs du jeune homme.

— Quelle épreuve l'a donc atteint? se disait-elle. Comme son clair regard est mélancolique parfois! Et cette cicatrice au milieu du front, de quel drame est-elle la trace?

Une fois sur cette pente, les réflexions, les songeries, les questions de Valentine devaient nécessairement aboutir à l'amour. Pitié, amour, il y a une fraternité dans ces deux sentiments. Il arrivait pourtant ce fait singulier que la jeune fille, par un entraînement inconscient et comme un instinctif besoin d'analyse, pensait au contre-amiral Jean de Reynière chaque fois qu'elle songeait au marquis de Salviac.

Pourquoi? Il lui semblait que ces deux hommes, tous deux si tristes, tous deux comme frappés et minés par une mâle souffrance, représentaient deux caractères distincts et cependant dignes l'un de l'autre. L'amiral, plus roide mais plus imposant; le marquis, plus sympathique mais moins sculptural, pour ainsi dire. Le premier tenait du soldat, le second de l'artiste. Celui-ci charmait peut-être, celui-là s'imposait. Quelle noble tâche pour un cœur tel que celui de Valentine : consoler un de ces deux hommes, lui faire oublier tout ce que la vie pouvait lui avoir apporté de misères morales, de déceptions tragiques, et lui rendre le sourire et l'espoir!

Et lequel des deux méritait vraiment qu'une femme se donnât à lui tout entière ?

Robert avait le rayonnement de la jeunesse et le magnétisme d'un esprit d'élite, mais le plus vieux des deux gardait le prestige superbe d'une existence de héros, et, étant à l'âge où l'on ne recommence point sa vie, peut-être méritait-il un dévouement plus complet, tenant du respect et du sacrifice.

Pour Valentine, ce n'était là que des pensées fugitives. L'oncle Trézel et Mme de Grandier continuaient, il est vrai, fort habilement, à louer l'amiral devant la jeune fille, à conter ses hauts faits, à vanter son courage et sa bonté. Et Valentine ne trouvait à écouter cela que du plaisir, d'abord parce que M. de Reynière lui plaisait, avec cette éternelle nuance de légère contrainte, et ensuite parce qu'elle ne se doutait guère du but que poursuivaient la jeune veuve et le petit docteur.

Un jour qu'elle demanda, sans y attacher une importance bien grave, comment l'amiral avait perdu la comtesse, elle remarqua avec un certain étonnement la gêne où se trouvèrent Henriette et Trézel avant de répondre. Encore lui répondit-on par une histoire dont elle devina instinctivement le peu de vérité : Mme de Reynière était morte d'une maladie subite un soir. Quelque congestion.

— Où cela ? demanda Valentine.

— A Paris.

— Avenue Montaigne, ajouta Mme de Grandier. C'est depuis ce temps que l'amiral laisse là-bas sa maison vide. On assure qu'il n'a pas touché à un seul des objets sur lesquels s'était arrêtée la main de Blanche de Reynière.

— Ah ! dit Valentine.

Et, quoique les romans et le romanesque fussent le contraire de ce qu'elle aimait, sa tête de jeune fille se prit à travailler singulièrement. Décidément M. de Reynière était, comme le marquis de Salviac, un héros de roman. Une telle douleur ! une maison vide ! le culte profond et pieux de la morte ! C'était bien cela, c'était réellement bien.

Il y avait cependant là, pour Valentine, un coin de mystérieux et d'inexpliqué qu'elle désirait connaître.

Le lendemain, vers le soir, elle revenait de chez Céleste François, qui peu à peu reprenait des forces, et, ignorant le mal et sans redouter que la malignité des gens pût inventer quelque calomnie, à propos de ces visites quotidiennes à la maison du Pecq, elle remontait vers Saint-Germain, avec M. de Salviac, en suivant la rue des Vignes, qui grimpe du côté de la terrasse.

Ils marchaient lentement. Robert, machinalement, et comme s'il voulait se contraindre à ne point regarder Valentine, à n'y point songer, promenait ses yeux sur les murailles rouges du vieux Château qui se dressaient, hautes et menaçantes, comme les fossés d'un château fort, avec des paquets d'herbes parasites logées dans les pierres vermiculées et des liserons qui couraient sur le grès effrité. Ces murailles avaient pourtant vu passer l'Histoire ! Qui sait si le roi de Marignan, et Henri II, et Jarnac, et La Châtaigneraie n'avaient point projeté leur ombre sur ce pan de mur ; Guy Chabot de Jarnac prêt à crier à François Vivonne : « Rendez-moi mon honneur ! »

Et Robert, montrant à Valentine, sur une vieille porte verrouillée et fermée à jamais, une affiche électorale encore collée et toujours lisible, quoique déchirée à demi, lui disait en souriant — évidemment pour dire quelque chose et détourner sa propre pensée de cette adorable jeune fille qui marchait à ses côtés :

— Voyez, il y a tout un enseignement dans ce reste d'affiche sur cette ruine de vieux château... Le suffrage universel succédant au passé et le marquant de son estampille !

Valentine regarda, sourit, et sa pensée la reportant à la conversation qu'elle avait eue à propos de Blanche de Reynière, elle songeait, — cédant à une curiosité toute simple et bien naturelle, — que le marquis de Salviac devait évidemment être au courant des petits événements parisiens, et connaître ce que Mme de Grandier cachait, si Henriette cachait quelque chose.

— Monsieur de Salviac, dit-elle, vous pouvez peut-être m'expliquer un je ne sais quoi de mystérieux qui me poursuit... Oh ! rassurez-vous, ce n'est rien de bien terrible ! C'est tout simplement le désir, très-féminin, je le reconnais, de savoir ce qu'on semble vouloir me cacher.

— Et quoi donc, mademoiselle ?

— Un de ces mille secrets du monde qui sont banals pour les initiés et qui semblent étonnants à tous les autres. Vous connaissez l'amiral de Reynière ?

— Oui, répondit Salviac dont la voix s'assourdit et qui regarda Valentine avec une expression où il y avait de l'effroi.

La question avait été très-simplement faite, et Robert était bien certain que Valentine, dont les grands yeux limpides étaient calmes et francs, ne lui tendait aucun piége. Il sentit pourtant comme un frisson lui courir sur l'épiderme. Ce nom de Reynière sur les lèvres de cette jeune fille lui semblait plein de reproches ou de menaces.

— Eh bien, continua Valentine, si vous le connaissez, vous devez savoir comment est morte la comtesse de Reynière. Comment est-elle morte, dites ?

Robert, cette fois, devint livide. Il s'arrêta net sur le chemin montant comme si ses pieds eussent refusé d'avancer, comme si une force brutale l'eût pétrifié ou cloué là.

— Vous ne le savez pas? fit la jeune fille en n'entendant pas de réponse.

Et, pour interroger Robert, elle s'arrêta à son tour et tourna la tête vers lui.

Alors, en apercevant ce visage d'une pâleur sinistre, ces lèvres devenues presque violacées sous la barbe fine et noire qui les couvrait à demi, ce regard triste et profond d'ordinaire, maintenant presque égaré, Valentine eut peur.

Mais, au lieu de reculer, elle s'élança instinctivement vers Salviac, et, avec un grand cri inquiet et profond :

— Ah! mon Dieu! dit-elle, qu'avez-vous? Qu'avez-vous, monsieur?

— Rien, ce n'est rien, répondit le marquis, la voix étranglée, mais en s'efforçant de dominer une des émotions les plus cruelles qu'il eût ressenties de sa vie et en reprenant peu à peu son sang-froid. Une douleur nerveuse! Je ne sais... quelque étourdissement...

— Mais....

— Ce n'est rien, encore une fois. Merci, mademoiselle!... Et pardon!...

Et, tout en reprenant sa marche :

— Ah! main innocente, songeait Robert qui regardait Valentine continuer son chemin pensive et toute pâle. Elle aussi! Ignorante main qui vient toucher à la plaie vive de mon cœur, et la rouvrir, et la faire saigner!

Silencieuse, Valentine se demandait maintenant si c'était le hasard seul qui avait causé au marquis de Salviac une telle souffrance, et si le nom de Mme de Reynière et la question de tout à l'heure n'avaient point provoqué ce terrible changement sur le visage et dans la voix de Robert. C'était improbable, sans doute, et cependant, instinctivement, la jeune fille n'interrogeait plus et laissait tomber une demande à laquelle on ne répondait pas.

Mais décidément, n'y avait-il pas un drame sur la mort de la comtesse de Reynière ? Que signifiait ce trouble de Salviac après le silence d'Henriette et du docteur Trézel ?

Robert ne dit plus un mot jusqu'à l'escalier entouré de tilleuls qui conduit à la rue du Château-Neuf, et Valentine éprouvait la sensation singulière de certains rêves où l'on se voit au bord d'un trou avec le vertige qui vous pousse.

Ce cœur, jusque-là comme baigné de paix, se sentait pénétré d'angoisses vagues, étranges, inexplicables. Elle comprenait qu'il y avait autour d'elle un inconnu terrible qu'on ne voulait pas lui révéler. Et ces mystères, ces inquiétudes, ces tristesses, devinés plutôt qu'éprouvés, était-ce donc *le monde*, cela ?

Robert allait, devant le pavillon Henri IV, se séparer de Mlle Trézel, lorsque Valentine, chassant toutes ces pensées, reprit son sourire habituel pour rappeler à M. de Salviac qu'il dînait, ce soir-là, chez Mme de Grandier. On l'attendait.

— C'est vrai, dit Robert en s'excusant. J'allais l'oublier !

— Et ma cousine certainement ne vous l'eût jamais pardonné !

Salviac rentra donc avec Valentine, et Henriette, après leur avoir demandé des nouvelles de *leur* malade, — de cette Mme François qu'elle-même allait voir de temps à autre, — présenta le marquis à l'abbé Polard, au sous-préfet et au colonel de chasseurs qui dînaient, ce soir-là, rue du Château-Neuf. Albéric Réville et le substitut Désorbiers, celui-ci toujours correct, empesé comme sa cravate, faisaient partie des invités. On allait se mettre à table, le docteur Trézel était descendu de son laboratoire, lorsque, sur le perron du jardin, un homme maigre et souriant apparut qui fit jeter à

Mme de Grandier cette exclamation : « Ah ! nous allons donc avoir des nouvelles de Paris ! »

C'était Thibouville, Thibouville vêtu de blanc des pieds à la tête, veste et gilet de coutil blanc, pantalon blanc, guêtres blanches, sans façon, à la campagnarde, un grand panama à la main, à la mode de 1859.

— Madame, dit le sous-préfet d'un ton aimable, mais administratif, vous aspirez aux nouvelles de Paris comme si Saint-Germain en Laye était Quimper-Corentin ou Brives-la-Gaillarde et comme si nous étions en province !

— Pardon, oh ! pardon ! répondit Henriette. Mon intention n'était pas d'outrager votre sous-préfecture, mon cher préfet. Seulement, quand on passe l'eau à Paris, on est déjà au bout du monde. Eh bien, quoi de nouveau, Thibouville, mon cher maître ?

— Pas grand'chose. Des théâtres fermés. Un concours du Conservatoire pitoyable. Corneille mis à la torture, Molière écorché vif... Ces petits bonshommes et ces fillettes n'ont, à peu près, bien récité qu'une chose, le *Verre d'eau*... Et c'est du Scribe !

On se mit à table. Valentine se trouvait placée en face de Salviac. Elle pouvait se rendre compte de l'assombrissement très-visible qui s'était emparé de lui depuis que le nom de Mme de Reynière avait été prononcé tout à l'heure, rue des Vignes. L'oncle Trézel expliquait au colonel de chasseurs, son voisin, la façon dont Geoffroy Saint-Hilaire, en 1820, s'était arrangé pour *gêner* le développement des germes dans l'œuf, et le malheureux colonel, placé entre le petit docteur et l'abbé Polard, le traducteur d'Horace, lorsqu'il n'entendait pas à sa droite parler *embryon, couveuse artificielle* ou *poulets géants*, était à gauche bombardé par des questions comme celle-ci :

— On me dit que vous êtes latiniste, colonel. Je vous en félicite. Eh bien, comment traduiriez-vous la fin de l'ode XIII, livre II : « *Contre un arbre qui, dans sa chute, avait failli écraser Horace...* » « *Ce fut dans un jour bien néfaste qu'on te planta, ô arbre fatal!* » Voilà le début. Mais la fin ?

« Quin et Prometheus et Pelopis parens
« Dulci laborum decipitur sono... »

Et l'abbé Polard récitait ce latin avec l'onction qu'il eût apportée à dire la messe :

— Vous traduiriez, n'est-ce pas, colonel ? « *Prométhée et le père de Pélops trouvent dans ces doux accents...* »

— Je traduirais : *le père Pélops,* répondait le colonel impatienté dont le cou très-gras se congestionnait visiblement.

— Oh ! *le père Pélops!* ce serait bien vulgaire !

— Ce serait *nature!* répliquait le soldat profondément agacé.

Les conversations particulières s'étaient ainsi engagées, jusqu'au moment du dessert où, lorsqu'un causeur plus alerte prend la corde comme un cheval de course, on se tait et on l'écoute. Ce causeur, c'était Thibouville, moins académique cent fois que M. Désorbiers, mais alerte, la bride sur le cou, et parisien jusqu'aux ongles, sachant d'ailleurs, en si bonne compagnie, ne montrer que le bout de la griffe du boulevardier et ne lâchant de son argot que ce qu'il en fallait pour donner du sel à ses propos.

Henriette avait pour Thibouville le respect curieux de la femme du monde pour tout ce qui est théâtre et coulisses. Le professeur rudoyait, au besoin, la veuve de « ce pauvre Raoul » tout aussi fortement que si Mme de Grandier eût été une fillette de la salle Molière ou du petit théâtre de la Tour-d'Auvergne. Et cette franchise de l'artiste plaisait à Henriette. Quand elle parlait de Thibouville, elle disait : « C'est un excentrique, mais il est charmant. »

— Tiens ! fit Thibouville, au fait, je vous disais qu'il n'y a rien de nouveau à Paris. J'ai, au contraire, un joli trait à vous conter ! Un trait de générosité !

— De Sichel Oppermann ? demanda Henriette.

— Non. D'une comédienne que vous connaissez tous.

Thibouville, étourdi et oublieux, ne songeait pas que Robert de Salviac était là.

— De qui donc ?

— D'une élève à moi ! Angèle Ferrand !

— Angèle Ferrand ! fit Mme de Grandier, je l'aime beaucoup !

— Jolie personne ! dit le colonel.

Et l'abbé Polard lui murmura à l'oreille :

— Les personnes vouées au théâtre ne me regardent guère, mais on doit pouvoir dire de celle-ci, comme de Chloé « que la Thrace a vue naître : — *Savante à mêler à son luth les doux accords de sa voix! — Dulces docta modos et citharæ sciens...* »

— Dorénavant, pensait le colonel, que l'abbé menait visiblement à l'apoplexie, on devrait tordre le cou à tous les traducteurs d'Horace !

— Ah ! çà, mais, demanda M. Désorbiers, est-ce que... l'ami de Mlle Ferrand, monsieur Monteclair, ne se porte point à la députation ?

— Pour remplacer Rabasse ? Parfaitement !

— C'est même à ce propos que le fait en question a eu lieu, dit Thibouville. Oh ! rien de bien saillant, mais quelque chose d'assez gentil !

— Voyons !

— Contez-nous cela, Thibouville.

Valentine, ses beaux yeux fixés sur Robert, éprouvait maintenant une crainte réelle. Salviac était si pâle, avec un air si gêné, que la jeune fille se demandait si quelque douleur physique ne le torturait point. Immobile, impassible, froid et se contraignant à ne faire ni un signe, ni un geste, à ne laisser transparaître aucune émotion dans son regard, le marquis, le teint très-blanc avec sa barbe très-noire, ressemblait à une statue de cire.

— Il souffre! Il doit souffrir! pensait Valentine pleine de pitié.

Et pour l'interroger, pour lui dire : « Je suis là, si quelque douleur vous accable, » elle cherchait les yeux de Robert. Mais ces yeux, fixés sur quelque point invisible, dans l'espace, Valentine ni personne n'eût pu en saisir le rayon.

Pendant que Thibouville parlait, la pensée de Robert était ailleurs.

Et pourtant, tout à l'heure, il avait frémi d'une émotion heureuse en se trouvant en face de cette jeune fille si belle, si charmante, d'une beauté faite de séduction et de bonté. Mais ce nom d'Angèle semblait avoir ouvert pour lui la porte des songes lugubres. Il rêvait.

— Vous avez la parole, Thibouville, avait dit Albéric.

Et le professeur avait alors, avec la profusion de gestes et de petits détails que donne l'habitude du théâtre, des décors et des planches, conté et mimé une scène à laquelle il avait assisté, la veille. Une scène qui peignait curieusement Angèle Ferrand, son élève.

Voici ce qui était arrivé et ce que résuma Thibouville :

Angèle dînait au Moulin-Rouge avec des amis de Monteclair, demeurés à Paris malgré le bon ton qui veut qu'en juillet et août on soit à la mer. Dîner politique. Il s'agissait de régler la formation du Comité conservateur qui devait, en Picardie, soutenir la candidature de Monteclair, et l'on arrosait de champagne les futurs lauriers du futur député. Aussi bien le repas s'était-il prolongé fort avant dans la soirée et, commencé au jour, s'achevait-il la nuit. Par la fenêtre ouverte, les vagues murmures des Champs-Élysées, le sourd roulement des voitures, les échos lointains des cafés-concerts et des jardins publics, entraient dans le cabinet bruyant et étouffant, où les lumières des bougies demeuraient immobiles dans l'atmosphère épaissie. Tout à coup, un grincement de violon plus rapproché, et plaintif comme un triste soupir, se fit entendre dans le jardin, sous la fenêtre du cabinet où Gauvain de Boispréaux, Rongère et leurs amis buvaient entre deux cigares au triomphe d'Henry Monteclair.

Il y avait dans ce frôlement de l'archet sur les cordes quelque chose de si profondément navré et douloureux qu'Angèle Ferrand, instinctivement, frissonna et se sentit impressionnée d'une manière étrange. La comédienne était seule au milieu de ces six ou sept personnages, qui faisaient bruyamment de la politique gaie. Elle se leva et alla regarder par la fenêtre, ses beaux coudes nus appuyés sur la barre de bois. Et elle vit alors, dans ce jardin où, sous les charmilles, des nappes blanches, chargées de fruits, s'éclairaient de la rouge lumière du gaz, aux verres dépolis, entre des candélabres, sur le sable, un groupe attristant et sinistre : une enfant de treize ou quatorze ans, effrayante de maigreur, raclant du violon, tandis qu'une vieille femme jetait, de temps à autre, entre deux mesures criardes, une note gutturale qui implorait d'une façon lugubre.

Cette vieille — l'aïeule sans doute — affreuse comme un Goya, enveloppait son buste d'une guenille déchirée dont les couleurs avaient disparu avec le temps. Elle portait aux pieds des bottines découvertes, qui laissaient voir des bas mal rapiécés, et l'une d'elles avait conservé une boucle d'acier venue on ne sait d'où, et qui brillait ironiquement. Cette femme était coiffée d'un chapeau déformé qui tombait sur le front avec quelques mèches de cheveux blonds semés de fils gris.

De physionomie, cette face de brute n'en avait plus; toute flamme humaine y était éteinte; l'œil glauque, vitreux, comme il le devient chez les noyés, se voilait d'une paupière alourdie, frangée d'une chair vive, sanguinolente; la lèvre inférieure pendait presque inerte, creusant aux deux coins de la bouche deux plis perpendiculaires tordus par le rictus de l'abêtissement. Un épais réseau de rides se croisait sur ce masque plaqué de taches violacées; les principaux sillons convergeaient encore vers le bas du visage, les joues pendaient comme si les chairs flasques, inconsistantes, eussent perdu la force de se soutenir.

Et l'horrible sorcière encourageait, par des coups de coude, la maigre fillette à chanter. Et elle chantait, la pauvre enfant! Son visage émacié, ses grands yeux noirs profonds, brillants, admirables comme ceux des tziganes, s'éclairaient. Une flamme bizarre animait cette figure d'enfant phthisique. La voix, grêle et argentine, passait, entre deux lèvres pâles et presque extatiques, avec des vibrations de cristal que toucherait une pointe de fer. Et, comme chantant un cantique, la petite laissait envoler, sous les fenêtres de ces cabinets de restaurants, chauds de griseries d'amour et de vin, une vieille chanson de son pays natal sans doute, une chanson naïve et triste qui prit Angèle au cœur et la serra dans une étreinte, lui faisant revenir, à travers le passé, tous les mélancoliques souvenirs d'autrefois.

La fillette chantait, la mégère lui disait: *Va donc!* et le violon, avec ses accents brisés, accompagnait la chanson de ses grincements pareils à des sanglots:

A Paris, à la Rochelle,
Ah! sous les bois!

Sous la feuille nouvelle,
On a vu trois demoiselles,
Ah! sous les bois!
La plus jeune est la plus belle,
Ah! sous les bois!
Sa mèr' la coiffe à la chandelle,
Ah! sous les bois,
Sous la feuille nouvelle!..

Et la pauvre enfant chantait, comme si c'eût été sa propre histoire, l'aventure de « la plus jeune et la plus belle » qui soupire à sa mère : — *Je n'en s'rai pas plus tôt mariée*, et qui lorsqu'on lui dit : — *Vous le serez une autre année*, répond : — *Une autre année je s'rai morte...*

Alors, la voix cristalline s'élevait dans la nuit, et Angèle, les nerfs au vif, se sentait prête à pleurer :

Si je meurs, que l'on m'enterre,
Ah! sous les bois!
Sous la feuille nouvelle,
Que l'on m'enterre dans mon coffre;
Ah! sous les bois!
Que le couvercle en soit de roses,
Ah! sous les bois!
Et ceux qui cueilleront ces roses,
Ah! sous les bois!
Ils prieront Dieu pour la belle,
Ah! sous les bois!
Sous la feuille nouvelle!

— Jolie voix, tout de même! avait dit Thibouville.

Rien n'était plus touchant, plus pénétrant, plus amèrement exquis que cette chanson, et Angèle songeait, en fermant les yeux, à un vieux refrain, oublié depuis si longtemps et qui lui revenait maintenant comme dans un écho : — un refrain de maman Grivet, la mère-grand, et où il y avait comme du vert des prés et du bleu du ciel :

Emmenons la bergère aux champs
Où il y a de l'herbe tant!

Tout à coup, la voix grêle de la petite s'arrêta net, interrompue par quelqu'un qui parlait haut. C'était un garçon du restaurant, assez brusque, et qui défendait à la malheureuse de chanter plus longtemps. L'enfant ne répondit pas, regardant le garçon avec ses grands yeux tristes, mais la vieille suppliait, gémissait, et sa voix éraillée essayait de se faire attendrissante.

— Qu'est-ce qui se passe donc? demanda Monteclair à Angèle. Je vous vois là, penchée. C'est donc intéressant?

— Très-intéressant.

— Et qu'est-ce que c'est?

— Une chanteuse qu'on renvoie!

— Tant mieux! Son violon nous cassait la tête et sa voix nous entrait dans l'oreille comme une vrille!

— Avec ça, des chansons à porter le diable en terre! dit Boispréaux.

— Vous trouvez? fit Angèle ironiquement.

— Imbéciles! pensait le professeur de déclamation.

Angèle se pencha, le corps plus en avant, à la fenêtre, et appelant à haute voix :

— Mon enfant, dit-elle, attendez-moi. Et vous, garçon, laissez, laissez... J'ai à parler à cette petite!

Elle quitta la fenêtre, traversa rapidement le cabinet plein de lumière et de fumée, et descendit en hâte l'escalier qui menait au jardin. Une idée folle et généreuse lui avait traversé le cerveau. Elle s'avança vers le garçon et lui demanda, d'un ton bref, pourquoi il renvoyait ces deux femmes.

Le geste qui lui répondit signifiait clairement :

— Mais voyez ces haillons. Ce sont des mendiantes.

— Ah! oui! je sais!... répondit à haute voix Angèle, d'un ton ironique. Il faut à ceux qui s'amusent des bouquetières qui aient des titres au grand-livre et des chanteuses des rues qui ne sentent pas la misère! Eh bien, si vous chassez cette petite de votre établissement, il y a des musiciens et des musiciennes que vous y admettez volontiers. Et en voici une! Accompagnez-moi comme vous voudrez, mon enfant! dit-elle à l'enfant stupéfaite.

Et elle se mit à chanter.

Une sorte de frisson passa dans ce jardin, dans ce cabaret aux fenêtres rouges de lumières, lorsqu'après la voix grêle de l'enfant murmurant une poétique chanson campagnarde, la voix chaude, hardie, vaillante de la comédienne jeta sous les étoiles les premières notes d'un évohé qui fut si longtemps comme la *Marseillaise* du Paris assoiffé de plaisir :

J'ai vu le dieu Bacchus sur sa roche fertile...
Le faune au pied léger et la nymphe docile
Répétaient ses chansons.

Elle laissait tomber ce dernier vers d'une voix grave, comme accablée. Puis, superbe, s'exaltant elle-même, autant pour s'étourdir que pour contenter son caprice d'une minute, Angèle Ferrand donnait ses beaux accents de contralto à ce refrain de bacchanale :

Évohé! Bacchus m'inspire!
Évohé! Bacchus est roi!

Tous les étages de la maison s'étaient garnis de curieux et de curieuses. Des ombres apparaissaient, se détachant en noir dans l'encadrement des fenêtres. On applaudissait, on accompagnait, au refrain, en frappant sur des verres. Angèle, avec une ardeur nerveuse, reprenait le couplet et, quand elle eut fini, de sa voix splendide, elle jeta à tous, dans un grand cri d'ironie, cet appel cruellement railleur :

— Pour une chanteuse qui meurt de faim, s'il vous plaît?

Et, s'adressant aux amis de Monteclair, accoudés à la fenêtre qu'elle venait de quitter :

— Mais, vous savez, vous, on ne reçoit que les louis !

Elle s'était fait comme un tablier de sa jupe, prise dans ses mains et tendue, et les pièces d'or tombaient là, tandis que, riant toujours avec une certaine amertume, elle disait, de son accent des coulisses :

— Une pluie d'or! *Tableau !* Je me fais l'effet de la maîtresse de Jupiter ! La *Danaé du Moulin-Rouge,* opérette... — Tiens ! Il y a une idée ! Je donnerai le titre à Halévy !...

La vieille femme hideuse et la pauvre enfant, de ses yeux un peu hagards, regardaient cette scène, et, tandis que la prunelle de la mégère s'allumait, la petite se demandait si elle ne rêvait point.

Le nom d'Angèle Ferrand, prononcé de tous côtés, montrait bien que la comédienne avait été reconnue, et il y avait, parmi les dîneurs du Moulin-Rouge, cette émulation de charité ou d'engouement qui grossit la quête de toute femme à la mode. Les louis, ainsi jetés ou tombés sur le sable et ramassés par les garçons, brillaient à la lumière du gaz dans la jupe d'Angèle, comme ces tas d'or insolemment exposés dans les sébiles des changeurs.

Angèle, les faisant sauter avec des éclats de rire, s'avança vers la pauvre enfant et lui dit :

— Tendez-moi vos mains.

— Moi, madame ?

— Oui, vous !

La petite fit de ses deux pauvres mains maigres et élégantes une sorte de conque, et Angèle y versa les pièces d'or.

La face échauffée de l'aïeule devenait, de plaisir, rouge comme une framboise.

— Et voici ma part, à moi ! dit la comédienne en vidant sa bourse dans les mains de l'enfant.

— Ah ! madame ! madame ! murmurait la vieille. Comment vous remercier ?... Noémie, comment remercier madame ?

— Comment ? dit Angèle. En plaçant cette petite somme, — une misère, mais quelque chose, après tout, — et en la donnant à cette enfant quand elle sera en âge d'épouser un brave garçon qui en fasse une honnête femme.

La vieille regarda Angèle avec une expression d'écrasement complet.

— Vous êtes bonne, oh ! bien bonne ! dit la petite en s'approchant de la comédienne. Comme ça, grand'mère pourra avoir tant qu'elle voudra du bouillon !

— Et du kirsch, pensa la mégère.

Grand'mère ! Angèle ferma les yeux. Elle revoyait « bonne maman Grivet » telle qu'autrefois et répétant : « Prends garde, mon enfant, ton avenir me fait peur ! »

— Adieu, et bonne chance ! dit-elle aux deux femmes ; et, pendant que, du fond des bosquets et du haut des fenêtres, les applaudissements éclataient encore, elle remonta dans le cabinet où Monteclair et ses amis l'accueillirent par un *ban* et des bravos.

— A *Angèle de Monthyon,* dite Angèle Ferrand ! s'écria Rongère en remplissant de nouveau sa coupe de champagne rosé.

— A la bienfaitrice des chanteuses errantes !

— Au *petit mantelet bleu* de nos théâtres de genre !

Angèle se mit à rire, et, debout, croisant ses bras et regardant en face les convives :

— Si c'est une *scie,* dit-elle, en retrouvant ses accents de cabotine, elle n'est pas très-bonne, vous savez ?... Mais, après tout, vous vous êtes montrés généreux, c'est bien : je suis contente de vous, messeigneurs ! Seulement il a fallu que je vous chante *Orphée aux Enfers* pour que vous donniez à cette petite un peu de bouillon pour grand'mère, comme elle dit! Elle vous ennuyait avec ses chansons! C'est pourtant comme ça que Rachel a commencé! Mais il vous faut la fleur épanouie, et les sauvageons vous importent peu. Blasés que vous êtes, allez! Dans quatre ou cinq ans, il y en aura plus d'un parmi vous qui fera toutes les folies et commettra toutes les bassesses — mais oui, des bassesses — pour détacher les cordons des bottines de cette pauvre maigrichonne dédaignée... si elle vit et si elle a l'esprit de vous traiter comme il faut qu'on vous traite!

— C'est vrai, dit Boispréaux. Elle a de jolis yeux, après tout. Nous la retrouverons peut-être dans un demi-monde meilleur!

— Ce qui est certain, ajouta Rongère, c'est qu'en dépit de ses boutades, Angèle vient de nous dévoiler le fond même de son caractère.

— Et ce fond, dit la comédienne, c'est?...

— La bonté, mauvaise que vous êtes.

Angèle regarda Rongère et se mit à rire:

— La bonté?... Vous croyez ça, vous?... Eh bien! demandez à Monteclair!

— Monteclair serait mauvais juge. On ne connaît jamais bien les femmes qu'on aime, et il vous aime...

— Comme un fou, dit Angèle froidement.

Monteclair ne répliquait rien. Il était devenu très-pâle.

— Eh bien! dit la comédienne brusquement, si vous me croyez aussi bonne que ça, vous vous trompez, Rongère! La bonté est trop souvent le pseudonyme d'un autre mot qui commence aussi par un *b*: la bêtise!... Ah! vous m'attribuez des vertus de sœur de charité parce que j'ai chanté deux couplets au bénéfice de cette pauvrette et de la vieille?... Le beau sacrifice! Qui vous dit que je n'ai pas fait ça pour poser et pour que demain les courriéristes de théâtre m'allongent une réclame dans leurs colonnes ?

— Angèle ! Angèle ! dirent-ils tous, vous vous calomniez.

— Moi ? pas du tout. Seulement j'ai la prétention de me connaître moi-même mieux que vous ne me connaissez, je suppose ! Eh bien, ma foi, quand je vois quelqu'un qui est extrêmement bon ou qui fait quelque folie de charité, je suis toujours tentée de me dire : — « Il y a là-dessous quelque expiation, quelque malaise moral et quelque remords ! »

— Un remords ? fit Gauvain de Boispréaux.

— Qu'est-ce que vous dites donc là, Angèle ? s'écria Rongère.

Ils ne regardaient point Monteclair, et Monteclair, silencieux, était livide.

— Ah ! bah ! s'écria Angèle. Thibouville me disait avec raison que je n'ai pas l'encolure de jouer lady Macbeth. N'est-ce pas, Thibouville ? Parlons d'autre chose !

— Non ! non ! dit Rongère en riant. Vous avez parlé de remords ! Voyons le remords ! Je veux savoir où est le cadavre !

Angèle ne répondit pas et regarda le jeune homme qui l'interrogeait ainsi assez indiscrètement et venait de prononcer de telles paroles.

Les prunelles de la comédienne brillaient et étaient presque effrayantes.

— *Le cadavre?* dit Angèle en appuyant lentement sur ce mot sinistre qui, dans l'argot du boulevard, signifie simplement : *un secret*. Le cadavre ? Il est là.

Et elle se frappa brusquement le cœur, d'un geste bref et sans pose.

— Un magnifique geste de théâtre ! dit Thibouville.

— Quoi! mort? Le cœur? Allons donc! Ça ne meurt pas, ça! fit Boispréaux.

— Demandez plutôt à Lazarille, fit Angèle en se servant encore d'une phrase de théâtre, et en désignant Monteclair.

Et avant que son amant eût répondu, elle s'approcha de la table, y prit une coupe de cristal, la tendit à Rongère, et, riant brusquement :

— Allons! ne jouons pas le drame! C'est usé! Merci! Il n'en faut plus!

Et de sa voix un peu étranglée, mais dont elle domina l'émotion, comme elle eût déchiré un voile, le buste en avant, le torse cambré, les yeux noyés, la coupe levée, elle lança au plafond du cabinet le refrain qu'elle jetait tout à l'heure aux étoiles :

Évohé! Bacchus m'inspire!
Évohé! Bacchus est roi!

Thibouville avait raconté et mimé toute cette histoire comme il eût mis en scène une comédie. Il avait tour à tour été Monteclair, Rongère, Angèle et les deux chanteuses, imitant les voix, pliant le dos, toussant, geignant, puis relevant la tête et lançant un *Évohé* comme avait dû réellement le jeter Mlle Ferrand. Le récit avait d'ailleurs amusé et, dans l'argot de Thibouville, *empoigné* toute la salle. Mme de Grandier trouvait décidément Angèle Ferrand absolument charmante : « *Une vraie femme!* » s'écriait Albéric.

— Est-ce que vous connaissez la *saltatrice* dont on parle? demandait l'abbé Polard au colonel qui ne répondait pas.

Valentine tenait toujours son regard fixement attaché sur Robert de Salviac, qui semblait n'avoir rien entendu et qu'une émotion intérieure, courageusement étouffée, remuait visiblement.

Le nom d'Angèle avait fait passer sur son visage un rapide éclair, comparable à celui qu'y avait amené, une heure auparavant, le nom de Mme de Reynière. Était-ce donc, se disait Valentine, que ces deux femmes avaient été mêlées à l'existence du marquis ?

Décidément, la tête, si peu romanesque qu'elle fût, de la jeune fille s'emplissait d'un certain chaos, et Mlle Trézel se demandait ce qu'il y avait derrière les réticences de sa cousine Henriette, de son oncle Urbain, ce que cachaient la tristesse de Jean de Reynière et le trouble de Robert de Salviac, et instinctivement, en les comparant, elle unissait ces deux hommes dans sa pensée. Il lui semblait que l'image de l'un appelait pour elle l'image de l'autre. On eût dit que la mélancolie de Reynière se reflétait pour elle sur Salviac.

— Il y a des frères d'armes dans l'armée, songeait-elle; pourquoi ces deux hommes, qui ne se connaissent point, me font-ils l'effet, en quelque sorte, de deux frères de douleur ?

Et, pendant qu'à travers la table, elle regardait Robert pensif et silencieux, elle revoyait Reynière absent, et elle se répétait, avec cette intuition étrange qui ferait croire aux miracles du magnétisme :

— Pourquoi, mais pourquoi tous deux arrivent-ils ainsi en même temps à ma pensée ?

X

LE BUSTE

L'oncle Trézel et Mme de Grandier ne se doutaient guère de ce qui se passait dans le cœur de Valentine. Ils étaient même persuadés que la jeune fille aimait absolument M. de Reynière, et l'amiral ayant répondu par des silences polis à certaines vagues ouvertures de Mme Lehidec, Henriette en avait conclu que ce « sympathique Othello » pouvait fort bien, à un moment donné, oublier Desdémona.

— Quel joli, mais quel joli dénoûment ! disait-elle avec joie. C'est tout simplement le bonheur pour ma chère Valentine !

— Et c'est l'Institut pour moi ! songeait Trézel.

Ils ne s'affranchissaient ni l'un ni l'autre de cette double préoccupation, ce qui n'empêchait ni la jolie veuve de mener de front quatre cents menues affaires ni le maniaque de continuer méthodiquement à dépeupler le poulailler.

Disposer du cœur d'une femme sans l'avoir interrogé est toujours imprudent. Valentine eût, d'un seul mot, renversé brusquement tous ces projets. Ce n'était décidément pas, lorsqu'elle s'interrogeait elle-même dans le silence de ses rêves, ce n'était pas vers l'amiral que se portaient ses préoccupations les plus chères, ses inquiétudes et cette sorte d'angoisse que lui faisait éprouver le mystère dont elle se sentait entourée. Il y avait en elle pour l'amiral plus de respect que d'affection, et cette affection même, très-réelle et qui grandissait chaque jour, s'alliait à une sorte de trouble craintif. Tout au contraire, lorsqu'elle pensait à Robert, c'était avec élan qu'elle laissait sa pensée aller vers ce jeune homme au profond regard et au bon sourire, si doux, si rêveur, si mâle avec la pâleur d'un visage étoilé d'une blessure au front.

Devant Reynière, elle se sentait intimidée et demeurait silencieuse, parce que cet homme, d'une valeur morale évidemment supérieure, lui imposait par cette froideur qu'il s'efforçait pourtant de rendre souriante lorsqu'il se trouvait en face de Valentine; devant Robert, la jeune fille se taisait aussi, mais émue et ne trouvant à dire à Salviac que des mots qu'elle étouffait, redoutant qu'ils n'eussent trahi tout ce qu'elle pensait, tout ce qu'elle ressentait de sympathie charmée.

Elle grandissait ainsi, cette sympathie, d'une tendresse grave ; et, poursuivant leur petit complot, se croyant fort habiles, Henriette et le petit docteur se déclaraient d'étonnants politiques, lorsqu'ils avaient dit à l'amiral :

— N'est-ce pas que Mlle Trézel est ravissante ? C'est l'idéal de la jeune fille !

Et lorsqu'ils avaient murmuré à l'oreille de Valentine :

— Homme admirable que M. de Reynière ! C'est, à mon avis, l'idéal de l'époux !

Reynière, lui, laissait tout dire, n'écoutant point peut-être, et se reprenant à croire que les songes les plus fous se peuvent réaliser un jour. Blanche n'était-elle pas sortie de la tombe ?

Et, tandis que Salviac, que le comte ne savait pas installé à Saint-Germain, s'enfermait, durant de longues heures, dans la chambre louée au pavillon Henri IV, l'amiral se disposait à aller passer trois ou quatre jours, sur l'invitation de Mme de Grandier, dans l'hôtel de la rue du Château-Neuf.

Il y avait plusieurs jours déjà que le marquis n'avait point reparu chez Mme de Grandier. Albéric Réville affirmait l'avoir rencontré à Paris. Au Pavillon, quoique M. de Salviac eût laissé sa malle et demeurât installé là, on ne l'avait plus revu. Il était parti sans nul doute. Il enverrait son valet de chambre reprendre sa garde-robe, ses instruments de travail, et les transporter à Paris.

— Je ne le reverrai que l'hiver prochain, ce bel émigrant, disait Henriette. On peut donc inviter l'amiral sans crainte. Ils ne se heurteront pas. Inutile d'ailleurs de laisser deviner à M. de Reynière que le marquis s'était installé à Saint-Germain. Ça vous regarde, Albéric.

— Mystère et discrétion, fit Réville.

M. de Reynière ne se fit point prier pour accepter l'invitation. Mais il tint à ne pas descendre chez Mme de Grandier, et tout naturellement il prit une chambre au pavillon Henri IV.

Henriette devint anxieuse lorsqu'elle apprit cela.

— D'abord, je suis désolée, dit-elle. L'amiral chez moi ! Un marin ! Il m'eût semblé que l'âme de Raoul en eût été heureuse !... Mais ce qui est bien plus terrible, c'est que si, par hasard, M. de Salviac n'eût pas quitté le Pavillon... bon Dieu ! c'eût été bien autre chose que lors de mon bal ! Mais, vraiment, on dirait que ces deux hommes s'attirent comme le paratonnerre et la foudre ! Il y aura quelque jour une catastrophe. Pourvu que ce ne soit ni en ma présence, ni chez moi !

Puis, réfléchissant, elle reprit bien vite :

— Après tout, si le malheur voulait qu'il y eût un choc, autant vaudrait que ce fût chez une personne qui s'efforcerait de le rendre moins tragique ! Et quelle affaire ! Quel bruit dans Paris ! On ne parlerait que de cela ! On ne parlerait que de moi ! Ce serait fort ennuyeux, sans doute, mais je serais curieuse de savoir ce qu'en diraient les chroniqueurs !...

M. de Reynière était donc descendu au Pavillon. Gauthier, son matelot, avait ouvert de grands yeux, la veille, lorsque l'amiral lui avait dit :

— Tu ne me verras pas durant quelques jours : je quitte Paris.

— Ah bah ! Un voyage ?

Et le marin imaginait déjà une traversée. Est-ce que l'amiral reprenait la mer ? Sans lui ?...

— Oh ! dit Reynière, un voyage qui ne ressemble guère à nos vieux souvenirs, mon pauvre Gauthier. Je vais à Saint-Germain.

Cette fois encore, très-étonné, et heureux, le matelot avait remarqué comme une nuance de satisfaction dans les paroles de Reynière.

— On dirait un cadavre qui se remet à vivre, pensait Gauthier. Son œil reprend les rayons d'autrefois !... Qu'est-ce qu'il y a là-dessous ? Une femme, parbleu ! Il n'y a que les femelles qui fassent oublier les femelles. Une tache de mûre s'enlève avec une autre mûre, comme disait le Catalan.

Henriette de Grandier réservait une réception superbe à l'amiral qui consentait enfin à devenir son hôte autrement qu'en passant. Maintenant le siége était fait : durant ce séjour, Reynière devait, de toute nécessité, avoir consenti au mariage projeté, et Trézel se chargeait d'avertir Valentine de tout ce qu'on avait tramé pour son bonheur.

— Elle sera enchantée, disait le petit homme. Et lui se frottait les mains.

A dîner, le soir, l'amiral se montra d'une humeur, non pas joyeuse, mais vivace qu'on ne lui soupçonnait pas. C'était peut-être la seule heure de complet oubli depuis la mort de Blanche. Il parlait éloquemment, s'échauffait — la conversation ayant été mise par Henriette sur la vie du marin, ses devoirs, ses dévouements, son héroïsme, — et le comte trouvait dans son passé tant de visages pâlis de vaillants compagnons, tant de traits superbes et inconnus, tant de récits poignants, et se laissait si bien aller à les conter que Valentine écoutait, enthousiasmée, émue, et que, d'un coup d'œil, Henriette disait à l'oncle Urbain, grisé de joie :

— Voyez comme elle est attentive ! Elle l'aime ! Certainement elle l'aime ! On le voit bien à la flamme de ses beaux grands yeux noirs !

Il y avait, en effet, une altière poésie chez cet homme dont la froideur semblait, cette fois, tomber comme une armure que dépouillerait un chevalier. Il mettait tant de feu à conter les belles actions des autres que l'on sentait en lui, à chaque parole, le plus fier des héros.

Valentine admirait, se suspendait à ses lèvres, mais elle pensait :

— Robert aussi parlerait comme Reynière ! Robert est de la taille d'un tel homme et il a le cœur aussi haut placé que lui !

On en était venu à parler — Henriette voulant montrer qu'elle était la digne veuve d'un marin et se trompant à chaque mot sur les termes de marine — des navires nouveaux et du rôle de nos vaisseaux dans les futurs combats.

— Hélas ! dit l'amiral, j'avoue que, moi qui crois fermement au progrès en toutes choses, en politique et en science, je ne suis pas fanatique du progrès en pareille matière. Ces fameux navires blindés, cuirassés, suppriment le courage. Qu'est-ce que ces éperons qu'en manœuvrant on peut enfoncer dans un navire ami? Jadis, le commandant, l'amiral, se tenait hardiment, droit sur sa dunette, exposé à tous les coups de feu. C'est sur sa dunette que Nelson tomba. Aujourd'hui, le chef presque invisible est à l'abri des balles. L'âme du navire est cachée, l'exemple n'est plus là, vivant et debout. C'est le progrès. Il en est de la marine comme de l'armée. Cette artillerie qui tue à distance fait bon marché de l'impétuosité de notre sang gaulois, de nos élans à la baïonnette, de notre vieille furie française! Qui nous rendra, sur ce point, le bon vieux temps de Suffren, le grand bailli, et les hardis combats à l'abordage?... Mais, pardon, madame... pardon, mademoiselle, dit l'amiral, je vous fais l'effet ou de Jérémie avec mes *hélas*, ou d'un sauvage avec mes regrets batailleurs. Parlons d'autre chose, n'est-ce pas?

— Au contraire, amiral, vous nous intéressez vivement, répondit Henriette. N'est-ce pas, Valentine?

— Certes, dit la jeune fille de sa voix profonde, qu'un léger tremblement rendait plus caressante encore dans son harmonieuse gravité.

C'était en songeant à cette émotion de Valentine que Mme de Grandier répétait au docteur, enchanté :

— L'affaire est en bon chemin! Il faut seulement ne pas brusquer les choses!

L'amiral emporta de cette première soirée chez Henriette un souvenir charmé. Seul, dans sa chambre du Pavillon, il songea, et bien des fois le nom de Blanche lui revint aux lèvres. Chaque journée devait ajouter à l'instinctif et consolant apaisement qu'il éprouvait. Il voulait demeurer à Saint-Germain un ou deux jours, et il y était installé depuis tantôt une semaine; les heures lui semblaient passer avec une rapidité étonnante, lorsqu'un soir, un des garçons de l'hôtel lui remit une carte, celle de M. Bernard Herblay, député.

Il s'agissait, sans nul doute, de quelque signature à donner pour la vente d'une forêt de chasse que Reynière se décidait à céder à un voisin, près de Nantes. Herblay, n'ayant pas rencontré son ami rue de Larochefoucauld, venait le trouver à Saint-Germain, ne fût-ce que pour avoir le plaisir de lui serrer la main.

— La visite d'Herblay ne peut avoir d'autre but, pensait Reynière.

Il aimait profondément son vieil ami, mais ce n'était jamais sans émotion qu'il le revoyait, se rappelant que c'était de chez lui qu'il était parti, ce terrible soir de septembre.

C'était bien, en effet, pour cette signature que Me Herblay venait trouver son ami. Reynière le rencontra, à l'heure du dîner, se promenant dans le jardin de l'hôtel, en attendant l'arrivée de l'amiral.

— Et pourquoi n'es-tu pas venu chez Mme de Grandier ? J'y étais !

— Pouvais-je le deviner? dit le bâtonnier.

— Tu dînes avec moi, au moins ?

— Volontiers.

Ils entrèrent dans le pavillon, où de jeunes Anglais en voyage de noce buvaient du champagne, leur guide Bradshaw, à reliure de percale rouge, posé sur la nappe blanche.

— Tout d'abord, dit Herblay, mes compliments, mon cher Jean...

— Pourquoi ?

— Parce que je te trouve ranimé et comme rajeuni. Tu as bon pied bon œil et tu comprends enfin qu'on doit réagir contre toute épreuve et avoir des épaules de la force de tout fardeau.

— Sans doute. Mais cette belle philosophie est surtout de mise pour ceux que rien n'accable. Je ne dis pas cela pour toi. Ah çà, tu as dû t'ennuyer passablement en m'attendant ?

— Je t'ai cherché un peu partout. On m'avait mal indiqué le numéro de ta chambre. J'ai erré dans les couloirs privés de garçons, car il paraît qu'on répète, je ne sais où, une cavalcade. Tous ou presque tous étaient allés sans doute voir ça. Bref, j'ai appelé, cherché... Dans le numéro qu'on m'avait indiqué comme étant le numéro de ta chambre, j'ai trouvé quatre vieilles misses anglaises déjà respectables et leur gouvernante tout à fait respectée. J'ai battu en retraite avec force excuses et, n'ayant sous la main ni garçon ni guide, je me suis dirigé au hasard. Quand j'ai eu trouvé ta chambre, dont la porte était ouverte, j'y suis entré, mais tu n'y étais pas. A propos, quel est le nom du sculpteur qui te fait ce buste ? Il est très-beau !

— Un buste ? quel buste ? demanda Reynière.

— Le buste... le buste... de ta malheureuse femme, que j'ai aperçu derrière un paravent... Si c'est un secret, je te demande pardon de l'avoir pénétré sans le vouloir.

— Un buste ? Le buste de Blanche ? répéta l'amiral en devenant très-pâle.

— Oui... Et il est superbe ! La pauvre créature revit là réellement avec son mélancolique sourire ! Pauvre femme !... et pauvre ami !

Reynière maintenant regardait l'avocat avec une expression de véritable égarement, et ses yeux bleus ressemblaient à ceux d'un fou.

— Le buste de Blanche ? dit-il encore en scandant ces mots et en appuyant d'une façon interrogative sur chaque syllabe. Tu as vu un buste de Blanche, ici, dans ce pavillon ?

— Oui.

— Qu'est-ce que cela veut dire ? Voyons, voyons, Bernard ! Ce buste ! comment est-il ?

— Comme tous les bustes inachevés pétris par les doigts du sculpteur. Un buste de terre glaise façonné de main de maître. C'est Blanche vivante !... Ah çà, mais, à mon tour, je te demanderai ce que cela signifie... Ne savais-tu pas que ce buste existât ?

— Non, répondit sourdement l'amiral.

— Ce n'est donc pas dans ta chambre ?...

— Ce n'est pas dans ma chambre que tu es entré. Un buste d'elle ! Ici !... Allons donc ! tu as mal vu, Bernard ! Tu t'es trompé !

— Probablement, fit Herblay. Quoique, cependant...

— Cependant ?

— Non, non, j'aurai mal vu... tu sais... un coup d'œil rapide... Allons, mon ami, calme-toi !... Ce n'est point parce que j'ai dit une sottise ou pris une étrangère pour... elle... que tu dois être aussi troublé ! Ah ! maladroit ! que le diable soit de moi ! Te voilà plus pâle et plus effrayant que jamais !

— Ce n'est rien, absolument rien, dit Reynière, mais tu dois comprendre mon émotion... le saisissement... Un buste d'elle ! Moi qui donnerais je ne sais quoi pour avoir là son image !... Moi qui n'ai gardé de la morte que des photographies sans art... Baudry devait faire son portrait lorsque...

— Mon Dieu ! mon Dieu ! interrompit encore Me Herblay, devinant vers quels funèbres souvenirs allait maintenant la pensée du comte. Je t'en prie, Jean, laisse-moi croire que mon étourderie ne t'a pas causé une douleur... je ne m'en consolerais pas...

— Tu peux te consoler, dit l'amiral avec effort. C'est fini, c'est passé !

Et jusqu'à la fin du dîner, ils parlèrent d'autre chose.

Mais il y avait sur leurs propos comme un froid de glace. Tout y était banal, écourté, inutile. Reynière songeait évidemment à cette rencontre singulière. Herblay, désolé, le sentait bien, et lui-même, très-étonné, se demandait comment ce buste, qu'il avait fort bien vu et absolument reconnu, était là, et si ce n'était pas une surprise ménagée à Reynière. En vérité, si ce n'était pas cela, qu'était-ce donc ?

Le nom d'Angèle Ferrand vint, durant ce triste repas, à être prononcé par hasard.

— Voilà, dit l'avocat à Reynière, une de tes grandes admiratrices !

— Vraiment ? fit Reynière indifféremment.

— Et cette admiration va jusqu'à rendre jaloux Monteclair, tu sais, qui se porte à la députation pour remplacer Rabasse... Ce sont cependant là les hommes qu'on nous oppose !

— Quel homme est-ce donc, ce Monteclair ?

— Je n'en sais trop rien, mais je l'apprendrai.

— Comment ?

— Sais-tu ce que c'est qu'un dossier, mon cher Jean ? Eh bien, rien n'est plus curieux, et j'aime à étudier par là ceux qui me coudoient un peu trop bruyamment. Désorbiers appelle cette collection, le *Dictionnaire secret des Contemporains*.

Me Herblay quitta d'ailleurs l'amiral avec un vif sentiment de regret. Cet homme, qu'il avait trouvé presque métamorphosé à son arrivée, était redevenu peu à peu soucieux et morne. Lorsqu'il s'était agi de mettre la signature au bas de l'acte de vente :

— A quoi bon ? avait dit le comte. Tout cela s'en ira bientôt, avec tout le reste !

Et dans cette parole lassée et amère, Herblay avait retrouvé le malade, le blessé de la vie que le docteur Vernier essayait de faire revivre.

Le lendemain, Herblay rencontra justement le docteur à l'Opéra :

— Y a-t-il longtemps que vous n'avez vu l'amiral ? demanda Vernier.

— Je l'ai vu hier.

— Ah ! et comment se porte-t-il ?

Herblay raconta alors, sans parler du buste, le changement qui s'était fait en quelques minutes, chez Reynière, au seul souvenir de Blanche.

— C'est au cœur qu'il est frappé, dit l'avocat.

— Certes, fit le docteur, et tous mes cachets de bromure de potassium n'y feraient rien. Mais vous a-t-il dit qui il rencontrait à Saint-Germain, chez Mme de Grandier ?

— Non.

— Eh bien ! il y a là-bas une jeune fille tout simplement exquise, et qui pourrait fort bien en savoir plus long que tous mes collègues et moi, sur l'art de guérir une maladie de l'âme !

— En vérité ?... fit Herblay tout joyeux.

Le docteur répondit :

— Vous verrez !

C'était, en effet, la présence et le charme de Valentine qui rendaient à l'amiral un peu d'énergie et d'espoir. Me Herblay en avait été frappé. Mais ce changement dans le regard et sur le visage du comte n'était qu'apparent. Le souvenir de Blanche lui rongeait toujours le cœur et il avait suffi d'un mot pour réveiller toute la douleur passée.

Un buste de Blanche ! Comment était-il possible que, dans ce pavillon, quelqu'un possédât un buste de Blanche ? Certainement, le bâtonnier s'était trompé. Et pourtant Herblay n'était pas un étourdi et connaissait bien Mme de Reynière. L'amiral s'informa donc le soir même, lorsque son ami fut parti, du nom des divers hôtes du pavillon. Des étrangers, pour la plupart des Anglais. Puis tout à coup les yeux de Reynière étincelèrent et sa lèvre frémit lorsqu'on lui nomma le marquis de Salviac.

— Vous avez dit Salviac? demanda-t-il au gérant qu'il interrogeait.

— Robert de Salviac, répondit l'homme en relisant le nom qu'il avait, sous la dictée du marquis, écrit sur le livre de l'hôtel.

— Merci!

Reynière sortit dans le jardin comme un homme poussé par un afflux de sang au cerveau et qui a besoin d'aspirer un peu d'air. Il étouffait et chancelait. Ce seul nom lui expliquait tout. Robert ici! Robert à quelques pas de lui! Et dans cette chambre où respirait cet homme, le buste de Blanche! Car comment douter maintenant de ce qu'avait dit et vu Bernard Herblay? L'amant de la comtesse conservait encore auprès de lui, gardait comme une relique d'amour, l'image de la morte.

— Ah! misérable! dit tout haut l'amiral.

Et le terrible nuage de sang qui, dans le wagon, lorsque le train de Rambouillet le menait à Paris, où il allait se venger et tuer, lui montait aux yeux, cette même colère affolée, ces bouffées rouges s'emparaient de son cerveau.

Il eut l'énergie de se contraindre.

— Deviens-tu fou? se dit-il. Tu ne serais plus un justicier, cette fois, tu serais un assassin! Ah! *lui*, pourtant, c'est lui qui eût dû mourir, ce n'est pas elle!

Il se promena assez longtemps sur la terrasse, le vent frais de la nuit lui passant sur les tempes, et, dans ces demi-ténèbres, sous les grands marronniers où ne se montraient que des ombres furtives, regardant machinalement les lumières essaimées, les lignes brillantes tracées comme au cordeau, dans la grande vallée qui formait, sous la terrasse, comme un immense gouffre noir, il sentait le calme souverain, qui était la force et la grandeur de son âme, rentrer à la fois dans ses veines et dans sa conscience, pénétrer tout son être, et mettre des larmes dans ses yeux d'un bleu glauque où, tout à l'heure, il n'y avait que de la fureur.

Il rentra fort tard au Pavillon, lassé et apaisé, ne se coucha point et songea. Son regard était fixe, et, sous la lumière des bougies qui éclairaient d'un reflet d'ivoire son front aux cheveux blonds devenus presque gris, il lui semblait qu'il veillait silencieusement auprès d'un mort.

Il rêvait.

La vie, le hasard, l'ironique destin mettaient ainsi sous le même toit, à quelques pas l'un de l'autre, sur le même palier peut-être, ces deux hommes, dont l'amour d'une femme avait fait : de l'un comme un martyr, de l'autre un meurtrier.

Et maintenant, celui qui, de par la Loi, avait tenu naguère l'existence de l'autre au bout de son pistolet, ne pouvait rien contre l'homme qui lui avait arraché son bonheur comme s'il eût déchiré son cœur avec ses ongles. La Loi avait reconnu que Reynière s'était vengé en toute justice. Mais la vengeance devait se borner à ce coup de feu légal qui avait troué le crâne de l'amant. Tout nouveau châtiment s'appellerait le crime.

Salviac, il est vrai, était de ceux qui ne se sentent point quittes envers un homme d'honneur parce que les gens de loi ont prononcé. Le marquis se regardait comme appartenant à l'amiral. Les années même n'y faisaient rien. Il est, pour un homme de cœur, de ces dettes qui n'admettent point de prescription. L'absolu est toujours le présent. Reynière était donc bien certain que s'il voulait jouer sa vie contre celle de Robert, le marquis ne s'y refuserait pas. Mais à quoi bon ? Ce n'était pas un nouveau meurtre que souhaitait le mari comme un impossible rêve, c'était la résurrection d'une morte. Le sang de Robert ranimerait-il le cadavre de Blanche ?

Cette idée, que le jeune homme conservait ainsi l'image de celle qui avait été sa maîtresse, — sa *maîtresse!* le mot entrait dans la chair de Reynière, comme une lame de couteau — cette vision du marquis s'enivrant de cette image faisait cependant frissonner encore l'amiral. Il y avait là, pour lui, comme une profanation sinistre, quelque chose comme un adultère posthume qui, de rage, lui faisait bondir le cœur. Point de meurtre, certes. Mais il arracherait ce buste à cet homme ! Ce portrait de la morte appartenait à celui dont elle portait le nom ! Robert de Salviac faisait à Reynière l'effet de ces voleurs de nuit qui s'en vont, sacriléges, dépouiller les caveaux. Il lui semblait que c'était à la tombe même de Blanche que le marquis avait dérobé cette image funèbre.

Robert de Salviac revenait justement à Saint-Germain, cette nuit même où, haletant, le sang brûlé par la fièvre, l'amiral demeurait assis au pied de son lit, se demandant ce qu'il ferait demain contre l'homme déjà frappé par lui une fois.

Robert avait quitté Saint-Germain par un effort violent, se sentant chaque jour plus intimement envahi par l'amour éprouvé pour Valentine. Il avait peur de cet amour et, loin de se reprendre à l'espoir, il ressentait une atroce douleur en sentant son cœur battre comme autrefois et sa jeunesse revivre. Il lui semblait que, pâle, au fond de son tombeau, Blanche lui disait, avec un triste sourire : — « On donne sa vie avec ivresse et vous jetez la vôtre à des amours nouvelles ! On meurt pour vous et vous oubliez les morts ! »

Et d'ailleurs s'il aimait, s'il tremblait d'aimer, Mlle Trézel l'aimerait-elle jamais, lui ? Ne portait-il pas au front comme le sceau d'un affreux malheur? N'y avait-il pas, entre lui et tout pur amour, tout amour souriant, toute affection qui fût le bonheur et l'oubli, le cadavre d'une femme? De quel droit, lui, Salviac, osait-il espérer qu'une jeune fille unirait la virginité de son âme à une existence où il y avait une tache de sang? Le meurtrier, aux yeux de Salviac, était plus excusable que l'amant. Il eût compris qu'on aimât, consolât, rachetât Reynière. Mais lui-même, non!

Et que Valentine était séduisante, pourtant! Ah! châtiment d'une vie mal dépensée! C'était là le bonheur. C'était là la joie, la consolation, le calme, le travail. L'heureuse vie du labeur doucement partagé, l'existence de l'époux qui lutte pour l'enfant qui naît, pour l'épouse qui aime, la paix, le devoir, la véritable, saine et sainte vie, tout cela était là, à portée de la main, tout cela tenait dans un seul nom : *Valentine.* Et Robert se disait qu'il n'avait pas le droit, non-seulement de saisir, mais d'espérer cette joie et ce pardon vivants, et qu'entre le bonheur et lui il y avait un fantôme.

Il avait vu bien souvent Mlle Trézel chez Mme de Grandier comme au chevet de Mme François, et il l'avait trouvée adorable. Elle semblait faite pour la maternité, lorsque la petite Berthe et André couraient tout joyeux vers elle et tendaient leurs fronts à ses caresses, leurs joues à ses baisers. Elle avait, en parlant à Robert, des accents d'une tendresse et d'une douceur où le marquis eût pu deviner et lire bien des choses. Elle n'avait ni assez de coquetterie ni assez de diplomatie pour dissimuler l'espèce d'affection grave et profonde qui l'entraînait, de jour en jour un peu plus, vers Salviac ; et lui, n'osant même pas se demander si elle pourrait l'aimer, se répétant, au contraire, que c'était impossible, n'analysait rien, ne scrutait rien, ne voulait rien deviner et rien savoir.

Il voulait fuir. Oui, fuir devant cet amour honnête comme il eût dû fuir devant l'amour coupable; fuir devant la chasteté de Valentine, comme il eût dû reculer devant la passion éperdue de Blanche. Il quitta Saint-Germain pour Paris, Paris pour un coin de la Suisse, qu'il *brûla,* comme on dit, en quelques jours, s'arrêtant à peine dans les coins superbes du Jura bernois, au pied du Varbourg ou dans le val de Saint-Imier, songeant à la terrasse de Saint-Germain du haut de la montée d'où il contemplait le saut du Doubs, aux Brenets, s'arrêtant à peine à Berne, trouvant fade un admirable lèver de soleil du haut du Righi-Kulm, et comparant instinctivement, sur le lac de Lucerne, toutes les passagères du bateau à Valentine Trézel. A la fin, il revint de Bâle à Paris et, décidément poussé par l'invincible désir de revoir la jeune fille, il retourna à Saint-Germain, dans cette chambre que Pierre, son valet de chambre, croyait bien quitter pour la place Vintimille.

Robert éprouva une joie réelle, quoique profondément troublée, en se retrouvant, le lendemain, à son réveil, dans ce pavillon si rapproché de l'hôtel où était Valentine.

La fugue qu'il venait de faire n'avait pas, durant un seul moment, dissipé ses pensées. Partout, Mlle Trézel était demeurée présente. Robert en éprouvait un sentiment délicieux de terreur. Aimait-il donc la jeune fille plus profondément encore qu'il ne le croyait? C'était folie. Mais, après tout, s'il gardait sa folie pour lui-même, si cet amour était son secret, s'il le savourait mystérieusement dans sa solitude, nul ne le saurait : ni le monde ni Valentine. Blanche seule...

Et cette pensée étreignait douloureusement le cœur

de Salviac. Ce n'est pas à ceux dont on a pris la vie qu'il est permis, même en pensée, d'être infidèle.

Mais, en dépit de ce spectre, c'était un contentement pénétrant qui s'emparait de Robert retrouvant, après quelques jours à peine d'absence, cette chambre, ces livres, ces instruments de travail, ces éprouvettes pour ses expériences de chimie, ces outils de sculpteur, sa consolation et sa vie.

Robert avait fait transporter à Saint-Germain, par son valet de chambre, quelques objets qui donnaient une apparence un peu artistique à cette chambre d'hôtel. Derrière un paravent de laque rouge, à chimères d'or en relief, et sur l'établi tournant du sculpteur, avec tout autour des ébauchoirs, des chiffons, une éponge pour s'essuyer les doigts, les blocs de terre glaise desséchée maintenant, un buste de femme apparaissait, charmant et poétique, légèrement penché, avec un mélancolique sourire.

Robert l'avait laissé, quoique presque achevé, tout enveloppé de ces linges mouillés que les sculpteurs collent sur leurs figures de terre comme un suaire glacé sur la face d'un cadavre. Et il retrouvait le linge à terre, presque sec, et son premier mouvement fut de regarder si le buste n'était point fendillé. La terre, en se desséchant, pouvait l'avoir brisé. Il n'en était rien.

Le buste, d'un dessin adorable, avec des méplats d'une grâce infinie, les cheveux artistiquement relevés et traités, n'avait subi aucune atteinte. Robert n'en fit pas moins à Pierre des reproches assez nerveux. Le valet s'excusait. Ce n'était pas lui. Pendant l'absence du marquis, il avait pris soin de mouiller la glaise comme la recommandation lui en avait été faite. La veille seulement, il avait négligé peut-être de s'acquitter de sa tâche. Et encore le matin avait-il tâté le buste, qui lui avait semblé humide. C'était sans doute quelque garçon de l'hôtel qui, par curiosité, avait enlevé le linge recouvrant le morceau de sculpture et, par négligence, — ou sonné, appelé par quelque voyageur, — avait oublié de remettre toute chose en état.

— Mais je garantis à monsieur le marquis que ce n'est pas moi... Le buste, heureusement, n'a rien... J'aurais été désolé...

— C'est bien, interrompit Robert.

Tout à l'heure enchanté, il paraissait mécontent et soucieux. Il étendit sur le buste de terre le linge ramassé et que Pierre venait de tremper dans l'eau, et sous cette toile mouillée les traits féminins que Robert, presque tremblant, semblait ne pas oser toucher, apparaissaient avec la netteté sinistre du drap qui recouvre un mort.

Le marquis n'avait pas encore achevé, qu'il entendit, sur le seuil de la porte, une voix qu'il lui semblait reconnaître demander :

— Monsieur de Salviac ?

— C'est ici, répondit la voix de Pierre.

Salviac ramena, d'un geste instinctif et rapide, les branches du paravent autour de ce buste maintenant caché et qu'il semblait vouloir dérober mieux encore à tout regard ; puis il fit un pas vers le visiteur qui entrait et, après avoir levé les yeux sur lui, s'arrêta net, immobile et muet.

C'était l'amiral de Reynière.

Il y eut un moment de silence tellement profond, un de ces silences d'avant le premier coup de feu, un jour de bataille, silence où la mort se prépare ; il passa soudain, dans les regards échangés, une telle électricité, un sous-entendu si redoutable ; il y avait entre ces deux hommes, dans ce mutisme solennel, une telle atmosphère emplie de souffles farouches — de la glace qui eût recouvert un volcan — que Pierre, le valet de chambre, se retira sans dire un mot, sans attendre un ordre, inquiet, ému, retenant son haleine, marchant sur la pointe des pieds et refermant la porte comme s'il eût mis un doigt sur ses lèvres pour y sceller un secret.

Ainsi, Robert et l'amiral se retrouvaient encore une fois l'un devant l'autre, non plus dans un salon, sous le regard d'une foule, comme le soir où l'étourderie d'Albéric Réville les avait réunis, mais seuls, la lèvre blême, les yeux pleins d'une sourde flamme, et le marquis attendant, immobile et muet, que Jean de Reynière lui expliquât la cause de cette visite, terrible comme une apparition.

L'amiral, la gorge sèche et serrée comme par des doigts noueux, resta là un moment avant de parler, puis sa voix étranglée laissa, une à une, lentement, tomber ces paroles :

— Vous devez être profondément surpris, monsieur, de me voir devant vous, et vous comprenez déjà qu'il faut un motif puissant pour que j'aie franchi le seuil de cette porte. Ce motif, le voici : vous avez ici, chez vous, vous gardez, vous osez conserver un objet qui, pour moi, serait un triste, mais pieux souvenir, et qui m'appartient.

— Je ne vous comprends pas, monsieur, dit Robert avec la froideur la plus nette mais l'attitude la plus respectueuse.

L'amiral regarda le jeune homme bien en face et plongea son œil bleu dans les limpides prunelles du marquis demeuré impassible.

Dans ce même coup d'œil, Reynière apercevait la blanche cicatrice que Robert portait au front, et le frémissement intérieur d'une colère, non faite de haine mais de douleur, s'emparait de lui.

— Monsieur, dit-il, d'un ton plus brusque ; — que vous ne puissiez effacer le passé et réveiller la mort, je le comprends, mais ce que je ne saurais ni excuser ni supporter, c'est que de ce passé, de ce naufrage, où a sombré ma vie, vous ayez recueilli une épave que je viens vous réclamer, au nom de mon droit et de ma volonté.

Robert, décidément, sentait qu'il y avait dans les paroles de Reynière quelque chose qui lui échappait, à lui, et il se fit mentalement cette question : — « Qui pousse donc l'amiral? Est-ce une main cachée? Est-ce la haine réveillée ? Est-ce l'égarement ? »

Quoi qu'il en fût, Salviac ajoutait :

— Je lui appartiens!

— Je n'ai rien qui soit à vous, monsieur, répondit-il d'une voix ferme, avec un accent mâle et un air de pitié qui contrastait avec ses paroles ; — rien que ma vie, si vous voulez la prendre.

L'amiral, malgré la rigidité à laquelle il se contraignait, laissa échapper un geste instinctif où il y avait une expression qui voulait dire : « Eh! que ferais-je de votre existence ? » avec une amertume où se lisait clairement l'horreur du sang autrefois versé.

— Si vous ne me comprenez point, dit-il, c'est que vous ne voulez pas me comprendre. Le hasard a voulu que quelqu'un entrât ici, dans cette chambre, et aperçût l'image d'une femme que vous y cachez!

— L'image d'une femme?...

— Le portrait d'une morte.

— Je vous jure, monsieur, et sur l'honneur, que le renseignement qu'on vous a fourni est faux, absolument faux...

— Sur l'honneur?... dit l'amiral, à la fois étonné et ironique. Il n'y a pas ici, — tenez, là, derrière ce paravent sans doute, — le buste de celle dont je ne veux pas prononcer le nom?

Le marquis, livide, mais l'œil hardiment levé sur le regard de Reynière, répondit lentement :

— Le buste qui est là n'est pas le portrait de...

Il s'arrêta, glacé par ce nom qui lui montait aux lèvres, et qu'il ne devait, qu'il ne pouvait pas prononcer devant l'amiral.

Un silence de mort se fit alors entre ces deux êtres, qui semblaient n'avoir plus rien à se dire, et qui se regardaient avec une froideur concentrée où grondait tout bas, du moins chez Reynière, une rage domptée par le plus terrible effort.

L'amiral portait son regard du front de Robert aux branches du paravent qu'il eût voulu transpercer; — comme, dans la nuit du meurtre, il eût souhaité trouer la porte derrière laquelle il devinait Blanche et son amant.

Malgré l'affirmation formelle du marquis, Jean de Reynière était certain que ce buste dont lui avait parlé Bernard Herblay était là. Oui, là, à deux pas de lui! Il n'avait, pour le voir, qu'à écarter cette laque et à renverser ce paravent. Ah! l'horrible pensée! Salviac gardait ainsi le souvenir visible et tangible de son amour! L'amant conservait ce que ne possédait point le mari : l'image de la femme adultère!

Une de ces bouffées de fureur qui succédaient à sa concentration ordinaire, lui monta aux tempes et, les oreilles rouges tranchant sur ses joues pâles, l'œil fulgurant, il dit à Robert :

— Vous avouez cependant qu'il y a, là derrière, le portrait d'une femme!

— Je n'avoue pas, je vous le dis.

— Eh bien! ce portrait, je veux le voir!

— Vous, monsieur. Et de quel droit?

— Je suis venu pour voir si ce buste est celui d'une malheureuse qui a broyé ma vie, mais que, vous et moi, nous devons laisser en paix dans sa tombe!

— Je vous ai déjà répondu, monsieur, dit Salviac, que ce buste n'est pas celui dont on vous a parlé...

— Osez donc me prouver qu'on m'a trompé?

— Moi !

— Oui, vous !

— Et si la possession de ce buste est un secret ? Si je me refuse à vous laisser reconnaître les traits de la femme dont le portrait est là ?

— Vous refusez de me prouver que ce n'est pas votre maîtresse !

Reynière avait mis toute sa rage dans ce mot qui lui fit à lui-même l'effet d'une brûlure.

— Ne suis-je point, dit Robert frémissant, fondé à vous répondre que je suis chez moi ici, et à vous répéter de quel droit vous pouvez, je ne dis pas même exiger, mais demander que je vous montre le buste d'une femme qui n'a rien de commun avec nos souvenirs et nos haines ?

— S'il en était ainsi, dit Reynière, vous auriez déjà poussé ce paravent, car en supposant même que ce buste ne soit pas celui que je pense, vous compromettez alors singulièrement cette femme, étrangère à nos souffrances, dont vous me parlez ici !

— La compromettre ? s'écria Robert.

Il resta un moment pensif et l'esprit traversé, comme d'une lame d'épée, par une idée soudaine.

Compromettre celle dont le buste était là ? Oui, peut-être, puisqu'il cachait ainsi son image, puisque l'amiral, renseigné par un propos quelconque, avait pu croire...

— Monsieur, dit-il avec un élan soudain et comme éperdu, la femme dont le buste est ici est la plus pure et la plus noble des jeunes filles ! Nul regard ne devait se fixer sur ce portrait, et celle dont j'ai essayé de rendre les traits et la beauté ignore elle-même que j'ai là son image... Je pourrais vous répondre que le secret que vous voulez pénétrer ne m'appartient pas ! Mais, vous le voulez, eh bien...

Il fit un pas vers le paravent, puis s'arrêta, regardant l'amiral dont le beau visage livide était contracté par une atroce souffrance, et dont le cœur battait effroyablement, traversé de douleurs lancinantes, comme percé de mille pointes d'épingles.

Robert, lui-même, la gorge sèche et serrée par l'angoisse, hésitait à ouvrir les branches du paravent. Il le fit pourtant, et brusquement, découvrant le buste enveloppé du linge mouillé qui en dessinait les traits, puis, avec des précautions instinctives, il enleva cette sorte de voile, et se recula pour laisser au comte la liberté de mieux contempler cette terre pétrie.

L'amiral alors ne put retenir un cri étouffé, pareil à un sanglot; et ce nom, tout à l'heure arrêté sur ses lèvres, ce nom qui causa à Robert un tressaillement presque sinistre, jaillit en quelque sorte de sa bouche : il le prononça comme s'il eût été seul en face de ce buste, comme si Salviac n'eût pas été là :

— Blanche!

Certes, c'était Blanche elle-même, Blanche telle qu'autrefois, souriante et mélancolique à la fois, demi-penchée, avec le froncement sévère ou souffrant de ses beaux sourcils sur ses yeux profonds. Il vivait, ce buste de terre, il palpitait. Il avait l'expression attirante que donne la réalité même. C'était un chef-d'œuvre de vérité et de grâce, une œuvre d'art et d'idéal, et pourtant une femme, une femme séduisante, adorable, irrésistible. Le grain même de l'épiderme semblait courir sur les méplats de ces joues, sur la rondeur exquise de ce cou, où l'on eût pourtant aperçu encore la trace des coups de pouce du sculpteur.

— Blanche! Blanche! songeait l'amiral.

Et il retrouvait là le port de tête, l'expression un peu alanguie, les ondulations de cheveux de la comtesse. Une longue boucle lui tombait sur l'épaule. C'était ainsi que se coiffait Blanche.

Robert interrompit, trancha, pour ainsi dire, les

réflexions de l'amiral. Maintenant, il lui tardait de nommer celle dont il achevait le portrait. Ce nom de Blanche l'avait déchiré en pleine chair, et il apercevait tant d'amour pour cette morte dans le regard fixe, attendri et navré de Reynière, qu'il en était, — chose étrange, — comme jaloux.

— Ce buste, dit-il vivement en étendant la main vers la terre pétrie, — ne le voyez-vous donc pas? — est celui de Mlle Valentine Trézel!

L'amiral tourna la tête vers Salviac très-lentement.

— Mlle Trézel a-t-elle donc posé pour ce portrait?

— Non, répondit Salviac, en allant prendre sur la cheminée un portrait-carte, mais le docteur Trézel, son oncle, m'a donné cette photographie en m'autorisant à m'en servir. Voyez!

L'amiral comparait le portrait au buste : c'était bien la même pose, le même arrangement charmant de la chevelure, la même attitude inclinée, presque le même sourire. C'était bien d'après cette photographie que la sculpture avait été faite. Mais instinctivement, inconsciemment, Robert de Salviac s'était souvenu de Blanche en regardant l'image de Valentine et — obéissant à l'obsession de ses souvenirs — il avait donné à Mlle Trézel le regard, le port de tête, la mélancolie de la comtesse. Il avait lentement sculpté Blanche dans Valentine, comme, à ce moment même, l'amiral retrouvait la morte elle-même dans le portrait de la vivante.

Et tous deux se tenaient, muets, non pas dans un silence menaçant comme tout à l'heure, mais dans une sorte de recueillement religieux.

Tout disparaissait pour Reynière : cette chambre d'hôtellerie, ces outils de sculpteur, cet homme même — l'amant de celle qu'il avait tuée; — il ne restait plus sous ses yeux que cette vision, Blanche, son amour, sa vie, Blanche de Clarens, son bonheur vivant frappé au cœur de sa propre main.

Le marquis, retenant son souffle, respectait la contemplation muette de cet homme écrasé par une apparition. Pour lui, et quoiqu'il eût involontairement reflété le sourire de la comtesse sur les lèvres de Mlle Trézel, c'était bien Valentine qui était là, et ce n'était qu'elle. Lié avec l'oncle Urbain, visitant avec lui les vestiges préhistoriques ou gallo-romains du Château, faisant volontiers avec le docteur des expériences de chimie et écoutant patiemment les confidences du petit maniaque, Robert avait facilement obtenu ce portrait-carte que Trézel lui avait remis sans y attacher grande importance. Alors, tout seul, avec une âpre joie, le jeune homme s'était mis à l'œuvre, et ce buste, digne d'un maître, était né sous ses doigts, donnant au sculpteur l'ivresse d'un tête-à-tête silencieux et charmant avec celle dont il évoquait les traits, réguliers comme ceux d'une statue grecque.

Mais, résultat bizarre et frappant, c'était à Valentine que l'esprit de Robert songeait et encore une fois c'était Blanche que son ébauchoir faisait revivre. L'amiral de Reynière ne pouvait douter, en comparant le portrait-carte au buste, que ce ne fût là le portrait de Mlle Trézel, et cependant c'était la comtesse surtout qu'il reconnaissait. Il s'expliquait maintenant la surprise émue de Bernard Herblay.

— Oui, c'est Blanche ! C'est elle ! c'est bien elle ! se disait-il. Ma Blanche ! ma pauvre Blanche !

Il sentit tout à coup de grosses larmes lui monter aux yeux, en même temps qu'un sanglot nerveux le prenait en pleine poitrine jusqu'à le suffoquer. Il étendit machinalement la main sur le dossier d'une chaise, où il s'appuya comme si un étourdissement eût menacé de le jeter à terre, et par une tension de sa volonté de fer, il repoussa le sanglot et les larmes, songeant à cette espèce de honte : « Pleurer devant *lui!* »

Il se souvenait tout à coup qu'il était devant Robert.

Sa main dont les veines battaient la fièvre passa sur son front qui brûlait. Il se retourna à demi, regarda Salviac le plus froidement qu'il put, et dit :

— On m'avait trompé, monsieur. Je vous demande pardon !

Robert s'inclina respectueusement, dignement.

Alors M. de Reynière fit deux ou trois pas pour sortir. Il chancela.

Le marquis eut réellement peur de le voir tomber de toute sa hauteur, là, foudroyé.

Son premier mouvement, purement instinctif, fut de se précipiter vers lui en étendant les bras, mais il s'arrêta net, en même temps que, machinalement aussi, l'amiral se roidissait en s'écartant, comme s'il eût été menacé du contact d'un fer rouge.

Reynière avait passé plus d'une fois, le front hautain, sous le feu de l'ennemi ; jamais il n'avait ressenti une émotion pareille à celle qui maintenant lui tordait les entrailles.

N'ayant aucun droit à présent sur la vie de Robert, ce buste qu'on lui avait dit être le portrait de Blanche étant celui d'une autre, il fallait partir. Partir ! Et pourtant une violente puissance l'attirait vers ce visage de terre qui le regardait de ses yeux fixes. Il eût voulu rester là, seul, en face de cette figure muette, de ces lèvres sans voix qui lui parlaient cependant du passé.

Ah ! quelle volupté, s'enfermer avec cette image comme devant le cercueil de la morte ! Qui sait ? Murmurer peut-être à ces oreilles, aussi sourdes que celles d'un cadavre : « Pardonne-moi ! Pardon ! »

Mais Reynière n'était pas chez lui : il était chez *l'autre*. Ce Salviac, à qui, — l'eût-il cru possible ? — il venait de parler, et dont le respect était comme le souvenir souligné de l'outrage, ce Robert, c'était lui qui avait causé la mort de Blanche! Il ne pouvait lui déchirer le visage et le frapper, c'eût été criminel. Mais demeurer plus longtemps là, c'eût été lâche!

Oui, lâche! Et pourtant ce buste disait: « Reste! » Et le mari, le meurtrier, avait la tentation de s'agenouiller devant cette argile vivante et de lui demander de l'absoudre.

Il sortit cependant, il sortit chancelant, affolé, étouffant, repoussant violemment la porte.

Le cœur lui battait à le faire crier; des pointes de fer s'y enfonçaient. C'était plus qu'une douleur; c'était un supplice. Le malade devenait un patient à la torture.

Et, à peine sorti, il lui semblait que la nuit venait de se faire autour de lui. L'éblouissement cruel de ce buste lui manquait. Il avait soif de le retrouver devant ses yeux. Une seconde auparavant, il était devant. Maintenant, il lui fallait faire sur lui-même un effort pour ne pas se précipiter sur cette porte close et crier: « Ouvrez! Je veux la revoir! »

Oh! les faiblesses épouvantables de l'amour qui courbent une volonté comme un jonc, et rompent une énergie comme un fétu de paille! Un incroyable phénomène se produisait dans l'esprit de Reynière. Cette âme haute éprouvait une tentation sinistre: parler encore de Blanche, en parler à *lui*, à cet homme, à ce Salviac, à l'amant!... N'était-ce pas une folie?... L'être stoïque sentait sa redoutable énergie se fondre en lui, comme sur sa poitrine se fût brisée une cuirasse. Il l'aimait toujours, cette Blanche! Il l'aimait tant! Il l'aimait trop!

Oui, il eût éprouvé une sorte de volupté mortelle, une âpre joie empoisonnée à parler du passé avec celui-là même qui avait fait de ces jours enfuis quelque chose de sanglant et d'irréparable.

Il lui semblait que Salviac avait à lui léguer comme

un testament les dernières confidences de celle qui n'était plus.

Ou plutôt il n'analysait pas ce désir, cette tentation, cette folie qui l'eût poussé à commettre cet acte d'abdication : parler de l'épouse à l'amant. Ce prurit, il le subissait. Une volonté plus forte que sa volonté lui rivait les yeux sur cette porte fermée et qu'il eût voulu rouvrir en s'écriant :

— Parlons *d'elle !*

Et puis une furieuse pensée de vengeance lui traversait le cerveau. Mais, cette fois, ce n'était pas de Robert que Jean de Reynière voulait se venger. C'était de cet inconnu qui — le jour du meurtre, — avait dénoncé Blanche, jeté la lettre anonyme à la face du mari... Ah ! celui-là, cet être qui vivait heureux sans doute, satisfait de son œuvre, content du sang versé, l'amiral maintenant l'eût broyé entre ses mains de fer !... Et où était-il ? Qui était-il ? Quel lâche ennemi avait pu commettre une telle action ? Quel misérable avait dit à Reynière : « *Ils* sont là, chez vous; tuez-les donc ! »

— Celui-là, se disait l'amiral, Robert de Salviac le connaissait sans doute ? Oui, ce devait être un ennemi à lui, Salviac; — un de ces envieux qui vous sourient aux heures ordinaires, et qui sont tout prêts, l'heure du danger venue, à vous mordre au talon ou à vous frapper au cœur.

Et voilà ce que souhaitait Reynière avec une ardeur éperdue : savoir des lèvres de Robert le nom du scélérat qu'il fallait châtier, de l'être caché dont Salviac avait dû certainement soulever le masque...

Alors l'amiral s'avança vers la porte de la chambre pour y rentrer, non plus menaçant, mais égaré et ne sachant plus même ce qu'il allait dire. Cette « tempête sous un crâne » avait fait affluer tout son sang à ses tempes.

Il ne put faire un pas. Sentant tourbillonner les objets autour de lui, il chercha machinalement un point d'appui et posa la main sur la rampe de l'escalier, près de tomber, si le valet de chambre de Salviac, qui remontait, n'eût bondi vers lui, le soutenant, appelant un garçon de l'hôtel et transportant l'amiral dans sa chambre, tandis que Robert, attiré par le bruit, ouvrait sa porte et apercevait cet homme pâle que soutenaient les deux domestiques.

— Mon Dieu ! dit Salviac, qu'arrive-t-il donc ?

Il suivit machinalement Pierre et le garçon jusqu'à la chambre de Reynière, s'arrêtant au seuil pendant qu'on étendait l'amiral sur son lit, le visage tourné vers la fenêtre et ne pouvant point apercevoir Salviac debout devant la porte.

Le jeune homme était anxieux, livide et désolé. L'émotion, qui l'avait si cruellement torturé lui-même, avait-elle foudroyé Reynière ? Cet homme, qui avait tenu son existence au bout d'un pistolet, était-il mort ?

Et Robert en frémit comme si c'eût été lui qui eût frappé l'amiral.

Pierre s'était penché sur le corps de Reynière, et le valet de chambre de l'amiral, habitué aux crises du malade, accourait, mettait sa main sur le cœur de son maître et disait :

— Ce n'est rien; il bat !

— Pauvre homme ! songeait Robert. Comme il souffre ! Et par moi !

Il y avait deux grosses larmes dans les yeux du jeune homme, et elles coulèrent lentement sur ses joues brunes. Sa jeunesse lui revenait là, cruelle et faite de remords, et, devant le corps étendu de Reynière, il se sentait ému jusqu'au profond du cœur comme il l'eût été devant le cadavre même de Blanche.

Le valet de l'amiral était allé prendre les sels et le bromure ordonnés en pareil cas par le docteur Vernier. Robert entendit un soupir. C'était l'amiral qui revenait à lui.

Le regard de Salviac, cherchant celui de Pierre, demanda :

— Il est mieux, n'est-ce pas ?

Et le geste muet de Pierre répondit :

— Oui... Bien !

Alors, doucement, sur la pointe des pieds, Robert s'éloigna, contemplant encore, le cœur gonflé et ses joues gardant l'amer sillon des larmes, cette chambre où respirait l'homme qui lui avait tué son bonheur, et à qui il avait, lui, volé sa joie.

— La vie est une pièce mal faite, songeait Robert. Cet homme, ce héros, je le respecte et je l'eusse aimé ! Entre ceux que l'estime et le dévouement pouvaient réunir, se dresse une femme, et, au lieu de l'amitié, il y a la haine et la mort ! Parodie que tout ça ! Quel est l'homme de mon âge qui ne donnerait la moitié du temps qu'il a à vivre pour refaire à son gré le temps qu'il a vécu ?

Il rentra, pendant que Reynière se redressait et reprenait possession de lui-même, dans cette chambre où tout à l'heure l'amiral avait pénétré, et, recouvrant alors lentement le buste d'argile :

— Non, murmurait-il, tu n'es pas Blanche, toi ! Blanche, chère créature immolée à notre folie, Blanche était la passion et la faute ! Tu es l'amour qui console, l'amour vrai, profond et pur ; tu es, en même temps que la beauté, l'apaisement et la tendresse, tu es le charme et le devoir, Valentine ! Et tout cela, tu le seras pour un autre, hélas !... — Pour qui ?...

XI

PROJETS D'UNION

— Maintenant, dit un matin, après déjeuner, Mme de Grandier au petit docteur Trézel, il est grand temps, je suppose, de songer à ce mariage.

— Croyez-vous? fit Urbain.

Mme de Grandier parut étonnée.

— Comment! si je le crois! Nous avons assez perdu de temps, mon cousin; il faut donner l'assaut... Je me trompe... il faut aller à l'abordage!

— Je ne demande pas mieux, madame et chère cousine, mais, quoique j'eusse promis de sonder le cœur de la chère enfant, j'ai hésité jusqu'ici... J'ai reculé... Hélas! j'ai bien peur que Valentine...

— Est-ce qu'elle n'aime point l'amiral?

— Je n'en sais rien. Je tremble que non!

— Et moi je suis sûre que si! Est-ce qu'on peut ne pas aimer Reynière?... D'abord, il est marin.

— Comme Raoul...

— Comme ce pauvre Raoul!... Et puis, il est charmant! Parole, j'aurais la faiblesse de consentir à me remarier, je l'épouserais! Rassurez-vous, il n'y a pas de danger... Raoul est trop présent à ma pensée, et l'état de veuve est si délicieux! Oh! si Valentine était veuve, je ne lui conseillerais pas de choisir un mari!

— Et comme, pour le devenir, fit malicieusement le petit homme, le seul moyen est de prendre un époux...

— Vous riez? fit Henriette. Laissez donc ces plaisanteries à cet écervelé d'Albéric! Et branle-bas de combat! Voyons, vous chargez-vous de parler à Valentine?

— Non... J'aimerais mieux que ce fût vous, cousine... Une femme a toujours beaucoup plus d'adresse... Et je poursuis en ce moment un cas si étonnant d'incubation...

— Bien! bien! Alors, soit; je parlerai à Valentine.

— Quand cela?

— Dès aujourd'hui. A propos, vous savez que l'indisposition de M. de Reynière, — l'autre jour, — ce n'était rien... un étourdissement... Je le soupçonne, moi, d'être fort épris de ma jolie cousine!... Ça révolutionne toujours un peu!... Comment appelez-vous ça? De la physiologie?

— Oui, cousine!

— Vous avez l'air stupéfait? Rassurez-vous, je ne vous disputerai pas votre place à l'Institut. Et puisque vous ne vous sentez pas assez de diplomatie pour traiter la question, envoyez-moi Valentine.

— Soit, mais, dit Urbain, et lui?

— Qui, lui?

— M. de Reynière!

— Eh bien?

— Croyez-vous qu'il consente jamais à se remarier?

— J'en suis persuadée. Je l'ai interrogé là-dessus, très-finement. Il n'a pas dit *oui*, mais chaque fois que je parle de Valentine, c'est une émotion, une pâleur, des palpitations... Il l'adore, voilà le fait, et quand on adore une femme...

— Dieu vous entende!

— Il m'entend. L'important est de décider Valentine. Encore une fois, envoyez-moi la chère enfant!

Valentine lisait, dans sa chambre. Elle rejoignit bientôt Mme de Grandier dans le jardin, et, après quelques pas où la charmante veuve laissa tomber des paroles tout d'abord insignifiantes, Henriette lui fit signe de s'asseoir sur un banc, et, lui prenant les mains, la regardant bien en face comme pour lire au fond de ses grands yeux, lui dit:

— Est-ce que vous n'avez jamais songé à vous marier?

— Si fait, répondit Valentine avec un petit sourire doucement mélancolique, profond plutôt que triste. Mais j'ai bien peur de ne me marier jamais.

— Ah bah! Et pourquoi?

— D'abord, je suis terriblement loin d'être ce qu'on appelle *un parti*. Il y a dans le mariage une question de budget où je n'apporterai rien, et dans un temps aussi pratique que celui-ci... Oh! notez que je ne me plains pas, ma cousine!... Ensuite, j'ai sous ma garde un grand enfant, qui, sans moi...

— Le docteur?

— Oui, mon oncle Urbain. Je suis — c'est bien prétentieux ce que je vais dire — quelque chose comme l'Antigone du pauvre homme, qui ne voit pas clair dans la vie. Et, ma foi, quand on a à remplir un devoir comme celui-là, si simple et si petit qu'il soit, on s'y tient.

— Eh bien! moi, je pense tout le contraire de ce que vous me racontez là, Valentine!

— Ah bah!

— Oui, en parlant de dot, vous dites, dès le premier mot, une sottise, passez-moi le mot; vous croyez que votre beauté et votre bonté, votre charme et votre cœur, ce n'est point une dot cela? Ne rougissez pas.

— Eh bien, soit, c'est une dot, dit gaiement Valentine, mais où est le notaire qui la mettrait sur un contrat?

— Quant à votre oncle, pour son bonheur même, il faudrait vous marier, ma chère enfant. Il a, vous le savez, ses ambitions, ses rêves.

— Oui, je sais!

— Un protecteur puissant l'aiderait beaucoup à gravir certains échelons où il voudrait bien mettre le pied..., et, par exemple, il y a un homme tout à fait remarquable, et bon, et digne de vous, un homme charmant qui vous aime, c'est visible, et qui serait certainement très-heureux de partager avec vous sa fortune — qui est considérable, mais je ne vous en parle pas — et son nom qui est glorieux, et je vous en parle...

Valentine, devenue toute pâle, avec ses yeux noirs légèrement cernés par une émotion soudaine, regarda, à son tour, Mme de Grandier, et lentement prononça ce nom :

— M. de Reynière?

— Oui, dit Henriette. Lui! Un héros. La bonté et le courage réunis!

Elle cherchait dans les prunelles de Valentine une réponse, un mot, une espérance; mais la jeune fille demeurait muette, pensive, et sa pâleur ne diminuait pas.

— Eh bien? demanda Henriette.

Valentine avait abaissé sur ses yeux ses paupières aux cils emplis d'ombre, et elle regardait, sans les apercevoir peut-être, le sable du jardin, les fleurs du parterre.

— Voyons, dit Henriette plus pressante et d'une voix qui caressait, qu'en dites-vous, cousine?

— Je dis, répondit fermement la nièce du docteur Trézel, que je n'épouserai jamais qu'un homme que j'aimerai.

— C'est-à-dire, demanda Henriette, que vous n'aimez pas M. de Reynière?

— Je reconnais, répondit Valentine, que M. de Reynière est un idéal vivant de bravoure, d'honneur, de vertu...

— Eh bien?...

— Eh bien! je le respecte à l'égal des plus grands. Sa vie est un exemple : mais je ne me sens pas assez entraînée vers lui pour partager son existence et lui assurer le bonheur auquel il a droit.

— En vérité! Réfléchissez-vous bien à ce que vous dites, Valentine?

— La façon dont je le dis, ma chère cousine, devrait vous montrer qu'avant de parler de la sorte, j'ai beaucoup, mais beaucoup réfléchi.

— Vous vous êtes demandé si l'on pouvait aimer M. de Reynière?

— J'ai fait mieux; je me suis demandé si je l'aimais.

— Qu'est-ce que vous me dites là? Vous!

— Oui, je subissais auprès de lui un tel sentiment, si inexplicable et si nouveau, que j'ai voulu m'interroger moi-même pour savoir si c'était de l'affection ou de la crainte...

— Et c'était de la crainte?

— De la vénération, si vous voulez. M. de Reynière me rappelle ces personnages austères qui traversaient mon Histoire Romaine...

— Alors, cette austérité vous fait peur? A vous?

— Au contraire, elle m'attirerait. J'aimerais à me dévouer pour un tel homme. Volontiers je donnerais mon existence pour celle d'un héros comme l'amiral...

— Continuez. Je ne comprends pas très-bien pourquoi, avec de tels sentiments, vous aboutissez à la conclusion de tout à l'heure. C'est précisément parce que M. de Reynière est un cœur saignant encore, une âme blessée, que je voudrais le voir sauvé par une créature d'élite comme vous ! Notez, ma chère Valentine, que je ne suis pas du tout, mais pas du tout, de l'avis qu'on doive aimer les gens par pitié. On se fait ambulancière par charité, soit, mais on ne se marie pas pour le même motif. Seulement ce M. de Reynière est si supérieur aux autres, si profondément remarquable, si bon que je comprends qu'on arrive à l'amour pour lui par le respect même... Et je vous jure que, si j'étais — moi, toute folle que je suis, — certaine de pouvoir consoler et rendre heureux un tel homme, je serais capable de lui sacrifier mon veuvage même et de lui dire : « Voici ma main ! » — Seulement, ajouta gaiement Henriette, ce ne sont pas des femmes comme moi qui peuvent lui rendre le sourire ; il faut à un esprit comme le sien une compagne plus sérieuse. Il vous aimerait, et je suis même sûre...

— Vous a-t-il dit qu'il m'aimait ? interrompit Valentine.

— Non. Ah ! vous le connaissez peu, décidément ! Mais je devine...

La jeune fille s'était levée, toute droite, et d'un ton plutôt triste que sévère :

— Eh bien ! s'il vous parlait jamais de moi, par hasard, dites-lui bien, fit-elle de sa voix profonde, que je ne me marierai jamais !

— Quelle folie !

— Jamais.

— Pourquoi ? Et encore pourquoi, Valentine ?... dit brusquement Mme de Grandier. Vous aimez quelqu'un ?...

Valentine devint toute rouge. Elle ne répondit rien, ne voulant pas mentir.

— Ah! s'écria Henriette. A la bonne heure! Il fallait donc le dire! Oh! je comprends tout... Pauvre amiral!

Et rapidement, empressée, curieuse, elle saisit les mains de sa cousine, lui passa le bras autour du cou, et, l'entraînant dans l'allée, sous les arbres :

— Voyons, dit-elle avec sa volubilité habituelle. Qui cela? Son nom? Est-ce que je le connais? Comment est-il? Je parie que je devine comment il s'appelle?

Valentine ne répondit pas.

— Je le devinerai en dix! fit Henriette continuant à rire. Voulez-vous?

Mlle Trézel gardait toujours le silence.

— En dix, répéta Mme de Grandier. Voyons, cherchons bien!... Ah! que je suis sotte, c'est M. de Salviac!

Elle regardait bien en face Valentine, qui devint, cette fois, très-pâle, et Mme de Grandier n'eut point de peine à deviner le secret de la jeune fille. Elle comprenait d'ailleurs parfaitement qu'on aimât le marquis. Après Reynière c'était, de tous ses familiers, Salviac qui lui paraissait le plus charmant, le cousin Albéric ne comptant pas. Mais quel étrange hasard!... Reynière et Salviac qui se trouvaient encore une fois rivaux!... Jamais invention d'auteur dramatique fut-elle plus romanesque?... Elle n'en disait rien à Valentine, mais elle avait hâte d'apprendre la nouvelle à l'oncle Urbain.

Valentine, sentant que sa secrète pensée ne lui appartenait plus tout entière, chercha elle-même le moyen de rompre l'entretien avec sa cousine et de se retirer, pensive, dans sa petite chambre, comme dans son réduit dominant le Luxembourg.

Henriette la baisa au front, l'accompagna dans le jardin jusqu'au Pavillon et se dit en voyant disparaître la jeune fille dans l'encadrement de la porte :

— Après tout, elle a bon goût ! Je ne songeais pas à M. de Salviac, moi !

L'oncle Trézel fut stupéfait et perdit contenance lorsque Mme de Grandier lui apprit la nouvelle. Était-ce possible ? Tous ses projets ainsi renversés ! L'appui de M. de Reynière lui manquant soudainement. C'était une ruine. Mais qui diable eût pu s'imaginer que l'amour pouvait se loger ainsi dans la cervelle d'une fille aussi sérieuse que Valentine ? Elle avait tant de bon sens, une raison si droite ! S'éprendre de M. de Salviac, quelle idée ! M. de Salviac était, il est vrai, parent du docteur Loreau, l'anthropologiste, et Loreau avait, comme on dit, le bras aussi long que M. Marchal, de l'Institut. N'importe ! cette révélation bouleversait toutes les idées du petit homme. C'était un brusque coup de pied dans les châteaux de cartes qu'il bâtissait en Espagne.

— Ayez donc des nièces, dit-il à Mme Lehidec, pour qu'elles vous causent de ces déceptions-là !

— Oh ! fit Henriette, vous vous en consolerez, vous, mais c'est l'amiral qui m'inquiète...

— L'amiral ?

— Oui. Je lui avais vaguement parlé de Valentine ; j'avais employé toute ma diplomatie féminine à lui faire comprendre que ce n'est pas à son âge que l'existence humaine est finie... Je l'avais amené à se demander si Valentine ne pouvait pas prendre la place de la comtesse, et... Ah ! c'est un malheur !

— Un grand malheur !

— Et s'il apprend que c'est M. de Salviac qu'elle aime... concevez-vous sa douleur ! Toujours le marquis entre le bonheur et lui !

— Oui, mais la situation n'est point la même, dit Trézel. Je puis avoir peut-être assez d'influence sur ma nièce pour la convaincre d'une chose, c'est que le devoir d'une honnête fille est de sauver, vous le lui avez fort bien dit, un héros comme M. de Reynière, lequel, j'y pense, — sans nul égoïsme, — peut assurer l'avenir et aider à couronner la carrière d'un savant comme moi!...

— Alors vous espérez encore?

— Lui faire comprendre son devoir, oui! Elle n'aime pas l'amiral. Tarare ban ban! Elle pourra l'aimer.

— Non.

— Pourquoi?

— Parce qu'elle aime M. de Salviac. C'est simple comme bonjour!

— Je lui dirai qu'elle ne peut épouser ce Salviac... pour plusieurs raisons!

— Lesquelles?

— Ah! voilà! Oui, lesquelles?... Eh! parbleu, il a causé la mort d'une femme!

— Et cette femme, c'est M. de Reynière qui l'a tuée!

— Elle était coupable... coupable par lui...

— Elle est morte parce qu'elle l'aimait. Dites cela à votre nièce et elle sera capable d'adorer cent fois plus le marquis!

— Elle a donc la tête à l'envers?

— Pas le moins du monde. Elle aime, voilà tout. Elle aime, elle aime, elle aime, comprenez-vous? C'est un verbe que vous ne savez pas conjuguer. Vous connaissez vos œufs de poulet, mais vous ignorez le cœur des femmes, docteur! Il n'y a rien à dire à Valentine, si vous ne voulez pas que son amour devienne une passion. Si sérieuse qu'elle soit, elle est femme! Et la femme est un grain de poudre dont il ne faut pas approcher le feu!

— Ah! qui m'eût dit ça? Mais qui m'eût dit ça? répétait le petit docteur, en levant au ciel ses mains maigres, puis en grattant son front jaune comme du vieil ivoire, espérant peut-être faire jaillir de son crâne une idée de salut.

Il rêva toute la nuit à des choses insensées. Il apercevait un fauteuil orné d'ailes énormes (son fauteuil de l'Académie des Sciences) qui s'envolait bien loin, à travers les espaces, tenu au bout d'une ficelle comme un cerf-volant, par le marquis de Salviac, qui riait beaucoup de cette lugubre ascension.

Le lendemain, Mme de Grandier rendit visite à M. de Reynière et elle fut navrée en entendant l'amiral lui parler de Valentine. Et avec une ferveur, une chaleur!... Elle détourna la conversation et le comte en parut surpris, plus que cela, presque inquiet.

Pendant sa visite au pavillon Henri IV, Valentine avait pris le chemin du logis de Mme François. Elle y avait rencontré Salviac, mais le marquis remarqua, cette fois, chez la jeune fille, une réserve presque glacée qui lui causa une violente peine.

— Elle ne m'aimera jamais! pensa Robert.

C'était, au contraire, depuis que Valentine avait laissé surprendre cet amour qu'elle se contraignait à ne point permettre à Salviac qu'il le devinât.

Le soir, au repas, qui fut triste, Mme Lehidec annonça qu'elle avait rencontré, sur l'avenue du Boulingrin, M. Henry Monteclair, et qu'elle l'avait, un peu étourdiment peut-être, invité pour le lendemain.

— C'est fort drôle, dit-elle, je ne tenais pas beaucoup à l'avoir, mais je n'ai pas pu faire autrement. Il est de ces gens qui s'imposent.

— Est-ce que M. Monteclair est venu se fixer à Saint-Germain? demanda Valentine machinalement.

— Pour peu de temps, sans doute.

Mme de Grandier se doutait bien que Monteclair n'était pas venu seul. Le hasard des propos lui apprit, en effet, dès le soir même, par le sous-préfet, que Mlle Angèle Ferrand avait loué, pour la fin de la saison, une petite villa sur le chemin du Pecq.

— Tiens, fit Henriette, eh bien, tant mieux ! Ça m'amusera de la voir de près !

Le hasard voulut que, lorsque Monteclair se présenta chez Mme de Grandier, Robert de Salviac y fût justement en visite. Ces deux hommes s'étaient assez souvent rencontrés, et dans ces mille contacts de la vie parisienne, une espèce d'antipathie subite, de celles qui naissent magnétiquement, d'une impression première, d'un regard échangé, d'un geste, d'une animosité instinctive, n'avait fait que grandir. Robert et Monteclair étaient du même monde sans être de la même race, et Salviac avait, dès l'abord, deviné chez cette nature hardie de coupe-jarret un ennemi de tout ce qu'il aimait.

Quant à Monteclair, il éprouvait pour le marquis l'inconsciente haine que fait naître dans certaines âmes l'attitude un peu froide d'une misanthropie doublée de douceur.

Une pensée méprisante, résumée dans un mot, venait à Robert lorsqu'il rencontrait Monteclair : « Aventurier ! » Et un autre mot, amer et ironique, montait en même temps aux lèvres de Monteclair : « Puritain ! »

Ces deux hommes, qui, en somme, se connaissaient fort peu, se fussent jadis violemment heurtés dans la vie que ces chocs d'autrefois n'eussent point laissé après eux plus de colère qu'il n'y avait de mépris chez l'un et de haine chez l'autre.

Mme de Grandier remarqua tout d'abord, et sans être une bien profonde analyste, mais avec son instinct de femme du monde, que le marquis et Monteclair ne se convenaient pas du tout.

— Allons, bon ! se dit-elle. Ce n'était pas assez de l'amiral et du marquis ! Voilà maintenant deux nouveaux chiens de faïence! Mon salon n'est plus un salon, c'est une salle d'escrime... à fleurets mouchetés heureusement.

Henry Monteclair avait, pour froncer le sourcil, comme il le fit en apercevant Salviac, des raisons qu'Henriette ignorait.

Le nom du marquis venait d'être prononcé, moins d'une heure auparavant, entre Monteclair et Angèle Ferrand, dans la petite villa de la comédienne.

Monteclair, ayant invité Rongère et Boispréaux, ses deux amis, à se rendre à Saint-Germain pour discuter certaines questions pratiques relatives à l'élection prochaine qu'il s'agissait d'enlever haut la main, on s'était tout d'abord occupé de politique.

— Vous savez quel est votre adversaire? avait dit Boispréaux.

— Je connais son nom, voilà tout.

— C'est un homme redoutable, très-influent, parce qu'il est très-aimé. Le docteur Herpin. Une sorte de médecin des pauvres. Tous les pharmaciens et vétérinaires de la circonscription, qui ont le bras long, feront voter pour lui. Mais avec de l'argent on en aura raison!

— C'est une affaire de combien?

— De vingt-cinq à trente mille francs, au bas mot.

— Avec ça, quel joli *banquo* on ferait au baccarat! fit M. de Rongère.

— Et ces vingt-cinq mille francs?

— Ah! il faut les trouver! Nous les trouverons! On vous les trouvera! Il est nécessaire d'avoir plus que cela à sa disposition, car, entre nous, Monteclair, vous avez au club certaines petites dettes...

— Je sais, oui, je sais, dit Monteclair, dont le visage devint un peu rouge. Et je vous prie de croire que, si je n'ai pu m'acquitter jusqu'ici...

— Oh! dit Rongère, l'important est d'effacer tout cela à la fois. Une bonne lessive. Et cela fait, battezmoi comme plâtre ce Sangrado picard, le docteur Herpin. Je vous demande un peu! C'est plein de médecins, la Chambre, maintenant! Aussi je n'ose plus y entrer, ma parole! J'ai peur que tous ces collègues-là ne m'appliquent des sinapismes ou ne me posent des sangsues! Et pas drôles, avec ça, avec leurs grands mots! Et vêtus, il faut voir. Pas le moindre chic! Or le chic, Monteclair, mon bon, le chic, c'est la France!

Et alors Rongère, qui était bavard, répétait, mot pour mot, un programme qu'il avait lu dans un traité de politique mondaine, et il assurait que « le principal objet d'exportation qui soit chez nous, c'est le plaisir. »

« — Et qu'on ne dise pas, ajoutait-il, c'est le plaisir honnête, permis! On achète des meubles de famille à Londres, des ouvrages de science et de morale en Allemagne, de bonnes étoffes solides et vertueuses à Manchester. Nous ne saurions lutter avec ces grands centres de production. Mais pour le chapeau provoquant, la botte lascive, la mode coquine, l'ouvrage leste, la gravure grivoise et le fauteuil campé déshonnêtement, nous sommes les maîtres du marché. — D'ailleurs, ceux qui tentent de remplacer le cabaret par la conférence, l'ivresse par l'assiduité aux cours d'adultes, se fourvoient. La bouteille vaut mieux que le livre. Un peu de vin épargne beaucoup de sang! »

Ces paroles, qu'il avait apprises par cœur dans un *Essai* récemment publié, et qu'il avait textuellement retenues, les récitant et les répétant comme un perroquet, faisaient le fond du *Credo* de Rongère et sans nul doute de son ami Boispréaux.

Son idéal, très-éloigné de celui des austères, des grondeurs et des puritains, — tous ces *gêneurs,* — se résumait dans un mot tendrement exquis et doucement terrible : la corruption.

Il célébrait volontiers, en délicat, le tendre loisir et l'énervement voluptueux; mais, encore une fois, ces professions de foi — ou de scepticisme — étaient purement et simplement des citations. Seulement le monde où il vivait, lisant peu, ces phrases rabâchées constituaient à Rongère une originalité. Il était un des jeunes chefs de ce parti spécial, ou de ce groupe, qu'on appelait, dans certains petits journaux, les : « *Je m'en moquistes.* »

Monteclair, plus ambitieux, voulait feindre du moins d'avoir des convictions. Ce qu'il lui fallait, c'était le premier échelon, — le plus difficile à franchir — et le plus décisif sur une destinée. Mais pour arriver à y poser le pied, encore Monteclair avait-il besoin de ce puissant auxiliaire : l'argent. Et de l'argent, il n'en avait pas. Où en trouver? Cet homme touchait à l'heure où le crédit devient difficile. Il avait épuisé, lui, pauvre, pour vivre richement dans Paris, tant de ressources diverses! Tout se tarit. Au temps jadis, il eût découvert peut-être des placers sous les pavés boueux; maintenant, à de certains moments, gros de défaillances et de colères, il ne lui restait pas même l'espoir.

L'espoir? Au contraire! Et quel espoir plus vaste que cette élection possible, que cette députation emportée d'assaut, qu'une hautaine entrée dans une Assemblée souveraine! Et tout lui échapperait parce qu'il n'aurait pas pour lui, avec lui, une vingtaine de ces chiffons de papier qu'on gagne, sur une seule carte, dans une partie de lansquenet? Allons donc! Quelle folie!

— Trouvez-moi la somme voulue à n'importe quel taux, dit-il à Rongère. J'abandonnerai tous mes appointements, et, s'il le faut (et il laissait échapper un rire contraint), eh bien! je vendrai une ou deux livres de ma chair, comme à Shylock.

— Vous n'avez pas besoin de ce moyen qui serait inutile, même aux abattoirs, fit Boispréaux. Que diable! Il vous suffira de trouver peu de chose. Nous avons des amis en Picardie et vos comités débourseront ce qu'il faudra !

— Croyez-vous ?

Ce fut sur cette assurance que Rongère et son ami, enchantés de recruter pour leur groupe un homme d'audace comme Monteclair, avaient quitté la villa d'Angèle Ferrand. Mais, avant de sortir, Boispréaux avait assez maladroitement donné à Angèle des nouvelles de M. Robert de Salviac, qu'il venait, disait-il, de rencontrer tout à l'heure devant le Château, et Monteclair avait remarqué sur le visage de la comédienne une sorte de contrainte qu'il prit pour de l'émotion. Il avait donc déjà les nerfs agacés au moment où partaient les deux amis.

Machinalement, il se jeta dans un fauteuil, les jambes croisées, le coude au dossier, et songeant, les sourcils froncés, tout en tordant autour de son index droit la pointe de sa moustache.

Angèle le regardait, silencieuse.

— A quoi penses-tu ? lui dit-elle, au bout d'un moment.

— A rien.

— C'est peu probable. Tu es profondément contrarié et inquiet.

— Qui te le dit ?

— Ta figure. Thibouville trouverait que tu as le masque tragique. Veux-tu me donner la réplique dans *Antony* ?

Monteclair haussa les épaules.

— Laissons là les plaisanteries, fit-il brusquement. Tu dois bien savoir à quoi je pense.

— Je m'en doute.

— Ah ! vraiment ?

— Tu te demandes où trouver les trente mille francs qu'il te faut pour faire de toi un *honorable !*

Monteclair regarda Angèle avec une expression légèrement menaçante, comme lui demandant, par une interrogation muette, si elle voulait, en parlant ainsi, faire un jeu de mots qui eût été une insulte. Mais le hasard seul, — si fréquemment ironique, — avait amené une telle épithète sur les lèvres d'Angèle. Monteclair le vit bien.

— Oui, dit-il; oui, certes, je songe à cela... Parce qu'en somme, c'est ma vie même qui va se jouer dans cette dernière partie. Et pourtant il y a une autre préoccupation dans ce que tu appelais le tragique de mon masque, et cette préoccupation, c'est...

— Qu'est-ce donc?

— C'est la présence à Saint-Germain, auprès de toi, auprès de nous, de cet homme que tu as aimé.

— Salviac? dit Angèle, en regardant à son tour Monteclair bien en face.

Le nom du marquis, ainsi jeté avec une franchise presque insolente, fit passer dans les prunelles de Monteclair un éclair chargé de menaces.

Il devint très-pâle, et dit lentement :

— Si je ne t'aimais pas, Angèle, ce nom prononcé par toi me serait aussi indifférent que celui de Boispréaux ou d'un autre. Mais je t'aime à me demander vraiment si j'ai vingt ans, et si j'ai vécu. Et quand je songe que tu l'as adoré, *lui*...

— *Lui?* fit-elle. C'est vrai, je l'ai aimé! Mais bah! j'en ai aimé bien d'autres!

Effrayantes contradictions de la nature humaine! Cette réponse cruelle, qui eût dû trouer la chair de Henry, comme avec un couteau, lui semblait moins affreuse et moins insultante que ce simple nom : *Salviac*, tout à l'heure prononcé.

— Tu n'as aimé que lui, lui seul, aussi profondément que je sens que tu l'as aimé! répondit Monteclair, avec une sorte de sanglot plein de colère.

Angèle ne répliqua pas tout d'abord. Elle regarda

très-froidement le jeune homme qui s'était levé depuis un instant, et marchait à travers le salon ; puis, avec une douceur affectée, en laissant tomber chaque parole une à une :

— Je ne comprends pas bien ce que vous voulez dire, fit-elle, mais si j'ai aimé M. de Salviac, la vérité est que je ne l'aime plus !

— Allons donc ! On aime toujours celui pour qui l'on a commis une infamie !

— Oui-da ?... fit la comédienne. Voilà un mot singulier dans votre bouche, Monteclair. S'il y a eu infamie, et lâcheté, et crime, vous en avez pris votre part, je suppose !

Entre ces deux êtres, rivés l'un à l'autre, attirés par on ne savait quoi d'orageux que la vie avait comme imprimé sur leurs visages, il y eut un silence terrible, et ils se regardèrent un moment, presque effrayés de leurs regards et de leurs paroles.

Angèle semblait instinctivement tendre l'oreille et se demander si quelqu'un, par hasard, n'était pas aux écoutes et ne pouvait avoir entendu.

Puis, s'appuyant à la cheminée, le dos contre le revêtement de velours qui couvrait le marbre blanc, les bras croisés, l'œil sur les yeux de Monteclair :

— Ne savez-vous pas, dit-elle avec un suprême dédain, qu'il y a des gens qui vous deviennent d'autant plus indifférents, et d'autres d'autant plus odieux, qu'on les a plus aimés ?

— A qui songez-vous en disant cela ? demanda Henry.

— A qui ? A lui !... et à d'autres !

Et, penchant sa tête sur son épaule, regardant maintenant le plafond, elle fredonna entre ses dents, d'un ton ironique, amer et souffrant à la fois, ces vers naïfs d'une vieille chanson :

Nos amours sont sur l'eau
Dans un bateau de verre!
Le bateau s'est cassé,
Nos amours sont par terre!

— Tiens, mais! je me fais l'effet de la petite du Moulin-Rouge, dit-elle ensuite en s'interrompant et en reprenant le ton de la camaraderie et de l'entrain. Allons, nous sommes bêtes!... De la jalousie, toi?... Sais-tu à quoi je pensais, tandis que tu te demandais, inquiet, quel usurier te prêterait ce qu'il te faut pour tes frais... là-bas?...

— Non, dit Monteclair.

— Je pensais qu'entre amis on accepte tout et que, puisque ta camarade Angèle a, au jeu, une chance insolente... eh bien...

Monteclair commençait un geste de refus.

— Vas-tu poser pour quelqu'un qui envoie au diable ce qui lui tombe du ciel? Je serais pauvre, tu casserais des cailloux sur les routes ou tu traînerais des haquets pour me nourrir, n'est-ce pas? Tu vois que je te connais...

Une flamme ardente passait dans le regard de Monteclair; il éprouvait une joie fauve à voir que cette femme savait combien il l'aimait.

— Eh bien, je suis riche, je deviens ta créancière... Trente mille francs! Une misère! Je gagnerai trois fois ça aux prochaines courses... tu sais que j'ai une chance de pendue... Eh bien, tu me les rendras quand tu pourras... quand tu voudras!

— Angèle!

— Je parie que tu vas refuser?... Je vois ça!... Je ne te croyais pas si candide! Voyons, Henry, donne-moi donc — en ami — donne-moi au moins le plaisir d'avoir créé, moi, un législateur dans ma vie!

— C'est en effet me traiter... en ami, dit Monteclair

avec effort, en appuyant sur le mot. Mais cette amitié-là, je la donnerais tout entière pour un peu de cette indifférence que vous gardez à M. de Salviac !

— Oh ! encore ! Encore Salviac ! fit Angèle Ferrand. Sur ma foi, mon cher, vous êtes insupportable !

— Parce que je vous aime, voilà tout.

— Vous m'aimez à la façon de Bartholo. Qu'est-ce que cette fureur, cette jalousie ?... Devenez-vous fou ?

— Je sais que M. de Salviac est ici ! et je me demande si c'est pour lui que vous y êtes venue !

— Ah ! voilà les belles idées que vous vous mettez en tête !... Vous avez la fièvre, mon cher, soignez-vous.

— Croyez bien une chose, Angèle, dit Monteclair en s'efforçant de dominer sa colère, vous ne me connaissez pas !

— Je vous demande pardon, fit-elle avec ironie ; je vous connais et je vous juge !

— Vous admettez bien que, si vous avez eu sur moi, dans ma vie, une influence décisive, — je ne vous rappelle rien, vous me comprenez, — ce n'est point parce que j'étais un collégien inexpérimenté qu'on conduit où l'on veut, par la main. Si j'ai obéi, c'est que je vous adorais, c'est que votre être tout entier me grisait, m'attirait, me rendait fou, comprenez-vous ? Eh bien ! une haine égale à cet amour, je l'éprouve contre ce Salviac qui était votre amant quand vous êtes devenue ma maîtresse, et qui n'a pas cessé d'être votre amour caché, votre regret furtif, quand j'ai été, moi, votre amant !

Angèle, toujours debout contre la cheminée, les bras croisés, la taille hardiment cambrée, sa poitrine superbe soulevée régulièrement, comme si nulle émotion n'eût pu la rendre haletante, regardait Monteclair avec un sourire plein d'une cruauté dédaigneuse :

— Vous joueriez fort bien le drame, dit-elle, le savez-vous ?

Et avec une moue légèrement ennuyée :

— Le drame... ou le mélodrame ! reprit-elle, car de tels éclats sont assez vulgaires ! Seulement (et elle se mit à rire d'un rire sec et méchant), vous n'êtes pas un devin de première catégorie, *my dear!* Poursuivre de votre haine Robert de Salviac, c'est vous attaquer à un fantôme de passion !... Oui, parbleu ! j'ai été assez folle ou assez misérable — vous voyez que je me juge — pour l'aimer au point de rêver et d'accomplir une *vendetta* de fillette corse. romanesque... Mais, si je l'aimais avant, ma fureur même m'a dégrisée, et j'ai bien vu après que ce que je prenais pour quelque chose d'éternel était passager, comme les autres sentiments ! Et ce n'est pas lui...

Elle baissait la voix en parlant et n'acheva point sa phrase. Sa tête était légèrement tombée sur sa poitrine et elle ne regardait plus rien maintenant — que le vide ou sa propre pensée.

— Seulement, dit-elle, en secouant tout à coup, avec une brusquerie hardie, cette songerie envahissante, cette mélancolie soudaine, je n'entends pas que vous me demandiez compte de mes rêves, et ce que je ne permettrais à personne : le droit de scruter ma conscience ou ma manière d'être, — car ça ne peut pas trop s'appeler une conscience — je vous le permets à vous moins qu'à tout autre ; à vous, dont je n'ai pas accepté, mais ramassé l'amour, et qui devriez me savoir gré de vous traiter en ami, comme tout à l'heure, quand c'est le seul titre sincère que je puisse vous donner, foi de bonne fille !

Monteclair était livide, et on l'eût souffleté publiquement qu'il n'eût pas ressenti une rage plus violente qu'à ces dernières paroles de cette terrible femme qui s'appelait ironiquement une *bonne fille*. On ne pouvait plus cruellement faire sentir à un homme qu'on n'avait accepté son amour que comme un fardeau.

Une telle amitié ainsi offerte à l'amant, comme le pis-aller d'une aumône, était la suprême injure.

— Tu peux la garder, cette amitié, dit Henry les dents serrées, j'aimerais mieux ta haine! Mais je le devinais bien que ton cœur n'était plus à moi!

— A-t-il jamais été à toi? répondit Angèle avec la même froideur implacable. Nous avons, un jour, conclu un marché — j'avais besoin de toi pour ce que tu sais, — tu m'as aidée, j'ai payé! Mais je ne t'en sais pas plus de gré qu'il ne faut. En servant mon désespoir, tu servais bien ta haine aussi, ta haine née de l'amour-propre froissé... Cette comtesse de Reynière, tu l'avais aimée... Tu le lui avais dit... et, repoussé par elle...

— Je n'ai aimé que toi d'un amour absolu, dit Monteclair... de cet amour qui vous brûle le sang dans chaque veine! Je n'ai aimé, adoré, et je n'adore que toi... Et tu le sais bien, Angèle, et tu me tortures à plaisir, et tu fais d'un être qu'on redoute le plus soumis et le plus lâche des hommes!

— Vous, un lâche!... Allons donc, Monteclair, qui le croirait?

— Un lâche, car j'aurais dû sortir d'ici, n'y plus remettre les pieds et ne jamais te revoir. Jamais!... Oh! mais ton regard, mais ta voix, tout, jusqu'à ce sourire cruel que tu as maintenant... tout m'affole... Et l'idée de te perdre me rendrait capable...

— De quoi? D'un crime? Ça m'amuserait de savoir qu'on en veut à mes jours, comme on dit en style classique.

— Tu railles? Et tu sais bien pourtant quel homme je suis! Certes non, ce n'est pas toi que je tuerais, mais celui qui t'arracherait à moi, ah! celui-là...

Et le geste de Monteclair achevait, inflexible et mortel, la menace commencée.

— Ah bah! dit, toujours impassible, Angèle Ferrand, jolie à faire peur ; tout ça dépendrait du degré de force à l'épée qu'aurait votre adversaire.

Monteclair haussa les épaules comme un homme certain de lui-même et qui, mathématiquement, a mesuré sa puissance. Il y a, semble-t-il, des dynamomètres dans les salles d'armes. Tous les tireurs en renom sont cotés à leur juste valeur, et nul ne passait pour être plus redoutable que Monteclair. Dans une rencontre avec lui, on ne pouvait compter que sur le hasard, cette part du lion.

— Bref, dit-il, si vous n'aimez plus M. de Salviac, tant mieux pour lui ! Car j'aurais une âpre volupté à lui faire payer, en une fois, tout ce que vous me faites souffrir !

— Oui-da ? Souffrir ! Soyez donc aimable pour les gens... Ingrat !

— Ah ! c'est cette ironie que je ne vous pardonne pas, tenez, Angèle !

— Et comment voulez-vous que je ne sois pas un peu ironique ? Vous me débitez des folies !

— Des folies ?

— Des sottises, si vous voulez ! Vous haïssez M. de Salviac parce que vous croyez que je l'aime ? Vous savez pourtant bien que, si je l'aimais encore, je vous le dirais.

— Non, parce que vous auriez peur pour lui...

— Je n'ai peur ni pour personne ni de personne, et je vous répète que je ne mens jamais !

— Vous avez menti cependant quand vous vous êtes donnée à moi, en me disant que vous m'aimiez.

— Vous ai-je dit cela ? Si je l'ai dit, je le pensais. D'ailleurs, je vous répète que je vous aime, que je vous aime bien, malgré vos boutades romanesques... ou romantiques. Faisons la paix, voulez-vous ?

Elle lui tendait sa petite main blanche, alourdie de

pierres précieuses où se croisaient des lueurs vertes et rouges.

Monteclair saisit cette main avec un élan fiévreux.

— Je suis un fou, dit-il, et tu es divine, toi, tiens! N'est-ce pas que tu n'aimes plus Salviac?

— Vous êtes insupportable, décidément, dit Angèle, en retirant sa main. Non, non, non, cent fois non, je ne l'aime pas! Mais, qui sait? j'en aime peut-être un autre!

— Qui?

— Vous!

Un sourire volontairement perfide démentait le mot.

— Angèle, dit Monteclair en dominant sa colère, parlons franchement. Est-ce une épreuve? Ou veux-tu me pousser à bout?

— Non, ce n'est pas une épreuve; eh! c'est presque une confidence!

— Tu aimes quelqu'un?

— Peut-être.

— Et tu oses?...

— Pourquoi me le demandez-vous?...

— Et celui-là, c'est...

— Si j'étais sûre de l'aimer vraiment, je vous dirais son nom, ma parole d'honneur. Mais les femmes sont si absurdes! Je ne sais pas encore si je ne me mens pas à moi-même...

Elle prenait évidemment plaisir à torturer cet homme qui passait, en l'écoutant, par tous les degrés de l'exaspération et de la souffrance. Angèle était dans un de ces moments d'énervement mécontent où certains êtres fantasques, désœuvrés et maussades, feraient volontiers écrouler le monde entier pour se procurer une distraction ou se prouver à eux-mêmes leur puissance.

Monteclair ressentait toutes les brutales douleurs

d'un supplice physique. Ce n'était point au cœur, c'était en pleine chair qu'il semblait frappé. Ses yeux s'injectaient; une sorte de congestion montait à son front rude. Sa physionomie d'aspect militaire, mâle et assez fière d'ordinaire, contractée maintenant et furieuse, prenait un aspect farouche et presque bestial.

La visite de Thibouville, annoncée brusquement, fit cesser un pareil supplice, et pourtant l'amant d'Angèle regrettait presque l'arrivée de l'importun. La comédienne profita de l'apparition de son professeur pour dire à Monteclair :

— Au fait! ne déjeunez-vous pas chez Mme de Grandier, mon cher Henry?

Monteclair l'avait oublié.

— Eh bien! au revoir! à ce soir! Et ne vous éprenez pas de la jolie veuve. Elle est si délicieuse! Au Bois, ce printemps dernier, elle faisait presque autant retourner les têtes que Jane Katty ou la Somoloff... A ce soir, cher!

— Dites-moi, au moins, fit Monteclair tout bas, que vous avez voulu m'éprouver, que vous n'aimez personne!

— Personne n'est pas poli pour vous, ami! répondit Angèle en riant. A ce soir, vous dis-je. Et vous savez... pour vos frais d'élection... Vous connaissez le nom de votre banquier, maintenant!

Monteclair devint blême et ne put retenir un geste de colère, et son regard chercha celui d'Angèle comme pour y trouver la pensée d'un outrage. Mais la jeune femme s'était retournée vers son professeur et commençait déjà à l'interroger sur les nouvelles de *théâtre*. Monteclair hésita un moment, se demandant s'il n'allait pas, même devant Thibouville, continuer avec Angèle une explication inutile sans doute, douloureuse à coup sûr; puis, comme poussé aussi par le besoin d'être seul, de s'abandonner librement à la furie de sa pensée, il jeta d'un ton net ce seul mot : *Adieu!* et sortit brusquement, tandis que Thibouville saluait d'un mouvement machinal, et qu'Angèle Ferrand, étirant ses bras et laissant échapper un bâillement nerveux, tombait sur un fauteuil en disant :

— Ah! que je m'ennuie! Mais que je m'ennuie! Et que ça doit être bon de mourir, hein, Thibouville?

— *J'en* sais rien, fit le bonhomme. La mort, c'est une de ces pièces, tu sais, ma fille, qui n'ont qu'une représentation pour chaque personne. Et, que le drame soit bon ou mauvais, on ne relève pas la toile. Ce qui est certain, c'est que quand je suis entré, vous vous regardiez, Monteclair et toi, en chiens de finance ou de faïence, comme tu voudras. C'est donc fini, les amours?

— Est-ce que ça a vraiment jamais commencé avec lui, Thibouville?

— Vous le savez mieux que moi. Ah! tu en es là?... Eh *ben!* c'est le moment de prendre un autre amant : l'Art! Ne ris pas, *je* joue pas les *bénisseurs!* Mais je vois que *t'as* pas encore trouvé le joint! T'es pas décidée! Parlons d'autre chose. Elle vous va bien, cette robe, mademoiselle mon élève. Ça vient de chez qui?...

Et pendant que Thibouville, revenant aux propos de coulisses, donnait à Angèle Ferrand des renseignements sur la *saison* prochaine, Monteclair, la rage dans le sang, les nerfs à fleur de peau, se dirigeait machinalement vers l'hôtel de Mme de Grandier. Il ignorait que ce Salviac, dont le nom venait d'être si souvent prononcé, il allait le rencontrer là!

Quelle que fût la franchise insolente d'Angèle, très-capable de tout dire à son amant, par bravade ou par cruauté, Monteclair ne pouvait s'imaginer qu'elle eût dit vrai et qu'elle ne songeât plus à Robert. Pour lui, cet homme, depuis longtemps oublié par la comédienne, était toujours le rival, l'ennemi, le prédécesseur — cet être qu'on hait instinctivement comme s'il avait le secret et la primeur du bonheur savouré. Souvent, c'est lui, — le malheureux dépouillé de son rêve ! — qui souffre avec l'amertume des souvenirs plein le cœur, mais c'est lui qu'on déteste, et Monteclair, dédaigneux de tant de choses, regardait parfois passer le marquis avec des éclairs de menace, comme si Robert eût été pour lui un affront vivant.

Il eût parié qu'un jour ou l'autre, Salviac lui appartiendrait et que, lui, Monteclair, aurait la joie sauvage de disposer de la vie de cet homme... Et il fallait qu'il le retrouvât ainsi en face de lui, chez Henriette Lehidec ! Et il ne pouvait, comme il venait de le rappeler à Angèle, lui demander compte du passé !

Avec l'effrayant instinct et la terrible acuïté de regard que donne la haine, Monteclair eut bientôt deviné, puis, peu à peu, lu clairement les sentiments latents encore qui attiraient Salviac vers Valentine et la jeune fille vers le marquis. Tout les trahissait, d'ailleurs, ces deux cœurs aux tendresses graves et qui croyaient si secrètes et si profondément voilées les chères pensées d'affection qu'ils avaient l'un pour l'autre.

Malgré sa mélancolie un peu austère, Robert de Salviac laissait échapper dans le moindre mot, dans l'empressement de ses gestes et l'expression de ses sourires, sa tendresse profonde, et Valentine répondait avec une simplicité si pleine d'effusion contenue qu'il fallait l'étourderie d'Henriette et l'aveuglement de l'oncle Urbain pour n'avoir pas vu depuis longtemps ce que Monteclair, plus habile, apercevait du premier coup d'œil : c'est que ces deux êtres s'aimaient.

Durant tout le repas, l'amant d'Angèle Ferrand n'eut qu'une pensée, violente et déchirante, c'est que ce Salviac, qui paraissait ne point se soucier de sa présence, avait autrefois possédé la même femme que lui. Et que le marquis eût aimé Angèle, c'eût été une souffrance médiocre pour Monteclair. Mais Angèle l'avait adoré. Mais il avait rencontré sur les lèvres de cette femme, à l'heure des baisers éperdus, le nom de cet homme, et il en avait, jusque dans la moelle des os, frémi de douleur irritée. Il était jaloux même des sourires que Valentine gardait pour Robert. Une idée méchante et basse lui entrait dans le cerveau tout naturellement, comme si elle se fût trouvée chez elle. Il chercha à se rapprocher de Mlle Trézel, lorsqu'après le café pris sur le perron qui conduisait au jardin, on fit un tour dans les allées, par un temps superbe : un de ces jours de fin d'été ou de débuts de l'automne, qui sont comme les adieux du beau soleil.

Par politesse, Valentine n'osa refuser le bras que lui offrait Monteclair tandis que Mme de Grandier marchait devant, ayant choisi Salviac pour cavalier. Monteclair allait lentement, pas à pas, sur un petit tapis de feuilles jaunes déjà tombées. On entendait derrière la voix de Trézel prononçant avec componction des mots scientifiques.

— Je n'ai pas oublié, mademoiselle, dit Henry, que j'ai déjà eu l'honneur de me trouver à côté de vous et du docteur Trézel, dans un concert, où la musique la plus agréable que j'aie, ce jour-là, entendue, c'était votre voix... Vous avez le droit de ne pas vous en souvenir; mais moi...

Valentine sourit, mais sans coquetterie, et répondit très-franchement :

— Ne vous croyez pas obligé de m'adresser des madrigaux, monsieur. La vérité est que je me rappelle fort bien ce concert, qui était charmant et bien choisi. Et, pour être franche, je vous en ai un peu voulu d'avoir tant chuchoté avec mon oncle, tandis qu'on jouait ce *Nocturne*, de Chopin... que vous m'avez un peu empêchée d'entendre !

— Je vous en fais mes excuses. Je sais, mademoiselle, que vous êtes une musicienne exquise... une artiste...

— Moi ! bon Dieu ! Et qui vous a dit cela ? Mon idéal, au contraire, voyez comme le mot est mal choisi, est d'être tout simplement une bonne petite bourgeoise...

— C'est par coquetterie, alors, car vous étiez faite pour briller mieux que telles artistes en renom. Ce n'est pas moi qui fais courir ce bruit, notez bien.

— Et je vous en remercie, monsieur. Mais qui s'amuse à dire cela, je vous prie ?

— Qui ? Mais des gens qui s'y connaissent parfaitement...

— Ah ! oui, je sais, maître Thibouville, qui ne m'appelle jamais qu'Andromaque.

— Thibouville, et d'autres que Thibouville, dit Monteclair, voulant arriver à amener dans la conversation le nom d'Angèle.

De temps à autre, Robert de Salviac, tout en écoutant Henriette de Grandier, qui lui donnait des nouvelles du monument de « ce pauvre Raoul, » se retournait pour apercevoir Valentine ; et Monteclair, à qui ce mouvement et la préoccupation du marquis n'échappaient guère, prenait plaisir à marcher avec une lenteur plus mesurée.

— En vérité, fit Valentine rieuse, je ne savais pas avoir autant de réputation artistique que cela ! Et qui s'occupe de moi après M. Thibouville ?

— Qui ? Une des comédiennes célèbres de ce temps !

— Une comédienne ? Je ne vais jamais au théâtre et je ne vois personne, dans ce monde, qui me connaisse...

— Vous vous trompez, mademoiselle, il y a au moins une personne...

— Ah ! je sais ! J'oubliais ! C'est vrai, dit Valentine, il y a Angèle Ferrand... Une camarade de pension !

— Eh bien, c'est justement Angèle Ferrand qui parle volontiers de vous avec admiration à ce point de vue spécial de l'art dramatique...

— Je l'en remercie. Il paraît qu'il y a des jeunes filles qui ont la tentation de cette vie des coulisses. Moi, cela me ferait peur. Angèle Ferrand n'était point née d'ailleurs pour une telle existence. Je me la rappelle fort bien, encore presque enfant et déjà triste, sombre... Elle devait avoir beaucoup souffert... Les privations... Je ne sais quoi... On ne l'aimait pas beaucoup à la pension... Les enfants n'aiment que les heureux et les gens riches... Moi, je l'aimais bien... Pauvre Angèle ! C'est drôle, quand on me parle d'elle, il ne me paraît pas que ce soit elle !

— Qui vous en a parlé ? demanda d'un air volontairement inquiet Monteclair, très-maître de lui, certain maintenant de tenir en main une vengeance contre Salviac.

— Qui ? dit la jeune fille, mais je ne sais pas... tout le monde.

— M. de Salviac, sans doute?

— M. de Salviac aussi, certainement.

— Et M. de Salviac était mieux placé que tout autre pour vous renseigner sur l'existence nouvelle de votre compagne d'enfance.

Cela avait été dit très-simplement, d'un air dégagé, d'un ton sans importance; mais Valentine, instinctivement, comprit qu'il y avait là un redoutable sous-entendu, et elle regarda fixement Monteclair.

Monteclair, d'un geste indifférent, presque machinal, caressait sa barbiche et sa moustache, les yeux très-doux, sans malice.

Valentine demeura un moment sans parler, reportant involontairement ses yeux sur Robert qu'elle apercevait à quelques pas devant elle, puis, essayant de sourire et de feindre une curiosité qui était une anxiété :

— Je vous demande pardon, monsieur, dit-elle; mais, sans être Mlle Ferrand, je suis comme elle un peu fille d'Ève. Je voudrais bien savoir pourquoi M. de Salviac, mieux que tout autre...

Elle s'arrêta, sentant que le premier mouvement de son amour l'entraînait sur un terrain où elle ne devait pas mettre le pied, et elle espérait même que Monteclair comprendrait pourquoi elle n'achevait pas. Mais il avait trop habilement tendu la pointe du couteau pour ne point l'enfoncer plus avant. Il laissa entrevoir, à mots couverts, très-discrètement, presque timidement, et de façon qu'une jeune fille pût tout entendre sans en être étonnée, troublée ou froissée, que Salviac avait aimé éperdument la comédienne, et l'aimait encore sans doute, et que cette liaison n'avait pas été sans tapage.

Valentine, la joue très-pâle et les yeux aussitôt creusés par un cercle violacé, écoutait ces confidences savamment calculées et aiguisées, immobile et les mains glacées, en continuant à marcher, mais avec une raideur automatique. Il lui semblait que l'allée suivie, les arbres qui formaient berceau au-dessus de sa tête, la terre couverte de feuilles sèches criant sous les pas, ce groupe de Robert et d'Henriette qui se détachait, un peu loin, en silhouettes noires sur le fond lumineux, que cet homme même qui parlait et dont elle sentait le bras la retenir, tout à la fois tournoyait autour d'elle et prenait des aspects fantastiques, comme dans ces cauchemars où l'on roule, sans appui, avec l'effarement du vide, dans un précipice sans fond.

Et, au-dessus de ce chaos, soudain des mots semblaient luire devant elle et tourbillonner avec le reste : *Un héros de roman!* N'était-ce pas ainsi qu'on avait désigné Salviac la première fois qu'elle avait parlé de lui ? Le roman de Salviac, le secret de sa vie, la cause de sa mélancolie un peu altière, était-ce donc Angèle Ferrand ?

Valentine sentait d'ailleurs que, devant un étranger comme M. Henry Monteclair, elle ne pouvait avoir l'air d'être ainsi profondément troublée par une causerie toute simple, sans nul doute, et toute naturelle sur les lèvres d'un mondain.

Monteclair répétait ce que savait tout Paris. N'était-ce pas se trahir que d'accueillir cette révélation comme une catastrophe ?

Valentine était assez courageuse pour étouffer sa douleur comme elle avait cru cacher son amour. Elle contracta, croyant sourire, son pauvre visage tout pâle au milieu duquel ses grands yeux brillaient, presque égarés, — et, du ton dont on demanderait une chose indifférente :

— Je ne savais pas, moi ! Ah ! que c'est étrange, le monde ! Il y a ainsi de ces secrets qui sont à tous et que nous ignorons, nous, les spectateurs... Et... je gagerais... que... cette blessure... vous avez dû la remarquer...

Elle parlait péniblement, un sanglot qu'elle comprimait, menaçant d'achever son sourire, et Monteclair, avec une froideur de glace, jouissait de ce mal qu'il faisait savamment, frappant Salviac dans Valentine.

— Une blessure ! Quelle blessure ? dit-il ingénument.

La jeune fille porta, d'un geste bref, sa main à son front : — une main de marbre, à un front qui brûlait, une main exsangue.

— Là !... cette cicatrice... une sorte d'étoile...

— Ah ! oui ! c'est juste, fit Monteclair.

— Eh bien ! cette blessure... c'est pour Angèle Ferrand ? C'est pour...

Elle n'acheva pas, non point parce qu'elle n'osait pas,

cette fois, mais parce que la voix lui manquait. Le sanglot lui déchirait la gorge.

Monteclair sourit d'un air étrange, dont Valentine, les yeux perdus, ne put distinguer l'expression bizarre, pleine de quelque chose de cruel comme une ironie et de farouche comme un remords; puis il répondit lentement, d'une voix sèche :

— Oui, mademoiselle, en effet, c'est à cause d'Angèle Ferrand que le marquis de Salviac porte cette blessure au front !

Il contemplait maintenant Valentine avec l'espèce de cruauté du *torero* qui, portant un coup décisif, attend que sa victime tombe; mais il fut effrayé lui-même de son œuvre. La malheureuse enfant, blême, avec les lèvres violettes, crispées par un rictus de douleur, s'affaissait, portant à son cœur sa main gauche, et Monteclair, instinctivement, tendit ses bras, poussant un grand cri d'appel qui répondit au cri étouffé de Valentine, à ce cri plaintif et souffrant comme un soupir d'agonie.

Salviac se retourna vivement, reconnaissant bien la voix de Valentine, et il accourut, bondissant, tandis que le petit docteur, arpentant l'allée de ses jambes grêles, se précipitait vers sa nièce en criant :

— Valentine !

Les hôtes de Mme de Grandier entouraient la pauvre enfant, violemment émue. Que se passait-il donc ? Henriette, blanche comme une morte, tenait entre ses mains le front de sa cousine et le couvrait de baisers, appelant Valentine comme une enfant endormie.

— Ce n'est rien, ce n'est rien, dit enfin Urbain Trézel. Un évanouissement. Le soleil. Il fait un temps de mai !... Rien... rien... Ce n'est rien! Ah ! ma pauvre petite Valentine !

Valentine, ranimée par le flacon de sels que le docteur avait tiré de sa poche et passait sous les narines de la jeune fille immobile, fut doucement reconduite par l'allée où l'on évitait les trouées de lumière et de soleil, jusqu'au perron, tandis qu'Henriette, avec sa bonté active, lui prodiguait mille soins et la guidait comme une enfant. Monteclair, tordant du doigt son impériale, racontait son étonnement, sa stupeur, lorsqu'il avait senti Mlle Trézel fléchir sur son bras.

— Et sans vous, cher monsieur, disait le docteur, elle tombait à terre, de toute sa hauteur, je l'ai bien vu. Ah! ma pauvre nièce! ma pauvre fille! Mais, Dieu merci, c'est passé... c'est fini!

Valentine, pâle comme une convalescente, s'efforçant de sourire, s'excusant, montait, appuyée sur Henriette, les marches du perron, et Salviac, blême aussi et la lèvre frémissante sous sa moustache noire, s'approcha doucement de Monteclair, et lui dit tout bas, très-poliment, en affectant de sourire, lui aussi, pour qu'on se méprît, si on regardait, sur le sens de ses paroles :

— Que disiez-vous donc, monsieur, à Mlle Trézel lorsqu'elle s'est évanouie?

— Moi, monsieur, fit Monteclair, souriant à son tour et saluant en tordant toujours sa barbiche.

— Oui, monsieur... Je serais curieux de savoir...

— Oh! dit Monteclair, avec une politesse stricte, le docteur vous a appris la vérité, monsieur... L'atmosphère, le soleil... Car je ne puis croire que l'histoire que je racontais, — indiscrètement, je l'avoue, — à Mlle Trézel ait pu influer en rien...

— Et cette histoire était?

— Une histoire de théâtre, monsieur le marquis! Une histoire de comédienne! Le monde de la scène appartient à tout le monde! Je racontais à Mlle Trézel, qui pouvait l'entendre, une dramatique aventure d'Angèle Ferrand.

Avec le sourire voulu qui relevait ses moustaches en croc, Monteclair avait laissé tomber, en acteur consommé, ce dernier nom qui rendit le marquis livide.

Robert devinait une infamie.

— Ah ! dit-il froidement. C'est cela?... Eh bien! je profite de l'occasion pour vous rappeler, monsieur, qu'il y a une période de la vie de Mlle Ferrand à qui je ne permets à personne de toucher !

— Aussi, répondit Monteclair, les yeux ardents, ses dents apparaissant entre ses lèvres livides, n'ai-je parlé que de ce qui m'appartient, à moi, dans l'existence d'une femme qui est ma maîtresse !

Et il semblait attendre la réponse de Salviac pour la relever comme un défi.

Le marquis ne répondit pas un mot, mais il laissa tomber, comme une sentence, sur la face de Monteclair, un regard où il y avait tout le mépris de l'homme bien né pour l'être qui n'a ni les sentiments ni le langage de l'homme de cœur.

Ce regard était de ceux qui tuent. Henry Monteclair l'eût quelque temps comme une clarté trop vive, comme un fer ardent trop fixement regardé, imprimé en noir sur les prunelles.

— On ne demande pas d'explications pour un coup d'œil, songeait-il, mais on troue la poitrine d'un homme pour un mot. Ce mot, je le ramasserai tombé des lèvres du marquis ou je le lui jetterai à la figure! Imbécile! se dit-il tout à coup, est-ce qu'on se bat pour une femme quand on veut être député, législateur, homme politique... *fin prochain?*...

Et, cette fois, Henry Monteclair se mit à rire.

XII

MONTECLAIR

Mme de Grandier, assise devant un petit secrétaire de Boulle, était fort occupée, un matin, à glisser dans des enveloppes des cartes glacées, élégantes et d'aspect artistique, qu'elle tendait ensuite, après avoir, sans les cacheter, plié les enveloppes, à Albéric Réville, penché sur une table Louis XVI, devant un encrier.

Les deux tas de cartes et d'enveloppes placés à portée de la main d'Henriette passaient ainsi, peu à peu, sur la table et sous les yeux de Réville. A mesure que la jolie veuve tendait une enveloppe à son cousin, elle feuilletait rapidement un élégant petit répertoire à tranches dorées, où les noms de toutes ses connaissances étaient inscrits par lettres alphabétiques, et dictait à son cousin une adresse.

Albéric écrivait et, après avoir promené sur son écriture fraîche un rouleau de papier buvard, il déposait l'enveloppe sur celles qui s'entassaient maintenant devant lui.

Il devait y avoir un certain temps que Mme de Grandier et le jeune homme se livraient à ce petit travail, car la pile des enveloppes était haute.

— Je n'aurai jamais écrit autant d'adresses de ma vie ! disait Albéric. Y en a-t-il encore beaucoup ?

— Beaucoup, paresseux que vous êtes ! Voyons, vite, vite, nous n'aurons pas fini aujourd'hui.

— Vraiment? fit Albéric d'un air effrayé.

— « *Monsieur le baron et madame la baronne Herbelin de Marville,* » dicta Henriette en consultant son *répertoire...*

— ... *Belin... de... ille...,* fit Albéric tout en écrivant. Mais vous savez qu'il est bête comme un dindon et à demi aveugle, le gros baron ?... Il ne verra rien du tout dans le monument de M. Wadmann. — Ah ! fit comiquement le jeune homme en posant sa plume et, les bras croisés, regardant Henriette Lehidec en hochant la tête, quand je pense que je suis là, occupé à calligraphier des adresses pour envoyer des cartes ainsi conçues :

« Monsieur Wadmann, architecte, et monsieur
« P. Legeorge ont l'honneur de vous inviter à venir
« visiter le Monument et les statues élevés à la mé-
« moire de Monsieur Raoul-Jacques-Simon Lehidec
« de Grandier, capitaine de vaisseau, officier de l'ordre
« de la Légion d'honneur et des Saints Maurice et
« Lazare, commandeur du Medjidié, etc., etc.

« De midi à 4 heures, 68, rue d'Assas.

« De la part de madame Henriette Lehidec de Grandier. »

... Quand je pense que moi qui vous aime tant, je vous sers tout simplement de scribe et de secrétaire, ah ! chaque coup de plume que je donne m'entre dans le cœur comme un coup de poignard...

— Ça vaut toujours mieux que les coups de canif, dit Henriette en souriant. Mais je vous préviens, Albéric, que si vous prenez des airs élégiaques, vous allez devenir tout simplement ridicule.

— Merci.

— Écrivez : « *Madame veuve Gonthière...* » Oui, mettez : *veuve...* Comme elle va se remarier, ça lui fera voir ce que c'est qu'une femme qui n'oublie pas !

— C'est gentil pour elle !

— « *Monsieur le commandant Vuillard, au 85e de ligne...* »

— Ah çà, mais, ma cousine, fit Réville, vous connaissez donc toute la terre ? Ce petit livre que vous tenez là, qui n'a l'air de rien, est aussi bourré que l'Annuaire Bottin-Didot. C'est l'Almanach des cinq cent mille adresses !

— Voyons, Albéric, vous êtes insupportable. Ne raisonnez pas et écrivez !

— J'aurais bien envie de vous jouer le méchant tour de vous laisser là, en plan, avec vos avalanches d'adresses à écrire !

— Avalanche est poli.

— Il me prend des tentations folles de vous dire : « Épousez-moi, ou je n'écris plus ! »

— Vous êtes totalement fou, mon pauvre Albéric.

— ... De vous, oui !

— C'est un mot qui a déjà servi, ça !

— Ça prouve qu'il est contrôlé ! Mais je ne cherchais pas de mots. Du fond du cœur, ma cousine, je vous aime !

— Et vous osez me le dire sur l'amas de cartes d'invitation à visiter le monument de ce pauvre Raoul ?...

— C'est vrai : du haut de ces piles d'enveloppes, Raoul nous contemple ! Mais quelle idée de lancer ces invitations quand tous les Parisiens sont à la chasse, ou à la campagne, ou au diable ? Votre sculpteur et votre architecte me font l'effet de peintres qui ouvriraient le Salon au moment des vacances. *Vous n'aurez personne*, comme on dit au théâtre...

— Que si fait ! On reviendra bien un peu des

champs pour voir un chef-d'œuvre. Et puis quoi ! le jour de l'inauguration j'enverrai des invitations nouvelles. Celles-là encadrées de noir, des invitations pieuses. Celles-ci sont purement et simplement artistiques.

— Parfait. Est-il joli, au moins, ce monument ?

— Superbe. Les bas-reliefs représentent les combats auxquels mon pauvre cher avait pris part...

— Bomarsund ?

— Bomarsund. Et la Chine et le Mexique, et tout. On ne voulait pas figurer, dans les nuées, toutes les croix que Raoul avait conquises. Ces artistes ont des goûts à eux ! Mais j'ai commandé, j'ai exigé. Et maintenant tous les ordres que Raoul avait le droit de porter sont sculptés là...

— En l'air ?... Le capitaine doit être content !

— Sans compter que M. Legeorge a donné à la figure de la Fidélité mon visage, à moi... Oui, c'est un portrait...

— Inutile d'ajouter que la Fidélité doit être adorable. Seulement, c'est bien gênant, ça !

— Comment gênant ?

— Dame ! si vous vous décidez jamais à...

— A quoi ?

— A... ça ! dit Albéric en tendant sa main à la jolie veuve.

Elle lui donna sur les doigts du bout de son petit livre et dit :

— Voulez-vous bien vous taire, vilain plaisant !

— Pour un pauvre jeune homme qui se meurt d'amour, s'il vous plaît ?

— Oh ! vous n'êtes pas si pauvre que ça, mauvais sujet !

— Des gros sous... oui, j'ai ramassé, çà et là, quelques gros sous...; mais une pièce d'or, jamais... une jolie pièce d'or toute reluisante et étincelante, et avec un si joli profil gravé... le profil de la Fidélité, parbleu!

— Mon cher Albéric, c'est justement cette image de la Fidélité qui me dicte mon devoir! Mais que dirait-on, pensez-y, si, après ces cartes d'invitation pour le monument de Raoul, on recevait d'autres lettres de faire part?...

— Eh bien, celles-ci sont sur bristol, les autres seraient sur vélin. On apercevrait tout de suite la différence!

— Ah! ce serait un joli scandale!...

— Bah! ça fait si peu de bruit. Je connais mes auteurs. J'ai médité sur le *Code du savoir-vivre*, de Mme de Bassanville... Et savez-vous ce que j'y ai lu? On proscrit de la cérémonie tout luxe et toute étiquette brillante... Bannissant pour votre toilette tout ce qui est léger et *flou*, vous adoptez la faille, le satin ou la moire, étoffes graves... Et de quelle couleur, cette moire ou cette faille? Gris, lilas ou violet, teintes sévères. Le mariage doit avoir lieu de très-bonne heure. On n'y convie que peu de personnes. Le strict nécessaire. Et cette poignée de gens, en voyant que toute pompe et toute musique sont absentes, et que votre toilette est si contrite, croiront encore que vous venez, non pas d'oublier ce pauvre Raoul, mais de prier pour lui! Je vous jure que je parle sérieusement...

La jolie veuve hochait la tête.

— Je voudrais, fit-elle... je voudrais que le monument fût inauguré... et... comment dire?... un peu moins neuf... Sans cela, j'aurais l'air de ne plus me soucier de ce pauvre... Mais au fait, non, dit-elle, le Code civil est plus sévère que votre Code de Mme de Bassanville, et il y a toujours ce maudit article 324!

— Eh bien! cousine, je m'engagerai à l'abroger pour notre usage particulier.

— Vous êtes un grand toqué, mais vous êtes un gentil et bon garçon. Allons, écrivez.

— Votre main contre une adresse !

— Écrivez sans conditions...

— Votre main ou je jette la plume !

— Eh bien ! Valentine la ramassera et écrira pour vous !

— Elle n'est donc plus malade, Mlle Valentine ?

— Un étourdissement n'est pas une maladie. Je vous dis d'écrire, mon cher Albéric.

— Et moi, je vous dis, ma chère Henriette...

A la porte du sâlon, un grand bruit se fit tout à coup.

On entendit la voix de Mme Gobert qui, éclatante comme un cuivre, disait à quelque domestique : *Inutile de m'annoncer. C'est moi !*

— La peste soit de cette grosse bombe ! pensa Albéric.

La belle Mme Gobert, toute vêtue de vert, d'un vert de printemps, avec un jardinet de fleurs sur la tête, entra, en effet, comme par effraction dans le salon et se jeta au cou de Mme de Grandier en lui disant :

— Chère amie, chère belle, ah ! ma chère Henriette, je vous annonce une bonne nouvelle !

— S'il s'agit de vous, chère madame, dit Henriette en devinant, à cette toilette tapageuse, quelque événement intime, la nouvelle me sera deux fois agréable !

— Je vous reconnais bien là, vous êtes la grâce même ! Eh bien, oui, il s'agit de moi ! — Ma chère enfant, je vous annonce mon mariage !

— Votre mariage ?

— Vous vous mariez ?

— Pour la quatrième fois, dit avec fierté la belle Mme Gobert, comme un soldat énumérant ses campagnes.

— Oh ! mais alors, dit avec une froideur malicieuse Albéric, qu'Henriette bombarda du regard, c'est une grosse nouvelle, madame Gobert !

— Mme Dumersan d'Arbonne, rectifia Mme Gobert en appuyant sur chaque syllabe.

— Oh ! mais, je connais, fit Henriette... M. Dumersan d'Arbonne, candidat aux dernières élections dans le Loiret ! Grande fortune, situation considérable, centre droit !

— Justement.

— Vous savez que je suis centre gauche, dit Mme de Grandier en riant.

— Oh ! si vous y tenez... je me charge de faire pencher M. Dumersan... D'autant plus que, comme il a été battu au dernier scrutin... Mais c'est un homme tout à fait remarquable... Préfète avec Danglars, députée avec Raymondi, je croyais bien être ministre — ou ministresse, comment dit-on ? — avec Gobert... Mais avec M. Dumersan d'Arbonne, je serai sénatrice !

— Ou sénateuse, dit Albéric.

— Le mot n'y fait rien !

— Tous mes compliments, dit Henriette... Je suis heureuse puisque vous paraissez si contente...

— Contente est le mot. C'est agaçant, le veuvage ! Vous concevez bien que ce n'est pas le mari que je regrettais, c'est la situation... Et quand imiterez-vous mon exemple, chère belle ?

— Jamais. L'état de veuve est si délicieux !

— Fi ! l'horreur !

— *Article* 324, dit Mme de Grandier en grossissant sa voix... « *Le meurtre commis par l'époux sur l'épouse*, etc... » Rappelez-vous Désorbiers ! C'est la Loi de mon pays !

— La loi de Moïse était terrible aussi, fit Albéric,

mais les lois sont faites pour être tournées, comme les citadelles!

— Bah! répondit la belle Mme Gobert, je ne crains rien du tout. D'abord, j'ai fait mes preuves. Fidèle à trois maris, je le serai au quatrième, vous concevez bien. Et puis, M. Dumersan d'Arbonne est si vieux! Il n'aurait jamais l'énergie de m'immoler... jamais... Ce n'est pas un Reynière. Tout ce que je lui demande, c'est de vivre jusqu'aux prochaines élections sénatoriales... *Sénatrice!...* Aussi je vais le soigner! Les eaux, la Faculté, le dévouement de l'épouse...

— Puis, les élections ne sont pas si éloignées! murmura Albéric. D'ailleurs, il y a d'autres candidats au Sénat à épouser si celui-ci...

— Petit insolent! fit la future Mme Dumersan d'Arbonne... Voulez-vous bien vous taire, jeune blasphémateur. Je ne vous dirai pas que c'est un mariage d'amour... Mais si j'épouse M. d'Arbonne, c'est que je l'estime...

— *Tant,* dit Albéric à l'oreille d'Henriette. — Ci : un siége au Sénat!

— Mais je vous dérangeais; que faisiez-vous? dit la belle Mme Gobert.

Elle regarda les cartes.

— Des adresses! Eh bien, je vais vous aider!

Et, ôtant ses gants, posant son parterre de fleurs sur un fauteuil, prenant la plume, sans souci de sa robe au vert éclatant, la bonne et grosse Mme Gobert se mit, comme Albéric, à écrire des adresses sur les enveloppes pendant qu'Henriette dictait :

« *Monsieur le général comte Bruyas... Monsieur et Madame André Cottain (de la Banque Orientale...)* »

— Tiens, dit Mme de Grandier, mais j'y pense... Si j'envoyais une carte à M. Dumersan d'Arbonne? Cela lui ferait peut-être plaisir!

— Non! oh! non! répondit Mme Gobert. Non! il

ne faut pas l'effrayer ! Le pauvre homme ! Un monument funèbre élevé par une veuve, le témoignage de l'affection persistante d'une seconde Artémise, — un mausolée... Il n'aurait qu'à en éprouver un saisissement trop grand et à me laisser veuve avant la cérémonie.

— « *M. de Varville,* » reprit Henriette en dictant et en passant tour à tour à Réville et à Mme Gobert tout essoufflée, les cartes qu'elle glissait, de ses jolis doigts, dans les enveloppes glacées.

Mme de Grandier était fort pressée d'achever ce petit travail, moins pour avertir rapidement ses amis de Paris que pour pouvoir arriver à temps sur la Terrasse, où ce jour-là on allait écouter la fanfare du régiment de chasseurs. L'heure de la musique attirait toujours beaucoup de monde. Il devait y avoir foule, cette fois, car la fin de la saison approchait et le temps était magnifique. Henriette en profiterait pour prendre congé de ses amis de Saint-Germain ou du moins pour annoncer son départ.

Elle se rendit sur la Terrasse accompagnée d'Urbain Trézel et d'Albéric, de Mme Gobert et de Valentine. C'était déjà comme un salon de « haute vie » que ce coin de terre où, sur les pliants et les chaises, les habitants de Saint-Germain, les officiers de la garnison en tenue bourgeoise, les étrangers et les hôtes du pavillon Henri IV causaient, se groupaient sous les grands arbres et attendaient que les musiciens aux gais uniformes bleu de ciel, — qui, dans le kiosque en forme de rotonde, apprêtaient leurs instruments de cuivre ou s'essuyaient le front en ôtant leurs shakos aux plumets frissonnants, — fissent entendre leur premier morceau.

Au bas de l'espèce de talus plein d'herbe qui, de l'allée où se tenaient assis ou se promenaient les auditeurs, descend en pente douce vers la balustrade de la Terrasse, une file d'équipages aux cochers en livrée, roides sur leurs siéges et le fouet sur la cuisse, attendaient, comme aux abords de l'Opéra ou à la sortie des Italiens.

Un vent doux, plus clément que la brise hypocrite de septembre, agitait imperceptiblement les feuilles des arbres et, sous la voûte à la verdure un peu sombre déjà plaquée de teintes roussâtres et rouillées, les claires couleurs des vêtements d'été, les jupes rayées, à fond rose, les costumes de toile à guipures blanches, les vêtements jaunes — reflets de soleil — se montraient encore, déjà corrigés çà et là par des mantelets de drap et des apparitions de laine.

Au bas de la Terrasse, sous un ciel d'un bleu tendre, pomponné de petits nuages ronds à reflets d'argent, le soleil inondait le vaste paysage : — la Seine, le Pecq, le Vésinet, les bois, Sartrouville... L'oncle Trézel, après avoir collé son œil à la longue-vue d'un montreur d'horizons, tirait gravement sa montre et la réglait sur l'heure de Maisons, dont il apercevait, là-bas, au loin, un cadran au bout de la lorgnette.

Mme de Grandier s'assit avec son cousin Albéric, Valentine et la belle Mme Gobert, plus verte que la pelouse dans sa robe triomphante, entre deux arbres, tout près du kiosque des musiciens. On la saluait, elle saluait. Le sous-préfet venait lui présenter ses hommages, le colonel s'avançait vers elle, en uniforme, « inclinant son képi devant la beauté, » comme eût dit l'abbé Polard. La veuve de Raoul jouissait de ces petits succès d'amour-propre si bien dus à sa bonne grâce.

Elle demanda le programme. Un jeune lieutenant le lui apporta. Elle le trouva bien choisi. Tout d'abord, son occupation fut d'écouter le premier morceau, composé sur des motifs de *Coppélia*. Puis, pendant le silence, elle demanda à Albéric et à Valentine s'ils n'avaient pas aperçu l'amiral de Reynière.

— Non, dit Albéric.

— L'amiral, fort heureusement, est assez sauvage et semble fuir la foule. Tant mieux, car c'est bien M. de Salviac, n'est-ce pas, que j'aperçois là-bas ? Et si Reynière rencontrait trop souvent le marquis... à la fin...

— M. de Reynière n'aime donc pas le marquis ? demanda Valentine, voyant bien que Mme Lehidec ne voulait pas achever.

— Certes, fit Henriette.

— Et pourquoi ?

Mlle Trézel se rappelait l'émotion qui avait saisi Robert, lorsque remontant la rue des Vignes, elle lui avait demandé comment la comtesse de Reynière était morte. Et, sa raison hésitant entre tous ces mystères, le cœur encore meurtri des confidences savamment calculées de Monteclair, elle cherchait quel orageux nuage, tragique et noir, enveloppait décidément la destinée du marquis.

Henriette laissa d'ailleurs le « pourquoi » de Valentine sans réponse. L'oncle Trézel avait rejoint « ces dames, » tout disposé, il est vrai, à les quitter pour retourner à son laboratoire. Robert de Salviac, n'apercevant ni Valentine ni Henriette, continuait sa marche très-lentement, pendant que Mlle Trézel avait des tentations visibles de lui montrer, par un mouvement, un signe, un mot, qu'importe ! qu'elle était là, si près de lui, et que Mme de Grandier, en apercevant l'émotion de la jeune fille, poussait très-doucement un petit soupir étouffé et murmurait tout bas, sans qu'on l'entendît : « Pauvre amiral ! »

Elle n'eût pas dit autrement : « Pauvre Raoul ! » en donnant sa main au cousin Réville.

Robert n'avait point fait dix pas en s'éloignant de l'endroit où Valentine était assise, qu'au milieu même d'un morceau de musique, il se produisit dans la foule un certain brouhaha. Un murmure étonné et admiratif à la fois courut à travers les groupes des auditeurs assis, et une sorte de houle fit osciller les promeneurs dont le flot s'ouvrit comme devant une proue.

Un même nom venait sur toutes les lèvres, répété de tous côtés : « *Angèle Ferrand,* » et, tandis que certains semblaient légèrement choqués de la présence de la comédienne, la plupart des femmes éprouvaient une sensation de plaisir aigu et inquiet à voir de près la jolie fille qui faisait tourner les têtes de leurs maris, de leurs frères, de leurs amants et de leurs pères même, en attendant leurs fils.

Une terrasse, après tout, n'est pas un salon. Le plein air donne aux convenances, comme à la peinture, un aspect nouveau.

On se mit donc à regarder, — à admirer, le mot est plus juste, — Angèle Ferrand. Elle était vêtue d'une toilette exquise, grise et rose : un grand gilet Louis XV, de couleur bise, brodé de boutons de roses en guirlande, la veste ajustée à la taille, par derrière, et des souliers petits comme ceux d'une Espagnole, à boucles anciennes, laissaient apercevoir des bas de soie rose qui donnaient à ce costume le charme attirant du théâtre.

Sur ses cheveux blonds elle avait posé un chapeau minuscule, en paille de riz, couvert d'une touffe de roses. C'était charmant.

Les yeux ardents de Valentine Trézel ne quittaient point cette femme, si séduisante en effet, si étrange avec le bleu de ses yeux, changeant comme un reflet de vague, et ses cheveux blonds sur le front. Et Valentine cherchait à retrouver, dans cette jolie fille altière et élégante, la petite Angèle de la pension, au temps jadis, l'enfant au teint bistré, aux cheveux drus et noirs, à l'air concentré, triste, maladif...

Elle ne la reconnaissait plus. Cette blonde perruque adoucissait si profondément les traits énergiques d'Angèle! Et puis l'insolence du bonheur avait remplacé dans le regard et dans l'attitude l'inquiétude timide de la pauvreté, la souffrance du rêve impossible...

— J'aimais pourtant mieux, se disait Valentine, la petite Angèle brune, assise sur les bancs et songeant, au soleil!

Elle s'avouait bien cependant que cette créature était irrésistible, faite pour commander, l'audace dans le port de tête et dans les prunelles, le sourire plein de bravade...

Et — chose étrange — dans ce sourire même, dans ce redressement hardi du buste et du front, instinctivement Valentine Trézel, qui ne savait rien de la vie, cette jeune fille toute de pureté et d'obscur dévouement, devina une lutte voulue, une revanche prise sur les insolences et les injustices du sort, une provocation résolue jetée à la destinée mauvaise, une amertume, des regrets, des souffrances... Elle sentit que la femme victorieuse faisait payer à la vie les amertumes de l'enfant bafouée, et, oubliant la comédienne fastueuse qui passait dans cette allée, au milieu du murmure envieux des femmes et des soupirs d'admiration des hommes, elle revit la petite Angèle, la bonne, tendre, pauvre Angèle de la pension et des années enfuies, et songeant à l'enfant, la jeune fille murmura doucement, avec l'accent poignant de la pitié :

— Pauvre femme!

Tout à coup, la pensée de Valentine fut brusquement secouée comme par une main méchante. La jeune fille aperçut Angèle Ferrand qui, s'avançant droit vers le coin de l'allée où Henriette et la jeune fille étaient assises, allait se trouver tout naturellement face à face avec le marquis de Salviac.

Robert, absorbé, et qui évidemment ne voyait point Angèle, pas plus qu'il n'avait vu Valentine, ne pouvait éviter la comédienne.

Alors, tout ce que Monteclair avait comme distillé de tristesse et d'inquiétude dans le cœur de Valentine, lui parcourut les veines et les glaça de nouveau. Elle ferma les yeux pour ne pas voir ces deux êtres qui s'étaient aimés, qui s'aimaient peut-être encore, se rencontrant là, devant elle. Et les cuivres de la musique jouaient, avec des accents attendris, assoupis, mélancoliques, la valse rêveuse de *Faust*, la valse sur laquelle tant de cœurs ont battu et qui entraînait ironiquement, pleine d'une douceur cruelle, la pensée de Valentine vers les rêves évanouis. La valse déroulait ses accords, et il semblait maintenant à la jeune fille que cet air emportait, sur le rhythme attristé, ses chimères prêtes à disparaître et à s'évanouir pour toujours. Il y avait des larmes dans cette musique et des larmes aussi dans les yeux fermés de Valentine.

Elle rouvrit ses paupières sous une impression plus forte que sa volonté, et comme si elle eût magnétiquement deviné que Robert se trouvait maintenant devant Angèle.

Et la valse continuait, tendre, pleine d'une volupté morbide, égrenant ses notes exquises comme de pâles fleurs du Nord, des violettes du pôle semées par une main invisible, et tombant, une à une, avec leur parfum léger, sur le marbre froid d'un tombeau...

Henriette ne regardait point Valentine, elle écoutait, balançant un peu la tête et suivant machinalement les contours de la mélodie. Et Albéric, tout bas, murmurait à l'oreille de la jolie veuve :

— N'est-ce pas que c'est pénétrant et bon?... Et que de jeunes têtes ont rêvé à cela ! Que de fiançailles au son de cette valse ! Ah ! ce Gounod ! Il aura fait plus de mariages que M. de Foy ! Voyons, ça ne vous tente point, cousine ?

Valentine, les yeux presque hagards, ne perdait pas de vue, même à travers tous ces gens qui marchaient sans bruit dans l'allée pleine d'ombre, Robert, dont elle aperçut le frémissement instinctif lorsque, se trouvant à deux pas d'Angèle Ferrand, devant qui s'ouvrait la foule, elle s'arrêta tout net devant lui.

Valentine vit le sourire d'Angèle, un sourire indéfinissable, fait d'amitié, d'ironie, de regrets, d'insolence, de sentiments très-complexes, difficiles à analyser. Ce n'était pas le sourire joyeux de la femme qui aime retrouvant celui dont elle est éprise. C'était plutôt l'amer rictus d'une créature qui a souffert rencontrant celui qui l'a fait souffrir. Quelque éloignée qu'elle fût d'Angèle et de Robert, Valentine déchiffra clairement tout cela sur le joli visage légèrement pâli par l'émotion de la comédienne.

Angèle n'avait pas revu Robert de Salviac depuis bien longtemps. Elle ne se heurtait pas à lui, là, devant tous, sans ressentir comme une sorte de frisson posthume : le frisson d'un amour défunt.

Elle l'avait aimé, — et comme elle était capable d'aimer, — follement. Une femme qui rencontre un de ses amants d'autrefois éprouve, si elle ne le déteste décidément pas, le besoin de savoir s'il reste en lui le moindre écho du passé. On dirait que cet être vivant est un miroir où elle espère se trouver telle qu'autrefois.

Les femmes n'aiment jamais d'ailleurs à se savoir et à se sentir oubliées.

Elle sourit donc à Robert ; et comme il se tenait devant elle, vraiment surpris et ne disant mot :

— Eh bien ! fit-elle, est-ce que vous ne me connaissez pas ? — Bonjour, marquis !

Et elle lui tendit sa petite main gantée de Suède.

Robert n'était pas homme à commettre l'impertinence de ne point répondre ; mais son correct coup de chapeau et l'expression de physionomie un peu contrainte qui l'accompagna laissèrent deviner à Angèle

Ferrand que la rencontre n'était pas des plus agréables au marquis.

— Autre temps, autre musique! murmura-t-elle entre ses dents blanches.

Et, prenant un malicieux plaisir à retenir Salviac, elle lui dit, avec son même sourire :

— Ainsi, vous ne vous souciez plus guère de me donner de vos nouvelles?... Les années passent. Vous seriez mort que j'entendrais plus parler de vous que maintenant. Qui sait? votre domestique m'enverrait peut-être une lettre de faire part, s'il rencontrait par hasard mon nom dans vos paperasses, à côté de celui de votre tailleur ou de votre bottier... Nous sommes pourtant de vieux amis!

Le marquis, tête nue, poli et un peu froid, laissa tomber les derniers mots d'Angèle, ceux-là prononcés avec une nuance de mélancolie que n'avaient pas les autres, et il s'excusa par une phrase banale et évidemment ennuyée.

— Allons, dit Angèle, je vois que je vous gêne, mon cher! Il y a sans doute quelqu'un qui vous regarde. Je m'en voudrais de déchaîner le courroux d'une Hermione... *Addio!*

Et, de sa jolie main aux doigts effilés, elle salua Robert par un geste familier et un petit rictus ironique.

Salviac s'inclina et continua sa promenade, le visage très-pâle.

Il y avait beau jour, comme elle eût dit, qu'Angèle ne songeait plus au marquis, et pourtant cette rencontre, ces quelques paroles sèchement polies échangées là, venaient de la rejeter en arrière dans sa vie, et de remuer tout un passé où il y avait bien des joies profondes, mais aussi quelque chose d'affreusement hideux, de boueux et de tragique. Elle avait obéi à une sorte d'instinct ou d'irréflexion en abordant Robert, et maintenant elle éprouvait une sorte d'étouffement moral depuis qu'elle lui avait parlé.

On eût dit que, derrière le visage même de Salviac, une autre image s'était dressée, blême et douloureuse : la pâle image d'une femme.

Et, les yeux fixes, Angèle continuait à s'ouvrir un chemin au milieu de cette foule dont elle entendait vaguement le murmure, mais qu'elle n'apercevait pas, ne regardant plus qu'une vision.

Tout à coup, Angèle tressaillit et demeura, un moment, immobile. Là, devant elle, ce visage de femme que son imagination lui montrait apparaissant derrière Salviac, ces traits douloureux de martyre, elle les voyait distinctement. Ces yeux d'un noir profond, braqués sur les siens, ces joues blêmes, ces lèvres frémissantes, — qu'était-ce donc, sinon le visage même qu'elle évoquait ?

Au milieu de tout ce monde bourdonnant et murmurant, Angèle ne distinguait que ce visage, cette pâleur, ce regard...

Elle les connaissait. Mieux que cela, elle les reconnaissait. Grand Dieu ! Mais c'était la comtesse de Reynière qu'elle voyait là, assise, et qui la regardait.

Blanche de Reynière !

Non, c'était Valentine, Valentine dévorant des yeux la comédienne, la maîtresse de Robert de Salviac...

Angèle était comme pétrifiée. Le bruit prolongé des applaudissements qui éclatèrent parmi les auditeurs, lorsque la valse de *Faust* fut achevée, la tira de cet état d'effarement immobile. Elle se retourna et, troublée comme devant quelque chose de fantastique, s'éloigna de l'endroit où se tenait Valentine.

Elle ne reconnaissait point sa camarade d'autrefois, Valentine Trézel, l'enfant devenue jeune fille. Elle avait cru simplement revoir cette comtesse de Reynière rencontrée tant de fois, quelques années auparavant, au Bois, aperçue dans les avant-scène, et admirée, et enviée...

Le cœur d'Angèle, ce cœur intrépide, battait d'une sorte d'effroi. Elle s'assit ou plutôt se laissa aller sur une chaise, comme si ses jambes se fussent dérobées sous elle. Et là, croisant les bras, essayant de percer les groupes des gens assis et des promeneurs, elle cherchait encore, dans cette foule, le visage blême qu'elle venait d'entrevoir et qui lui donnait ce frisson.

Mais quelle était donc cette femme?

Elle fut tirée de ces réflexions par une voix brève, qui l'appelait d'un ton presque agressif.

Angèle, instinctivement, leva la tête. C'était Monteclair, Monteclair mordillant sa moustache, les traits tirés, une colère nerveuse dans le regard et dans les mouvements.

Élégamment vêtu d'une très-longue redingote d'un gris clair qui le serrait à la taille, le chapeau sur le côté droit, une badine-cravache à la main, il avait, avec plus d'affectation peut-être, cette allure demi-militaire et demi-mondaine que ponctuait en quelque sorte la rosette multicolore passée à sa boutonnière.

Angèle, qui le connaissait bien, devina, au seul froncement de ses sourcils, quelque chose d'insolite, une violence ou un malheur.

— J'ai à vous parler; venez, dit Monteclair, tout bas à l'oreille de la comédienne, mais d'un ton impératif et résolu.

— Est-ce donc si pressé? fit-elle.

— Très-pressé!

— De quoi s'agit-il?

— De vous!

— Oh! alors, nous avons le temps...

— Il s'agit aussi de moi... et de cet homme...

— Quel homme?

— M. de Salviac!

— Ah! dit Angèle d'un air dédaigneux. C'est une scène de jalousie que vous venez me faire, hé?... Je croyais qu'il s'agissait d'une chose importante... Si c'est cela, je vous le répète, nous avons le temps!

— Angèle! dit-il avec un grondement sourd; et la jeune femme aperçut, sous ses moustaches, ses dents serrées.

Elle le regarda en tournant la tête à demi, comme si elle eût joué Célimène, et lui dit doucement, railleusement, ce seul mot:

— Mon ami?

— Angèle, fit-il, vous savez que je hais mortellement quand je hais. Pourquoi avez-vous parlé à cet homme, et que lui avez-vous dit?

— Je vous préviens, mon cher, répondit-elle, que, quoique vous parliez très-bas, vous roulez des yeux si furibonds que tout ce monde qui est là va comprendre que vous jouez ici une scène de drame et que vous serez, avant deux minutes, parfaitement ridicule!

— Il y a des moyens de faire tourner le ridicule au lugubre, dit Monteclair. Ne vous inquiétez pas de moi: prenez mon bras et venez...

— Continuer à la villa cette délicieuse petite conversation, n'est-ce pas? Non, cher ami! Je suis fort bien ici, et j'y reste!

— Parce que M. de Salviac y est aussi!

— Vous êtes fou! Laissez là M. de Salviac et dites-moi plutôt — cela nous intéresse, fit-elle d'un ton sourd — dites-moi quelle est cette jeune femme qui ressemble si étrangement à...

Elle s'arrêta un moment et laissa tomber ce nom:

— ... à Mme de Reynière!

— Ce ne peut être que Mlle Valentine Trézel, répondit machinalement Monteclair. Cette ressemblance m'a toujours frappé aussi!

— N'est-elle pas terrible dites, Monteclair, cette ressemblance-là ?

— Je la trouve curieuse, tout au plus !

— Valentine Trézel ! répéta Angèle... Étant enfant, je l'ai connue !...

— Et puisque vous vous intéressez à M. de Salviac, fit Monteclair avec la froideur perfide qu'il avait mise à frapper Valentine, je me fais un plaisir de vous apprendre que le marquis l'aime et veut certainement l'épouser !

— Ah ! dit Angèle froidement. — Eh bien, tant mieux ! Les honnêtes gens sont faits pour les honnêtes filles !

Mais Henry ne vit dans cette froideur de femme qu'un calme affecté, un jeu savant de comédienne.

Et puis l'éloge de l'honnêteté de Salviac lui semblait même une riposte directe et le déchira comme une blessure.

— Je vous remercie, dit-il, de me faire constater l'honnêteté du marquis. C'est donc chose que je ne saurais apprécier par moi-même ?

— Je ne dis pas cela, et il faut torturer les mots comme vous le faites pour leur donner un sens qu'ils n'ont point... La louange n'est d'ailleurs pas si grande. Où donc ai-je lu que l'honnêteté, c'est l'orthographe ?

— Bref, dit Monteclair, je vous répète que votre présence ici m'est pénible, et je vous prie de me suivre, ma chère !

— Vous avez des façons de prier, vous ! Vous priez comme vous ordonneriez !

— C'est que c'est un peu cela, vraiment, fit le jeune homme avec un sourire glacé.

— Ah bah !... Voilà du nouveau ! dit Angèle. Vos désirs sont des ordres, maintenant ?

— Trêve d'ironie, répliqua Monteclair; vous ne voyez pas que je ne suis guère en humeur de jouer aux questions et aux ripostes comme on jouerait à la raquette !

Il pétrissait, en effet, entre les doigts de sa main gauche, le gant de sa main droite, celle qui tordait, en l'appuyant à terre, sa petite badine d'acier entourée de cuir rouge de Russie, avec un crochet d'or pour poignée.

— Je vois, dit fermement Angèle, après l'avoir bien regardé, que vous avez le visage et les crispations d'un furieux. Eh bien, après? Est-ce ma faute ?

— Oui, car cette fureur me vient de ce que vous avez, — j'étais là, je l'ai vu, — osé parler à ce Salviac !

— M'est-il défendu de parler à qui bon me semble ?

— A *lui*, oui !

— Défendu ?

— Angèle, je vous en prie, ne me poussez pas à bout, dit Monteclair. Je suis irrité ! De mauvaises nouvelles de mon élection, des lettres de créanciers, une journée qui commence horriblement. Par-dessus tout cela, votre rencontre avec lui... votre sourire, votre attitude maintenant... Je serais capable d'aller le cravacher avec ça, tenez, si vous me poussiez à bout !

Le regard, plein d'un suprême mépris, d'Angèle assise, la tête penchée vers ce grand jeune homme courbé devant elle, alla frapper Henry — non pas au cœur — mais en plein amour-propre.

— Vous avez bien raison de parler très-bas, dit-elle, sa lèvre insolemment arquée et décochant les mots comme des flèches, et de me parler *entre cuir et chair*, — terme de théâtre !... — car, si quelqu'un de ces gens qui sont là vous entendait, on vous prendrait pour un dogue ou un butor.

— Angèle !

— Heureusement cette polka qu'on nous joue est charmante, et c'est elle, ce n'est pas vous qu'on écoute. Qu'est-ce que c'est cet air-là ? Le connaissez-vous ?

— Angèle, Angèle, répéta Monteclair, vous avez juré de me pousser à bout! Venez, je vous le répète! Voici M. de Salviac qui vient de ce côté. Je ne veux pas qu'il vous voie. Venez!

— Moi ? Je suis fort bien ici!

Robert, marchant très-doucement dans la foule, arrivait, en effet, tout droit vers la chaise où s'adossait Angèle, nonchalamment penchée.

— Prenez mon bras, Angèle, et rentrons! dit Monteclair dont la voix, quoique très-basse, vibrait avec des éclats de menace étouffée.

— Je vous répète que je suis bien sur cette terrasse, que cette musique me plaît et que je resterai... Êtes-vous devenu fou ou sauvage, à la fin ?

— Soit. Si le marquis ose, devant moi, lever les yeux sur vous, je vais droit à lui et je le soufflette.

— Comme cela ?

— Comme cela.

Elle se leva, toute droite, très-pâle et la lèvre frémissante.

— Je devrais être flattée d'une telle explosion de jalousie, dit-elle, mais vrai, j'en suis honteuse pour vous, mon cher! Je ne savais pas m'être donnée à un individu de cette espèce!

— Vous devez me connaître pourtant, répondit Monteclair devenu livide. Nous sommes de même race. Nous avons les mêmes instincts comme nous avons le même secret! J'ai toujours été le maître de mes maîtresses. Vous me suivrez!

— Vous ?

— Vous viendrez avec moi, dit Monteclair, dont les lèvres blémissaient de rage à chaque pas que Robert faisait machinalement vers Angèle.

La polka continuait, sautillante, avec ses ressouvenirs de fêtes.

— Et vous, vous me ferez l'amitié de ne plus vous présenter chez moi, répondit Angèle. A l'avenir, je n'y serai plus pour vous !

Monteclair jeta à la comédienne un regard foudroyant qui eût effrayé toute autre femme qu'elle.

Mais elle n'y répondit que par un de ces coups d'œil implacables où celles qui n'aiment plus savent mettre tout leur écrasant dédain. Et froide, impassible, belle comme une courtisane du Titien, elle s'avança, comme pour braver son amant du jour, vers celui qui avait été son amant d'autrefois.

Henry bondit vers elle, oubliant et l'endroit où il se trouvait et toute cette foule qui l'entourait, tout à sa colère, à sa souffrance, à la plaie de son orgueil, ne songeant pas au scandale qui pouvait rejaillir sur lui d'une telle violence, et, avant même qu'il eût réfléchi, sa main s'abattit avec force sur le poignet d'Angèle et ses lèvres qui brûlaient frôlant l'oreille de l'actrice :

— Je te défends de faire un pas de plus ! Je te défends d'aller à lui, dit-il. Je te le défends, entends-tu ?

Elle se retourna à demi vers lui, pourpre de fureur, et sa main libre essaya de détacher la main brutale de cet homme qui lui tordait nerveusement le poignet.

Alors, à son tour, perdant la tête, effarée, sa poitrine se soulevant dans un sanglot de honte et de rage, elle jeta à Henry, dont le visage blanc comme de la craie touchait presque son visage, un cri qui s'échappa de sa gorge comme un râle, et qu'elle lança à la face du misérable, comme elle lui eût craché à la joue ou au front :

— Voulez-vous que je vous dise, tenez, vous ? Vous êtes un lâche !

Puis, à cette apostrophe de fureur, succéda une plainte féminine. Elle cria. La main et les gros boutons d'acier des gants de Monteclair lui labouraient la peau et la déchiraient.

— Ah ! vous me faites mal ! dit-elle. Je vous en prie... Vous me faites mal !

Les premiers grondements de cette colère, d'abord très-sourde, avaient tout à l'heure échappé aux voisins et aux promeneurs qui mettaient d'ailleurs une certaine discrétion à s'éloigner d'Angèle causant avec « un ami. » Mais les derniers mots, les derniers cris de cette scène violente et croissante avaient été entendus de tous, et un cercle curieux, étonné et irrité, s'était formé brusquement autour de cet homme et de cette femme.

Tout le monde était debout et les visages étaient pâles ou effrayés. On montait sur des chaises pour voir. Il y avait des gens qui riaient.

Albéric Réville, quittant sa cousine, s'était précipité fendant la foule, en homme habitué à avoir sa place au premier rang dans toutes les *premières*.

Henriette, avide de tout entendre, et Valentine, instinctivement inquiète et le cœur serré, essayaient de s'approcher, protégées par l'oncle Urbain, et flanquées de ce fortin en robe verte qui s'appelait Mme Gobert.

Un seul nom volait de bouche en bouche :

— Angèle Ferrand !

— Que se passe-t-il ?

— Une rixe ?

— Qu'y a-t-il ?

Et toujours ce nom : *Angèle Ferrand !*

Pâle comme une morte, Valentine Trézel songeait à Robert.

Avant même que dans cette foule qui faisait autour d'Angèle un cercle que la pression des curieux rétrécissait, quelqu'un — se rendant un compte exact de ce qui se passait — se fût trouvé pour prendre la défense d'une femme, un homme avait bondi, instinctivement, comme il l'eût fait devant tout outrage, devant toute brutalité, au-devant de tout danger.

Il ne s'était même pas rendu compte peut-être que c'était Angèle Ferrand qu'il allait défendre; mais, droit et sévère, avec l'étincelle de la bravoure imperturbable et sans fanfaronnade dans les yeux, il s'était trouvé comme porté, poussé par une force invincible, devant Monteclair, et il lui avait dit, d'un ton bref :

— Que faites-vous là, monsieur? On ne porte pas la main sur une femme!

Angèle, alors, en apercevant Robert de Salviac, ce Salviac autrefois adoré, dont le hasard faisait aujourd'hui son défenseur, avait poussé un nouveau cri, mais un cri de reconnaissance éperdue, et elle avait senti un autre sanglot, mais un sanglot de bénédiction, de reconnaissance, de honte aussi et de remords, lui gonfler la poitrine...

Monteclair la repoussa légèrement, laissant libre le poignet meurtri, et il se redressa de toute sa hauteur devant le marquis de Salviac pour lui demander :

— De quel droit me parlez-vous, monsieur?

— Du droit que tout homme a de protéger la faiblesse contre une brutalité et une femme contre un outrage.

Monteclair, quelque affolé qu'il fût, sentait bien que dans cette foule toutes les sympathies étaient pour Robert. Sa violence avait été trop loin. Les femmes révoltées se montraient avec horreur le bras déchiré d'Angèle.

Il fallait en finir vite et céder la place, quitte à retrouver bientôt le marquis.

— Je ne permets à personne, dit froidement Monteclair, de me donner une leçon et de me tracer ma conduite !

Et il fit le geste de chercher, dans son portefeuille, une carte.

— Inutile, dit plus froidement encore M. de Salviac, je vous connais !

— C'est tant pis pour vous, monsieur, si vous savez quel sera votre adversaire !

— Oh ! fit nettement Robert, on ne sait bien ces choses-là qu'au dernier moment !

Monteclair promena sur la foule un regard hautain, chercha instinctivement les yeux d'Angèle qui lui répondirent par une expression indignée où il lut encore le mot : « lâche, » et, fièrement campé, audacieux, superbe, il traversa cette foule qui s'ouvrit devant lui, avec un sourd murmure.

Folle, l'esprit perdu, le cœur débordant, Angèle regarda un moment Robert comme Madeleine dut regarder le Christ et, d'un élan irréfléchi, elle se jeta vers lui, saisissant sa main comme pour y imprimer un baiser et y laisser couler les larmes qui l'étouffaient. Mais Robert, avant même qu'elle se fût courbée, Robert la releva et, froidement, achevant son œuvre avec la dignité d'un galant homme qui fait son devoir :

— Prenez mon bras, dit-il, madame, et quittez cette terrasse !

Angèle, avec le mouvement instinctif de l'être qui se noie et à qui l'on tend un instrument de salut, saisit ce bras nerveusement et s'éloigna, tandis que Valentine, dont les yeux seuls paraissaient vivants dans un visage livide, suivait du regard ce couple qui partait, faisant en passant à travers la foule comme un sillage humain.

Robert conduisit Angèle, sans lui dire un mot, jusqu'au bout de l'allée, presque en face le pavillon Henri IV.

. .

Arrivé là, il demanda à l'actrice :

— Vous avez une voiture, sans doute ?

— Oui, répondit Angèle... elle doit stationner là... tenez...

Et elle désignait la file d'équipages rangés au bas du petit tertre.

Comme ils descendaient de ce côté, Robert s'arrêta, et Angèle, sentant bien qu'une certaine émotion le saisissait, lui demanda :

— Qu'avez-vous donc ?

Le marquis ne répondit pas ; mais en suivant la direction de ses yeux, elle aperçut M. de Reynière, laissa échapper un *ah!* qui voulait dire : « Je comprends, » fit glisser son bras du bras de Robert, et, lui tendant la main :

— Je ne vous remercie pas, marquis, dit-elle. Je vous dis seulement : Je vous ai reconnu là !

Robert laissa tomber le bout de ses doigts gantés sur les doigts d'Angèle Ferrand.

— Maintenant, dit Angèle, dont les prunelles bleues paraissaient de feu, prenez garde. Monteclair a fait de l'escrime et du tir un art, presque un métier !...

Robert ne répondit que par un sourire, s'inclina légèrement devant Angèle et s'éloigna, tandis que la comédienne lui disait :

— Si j'étais dévote, je vous dirais que je prierai pour vous ! Qui sait ? Je ferai mieux, peut-être.

Au lieu de chercher du regard son coupé parmi les équipages, elle alla droit vers Reynière qui s'avançait lentement. Il ne songeait certes pas à elle et parut surpris de la voir.

— Notre destinée est de ne causer jamais qu'en plein air, à Paris ou à Saint-Germain comme à Vichy, dit-elle. Bonjour, amiral !

— Vous êtes bien pâle, ma chère enfant, dit Reynière sans répondre. Que se passe-t-il donc ?

— Rien. Peu de chose. Deux hommes qui vont se battre pour moi !

— C'est flatteur, dit l'amiral avec une froideur sévère.

— Ah ! je vous jure, mon cher comte, que je me couperais cette main-là, tenez, pour éviter ce duel ! — Amiral, fit-elle en changeant de ton, voulez-vous m'accorder un rendez-vous ? Voilà assez longtemps que je le sollicite !

— Je suis tout à vous, mademoiselle.

— Eh bien, ce soir, ayez la bonté de me donner un instant... Vous habitez le Pavillon? La villa que j'occupe est à quelques minutes d'ici.

Et elle lui donna l'adresse.

— Je vous attendrai à huit heures, amiral !

— A huit heures, soit.

— Et merci du fond du cœur, monsieur le comte, dit Angèle avec une expression grave et presque fervente qui surprit Reynière.

Elle s'éloigna, faisant signe à son cocher qu'elle avait aperçu ; et lorsqu'elle passa devant Reynière, elle lui parut terriblement blême et comme métamorphosée, dans son coupé bleu sombre.

La tête appuyée au fond du coupé, immobile, l'œil fou, Angèle, le cerveau plein de visions confuses, fiévreuses et menaçantes, se disait, associant Reynière à Robert, admirant le marquis et sentant son amour pour le comte croître et gronder en elle :

— Ce que Robert a fait, il l'eût fait aussi, *lui !* Ah ! misérable vie, qui vous condamne à patauger dans la fange avec Monteclair, quand on était née pour être aimée par des gens de cœur !...

Et, regardant son poignet déchiré, strié de raies saignantes comme des coups d'ongle :

— Ce misérable-là !... Est-il assez vil et lâche ! Et, moi-même... j'aurais dû lui arracher sa badine de fer et lui en couper la figure ! Lâche ! lâche ! Oh ! lâche !

Mme de Grandier avait hâte de savoir ce qui s'était passé et elle fut enchantée lorsqu'elle vit Albéric, essoufflé, accourir vers elle en hochant la tête comme devant un gros événement.

— Eh bien ? demanda Henriette.

— Eh bien ! voilà M. de Salviac qui a une jolie affaire sur les bras.

Henriette regarda instinctivement Valentine. La jeune fille était pâle à faire peur.

— Monteclair est le meilleur élève de Vigeant... Mauvais partenaire ! Je plains le marquis... Mais j'en aurais fait autant ! Non, mais concevez-vous ce rustre... C'est se conduire comme un pandour...

Et il fit, assez éloquemment, le récit de ce qu'il avait vu ; il montra Robert s'avançant devant Henry, le poignet meurtri d'Angèle, la fureur de Monteclair, le calme du marquis.

— Il était magnifique ! Je voudrais que Monteclair, à la suite de tout ça, reçût un peu de fer dans le côté... C'est improbable, mais ça serait moral ! Salviac avait, il est vrai, des raisons particulières pour défendre mam'zelle Ferrand. Mais, à vrai dire, je ne crois pas que ce soit un sentiment personnel qui l'ait guidé. C'est si naturel ! J'ai vu le moment où sa main s'abattait sur la joue du monsieur ! — Avec tout ça, dit-il étourdiment, sans songer à qui il parlait, ça va peut-être raccommoder Angèle Ferrand avec le marquis.

Il s'arrêta devant le regard foudroyant d'Henriette.

Ne comprenant pas quelle inconvenance il avait commise, Albéric promena un regard circulaire sur l'oncle Trézel, la belle Mme Gobert, Henriette et Valentine qui l'entouraient, et la pâleur de Mlle Trézel le frappa.

— Cela vous a émue autant que cela, mademoiselle? dit-il.

— Très-émue, fit Valentine.

— Eh bien, rentrons, rentrons, chère enfant, interrompit Henriette.

Elle dit tout bas à la jeune fille :

— N'écoutez pas ce que dit ce fou d'Albéric ! Ce n'est pas parce qu'elle s'appelle Mlle Ferrand que le marquis a défendu la comédienne, c'est parce que c'est une femme !

Un sourire doux, grave et profond, plein de souffrance et de foi, passa comme un souffle pur sur le visage de Valentine, et la jeune fille répondit :

— Si M. de Salviac a pris la défense d'une femme, parce qu'il l'a aimée, parce qu'il l'aime (et elle prononça ces mots péniblement), il a bien fait ! C'était son devoir. S'il l'a défendue, ne l'aimant plus, il a fait mieux encore. Dans tous les cas, c'est bien... c'est très-bien ! dit-elle avec effort. J'en suis très-heureuse. Angèle Ferrand est ma compagne d'enfance, n'oubliez pas cela ! ajouta la pauvre enfant dont le sourire menaçait maintenant de finir dans les larmes.

Mais elle disait vrai, elle se répétait à elle-même :

— On ne laisse pas, on ne laisse jamais insulter une femme ! M. de Salviac a fait son devoir !

L'amiral était assez intrigué du rendez-vous que la comédienne lui avait demandé. Il y avait décidément chez cette femme quelque chose de bizarre, d'inquiétant aussi, qui lui paraissait digne d'attention. Ce n'était pas une créature banale. Autrefois, en ses heures de curiosité, Reynière eût pris plaisir à étudier cette âme. Il n'y songeait guère. Toute sa pensée se reportait sur Blanche, ou, pour mieux dire, sur Valentine. Il n'avait plus à se mentir à lui-même : il aimait cette enfant. Il savait aussi — Mme de Grandier le lui avait clairement donné à entendre — que l'oncle de Valentine n'avait d'autre ambition que d'accorder à l'amiral la main de sa nièce et de voir Valentine comtesse ! Quelle tentation et quelle épreuve pour cet homme, jeune encore, aux sentiments demeurés vierges malgré tant d'épreuves, et qui, paraissant avoir fini sa vie par une épouvantable catastrophe, pouvait, à son gré, la recommencer !

Et la recommencer avec qui ? Avec une vivante qui lui rendait la morte adorée.

Reynière ne se dissimulait pas, en effet, lorsqu'il descendait en lui-même, que ce n'était point Mlle Trézel, mais une autre femme qu'il aimait en elle, et depuis qu'il avait surpris, en voyant le buste sculpté par le marquis, les sentiments de M. de Salviac, il était persuadé que, comme lui, Robert aimait Blanche dans Valentine.

Ces sentiments, en apparence complexes, lui paraissaient très-simples. Il jugeait le jeune homme d'après lui. En cela, il se trompait; c'était un amour distinct de l'amour passé qu'éprouvait Salviac pour Mlle Trézel. Le hasard d'une ressemblance vraiment étonnante avait pu faire naître cet amour, mais il s'était développé avec une vie propre et une intensité puissante dans le cœur du marquis.

Se trompant ainsi, M. de Reynière éprouvait nécessairement une jalousie violente. Il était jaloux de Valentine comme il eût été jaloux de Blanche, et sa secrète pensée était celle-ci : « Je lui disputerai cette enfant. Je ferai mieux : je la lui arracherai ! Il m'a pris celle qui portait mon nom, je lui prendrai celle à qui il voudrait donner le sien ! »

Mais pourquoi, en se demandant quelle confidence Angèle Ferrand avait à lui faire, éprouvait-il comme le pressentiment qu'il s'agissait de Salviac? Une idée. Du magnétisme. L'obsession de quelque pensée fixe.

Reynière n'était point rentré depuis une heure dans sa chambre du Pavillon, qu'on venait d'ailleurs lui apporter une lettre à enveloppe élégante avec un grand chiffre d'argent : A F entrelacés sur papier gris glacé et cette devise en caractères d'argent gothiques ; « *A mon gré.* »

La lettre répandait une pénétrante odeur d'ambre ou d'ixora.

— C'est de cette femme, songea l'amiral qui ne recevait jamais, depuis deux années, une lettre d'une écriture inconnue sans éprouver un frisson involontaire et comme une pression au cœur.

L'écriture, cette fois, était fine, élégante, régulière et distinguée : des pattes de mouche de délicate et de raffinée.

Angèle Ferrand s'excusait de ne pouvoir se trouver, ce soir-là, au rendez-vous qu'elle avait elle-même demandé. Une dépêche de son directeur l'appelait à Paris en toute hâte. Sa camarade Jeanne Bordier, étant gravement indisposée, ne pouvait jouer, durant plus d'une semaine peut-être, le rôle dont elle était chargée dans la nouvelle pièce d'Augier. Angèle Ferrand avait appris le rôle « en double » dans le cas peu probable d'un accident qui justement se produisait aujourd'hui. C'était une occasion unique pour Angèle, qui n'avait interprété jusqu'ici que des rôles *jetés,* des rôles *à côté*, de se produire dans l'emploi éclatant des Fargueil. On ferait, au besoin, un *service* à la presse.

Angèle avait d'abord hésité à répondre *oui* à cette dépêche. Que lui importait le théâtre ! Et l'art, et le public ? Elle s'en souciait bien peu, vraiment. « *A mon gré !* » disait-elle. Puis, les nerfs secoués par cette scène brutale de la Terrasse, il lui semblait qu'elle entendait la voix enrouée et railleuse de Thibouville qui lui disait : — « Et tu t'appelles une actrice, toi ? Gâcheuse de comédies ! Inutilité ! Courtisane ! »

— Après tout, se dit-elle, avec une ironique colère, le théâtre est un amant qui ne trompe peut-être pas et qui ne vous quitte point quand on vieillit, puisqu'on joue les duègnes !

Il lui semblait toujours que c'était Thibouville qui parlait.

Elle envoya au télégraphe ces seuls mots : *Je viens*, et elle s'habilla en toute hâte, car il fallait être à Paris promptement pour un *raccord*.

— Quand madame dînera-t-elle? lui demanda sa cuisinière.

— Madame ne dînera pas, répondit-elle.

Et elle ajouta, éclatant d'un rire nerveux :

— Allons ! Thibouville dira que je deviens presque une artiste !

Elle expliquait brièvement ce soudain obstacle à l'amiral de Reynière, mais elle le suppliait en même temps de la venir voir, soit au théâtre, le soir même, soit le lendemain matin, chez elle, dans son hôtel de la rue Prony. Ce qu'elle avait à dire au comte était assez grave pour que M. de Reynière accourût bientôt. Angèle avait réservé ce dernier avertissement dans le *post-scriptum* qui est le cœur même de toute lettre de femme.

— C'est bien, se dit Reynière, j'irai demain matin.

Il tira sa montre. L'après-midi s'avançait. Il sortit, sans trop savoir où il allait, se promena un moment dans l'avenue du Boulingrin, puis autour du vieux château, dont il déchiffra machinalement sur les murs ou dans les fossés, les inscriptions philosophiques un peu naïves ; ensuite il revint au Pavillon par la rue du Château-Neuf, et la tentation le prit d'entrer chez Mme de Grandier.

Ce n'était pas un bien grand événement, puisqu'il s'y rendait assez souvent, mais l'amiral était, cette fois, plus ému que de coutume.

Il trouva, au surplus, à la maison, un air d'effarement inusité. Henriette paraissait très-exaltée, l'oncle Trézel était inquiet et Valentine avait gardé sa pâleur mate. Reynière voulut interroger, discrètement. On ne lui fit que des réponses évasives.

Que voulait dire tout cela?

L'amiral ne pouvait deviner qu'il était impossible qu'on lui parlât de l'aventure de Monteclair, puisque le nom de Salviac s'y trouvait mêlé.

— Il y a un mystère ou un malheur ici, et peut-être l'un et l'autre, se dit Reynière.

Puis il causa de choses indifférentes, attendant l'occasion de savoir.

Il arriva un moment où, soit que ce tête-à-tête eût été prémédité par l'oncle Trézel et Henriette, encore férus de cette idée que Valentine n'avait pas dit son dernier mot, soit que le hasard seul eût tout fait, Jean de Reynière se trouva seul avec Mlle Trézel.

Valentine, assise près d'une fenêtre donnant sur le jardin, tenait entre les mains un livre qu'elle ne lisait pas et qui lui servait, de temps à autre, à cacher l'expression navrée de ses yeux fixes. L'amiral était debout, regardant, pour se donner une contenance, des albums entr'ouverts sur la table, au milieu du salon.

Quoique le soir ne vînt pas encore, c'était l'heure assoupie et terne où la lumière s'attiédit, où une teinte de tristesse vague tombe sur les choses comme un voile argenté ou grisâtre. Le soleil couchant avivait de reflets d'or pâli des nuages blancs déchiquetés et bizarres qui flottaient comme des fumées, dans un ciel de septembre d'un bleu d'ardoise tourné au clair.

Et cette lumière automnale, un peu frileuse et sentant déjà les soirées d'hiver, entrait dans le salon pour faire mieux ressortir les ombres qui cernaient les contours des meubles rouges, la profondeur de la cheminée, les silhouettes des bronzes, des vases, des *bibelots,* courant çà et là, et les tableaux aux couleurs déjà indistinctes et dont les bordures d'or prenaient des reflets de cuivre. Peu à peu le salon s'emplissait d'un silence et d'une clarté mourante, et ce cadre mélancolique semblait fait pour ces deux êtres qui se taisaient, le cœur brisé par une souffrance différente.

Le bruit de la chute du livre que Valentine laissa glisser de ses mains sur le tapis donna à Reynière le motif, qu'il cherchait peut-être, pour commencer à parler.

Reynière fit quelques pas vers la jeune fille, et voulut se baisser pour ramasser le volume; mais elle l'avait déjà repris, et, debout, elle se dirigea vers la table pour le poser là, après avoir regardé machinalement si la reliure et les coins de veau fauve n'avaient pas été endommagés.

— Vous ne lisez plus, mademoiselle? dit Reynière.

— J'avais trop lu peut-être; aussi, je songeais...

— Songer! Est-ce donc un livre de philosophie, cela?

Elle répondit *non* par un geste.

Il regarda le titre :

— Mais si, dit-il. La poésie, c'est la vraie philosophie et la plus certaine, celle qui console et qui charme, qui s'adresse au cœur tout d'abord, avant de parler à la raison... *Les Feuilles d'automne!* fit-il. Il y a une partie de ma vie enfouie dans ces pages.

— Mon poëte... mon grand poëte, dit Valentine en posant le livre avec une sorte de respect reconnaissant.

Et elle murmura doucement, comme à elle-même, comme si l'amiral n'eût pas été là, ces vers qu'elle venait de relire sans doute :

Voyageur! voyageur! quelle est notre folie?
Qui sait combien de morts à chaque heure on oublie,
Des plus chers, des plus beaux?
Qui peut savoir combien toute douleur s'émousse
Et combien sur la terre un jour d'herbe qui pousse
Efface de tombeaux?...

Puis, souriante, mais du plus triste des sourires :

— Est-ce vrai qu'on oublie si vite, amiral? dit-elle. Et si on oublie les morts, oublie-t-on aussi les vivants?

Il semblait qu'une force plus puissante que sa volonté la contraignît à parler, à chercher une réponse à sa pensée secrète, et cette interrogation, ces mots amers lui étaient échappés comme dans un rêve.

— Oui, certes, on oublie, répondit le comte. Il n'est que certains êtres, épris de leur propre douleur, qui entretiennent leurs souvenirs comme des flammes sacrées... Pauvres gens! Ils font bien de cacher, comme un vice ou un crime, leur douleur entêtée. Pour la généralité de ceux qu'ils coudoient, ils seraient bientôt ridicules!

— Mais pour ceux qui pensent, ils sont sublimes, dit Valentine.

L'amiral, étonné, se demandait s'il avait bien entendu et si la jeune fille n'avait pas mis une intention dans ces paroles faites pour consoler.

A qui songeait-elle là? Quel était l'être meurtri et attristé dont elle comprenait, en la proclamant ainsi, la sublimité de la douleur?

Reynière osait à peine se poser à lui-même une telle question, et moins encore osait-il y répondre.

Il regardait Valentine qui se dirigeait vers le piano, l'ouvrait d'un mouvement nerveux et s'asseyait sur le tabouret, laissant courir, comme pour se donner une contenance, ses doigts sur les touches d'ivoire.

Évidemment, Mlle Trézel ne jouait point pour la musique même, mais pour occuper son esprit, pour calmer une surexcitation nerveuse qui la troublait et la torturait d'une façon visible.

Elle jouait, de mémoire, une mélodie qui semblait comme l'écho de son âme et dont instinctivement M. de Reynière demanda le titre.

— C'est une *Méditation*, de Mendelssohn. La première du sixième recueil.

Et le marin écoutait, comme par les nuits claires, à son bord, il prêtait l'oreille à la grande voix de la mer.

C'était une harmonie lente, pénétrante, exquise, dont chaque note semblait un sanglot, mais un sanglot tenant du soupir : le lendemain d'une trahison oubliée, la confidence d'un blessé de la vie, lorsque, le sang étanché, il ne reste que le souvenir de la souffrance.

Tantôt le rhythme se ralentissait, comme si la musique eût voulu parler bas à une âme ; tout semblait s'effacer comme un paysage au crépuscule, ce n'était plus que de lointains appels ou des tristesses étouffées, puis la mélodie se ranimait comme une clarté mourante pour finir, à peine perceptible, exquise et caressante, pareille à une douce mer venant expirer sans bruit sur une plage de sable.

Et Reynière alors se sentait pénétré et bercé par ces accents d'une tendresse triste où parfois la mélodie s'égrenait comme, une à une, eussent tombé des larmes, et, se rapprochant de Valentine, il avait envie de lui dire :

— *Elle* aussi me parlait avec la voix des poëtes et des musiciens! Et j'écoutais ainsi ! Et j'avais des pleurs dans les yeux! Et je l'aimais! Et je vous aime!

Valentine coupa brusquement court à ce beau songe mélancolique et enivré à la fois, en fermant le piano et en demandant, d'un ton bref, à l'amiral :

— M. Monteclair est un adversaire redoutable, n'est-ce pas ?

— Comment l'entendez-vous, mademoiselle? demanda Reynière.

— Je veux dire qu'au pistolet ou à l'épée, c'est un

homme qui dispose à sa volonté de la vie de son semblable ?

— Il passe en effet pour être dangereux. Pourquoi me demandez-vous cela ?

— Parce que, demain peut-être, M. Robert de Salviac se bat avec cet homme, et que cet homme me fait peur !

— M. de Salviac? C'est M. de Salviac qui se bat pour...

— Pour Mlle Ferrand, oui. Vous ne le saviez pas?

— Non, dit Reynière.

Angèle ne lui avait nommé personne.

Dans cette nouvelle, l'amiral ne vit distinctement qu'une chose : le trouble plein de terreur de Valentine. Elle tremblait pour lui! Elle était ainsi, triste, nerveuse et pâlie, parce que le marquis se battait, parce qu'il courait un danger ! Comme elle l'aimait! Cette crainte cruelle qui agitait affreusement la pauvre enfant torturait aussi Reynière et réveillait sa jalousie.

Il eût voulu savoir tout ce que le cœur de Valentine contenait d'amour pour cet homme : il était tenté de s'imposer à lui-même cette atroce souffrance d'entendre l'éloge de Salviac sortir de ces lèvres adorées. Il poussait donc la malheureuse aux confidences, et il buvait goutte à goutte, comme le fiel d'un calice, chaque parole que prononçait la jeune fille.

Valentine parlait de Salviac avec la franchise d'accent et la limpidité de regard de l'honnêteté absolue qui ne craint ni le soupçon, ni les interprétations tortueuses. Elle parlait de Robert comme un ami eût parlé d'un ami. Elle disait son admiration sérieuse pour le caractère du marquis et le désespoir qu'elle éprouvait à savoir un tel homme jeté par le sort devant le canon du pistolet ou la pointe de l'épée d'un duelliste.

Mais, sous les paroles tranquilles et graves de Mlle Trézel, se cachait une telle affection, que le moindre geste, la moindre intonation dévoilaient; il y avait là un tel amour, que des pensées mauvaises traversaient, comme des tentations, le cerveau de l'amiral.

Et plus elle parlait, plus le comte ressentait une rage impuissante, invisible, contenue, à retrouver par deux fois un rival dans ce Salviac ! Et il se demandait si ce n'était point une fatalité vengeresse qui livrait Robert, épargné par la destinée, à la main mortelle de Monteclair.

Il avait envie de dire à Valentine :

— Ce Salviac que vous aimez, — car vous l'aimez, pauvre chère enfant, tout vous trahit aux yeux de qui vous épie, — ce Salviac, vous croyez qu'il vous aime? Ce n'est pas vrai ! Il ne vous aime pas ! C'est une autre qu'il aime en vous! Vos yeux, votre visage, votre voix, votre beauté et votre bonté, tout lui rappelle une autre femme, et c'est cette femme qu'il adore. Au fond de votre regard il cherche son regard et son âme ! Dans votre sourire, il retrouve son sourire! Vous croyez peut-être que vous êtes pour lui la femme incarnant l'amour? Non! Vous n'êtes que le fantôme de celle-là ! Vous n'êtes que le spectre de sa passion!

Tous ces mots, qui eussent enfoncé leurs pointes de fer dans le cœur de Valentine, Reynière éprouvait l'épouvantable envie de les prononcer. Cet aveu sinistre lui montait à la gorge.

— Tuer en elle la foi qu'elle a en cet homme, se disait-il, ce serait une vengeance aussi !...

Et comme, sans penser à ce qu'elle disait, Valentine racontait à l'amiral que M. de Salviac (Urbain Trézel l'avait appris à sa nièce) venait de terminer un buste d'elle, l'amiral entendait distinctement une voix méchante qui lui murmurait à l'oreille :

— Dis-lui donc que ce buste est le buste de Blanche,

que Salviac a menti, t'a menti à toi, s'est menti à lui-même, et qu'en croyant faire vivre Valentine, il a fait revivre sa maîtresse !... Dis-le-lui ! dis-le ! Mais dis-le donc !

Et il allait parler, et il allait tout dire, et il allait frapper au cœur cette enfant qui se confiait à lui, sans savoir que chaque parole équivalait pour Reynière à un aveu ; et il allait répéter à la jeune fille : « — Non, vous n'êtes pas l'amour pour Robert de Salviac, vous êtes l'ombre de l'amour ! Il en aime une autre ! Et celle-là, moi aussi je la poursuis en vous ! Et l'amour de Salviac — cet adultère amour — l'a tuée, cette femme dont vous êtes l'image, autant que ma propre colère ! »

Il se penchait sur Valentine, la dominant de son regard au fond duquel une sourde flamme brûlait comme un brasier dans un âtre mal éteint. Ses lèvres s'ouvraient déjà pour laisser tomber cet aveu. Mais ses yeux rencontrèrent le calme, profond et pur regard de cette enfant, et, dans ces prunelles limpides, où tout secret se laissait lire comme dans un livre ouvert, le comte Jean de Reynière vit une telle honnêteté, grave et sainte, une telle candeur, une telle foi, une telle expression de confiance et de douleur, qu'il recula, apercevant dans ces yeux ainsi qu'en un miroir toute l'atroce cruauté de l'action qu'il allait commettre.

Est-ce que, dans la profondeur de cette candeur courageuse, il allait laisser tomber le soupçon comme un caillou boueux dans un lac limpide ?

— Ce serait lâche, lâche et cent fois lâche ! se dit-il. Est-ce que la passion, la jalousie et la douleur excusent une infamie ?

Et l'amiral de Reynière, se retrouvant alors tout entier, redevenant le ferme et froid servant de l'honneur, prit dans ses mains les mains brûlantes de la jeune fille et, de sa voix aux harmonies poignantes :

— Mon enfant, dit-il lentement, vous avez raison de craindre pour la vie de M. de Salviac. La destinée, trop clémente pour les scélérats, est parfois implacable pour les gens de cœur. M. de Salviac court donc un danger, un grand danger. Mais il a pour lui son courage — je ne parle pas de sa science des armes — et ceux qui sont aimés ne meurent pas !

— Aimés ?... dit Valentine, confuse, rouge et troublée.

L'amiral n'ajouta pas un mot, sourit tristement, mit un doigt sur ses lèvres, salua la jeune fille et partit, la laissant étonnée, frémissante, presque éperdue.

— Aimé ? Salviac était aimé ? Et par qui ?... Par elle ?

Son amour, qu'elle croyait si caché au fond de son cœur, était donc visible ? M. de Reynière avait tout deviné ?

Comme M. de Reynière était pâle !

Elle restait là, cherchant à se rendre compte de cette causerie sans but et sans conclusion, émouvante pourtant, presque tragique, tandis que l'amiral, le front serré et le cœur tordu par une effroyable souffrance, regagnait le Pavillon en n'ayant plus qu'une idée, quitter Saint-Germain et se rendre à Paris.

Pourquoi ? Il ne savait. Mais il avait maintenant hâte de voir Angèle.

C'était pour Mlle Ferrand que Salviac se battait. Eh bien ! la cause de ce duel, la vérité sur la provocation, cette confidence que l'actrice avait à lui faire, il voulait tout savoir et le savoir promptement.

XIII

LA COMÉDIENNE

Le soir même, Reynière se rendit au théâtre où jouait Angèle Ferrand.

L'actrice avait fondé de grandes espérances sur cette soirée. Le hasard voulait qu'il lui fût donné de remplir un rôle où celle qu'elle remplaçait avait ému le public jusqu'au fond de l'âme et soulevé les transports enthousiastes de la critique, — un de ces rôles qui classent un artiste lorsqu'on a pu le porter sans faiblir. S'en charger ainsi, presque au pied levé, c'était chose audacieuse de la part de Mlle Ferrand; mais elle avait pour méthode de beaucoup oser. A sauter certains obstacles, on risque de se rompre la colonne vertébrale, mais on court risque de gagner le prix. Angèle se fiait à son étoile. Hors l'amour, elle avait triomphé en toutes choses. Elle se lançait dans cette bagarre dramatique comme si elle eût engagé une partie de baccarat.

Mais le théâtre n'est pas toujours une gageure avec le hasard. Dès son entrée en scène, Angèle avait deviné qu'elle avait eu, cette fois, trop d'audace. Un glacial silence l'avait accueillie. Elle avait senti dans ce public — qui était nombreux — une sorte d'hostilité sourde. Elle n'était *acceptée* encore que comme jolie femme. Le pas à franchir était trop rude. La plupart des *effets*, — tous les *effets* — qui, avec la créatrice du rôle, provoquaient des applaudissements, tombaient des lèvres d'Angèle comme dans le vide. Aucun bravo, aucune émotion. L'immobilité et le silence.

— Ah! çà mais, dit à Angèle un de ses camarades, après le premier acte, qui diable a réglé la claque? On ne te fait même pas tes *sorties!*

Angèle était, non pas désespérée, ni démontée, mais irritée. Elle rentra dans sa loge en chantonnant entre ses dents, nerveuse, fébrile, un air d'opérette. Le second acte fut plus froid encore que le premier, mais alors elle en prit son parti.

— C'est une douche, dit-elle, seulement je m'y habitue.

Elle fut, d'ailleurs, un peu ranimée par Thibouville, qui l'attendait dans sa loge et qui lui dit:

— La salle est chaude comme la Sibérie; mais — tu sais si je te flatte — eh bien! ma fille, vrai, *ça* n'est pas mal! Tu m'étonnes!

— Merci du compliment!

— Oh! ne prends pas ça pour un *satisfecit* de première classe. *Ça n'y est* pas encore. Tu es molle, tu n'y vas pas bon jeu bon argent; tu as peur de faire du mal à ton joli larynx.

— Toujours est-il, dit Angèle, en arrangeant ses cheveux devant sa glace, que le public est rebelle! Si ce n'est pas moi, au moins qu'il applaudisse la prose!

— Tu es bonne enfant, dit Thibouville. C'est du style. Est-ce qu'il comprend ça? Le *style*, ce quelque chose d'indéfinissable qui se sent, mais qui ne s'analyse pas. Le pollen de la fleur, la poudre de l'aile du papillon, une poussière, un parfum, ce qu'on voudra. Tu veux que le public saisisse ça, toi, quand il y a tant de gens qui font métier d'écrire et qui ne savent même pas ce que c'est?

— Je ne vous parle pas du style, Thibouville, je vous parle des idées. Est-ce assez beau ce que j'ai à dire ! N'est-ce pas vraiment la douleur d'une honnête femme qui souffre ?

— Allons, bon ! Émouvoir avec des idées, maintenant ! Tu es trop exigeante, à la fin ! Barbouille-toi le visage en vert, comme Mlle Croizette dans *le Sphinx*. Tu verras l'effet. C'est qu'il devient drôle tout de même, ce bon public, dit Thibouville.

Il s'étendit à demi sur un canapé capitonné qui ornait la loge de l'actrice et, regardant machinalement danser la lumière du bec de gaz, il se mit à penser tout haut, avec une voix un peu amère :

— Je regrette parfois le théâtre, disait le professeur, avec le ton bas et ironique d'un vaincu ; je le regrette pour toutes les fièvres qu'il allume dans le sang, le sang qui bout, les soirs de *première!* C'est si bon, ces combats devant la rampe, même lorsque c'est meurtrier !... On vit du moins, tout en risquant d'y mourir ! Vos veines semblent flamber — passe-moi la comparaison — comme un bol de punch ! Aborder de front le public, le regarder là, impassible, froid, rétif, et se dire : « Tu t'échaufferas pourtant ! ta glace va fondre ! » et lui jeter son émotion, ses nerfs, sa voix, sa santé, tout ! S'épuiser pour le dompter ! Se crever pour le vaincre ! Puis sortir, tout en nage, essoufflé, malade, et rencontrer, appuyé contre un portant, l'auteur, pâle comme un mort, qui vous dit : « *Eh bien?* » comme il vous demanderait des nouvelles de quelqu'un qui agonise ; lui répondre : « Allons donc ! Ça va ! Ça marchera ! » Et, en effet, faire marcher ce qui ne marche pas, épauler le char embourbé, y aller de toute sa vigueur ; vrai, c'est bon, c'est crânement bon ; et quand on y a goûté, on est comme un buveur d'absinthe qui veut boire encore et toujours. On a soif. On a la nostalgie bête de la loge où l'on étouffe, des pots de *dégras*, des couloirs sombres, des coulisses poudreuses... Est-on stupide au fond ! Passer des nuit à creuser un rôle, pétrir entre ses doigs ce manuscrit qu'il faut animer, s'époumonner ensuite pour secouer l'attention de gens qui, le soir d'une *première*, vous écoutent à peine si vous ne leur chantez pas un air d'opérette; avoir la *toquade* de régénérer par l'art et par le beau des êtres qui se moquent de tout ça comme d'une guigne ! C'est passablement naïf, ma parole d'honneur, et *faudra* que je prenne un thème nouveau pour mes leçons. Auteurs et comédiens y gagneront. Je leur dirai : « Ne parlez pas à ce bon public des premières, à ce charmant *tout Paris* qui est, sauf exception confirmant la règle, comme le *dessous du panier* de la grande ville se mettant en montre — et parfois en vente — à toutes les pièces nouvelles; ne lui parlez pas, imbéciles que vous êtes, de l'honneur, cette rengaîne, du devoir, cet embêtement, de la vertu, cette duègne à la retraite; ne lui parlez ni de maternité, ni de famille, on vous prendrait pour un serin; ni de foyer paternel, ni de souvenirs, on vous accuserait de *raser* les gens; ni de patrie, on crierait à l'*empêcheur de danser en rond ;* ni de rien de ce qui est fait de grands mots, parce que les fières paroles engendrent les actes virils et les grandes choses. Tout ça, s'est fini, c'est usé. *On ne la fait plus;* on la connaît. Bon pour la foule; on ne donne plus dans ces *godants*. A d'autres !... » Quelquefois pourtant, — c'est comique ! — le tout Paris applaudit à ces mots-là, il *y va de sa larme* de confiance, comme quelqu'un qui éprouverait de l'émotion à entendre, sans savoir l'italien, chanter *Rigoletto*. L'air lui suffit, mais il ne comprend pas la langue. Et ces applaudissements donnés à l'honnêteté, c'est l'exception. Il ne faut pas *la faire* au prêche. Pas de *pasteurs!* ça jette un froid. Ce qui est bon, ce qui est sain, ce qui est à la mode, ce qui donne le succès, et ce qui, ma foi, peut conduire à la fortune et la gloire, c'est la chanson de la *Taupe et du Crapaud;* c'est

Et ding! ding! don!
La panthère des Batignolles!
Et ding! ding! don!
Le léopard du Panthéon!

c'est la parodie, le sautillement, la *blague,* la *scie* d'atelier transportée au théâtre, le café-concert implanté sur la scène, la gaudriole de cabinets particuliers s'appelant un art. C'est le théâtre devenu comme l'apéritif de l'orgie et l'antichambre du mauvais lieu. Ah! la triple buse que j'étais de vouloir lancer le *Qu'il mourût!* quand je pouvais (j'avais de la voix alors) faire courir tout Paris avec la romance de l'*Anguille et du Homard.*

Et, redressant son buste et restant assis sur le canapé, Thibouville, de sa voix cassée, chantait, en la mimant avec les déhanchements cocasses des turlupins d'alcazars, une de ces folies que tout un peuple répète parfois comme la chanson officielle d'une saison :

Un beau soir à Tivoli,
Tout en dansant un quadrille,
Un homard, riche et poli,
Rencontre une jeune anguille.
Alors, d'un air triomphant :
— D'où venez-vous donc, ma chère ?
— Moi ? dit la joyeuse enfant,
Je viens de la mer polaire.
Mer polaire,
Popopolaire!

Avec quel chic et quel art
Se déhanchait ce homard!
Mais des deux la plus gentille,
Pif! paf! pouf! c'était l'anguille!

— Savez-vous que ce n'est pas gai ce que vous chantez et racontez là, Thibouville? dit Angèle.

— C'est peut-être triste, dit-il; dans une pièce, c'est

une *tirade* qu'on couperait parce qu'elle ferait longueur, mais c'est exact comme la vérité, ma fille ! Je ne suis qu'un pauvre diable, mais j'assiste, non sans crève-cœur, à l'écroulement d'un tas de choses... Tiens, il y a un mot vrai dans *Hamlet,* un mot actuel : « *Le monde est hors de ses gonds!* » C'est absolu, ça ! Où va-t-on ? Où en est-on de ce besoin qu'on a de la fiction et du rêve ? Où en est le beau monté sur les planches ! Hélas ! quand on reprend une vieille pièce d'autrefois et qu'on compare la *distribution* avec celle du passé, on se dit : N-i-ni, c'est fini !

— Il n'y a peut-être plus d'artistes, parce qu'il n'y a plus de connaisseurs ; vous le disiez tout à l'heure...

— C'est vrai. Et pourtant, après tout, il y aurait toujours des artistes s'il y avait des femmes et des hommes ayant du cœur.

— Avec ça que l'accueil du public est si engageant pour ceux qui essayent, dit Angèle ; regarde-le ce soir.

— Eh bien ! on se rebiffe. Battu aujourd'hui, on est battant demain. Est-ce que tu te découragerais pour un *four,* si tu avais vraiment le *sacré chien?* Mais vois donc Desclée, inconnue, méconnue, quittant le Gymnase obscurément, en petite fille qui ne fera jamais rien, et pleurant, et rageant, pauvre femme ; puis cabotinant un peu partout à l'étranger, en Italie, au diable, trouvant du talent en chemin comme on ramasserait une émeraude perdue, étant parisienne jusqu'aux ongles pour des Turinois ou des Mantouans, et vous faisant pleurer avec un nasillement de mirliton, et revenant à Paris pour l'*épater*, le charmer, le dompter et lui donner l'émotion de son avénement et les larmes de sa disparition. Eh bien ! où avait-elle trouvé la larme, le mot juste, le geste vrai ?... En route ? Allons donc ! Chez elle ! en elle ! Là ! là ! là ! là !

Et Thibouville touchait le côté gauche d'Angèle en lui disant :

— Tu n'as donc pas de cœur, à la fin des fins?

Elle le regarda d'un air bizarre, et, le tutoyant à son tour :

— Crois-tu? dit-elle, avec un accent qui surprit et fit légèrement frissonner le professeur de déclamation.

Il allait parler lorsqu'on frappa à la porte de la loge.

— Qui est là? demanda l'actrice.

— Moi!

Elle reconnut la voix de Reynière, se sentit devenir livide sous son rouge et dit à Thibouville :

— Laissez-moi!

Puis, brusquement, elle alla ouvrir.

L'amiral entra, un peu pâle, tenant son chapeau à la main. Il rendit, de la tête, à Thibouville le salut que lui donna celui-ci, et, lorsqu'il fut seul avec Angèle, il lui dit :

— Vous voyez que j'avais hâte de savoir...

Elle l'interrompit d'un ton bref.

— Eh bien, mon cher amiral, je vous demande pardon de vous avoir fait venir ici ce soir. Je croyais être *en train*. Ma petite chute (oh! c'est une chute!) m'a glacée... D'ailleurs, j'aurais dû songer à une chose, c'est que ce n'est pas entre deux *entrées* que je puis vous faire certaine confidence...

Elle s'arrêta.

Malgré ses joues couvertes de fard, ses yeux estompés de noir, ses lèvres peintes, Reynière, à travers cette sorte de masque de l'actrice, entrevit un visage attristé et inquiet de femme.

— C'est trop grave, acheva-t-elle avec un accent acéré, terrible, qui donna plus d'étrangeté à ce visage maquillé et pourtant sincèrement ému.

— De quoi s'agit-il donc? demanda le comte.

— Vous verrez!

— Et vous ne pouvez, dès maintenant...

— Non! fit-elle. Je sais que j'ai du temps devant

moi. (Elle avait pris ses informations; l'heure du duel n'était pas encore fixée.) Oui, j'ai le temps. Et puis, vous savez, pour nous, cabotines, le public avant tout. Un maître sot, ce public! S'il ne siffle pas tout à l'heure, c'est qu'il voudra se montrer poli; mais il est visible que je l'ennuie et je le vois bâiller. Il paraît que je n'ai pas ce qu'il faut pour lui plaire. Tant pis! Toujours est-il que je ne chercherai pas à le séduire longtemps. Mon parti est pris.

— Quel parti?

— A demain, dit Angèle. Vous verrez. Entendez donc ce drelin, drelin, c'est la cloche du régisseur! En scène, cabotine! Êtes-vous dans la salle?

— Non.

— Eh bien! faites-moi le plaisir d'y aller, amiral. Ce soir, vous jugerez l'actrice, et demain vous jugerez la femme!

— A demain! dit-elle encore en saluant Reynière et en quittant précipitamment sa loge après avoir jeté une mantille sur ses épaules.

L'amiral sortit des coulisses, entra dans la salle et écouta un moment la pièce. Angèle Ferrand lui parut, comme comédienne, nerveuse, hésitante, troublée. On ricanait un peu en l'écoutant.

Le comte, peu habitué aux choses du théâtre, comprenait cependant qu'il y avait, chez cette femme, une préoccupation violente qui l'arrachait elle-même à son rôle, au théâtre. Le regard même était ailleurs, comme on dit. Et Reynière éprouvait une émotion dont il n'était pas maître en se demandant si la confidence que lui promettait Angèle était pour quelque chose dans l'état d'esprit et de nerfs de la comédienne.

Il dormit peu, attendant le jour avec impatience.

Le lendemain, un peu avant midi, il se faisait conduire rue Prony, au petit hôtel de Mlle Ferrand.

L'amiral, en venant chez cette femme, semblait

poussé comme par ces forces irrésistibles qu'on subit dans certains rêves, et, une fois entré dans les appartements, en respirant cette odeur pénétrante qui se dégageait des meubles et des tentures, comme si une atmosphère capiteuse eût plané sur les choses, il éprouvait un certain malaise, se demandant quel lien ignoré pouvait le rattacher, lui, à Angèle Ferrand.

Une femme de chambre qui, en entendant le nom de l'amiral, venait de sourire et à la fois de saluer respectueusement, avait introduit Reynière dans un petit salon-boudoir aux panneaux tendus de satin fond gris argent semé de roses, les portières et rideaux des fenêtres de même étoffe, tombant avec de grands plis cassés et brillants. Des siéges très-bas, de formes différentes et bizarres, recouverts de soies anciennes et brodées, le plafond tendu comme les murs, le tapis aux touffes de roses, tout était d'un goût exquis, décelant la femme dont l'œil exercé ne souffrirait aucune fausse note. Sur des consoles Louis XVI, en bois sculpté et doré, à frise de rinceaux à jour, enguirlandés de fleurs, de jolis guéridons en vieux Sèvres et en Saxe montraient leurs amours potelés et roses, dignes de Boucher. Des terres cuites de Clodion et de Houdon mettaient leur note colorée à côté des bronzes verts de Barye ou de Mène. Sur la cheminée, entre deux candélabres Louis XVI, une pendule en bronze ciselé, à fronton soutenu par des consoles à volutes et surmonté d'un vase, reposait sur un socle en marbre blanc, ornée d'une frise de feuilles d'acanthe. Sur la glace du foyer, à cariatides se terminant en gaînes, des figures d'amours souriant dans des guirlandes de myrte. Un lustre exquis de forme pendait avec ses cristaux scintillants, semblable à des appliques posées sur les tentures. Reynière regardait machinalement l'écran en bois sculpté et doré dont la feuille, en vieux Beauvais, représentait le *Verrou* fripon de Fragonard.

Mais ce qui frappait surtout dans cette pièce, remplie d'un fouillis d'objets qui tous avaient une rare valeur artistique, c'était la profusion même de ces émaux cloisonnés d'un bleu turquoise, des cachepots craquelés de Chine, des groupes de bronze, des porcelaines de Saxe ou des faïences de Trévise, les figurines en ivoire, les laques du Japon; les brûle-parfums en bronze japonais, les éventails à monture de nacre avec aquarelles de maîtres, des coffrets d'écaille, d'ivoire, de malachite ou de galuchat, avec incrustation de porcelaine de Capo di Monte, des boîtes à gants en émail de Chine, des cabinets en laque, des corbeilles rocaille, tout un délicieux assemblage de curiosités et de petites merveilles; puis, au-dessous de quelques tableaux de prix, d'un Vollon représentant *un Loup de velours, un bouquet de violettes et un éventail,* — reliques et souvenir d'une nuit de bal masqué, — des toiles parfaitement authentiques : un Téniers, un Pierre de Hoogh, un Karel Dujardin, des flamands, dont Angèle aimait la précision exquise, un petit secrétaire italien avec casiers à portes et tiroirs en bois noir plaqué d'ivoire à figures, rinceaux et ornements, montrait, ouvert devant un pouff en bois doré garni de satin broché de fleurs, un encrier de Saxe, un couteau à papier en malachite, des porte-plumes en émail vert et, à côté d'une coupe en onyx, un bougeoir de cuivre sculpté portait une bougie rose à demi consumée.

Des plantes exotiques, aux grandes feuilles d'un ton sombre, jetaient dans ce milieu luxueux une note de serre chaude qui ajoutait à la séduction bizarre de ce boudoir où tout attirait et charmait.

L'amiral n'avait pas eu encore le temps d'arrêter ses regards sur chacun de ces objets qu'une des portières de satin se soulevait avec un léger bruit de soie froissée, et qu'Angèle Ferrand apparaissait sur le seuil du boudoir, son visage contracté se détachant en blanc sur le fond gris des tentures, dans l'encadrement des larges feuilles de deux palmiers verts.

Avant même d'avoir analysé l'expression de cette figure, si peu semblable à celle qu'il avait vue la veille, M. de Reynière devina qu'Angèle Ferrand ne l'avait point trompé, et qu'il s'agissait d'une chose absolument grave.

Angèle s'avança vers lui, automatiquement en quelque sorte, droite et froide comme une statue. Son corps, d'une souplesse si charmante, presque féline d'ordinaire, se roidissait, enveloppé d'une robe de chambre en faille bleu de ciel ouverte sur un devant de soie blanche garni de Valenciennes, et ses bras, demi-nus, sortaient de larges manches dont les flots de dentelles tombaient sur sa peau exangue, de la pâleur d'un marbre.

Elle regarda l'amiral d'un air un peu égaré et, au fond des yeux bleus de cette femme, Reynière aperçut quelque chose de cette fixité brûlante qui l'avait frappé dans les prunelles de certains fous.

Angèle Ferrand était évidemment en proie à une surexcitation terrible, à une agitation contenue qui se trahissait par la fièvre de ce regard.

Comme elle ne parlait pas, l'amiral demanda, pour rompre un silence qui lui était pénible à lui-même, si la représentation de la veille s'était bien terminée.

— Très-bien, dit-elle sèchement. On m'a sifflée.

Il fit un geste ; elle haussa les épaules comme pour dire : « Que m'importe ? » et elle s'avança lentement vers le petit bureau italien dont elle ouvrit un tiroir qu'elle repoussa bientôt, voulant d'abord parler à Reynière et lui expliquer ce qu'elle allait faire.

— Monsieur le comte, dit-elle d'une voix brève et sèche, avant toute chose, sachez bien que vous n'avez pas affaire ici à une femme ordinaire. Si je vous parle comme je vais vous parler tout à l'heure, je n'obéis pas à une colère sans raison, et je ne fais point un coup de tête, non! J'ai bien calculé à quoi je m'expose, et je sais où je vais! Je le sais! On vous a raconté bien des traits insensés de femmes de théâtre. Il y a Mathilde Tellier qui, un beau jour, se rase les cheveux, entre dans un couvent et se fait carmélite! Il y a Jeanne Rivière qui s'empoisonne à chaque amant qui la quitte, et qui finira bien par en mourir... à la longue! Il y a Sarah Richard qui couche à côté de son cercueil capitonné de satin, jette dedans toutes les lettres d'amour qu'on lui adresse, et qui veut dormir, un jour, du dernier sommeil, sur ce funèbre lit, fait de larmes et de soupirs! Fantaisie de grande artiste! Eh bien! moi, comme ces femmes, j'ai ma volonté et mon caprice!

Elle se retourna, l'amiral écoutant, froid et inquiet. Et, ouvrant, tout à fait, cette fois, le tiroir incrusté d'ivoire, elle en tira un petit poignard à manche d'argent, un bijou de Froment Meurice, dont la lame aiguë et fine s'enfonçait dans une gaîne triangulaire, et avec cette arme élégante d'une coquetterie sinistre, elle prit une lettre à son chiffre, un papier qu'elle tendit à Reynière en lui disant :

— Lisez!

Cela n'était pas dit sur le ton d'une prière, mais d'un ordre.

L'amiral prit ce papier, le lut, regarda Angèle avec une inquiétude profonde, relut encore les trois lignes qu'avait tracées la main de la comédienne et demanda :

— Qu'est-ce que cela signifie ?

— Cela signifie, répondit Angèle, que, dès la minute présente, vous avez ma vie entre vos mains, et que tout à l'heure vous en disposerez comme il vous plaira.

Et, froidement, résolûment, elle posa sur une table, à portée de la main de Reynière, le petit poignard qu'elle tenait, par la pointe du fourreau, au bout de ses doigts.

Puis, le comte se demandant si réellement cette femme n'avait point perdu la raison, elle lut, en scandant chaque mot avec une volontaire ironie, les lignes écrites par elle sur le papier que Reynière venait de lui rendre :

« Je déclare que c'est de par ma volonté, lasse de « tout, lasse de vivre, que je me suis donné la mort.

« ANGÈLE-JEANNE FERRAND. »

Quand elle eut achevé, elle plaça soigneusement le papier sur sa cheminée, posa dessus, pour le maintenir là, un brûle-parfum de bronze du Japon, et dit, de sa voix nette, en passant pour rejeter ses cheveux en arrière ses deux mains sur son front :

— Asseyez-vous, monsieur le comte, vous allez voir maintenant si vous avez affaire à une folle!

Il y avait à la fois dans les gestes et dans les paroles de la jeune femme une telle exaltation volontairement domptée et une résolution si ferme que le marin sentait et devinait pourtant un affreux drame dans cet étrange caprice.

Il s'assit sur un fauteuil assez bas, tandis que la comédienne, debout, ses deux bras blancs croisés sur sa poitrine — telle que, la veille, devant Monteclair, — le regardait, avec l'expression d'un condamné résolu au supplice ou d'un martyr qui a soif de mourir.

— Savez-vous, — dit-elle en mêlant tantôt le langage débraillé des coulisses à une sorte de lamento d'une poésie tragique, où toutes ses lectures, toutes ses rêveries, tous ses souvenirs de théâtre lui revenaient par lambeaux, — savez-vous à quoi peut vous pousser une passion qui saigne, un amour qu'on bafoue, un dévouement qu'on repousse? Tiens, parbleu; oui, vous le savez, puisque vous avez tué une femme pour ça!

Reynière devint blême, se leva brusquement, et son œil glauque, soudain traversé d'éclairs, foudroya Angèle qui soutint sans bouger le coup de tonnerre et continua :

— La loi vous permettait de tuer. Mais l'amour a ses lois aussi et ses fureurs. Tu me frappes, je me venge ! Une femme qui a cru être aimée pour toujours et qui, tombée et flétrie, a espéré trouver dans un homme d'honneur, qui la relève à ses propres yeux et aux yeux des autres, le rachat de tout son passé et le bonheur de toute sa vie, croyez-vous que le jour où elle serait rejetée dans la fange, abandonnée et condamnée à l'existence de hasards qu'elle croyait avoir quittée, elle n'a pas le droit, elle aussi, de combattre et de se défendre ? Loi de nature, qui vaut bien la loi écrite, je pense. Est-ce qu'on raisonne d'ailleurs ? On devient fou, on ne sait plus où est le juste et l'injuste ; on ne sait qu'une chose : il y a une trahison à punir, il y a quelqu'un à frapper... Et l'on frappe. On frappe au hasard, en aveugle, en coupable... La première arme rencontrée, on la saisit ; le premier conseil donné, on le suit... Et plus tard, — et non des années après, mais le lendemain même de la vengeance, oui, dès le lendemain, — quand on songe à cette heure de fièvre, tout à coup tombée et à cette crise de folie et de douleur, on s'aperçoit qu'elles avaient un nom et qu'elles s'appelaient le crime !

— Le crime !... répéta Angèle d'un ton farouche et, instinctivement, Jean de Reynière sentit un frisson glacé lui courir sur l'épiderme.

— Ce que je vous raconte là, reprit la comédienne, c'est mon histoire. On se confesse à des prêtres pour en avoir l'absolution. Eh bien, quoi !... Je me confesse à vous pour recevoir mon châtiment !

— Le châtiment ! Que voulez-vous dire ?

Angèle demeura quelques secondes sans répondre,

— des secondes plus lentes que des heures, — puis, avec un geste de défi et de résolution :

— Je dis, fit-elle, que je suis une misérable et que j'étouffe là, depuis deux ans, — elle se pressait la poitrine avec force de ses bras serrés, — un secret qui me tue, un vil et infâme secret, quelque chose de hideux et de bas... Je dis que je veux mourir de votre main. Oui, mourir là... mourir punie... Je dis qu'un jour, une lettre anonyme, une lettre lâche a causé la mort d'une femme, et que, cette lettre, si ce n'est pas moi qui l'avais écrite, c'est moi qui avais voulu et demandé qu'on l'envoyât.

— La lettre ? Quelle lettre ? balbutia l'amiral après un grand cri plein d'épouvante.

Il s'avança vers Angèle qui se roidit, plus terrible encore dans sa pose immobile, et, lèvres contre lèvres, les yeux dans les yeux, ses mains cherchant instinctivement les mains d'Angèle, il lui dit tout bas, d'une voix pareille à un soupir, mais chargée du souffle de la plus terrible des colères :

— Est-ce de la lettre que j'ai reçue, un jour, que vous voulez parler, madame ?

— C'est de cette lettre-là, répondit fermement Angèle, la gorge sèche, la voix rauque.

Elle sentit alors les doigts de l'amiral s'enfoncer dans sa peau, dans ses bras blancs, et, torturée comme par les serres d'un étau, elle ne laissa point traverser par un seul mouvement de douleur son impassible visage.

Elle dit lentement et résolûment :

— Tuez-moi !

Le premier mouvement du malheureux avait été de se précipiter vers cette femme pour lui arracher la vérité, comme si elle eût voulu nier, quand, au contraire par une explosion de remords et de fureur, elle éprouvait, à tout avouer, une sorte de joie éperdument sinistre. Le second fut de reculer, comme effrayé de sa propre colère, car ses mains venaient de remonter, crispées, les ongles en avant, jusqu'au cou de la comédienne, comme si elles eussent voulu l'étrangler. C'était une rage froide, implacable. Mais l'amiral se vit, s'aperçut lui-même dans la glace placée derrière Angèle, et son propre regard étincelant dans son blême visage, lui fit peur : il recula.

Une atroce douleur lui traversait en même temps la poitrine, et, d'un mouvement machinal, sa main droite chercha sous son vêtement la place de son cœur qui l'étouffait comme horriblement gonflé.

Angèle avait vu l'éclair de meurtre traverser les yeux de cet homme et elle n'avait répondu qu'en redressant son cou, en l'offrant à la pression de ces doigts dont elle sentait déjà l'atteinte nerveuse.

— Monsieur le comte, dit-elle avec sa froideur résolue, lorsque Reynière eut reculé, je vous ai, en signant ces deux lignes, donné droit de vie et de mort sur moi. Mais il est du moins un être qui doit subir aussi la peine de ses actes, et celui-là, c'est pour avoir le droit de le démasquer et de le dénoncer que je sacrifie ma vie!

Et, hardiment, impérativement, elle ajouta :

— Écoutez-moi!

Jean de Reynière regardait la comédienne avec ses yeux bleus agrandis, et comme s'il ne comprenait pas :

— J'aimais Salviac, je vous l'ai dit, fit-elle. C'est pour me venger de lui que j'ai — misérable fille! — frappé des innocents... Vous... Elle!... Mais j'étais insensée de fureur, capable à la fois et inconsciente d'un crime! Seule, je me serais peut-être débattue, impuissante, dans mon désespoir, j'aurais pleuré comme j'avais pleuré déjà, car la vie m'avait imposé plus d'une épreuve avant celle-là... Mais il a fallu qu'un homme se trouvât là, tout exprès, comme à l'heure dite, pour me souffler la pensée la plus atroce... et pour me donner le moyen de l'accomplir ! Ah ! je ne mérite ni pardon, ni pitié, puisqu'après l'avoir écouté, lui, je l'ai poussé à mon tour, et je me suis donnée à lui pour vaincre ses hésitations dernières... Mais enfin, sans lui !... Ah ! sans lui, je n'aurais pas sur la poitrine ce poids atroce... Oui, il y a eu un conseiller... il y a eu un misérable qui, me voyant affolée, prête à tout, cherchant un moyen de me venger de celui qui me délaissait pour... pour une autre... m'a indiqué, m'a donné le moyen de frapper... Eh bien ! celui-là — voilà ce que je voulais vous dire, et pour vous dire cela, je vous répète que je vous livre ma vie à moi, — celui-là, c'est à la justice qu'il appartient. C'est le dernier des hommes ! Il tuerait demain M. de Salviac, qui m'a défendue, oui, moi, moi, malheureuse ! et qui m'a défendue contre *lui !*

— C'est donc Monteclair ? dit l'amiral avec un cri de fureur, où il sembla à Angèle Ferrand qu'il y avait comme des éclats d'une joie douloureuse.

L'amiral éprouvait, en effet, d'instinct, un sentiment de déchirement, mais de soulagement, à voir que, désarmé devant une femme, fût-elle criminelle et vile, il allait pouvoir trouver, du moins, à portée de sa main, une face et une poitrine d'homme.

— Oui, dit Angèle, c'est Monteclair qui a fait de ma colère une infamie et de ma douleur un crime. L'amour que j'avais pour Salviac, ah ! cet amour était profond et vrai !... J'aimais cet homme, je vous le répète, mais je tiens à ce que vous sachiez pourquoi cette infamie est sans excuse. Je ne demande pas de pitié ! Je l'aimais, moins pour lui-même peut-être que pour tout ce qu'il me représentait d'honnêteté et de droiture dans la vie. Alors, quoi ! Que faire lorsque j'apprends, je vous l'ai dit, qu'il me trompe... Moi... Avec qui ?...

Angèle s'arrêta ; elle se laissa glisser lentement, courbée et suppliante devant l'amiral, plus livide qu'un cadavre ; elle s'agenouilla devant lui, les mains jointes, les yeux égarés, et d'une voix qui tremblait :

— Ce nom, je ne le prononcerai pas, monsieur, dit-elle avec une sorte d'effroi...

Et comme l'amiral faisait un geste :

— Ah ! pardon ! Cent fois, mille fois pardon, de renouveler toutes vos douleurs ! Mais il le faut. Je m'accuse, c'est ma joie de m'accuser. Et jugée par vous, ah ! j'aurai, du moins, expié à mes propres yeux.

— Parlez, je veux tout savoir, interrompit l'amiral, d'une voix pareille à un sanglot. Mais tout, — vous entendez, tout !... ajouta-t-il d'un ton brusque et effrayant.

Et resté debout, les paupières baissées, comme si son regard eût cherché quelqu'un au delà de cette chambre, impassible, sa main droite prenant à poignée sa poitrine déchirée, il écouta ce que laissait tomber, avec des sanglots, des larmes, des cris, des mouvements de mains tordues, de front frappé, de joues essuyées et déchirées à la fois avec les ongles, Angèle Ferrand, plus émouvante et plus terrible que jamais comédienne n'ait été.

— Celle que je ne nommerai pas... Celle pour qui, — pardonnez-moi ! — j'ai prié, oui, prié, agenouillée sur sa tombe... la martyre, disait-elle...

Et Reynière répétait tout bas :

— Blanche ! Blanche !

— ... La martyre... Monteclair l'avait rencontrée... je ne sais où... dans le monde... Un ambitieux, ce Monteclair !... Elle portait un grand nom... et il avait de grands espoirs... Il osa... je le sais, il me l'a dit... il lui parla d'amour... Chassé, éconduit par elle avec mépris, il gardait dans le cœur ce fiel des êtres mauvais qui ne pardonnent pas... Il paraît aussi qu'il me trouvait à son goût... Tout cela en même temps... Il faut plusieurs amours à ces existences sans but... Moi je le haïssais... Oui, vraiment... La première fois que je l'avais vu, je m'étais dit d'instinct : — « Celui-là aura une influence fatale sur ta vie si tu ne le tiens pas à distance ! » Superstition, faiblesse, ce que vous voudrez. Il m'avait fait la cour. Je lui avais répondu en riant. D'ailleurs, je l'aimais *lui*... *Lui*... qui allait me quitter... Lui qui... Et naturellement ce fut Monteclair qui m'apprit cela. Monteclair était à l'affût, poursuivant ce double but : se faire aimer ou agréer par moi, par moi qu'il aimait d'autant plus que je lui faisais sentir qu'il m'était plus indifférent, et se venger de Salviac et se venger d'*elle*.

Un mouvement convulsif agita Reynière, toujours droit, les paupières closes.

— J'avais eu bien des crève-cœur dans la vie... J'avais, un jour, mis au cimetière toutes mes espérances heureuses... Je croyais n'avoir plus une larme à verser, plus une souffrance à éprouver... Ah ! bien oui ! L'abandon du marquis me frappait en pleine poitrine... J'étais folle d'amour-propre blessé, de rage, de douleur aussi... Et ce misérable était là, guettant l'occasion, patient et furieux à la fois... Il me montra ce but effrayant et qui me tenta, misérable que j'étais, et qui amena sur mes lèvres un grand rire de joie folle, de joie cruelle... Je l'entends encore ce rire nerveux et qui me fit peur à moi-même !... Une lettre anonyme ! Une dénonciation !... Le secret de l'épouse livré à l'époux ! Que c'était bon cela, que c'était simple, que c'était sûr ! — Que c'était lâche ! — Ah ! je vous en supplie, écoutez-moi et pardonnez-moi, et tuez-moi. Mais c'est la vérité tout entière qu'il vous faut, et je vous la dirai... J'ai été infâme, mais je ne mens pas... Sur quoi pourrais-je vous jurer que je ne mens pas ?... C'était donc deux êtres qu'on frappait. Elle et lui. Misérables! Nous ne songions pas même à vous ! Le secret de Salviac et... d'*elle*... comment Monteclair l'avait-il appris? Je n'en sais rien. Peut-être suivait-il du regard la comtesse pour la punir de son dédain, comme il m'épiait moi pour faire de moi sa maîtresse... Il fit de notre vengeance un marché... La lettre écrite, il la porterait, lui... Vous étiez absent de Paris... Il irait vous trouver où vous étiez... Vous ne le connaissiez pas... Le coup était sûr... Alors, la lettre fut faite... Ah! toute ma vie pour effacer ce souvenir! Un lambeau de ma chair, tenez, pour chaque mot de cette lettre! Ah! vile créature que je suis! Qu'est-ce qu'elle t'avait fait, cette femme? Que m'aviez-vous fait, vous, mon Dieu?...

Exaltée, éperdue, cherchant du regard le regard de Reynière, qu'elle ne rencontrait pas, belle de désespoir, affolée, la comédienne épelait, comme si elles eussent été là, visibles, les syllabes de l'affreuse lettre que Reynière avait tenue entre ses mains, avant le meurtre :

« .... *Quittez vos compagnons de chasse, revenez ce soir à Paris, et chez vous, sous votre toit...* »

— Alors, interrompit Reynière avec l'effrayante gravité d'un juge, cette lettre, c'est cet homme qui l'a écrite?

— Non... Mais c'est lui qui l'a dictée!... Dans ma chambre; moi, insensée, lui, ricanant. Ah! l'odieux souvenir! Mon écriture, ou la sienne, on pouvait, la reconnaître... Mais, j'avais là, chez moi, une amie, une Anglaise, disparue de Paris, retournée à Londres, Diana Pretty, sachant à peine le français, ignorant votre nom, ignorant tout, et à qui nous avions dit : « Il s'agit d'une plaisanterie... Ça vous amusera! » Et c'est elle, innocente, qui a écrit la lettre.

Et Reynière revoyait, tracée maintenant comme à l'encre rouge, cette écriture nette et grêle, écriture bizarre, qu'il eût reconnue entre mille.

— La lettre écrite — Diana Pretty riait beaucoup en l'écrivant — il hésita à la porter à Rambouillet. Après avoir conçu l'idée, il reculait devant l'exécution. Alors, comme il avait attisé ma colère contre Salviac, je lui rappelai, moi, sa rage contre... elle... Il y avait d'ailleurs un moyen plus sûr. Il m'aimait et me voulait. Je me suis vendue ! Voilà ! — Et je traîne cet amour comme un boulet, et il y a du sang sur mon front, et je suis une créature infâme et je vous demande, comme une grâce, l'aumône d'un coup de ce poignard... là... voyez... tenez...

— Ah ! les misérables ! Le misérable lâche ! s'écria l'amiral livide, et regardant la comédienne agenouillée, écrasée devant lui, et qui lui montrait pourtant, avec un regard avide, le poignard d'argent brillant sur la table.

— Et maintenant, dit Reynière, pourquoi m'avez-vous dit cela ?

— Moi ?... fit Angèle.

— Oui.

— Parce que demain Monteclair se bat avec Salviac, et que Salviac est un homme mort si Monteclair n'est pas arrêté d'ici là !

— Ah ! fit Reynière, je comprends. Vous aimez toujours votre ancien amant et vous ne voulez pas que votre nouveau vous le tue !

— Je n'aime pas M. de Salviac, mais je le respecte. Il m'a tendu la main, à moi humiliée. Sa vie est de celles qui peuvent être utiles. Je ne veux pas, en effet, que Monteclair le tue, et voilà pourquoi je vous dénonce Monteclair. Il n'y a que vous qui ayez le droit de le faire arrêter, mais un homme qui a causé la mort d'une femme par une dénonciation anonyme a bien, j'imagine, des comptes à rendre à la justice. Punissez-le, châtiez-le, ce misérable ; je vous le livre !

— Et vous ? dit froidement le comte.

— Moi ?

Elle se releva brusquement et haussa les épaules.

— Moi ? Je suis morte !... Ne vous inquiétez pas de moi. Tuée par vous ou tuée par moi, dans une heure, tout sera dit.

Elle étendit la main vers le papier signé de son nom et placé sous le brûle-parfum.

— Ah ! mais, tuez-moi donc, vous ! dit-elle avec un grand cri désespéré. Je serais peut-être assez lâche pour ne pas oser toute seule en finir !

Reynière, le cœur labouré comme avec la pointe de cette arme qui était là, ressemblait à une figure de cire plutôt qu'à un être humain. Ses yeux seuls vivaient.

Il chercha machinalement du regard son chapeau et fit un pas vers le fauteuil où il l'avait posé.

— Où allez-vous ? s'écria Angèle effarée. Vous sortez ?

— N'avez-vous pas tout dit ? demanda l'amiral avec sa voix serrée dans sa gorge.

— J'ai tout dit. Tout. Excepté mes remords, mes larmes, la honte affreuse que j'ai de moi...

— Les larmes ne réveillent pas les morts, répondit le comte.

Angèle ne comprenait plus rien à cet homme. Elle attendait un coup de poignard, — la délivrance ; elle recevait — chose plus cruelle — comme en plein visage, un regard chargé de mépris.

Et Reynière sortait ! Où allait-il ?

Elle répéta sa question.

— Où demeure M. Monteclair ? demanda Reynière sans répondre.

— Pourquoi ?... Pourquoi me demandez-vous cela ?

— Où demeure-t-il ?

— Rue Taitbout, 55, depuis dix jours... Mais...

Reynière soulevait déjà la portière du boudoir ; sa main touchait le satin gris.

Sans se rendre compte de ce qu'elle faisait, sans songer que cet homme pouvait, au moindre contact, la repousser avec horreur, elle s'élança vers l'amiral :

— Allez-vous livrer Monteclair à ses juges?

Reynière demeurait muet.

— Non, non, s'écriait-elle, je le vois, vous aller le provoquer! Ah! malheureuse que je suis! Au nom de tout ce que vous avez de plus sacré, n'y allez pas! Des êtres pareils, on les frappe, on ne se mesure pas avec eux! Il vous tuerait!

— Eh bien? fit l'amiral froidement.

— La vie d'un homme comme vous jouée contre la sienne! Ah! monsieur le comte... non... non... jetez-le au tribunal, à la cour d'assises, au bagne, est-ce que je sais, moi! Mais ne vous battez pas avec lui! Voyons... il vous reste bien une affection... une famille...

— Rien, dit l'amiral d'un ton effrayant.

Angèle se tordait les mains.

— Alors vous voulez vous battre avec ce misérable? J'avais, après des heures de folie et d'insomnie, résolu de tout vous dire pour vous le livrer, pieds et poings liés. Et au lieu de le punir, vous voulez lui faire l'honneur d'un duel avec vous? Eh bien! c'est moi qui empêcherai cette rencontre! J'irai trouver la police — je ne sais qui — et je dirai : « Arrêtez cet homme! Ce Monteclair a armé le pistolet qui a tué une femme! Et je le sais bien, moi : — j'étais sa complice! »

Elle avait dit cela d'un air résolu, avec un geste vulgaire et terrible, comme un assassin qui, avec bravade, avoue devant un tribunal.

Mais il y avait eu une telle résolution et un tel désespoir dans ce geste et cet air que Reynière, ému encore même après tant d'émotions, se sentit frissonner.

Ce qu'elle disait, Angèle l'eût fait. Elle allait le faire! Elle se moquait de la vie comme d'un fétu de paille.

Il la regarda bien en face, elle tremblant devant ses yeux d'un bleu vert :

— Vous ne ferez pas cela, dit-il, du ton implacable

d'un juge rendant une sentence; le secret de votre crime, vous le garderez aujourd'hui, vous le garderez demain comme vous l'avez gardé hier. Vous n'avertirez ni la police ni personne. La vie de ce Monteclair est à moi. J'en ferai ce que je voudrai, mais je vous défends, — ah ! je vous défends, vous m'entendez ! — de faire retentir encore une fois devant la justice le nom de celle que vous avez tuée !

Angèle tremblait, effrayante de terreur sous cette voix dont la sévérité glaciale et méprisante la frappait au cœur comme un solennel châtiment.

Terrifiée, elle regardait cet homme, qu'elle eût admiré jusqu'à devenir son esclave, à le servir, à lui vouer sa vie tout entière, obscurément, comme il eût voulu, — et ce Reynière qu'elle avait déjà atteint dans son amour, elle le jetait elle-même de sa propre main, elle le poussait sous le fer d'un spadassin qui allait l'égorger.

Pour empêcher la mort de l'homme qui l'avait protégée la veille, — sans qu'il l'aimât, sans qu'elle l'aimât, — elle jouait la vie de celui à qui elle pensait tout bas, toujours !

Pour sauver Salviac, elle sacrifiait Reynière.

Toutes ces idées se confondaient, affreusement pressées, dans sa tête. Elle cherchait le moyen d'empêcher le comte de franchir ce seuil, de courir rue Taitbout, de souffleter Monteclair...

Mais que lui dire ? De quel droit même lui parler maintenant? Il la méprisait tant qu'il ne daignait même pas la punir.

Tout à coup, elle se redressa avant de supplier, redevenant l'Angèle Ferrand étrange et superbe qu'elle était toujours, reprenant son masque de fierté, sa voix hardie, son regard sans pitié :

— J'aurais voulu et je voulais châtier Monteclair par l'arrêt d'un juge, dit-elle. J'aurais voulu mourir en le sachant frappé. Soit, je vivrai, j'attendrai. Allez donc à ce misérable, vous qui êtes l'honneur, et faites-lui l'aumône d'une rencontre avec lui. Tant que mon cœur battra, tant qu'il y aura dans mes veines une goutte de sang, si vous mourez, je vous jure bien d'employer ma vie entière à vous venger, vous et... (elle baissa la voix involontairement) vous et *elle* sans que le nom de la morte soit prononcé. Et pour cette vengeance, je ne vous demande même pas votre pitié ou votre pardon ! Voulez-vous que je vous dise ? Votre mépris, c'est l'expiation la plus cruelle et la plus déchirante... Oui, fit-elle en arrêtant un geste du comte. Là-bas, à Vichy, attirée vers vous comme le meurtrier par le coin de terre où il a commis le meurtre, j'éprouvais déjà un frémissement douloureux à me dire que vous aviez souffert par moi... Je vous plaignais et m'accusais déjà... Je vous admirais et vous vénérais... Nous ne nous reverrons jamais, sans nul doute... Eh bien, je veux au moins vous dire que ma punition vivante c'est vous, c'est la haine qui va entrer dans votre cœur, quand je rêvais d'y voir la seule affection que, blasée et lassée, j'ambitionne aujourd'hui... Oui, je donnerais — je ne dis pas l'avenir (qu'est-ce que l'avenir ? le suicide, probablement) — mais tous mes souvenirs de joie, d'autant plus précieux qu'ils sont plus rares, pour qu'au lieu du mépris il y eût de la compassion dans vos yeux... Haïssez-moi, monsieur le comte, haïssez-moi bien ! Moi, je vous aime !

Elle avait jeté ces mots avec une telle force, si profonde, si ardente, si navrée et si fervente à la fois, que Reynière enveloppa d'un regard stupéfait cette femme, belle et blanche comme un marbre, qui laissait échapper cet aveu comme elle se fût frappée de l'arme qu'elle tenait tout à l'heure, car rien ne pouvait rendre la douleur qu'elle avait mise dans ces derniers mots.

— Je vous aime, dit-elle encore, et, sur le souvenir

des miens, je vous jure que jamais un autre amour n'entrera dans ce cœur ! Avant que le reste meure, c'est mort, ça, tenez ! (Et elle se frappait la poitrine.) Jamais ça ne battra, jamais ce cœur n'aimera. C'est fini ! C'est brisé ! Les morceaux mêmes en seraient mauvais. Et si vous le tuez, le misérable, tout sera bien. Mais il y aura encore une autre morte : moi ! Adieu !...

Le comte entendit à peine ces derniers mots que la lèvre d'Angèle prononça pourtant avec force. Il avait déjà franchi le seuil du petit salon et la portière de satin gris était retombée sur lui. Horriblement pâle et les yeux comme couverts d'un voile, il traversait au hasard les pièces qui conduisaient au boudoir de la comédienne, et la femme de chambre qui l'aperçut, sortant, le guida sans dire un seul mot, effrayée du trouble de cet homme, par l'escalier jusqu'à la porte du petit hôtel donnant sur la rue Prony.

Reynière se jeta dans la voiture qui l'attendait et se laissa littéralement tomber sur les coussins, comme écrasé par tout ce qu'il venait d'entendre.

Avant de rentrer chez lui, éprouvant instinctivement le besoin de se rendre compte de ses propres idées, des devoirs nouveaux ou des fatalités que la révélation d'Angèle apportait dans sa vie, il se fit conduire, au hasard, au Bois, songeant et se demandant ce qu'il allait faire.

Angèle, restée seule, était demeurée un moment les bras croisés devant le petit poignard, dans son attitude ordinaire, et regardant l'arme élégante et aiguë avec des yeux fixes.

A dire vrai, elle éprouvait l'impression d'une immense délivrance. Il lui semblait qu'elle avait arraché de son visage un masque qui l'étouffait et qui tenait à la peau.

Elle respirait plus librement.

Et pourtant, très-sérieusement, elle contemplait l'arme ciselée en songeant à mourir.

On frappa tout à coup à la porte, à cette porte par laquelle Jean de Reynière avait disparu.

Machinalement, la comédienne répondit :

— Entrez !

C'était la femme de chambre. Elle apportait une lettre sur un plateau.

— Qu'est-ce que c'est ? demanda Angèle.

Une idée superstitieuse lui traversa aussitôt la cervelle.

— Si la première lettre que je rencontre dans ce billet est un *o*, se dit-elle, c'est que je dois en finir tout de suite. Si c'est un *n*, c'est qu'il faut attendre. Pile ou face, *oui ou non*. C'est la vie, ça ! Ça peut bien être aussi la mort !

Elle prit le billet et le décacheta sans trembler.

C'était de Thibouville.

« *Ne vous démontez pas, ma chère enfant,* écrivait le « professeur, *parce que l'on vous a sifflée hier...* »

Elle s'interrompit, sourit ironiquement et murmura :

— Un *N!*... Thibouville n'a pas su qu'il faisait métier de sauveteur en traçant cette lettre-là. Après tout, c'est partie remise !

Elle acheva le billet du professeur :

« On ne siffle plus assez aujourd'hui. Le coup de « sifflet, pour un artiste, c'est le coup d'éperon pour « le cheval de courses. Vous avez bronché hier. Qui « sait ? Vous sauterez peut-être l'obstacle aujour- « d'hui. Vrai de vrai ! tout en étant au-dessous du « rôle, vous avez été au-dessus de vous-même. Un « effort, ma petite ! Allons donc ! Vous êtes assez éner- « gique pourtant ! J'irai vous écouter ce soir, et peut- « être vous applaudir.

« THIBOUVILLE,

« *professeur de vérités.* »

— Au fait, dit avec un bizarre et profond sourire Angèle Ferrand en laissant glisser le long de sa jupe de faille le billet de Thibouville, c'est peut-être curieux, et c'est piquant de montrer au public une femme qui joue la comédie aujourd'hui en songeant à se tuer demain ! — Je jouerai ce soir ! Ce sera drôle !

XIV

AFFAIRE D'HONNEUR

Tandis que sa voiture l'emportait, — il ne savait où, et ne s'en inquiétait guère, — l'amiral, au bout de toutes les réflexions disparates qui s'entre-choquaient dans son cerveau, entendait toujours retentir, en quelque sorte comme un refrain, ce nom et cette adresse :

« — *Monteclair, rue Taitbout*, 55. »

On eût dit que c'était là le mot d'ordre que lui dictait la destinée. En sortant du boudoir d'Angèle Ferrand, Reynière ne songeait pas à autre chose qu'à aller cracher au visage du misérable. Puis, en route, des pensées nouvelles étaient venues l'assaillir en le torturant encore, mais sans le troubler.

Sa résolution était prise.

— J'aurais consenti à ce qu'on me coupât le bras gauche pour tenir le misérable auteur de cette lettre anonyme à portée de mon bras droit. Je tiens deux coupables au lieu d'un : mais l'un de ces deux êtres est un homme. Je veux, si je puis, lui déchirer la poitrine et lui trouer le cœur ! — Je veux me venger ! Et venger Blanche !

Se venger ! Il ne songeait point à autre chose.

— Je vais souffleter ce bandit, je le force à se battre, je le tue...

L'amiral raisonnait comme tout homme sûr de son droit, qui met le destin du côté de la justice.

Mais, en supposant même que ce dénoûment arrivât, qu'après avoir puni la femme adultère, Reynière devînt le justicier du dénonciateur, qu'arrivait-il ? Une pensée inattendue vint le déchirer encore. Que faisait-il? Il tuait l'homme qui menaçait la vie de Robert de Salviac! Salviac étant aimé de Valentine, il assurait le bonheur de l'être qu'il devait haïr le plus, car c'était lui... En démasquant Monteclair, Angèle n'avait voulu que protéger Robert — par reconnaissance pour cette suprême pitié dont le marquis, à Saint-Germain, devant tous, au risque de se compromettre, avait fait preuve, — et, l'amiral ne voulant pas employer contre Monteclair les armes de la loi, c'était Reynière qu'elle forçait, sans le vouloir, à prendre la place de Salviac.

— Mais pourquoi prendre sa place? se disait tout à coup l'amiral. Ne pouvait-il attendre que la rencontre inévitable de Monteclair avec Salviac eût eu lieu? Le sort devant favoriser le spadassin, Reynière lui demanderait ensuite compte de la mort de Blanche.

Sans doute. Mais si le marquis tuait Monteclair? Cette pensée faisait bondir l'amiral comme un affamé à qui l'on arracherait sa proie. Quoi! ilcherchait l'être qui avait armé sa main, tué son bonheur, dirigé le canon d'un pistolet sur la poitrine de Blanche, et l'ayant trouvé, il renoncerait à la volupté de disposer de sa vie, de lui dire en face : « Vous êtes un lâche! » et de le tuer comme un chien. Car il le tuerait; certainement, il le tuerait. Renoncer à cette volupté sinistre, c'était impossible. Salviac tuant Monteclair, c'était Salviac lui volant sa vengeance après son amour. Il voulait se battre avec Monteclair. Il se battrait avec lui. Il le fallait. Et si Salviac trouvait le bonheur au bout de l'aventure, eh bien! c'est que la destinée était pour le marquis. Mais ce que lui, Reynière, désirait, ce qu'il demandait, ce qu'il *tenait*, c'était Monteclair.

Il irait donc à Monteclair et il se battrait avec lui avant Salviac.

— Rue Taitbout, 55! cria brusquement l'amiral à son cocher.

Et comme il se penchait à la portière pour jeter au cocher l'adresse de Monteclair, une voix, sortant d'un coupé, l'appela par son nom :

— Reynière!... Jean!...

C'était Me Bernard Herblay, faisant un tour de Bois, et qui, la voiture de Reynière arrêtée, descendit de son coupé et dit :

— Je ne suis pas fâché de te rencontrer! Eh! qu'as-tu donc?

— Ce que j'ai? Je suis très-heureux. Je connais l'homme qui m'a apporté à Rambouillet et m'a fait remettre chez toi cette lettre... la lettre, dit l'amiral sans plus préciser.

Et pourtant l'avocat comprit tout. Il devint à son tour très-pâle.

— Vraiment? dit-il.

— Je sais son nom! C'est Henry Monteclair!

— Ah! le vil personnage! dit Me Herblay. Eh bien! le hasard est grand et tu me rencontres juste à point. Monte avec moi!... Vous suivrez ma voiture, dit-il au cocher de l'amiral.

Reynière entra dans le coupé.

Sur une petite planchette d'ébène, qui se baissait ou se levait à volonté, formant pupitre, l'avocat, habitué à étudier ses dossiers au trot de son cheval, avait posé une grosse serviette de cuir à son chiffre qu'il ouvrit vivement.

La serviette était gonflée de paperasses. Herblay y prit deux ou trois feuillets d'un papier à teinte jaunâtre et à grains très-gros qu'il tint un moment entre ses doigts.

— Qu'est-ce que tu vas faire à ce Monteclair ? dit-il.

— Le provoquer et le tuer, dit Reynière.

— C'est impossible, mon cher ami !

— Pourquoi ?

— On ne se bat pas avec certaines gens !

— On se bat toujours avec ceux qu'on hait !

— Mon cher Jean, fit Me Herblay, ce Monteclair se présente aux élections qui vont avoir lieu pour remplacer Rabasse... à Saint-Omer... Or, il courait d'assez méchants bruits sur ce candidat... Le docteur Herpin a demandé à notre comité des renseignements exacts, et Désorbiers m'a tout simplement procuré la biographie du personnage tracée par la plume experte de quelques agents de police. Tu sais que les greffiers écrivent parfois comme Tacite. Voici un échantillon du style des policiers. Lis !

— Que m'importe ? dit Reynière, cela m'apprendra-t-il que cet homme n'a pas causé la mort de Blanche ?

— Cela t'apprendra qu'on ne se mesure pas avec de telles espèces. Lis !

L'amiral prit avec une certaine hésitation les papiers que Me Herblay avait ouverts.

— Soit dit en passant, fit l'avocat, tu vas voir par ce simple et unique exemple la supériorité de la police politique sur la police de sûreté... au point de vue spécial de l'information. Voici tout ce que la sûreté avait pu recueillir sur le personnage.

Et il tendit un feuillet à Reynière, qui lut :

« *Note fournie par le service de sûreté.*

« Monteclair (Henry), né à Pithiviers, le 7 novembre 1833, demeurant à Paris, 30, rue de Douai.

« M. Henry Monteclair est le fils de M. Germain Monteclair, notaire à Pithiviers, et de Mlle Anne-

Madeleine Potrel, d'Angoulême. Il est fort connu dans le monde des viveurs et des sportsmen; il est membre du Sporting-Club depuis longtemps. A dévoré la petite fortune de sa mère, puis celle qu'il tenait de son père. Quoique menant grand train, paraît couvert de dettes. Je dois ces renseignements, — malheureusement très-incomplets, je le reconnais, — à l'obligeance de mon collègue de l'attribution des jeux et des mœurs, M. Scelliez; mais ni les agents de mon collègue ni les miens ne sont en mesure de les compléter et j'ai dû m'adresser à l'officier de paix du cabinet qui tient à sa disposition des moyens d'information plus complets et m'a effectivement promis son concours, sauf l'approbation directe de M. le Préfet.

« *L'officier de paix chargé de la police de sûreté,*

« V. T. GÉRARD. »

N° 3. A. C. 512.

— Eh bien? dit Reynière après avoir lu.

Et il remit le feuillet sur la serviette.

Bernard Herblay lui tendait maintenant une feuille de papier double d'une écriture malhabile et bizarre.

— Voici maintenant, dit-il, un petit portrait de candidat signé de la main d'un agent politique: Lebernier *pinxit*. Le peintre est plus expert ici. La police politique a des aperçus plus intimes, des renseignements plus certains. Il est même curieux de voir combien ses agissements, comme on dit aujourd'hui, sont plus adroitement conduits. Lis toujours!

— A quoi bon? Je t'ai dit...

— Lis, je t'en prie.

Reynière jeta les yeux sur le rapport qui, en effet, était curieux.

« *A M. V. T. Gérard, chef de la police de sûreté.*

« Mon cher collègue.

« Je m'empresse de vous transmettre les renseignements que vous m'avez demandés sur M. Henry Monteclair, fils de Monteclair, notaire à Pithiviers, et membre du Sporting-Club. Cet homme est arrivé à Paris tout jeune et, son droit achevé, s'est lancé, malgré son peu de fortune, dans le monde du sport. Il ne s'occupe que depuis quelque temps de politique. Sa candidature dans la Picardie a des chances de succès, grâce à l'appui que lui prêtent des amis dévoués. Il a emprunté l'argent nécessaire aux premiers frais électoraux. Les comités feront le reste. Ses opinions, qui ne sont pas trop déterminées, ne sont point subversives. Malgré cette camaraderie puissante, les gens sérieux du club le considèrent comme un garçon peu honorable. Il y a de la tare sur son nom. Il ne paraît, du reste, plus au club, où il a été affiché pour dettes de jeu laissées en souffrance.

« Cet homme, qui mène en effet la vie large et facile, n'a d'autres ressources que celles du hasard. La succession de sa mère lui avait tout simplement permis de contracter des dettes assez considérables. Pourvu d'un conseil judiciaire du vivant de son père avec qui il était brouillé, M. Henry Monteclair s'était vu, il y a quelques années, refuser tout crédit par ses amis et ses fournisseurs habituels, et il a dû avoir recours pour vivre aux expédients les plus blâmables.

« On lui reproche notamment de ne s'être rendu, de concert avec M. de Cravanne, adjudicataire des chasses de Varville, que pour mieux exploiter ses associés. Non content de faire payer le total des frais qu'entraîne un établissement de cette nature, en se réservant le logement, il spéculerait encore au détriment de ses associés sur les chevaux et les chiens que chaque année il ramène pour leur compte d'Angleterre et d'Écosse. On lui reproche encore de gagner sur la nourriture de ces animaux.

« Au surplus, le bail de Varville cesse cette année, et actuellement M. Henry Monteclair se soutient au moyen de paris de courses qu'il excelle à combiner (on prétend qu'il s'est plus d'une fois entendu avec les jockeys pour qu'ils ne courussent qu'une course fictive) et du produit de bijoux et de chevaux achetés à terme et revendus comptant.

« Il aurait été longtemps l'amant de la célèbre Jane Kelly et passe publiquement aujourd'hui pour un des tenants de la fille Angèle Ferrand, du Vaudeville. En ce moment même il soutient deux procès, l'un contre MM. Jack Benson et C°, joailliers à Londres, l'autre contre M. Nathan Salomon, marchand de chevaux à Paris, à propos des opérations ci-dessus relatées.

« En souhaitant que ces renseignements puissent vous servir, veuillez agréer, mon cher collègue, l'assurance de tous mes sentiments.

« *L'officier de paix du cabinet chargé du service politique,*

« LEBERNIER. »

A ce rapport était jointe une note de M. Gérard :

« *Renseignements complémentaires à joindre au dossier H. Monteclair.*

« S'adresser, au besoin, à Me Thorens, notaire à Paris, qui fut son conseil judiciaire. Les ressources ne suffisant plus pour avoir chasses, etc. M. Henry Monteclair s'adonnerait, dit-on, au sport nautique, et pour courir le canotage, il vient d'acheter au constructeur Lévy un bateau appelé par lui *l'Audacieux*.

« *Le chef du service de la sûreté,*

« V. T. GÉRARD. »

— Eh bien! dit Bernard Herblay quand l'amiral eut fini, est-ce qu'on se bat avec Monteclair?

— On se bat et on le tue, répondit Reynière.

— Ces policiers n'ajoutent pas que Monteclair est le plus redoutable tireur...

— Tu vois bien, fit Reynière très-simplement, que tu me pousses, toi aussi, à me battre avec cet homme!

Herblay connaissait l'inébranlable volonté de son ami. Il froissa les papiers pour les remettre dans sa serviette qu'il ferma avec humeur et dit :

— Ah! quel est le maladroit qui t'a révélé le nom du misérable?

— Une femme à qui je pardonnerais presque le crime qu'elle a commis pour la joie qu'elle me cause en me donnant le droit de punir!

Décidément, le parti de Reynière était irrévocablement pris.

— Au moins, dit l'avocat, choisis le pistolet. A l'épée, cet homme est formidable...

— Depuis que j'ai tué avec un pistolet, je me suis juré, dit Reynière, de ne plus toucher à une arme pareille. Je me battrai à l'épée.

— Mon pauvre Jean! dit l'avocat.

— Tu crois qu'il me tuera? C'est possible. Je ne crois pas.

— Le pistolet...

— Jamais. Même pour me frapper, moi, je ne prendrais pas un pistolet. Au fait, dit-il, avec un sourire bizarre, et la fameuse prédiction de la paysanne du bourg de Batz? Victoire Tranchart! Elle doit te rassurer sur le résultat de la rencontre ! Ce misérable ne me tuera pas, puisque je dois me tuer deux fois !

— Ah ! les prédictions ! les prédictions ! fit Bernard avec humeur.

— Le fait est que la sagesse consiste à n'y ajouter foi qu'à demi, dit Reynière. Pour me tuer deux fois, il faudrait m'être frappé une fois déjà ! A moins, dit-il en changeant de ton, que Victoire Tranchart n'ait compté la mort de Blanche comme un suicide ! C'est un peu cela, ajouta l'amiral douloureusement ; c'est même tout à fait cela, mon pauvre ami. Frapper l'être qu'on chérit le plus au monde, c'est se frapper soi-même en pleine chair, au profond du cœur. On doit même moins souffrir quand on meurt que quand on tue. Et après tout, Bernard, voilà une explication comme une autre, n'est-ce pas ? Il faut bien aider un peu les prophéties et les prophètes ! Sans cela, les uns passeraient pour charlatans, et les autres ne se réaliseraient jamais. Qu'en dis-tu ?

Il y avait un tel accent navré dans ces derniers mots prononcés avec un sourire contraint ; on sentait sous ces mots amers une telle souffrance, que Me Herblay n'osa rien répondre, essaya encore de dissuader le comte d'aucune explication avec un homme tel que Monteclair, et le quitta, assez inquiet des projets médités par Reynière, devant la porte du Ministère de la Marine, où l'amiral avait affaire, paraît-il.

L'amiral entra, en effet, par la grande porte de la rue Royale dans la cour du ministère et s'engagea en homme qui connaît les êtres dans les couloirs des bureaux. Quoique M. de Reynière ne fût pas un solliciteur d'habitude et qu'il ne fréquentât guère ni l'antichambre ni les salons du ministre, les huissiers cravatés de blanc et les garçons, au fait de tous les visages, le connaissaient bien et se levaient en s'inclinant devant lui comme devant une puissance. Il entra, en se faisant annoncer, chez le secrétaire du ministre. Le secrétaire alla vers lui, souriant, prévenant, avec des saluts et des sourires d'une courtoisie nuancée de respect, et lui dit, en prenant sur son bureau, parmi d'autres papiers entassés, un pli cacheté de cire rouge :

— C'est cela que vous venez me demander sans doute, amiral? J'allais vous l'envoyer. L'avis conforme du Conseil de l'Ordre a été un peu retardé; mais le décret, envoyé par la Grande Chancellerie, est enfin signé à la Présidence. Je voulais être le premier à vous annoncer la bonne nouvelle, et j'allais, ce soir même et par ordonnance, vous faire tenir ce brevet au galop.

— Merci mille fois, répondit le comte en prenant le pli que lui tendait le secrétaire. Jamais croix n'aura été mieux donnée et placée sur un cœur plus brave et plus pur! Puis-je remercier moi-même le ministre?

— Le ministre a, tout à l'heure, été appelé à Versailles. Mais demain, dans l'après-midi, si vous voulez, amiral...

Reynière hocha la tête, sourit imperceptiblement d'un air bizarre à ce mot : *Demain*, remercia le secrétaire, et sortit. Dans un long corridor, garni de banquettes de velours, où des solliciteurs attendaient, leurs chapeaux sur le genou, le comte s'entendit appeler soudain par quelqu'un qui vint à lui, le saluant avec un respect cordial.

— Vous, Juigny?... dit l'amiral en le reconnaissant bien vite et en lui tendant la main aussitôt. Ah! mon cher commandant, je suis enchanté de vous rencontrer! Qu'est-ce que vous faites ici? Je vous croyais en Chine.

— J'en viens, répondit l'autre, joli homme à la figure fine, tannée cependant par le vent de mer, le regard franc, la bouche spirituelle, les favoris grisonnants, le cou d'une couleur de brique, tout brûlé du soleil des pays torrides, et la rosette rouge à son paletot noir.

— Et *la Belliqueuse* a eu bonne traversée? demanda Reynière.

— Excellente!

— Eh bien, mon cher Juigny, le hasard a bien fait les choses, qui veut que vous soyez à terre au lieu de commander votre frégate. J'ai à réclamer de vous un service...

— De moi?

— De vous ou de tout autre compagnon d'armes que j'eusse rencontré ici. Je me battrai très-probablement demain. Voulez-vous me servir de témoin?

— Comment, mon amiral! Un duel?

— Inévitable, résolu... Acceptez-vous d'être mon second?

— Je suis à vous de cœur et d'âme pour les petites choses et pour les grandes. Disposez de moi toujours, et toujours je vous remercierai!

— Eh bien! à ce soir, mon cher Juigny, dit Reynière. Voici ma carte. Faites vos affaires. Il s'agit sans doute du service. Ne laissez pas prendre votre tour. Allez! Je vous attendrai à six heures.

— Monsieur le commandant de Juigny, cria un huissier, appelant, comme s'il eût répondu à Reynière, l'officier que le secrétaire attendait.

— Vous voyez. Allez, allez, mon cher Juigny, et profondément merci. A ce soir, six heures!

Et tandis que le commandant de *la Belliqueuse* entrait chez le secrétaire, l'amiral descendait les marches du ministère en se disant :

— Ce brave Juigny! Un compagnon de Crimée, comme mon vieux Gauthier. J'ai failli avoir, je ne sais trop pourquoi, niaisement, une affaire avec lui en sortant de l'école. Qui m'eût dit qu'un jour il me servirait de témoin, et dans un duel contre un tel homme?

En remontant dans son coupé, qui l'attendait devant le ministère, l'amiral donna à son cocher l'adresse de Monteclair. En allant droit à ce misérable qui avait joué, du fond de l'ombre, un rôle si odieux dans sa vie, M. de Reynière ne redoutait qu'une chose : un éclat de colère, un emportement empêchant la vérité de sortir de ses lèvres, froidement méprisante, et d'aller frapper Monteclair à la joue. Ce n'était plus une femme que l'amiral allait trouver devant lui, et, comme il avait eu peur de se laisser aller à frapper de ses mains Angèle Ferrand, il se demandait s'il n'allait pas bondir sur ce lâche et lui labourer le visage à coups d'ongles. Et pendant que le coupé le rapprochait du logis de Monteclair : « Allons, se disait le comte, du calme, c'est la dernière épreuve! »

Il descendit de sa voiture avec une roideur voulue, se contraignant lui-même à marcher lentement. Le concierge ne put s'empêcher pourtant de remarquer la pâleur effrayante de cet homme et le tremblement de cette voix qui demandait si M. Monteclair était chez lui.

Monteclair venait justement de rentrer, laissant à la porte M. de Rongère, qui lui apportait des *placards* à corriger, des modèles d'affiche.

— La profession de foi, vous savez! dit le concierge avec finesse. Est-ce que monsieur vient pour ça?

— Non, répondit le comte.

Il monta doucement l'escalier, jetant un regard machinal aux bandes du tapis posé sur les marches, et, arrivé à l'étage indiqué, il sonna, toussant un peu sans le vouloir, comme si l'air eût manqué à sa gorge.

Un domestique vint ouvrir, et instinctivement, d'un coup d'œil rapide, examina l'amiral comme si, dans tout nouveau venu, il eût flairé un importun ou un créancier.

La physionomie de M. de Reynière le rassura sans

doute, car, lorsque le comte demanda : « Monsieur Monteclair, » le valet répondit :

— Monsieur est visible.

— Dites-lui donc que c'est l'amiral de Reynière qui veut lui parler !

A cette heure même, Robert de Salviac, seul dans son appartement de la place Vintimille, attendait ses témoins, qui devaient maintenant conférer avec ceux de Monteclair. Le marquis avait choisi, pour le représenter, deux amis intimes, M. de Sorel, l'attaché d'ambassade, et un officier de dragons, le capitaine Rodier. L'un et l'autre étaient tout dévoués à Salviac. Monteclair avait tout naturellement pris pour témoins Gauvain de Boispréaux et M. de Rongère. Ces messieurs se réunissaient cette après-midi même et discutaient les conditions du combat. Car il ne fallait point songer à arranger l'affaire. Ni Salviac ni Monteclair n'y eussent consenti.

Robert allait donc se battre! Et se battre pour une femme qu'il avait aimée, et qu'il n'aimait plus! Il lui semblait que c'était là comme une dette à payer de son passé se dressant tout à coup devant lui comme pour lui dire : « M'avais-tu oubliée? »

Il avait mis ses papiers en règle et se promenait de long en large dans l'atelier transformé en salon, ou machinalement il s'étendait sur le divan et songeait.

Les murs tendus de vieilles tapisseries, le long divan couvert d'étoffe orientale ancienne, le lustre flamand, le cabinet Henri II, les armes, les panoplies, les livres, les peaux d'ours et de tigres jetées sur le tapis, les vieilles faïences accrochées aux murs, les bronzes, les cuivres et les grès entouraient d'un cadre luxueux cet homme qui allait peut-être mourir demain.

Tous les souvenirs d'autrefois se pressaient dans la tête du marquis. Il revoyait Blanche, il comptait toutes les folies commises, toutes les larmes versées, toutes les fautes, et il se disait, une fois encore, mais plus tristement que jamais, que s'il avait à recommencer son existence, il la referait tout autre.

— Pourquoi ne connaît-on pas l'avenir?... Après cela, si on le connaissait, on en finirait peut-être plus tôt, ajoutait-il.

Il s'était levé et regardait, sur le vitrail gothique de sa fenêtre, un petit scarabée quelconque qui glissait le long de la vitre et s'acharnait pourtant à monter. Son esprit se fixa, en même temps que ses yeux, sur ce pauvre insecte noir, s'épuisant en efforts pour grimper au haut d'un mur nu et stérile. Les pattes s'agitaient; il cherchait sur le vitrail lisse un point d'appui qu'il trouvait avec peine; il se hissait péniblement, s'efforçant de faire un pas après un autre, plein d'ardeur, plein d'espoir, sans doute, et il allait, il allait... Où allait-il?

— Là-haut, répondait Salviac tout bas, à ce plafond où rien de ce qui peut le faire vivre n'existe, où il sera seul, où il aura faim, d'où il reviendra meurtri comme un soldat après un assaut infructueux.

Et le marquis songeait :

— Pauvre scarabée! Tu me représentes l'homme, dans ton voyage ardu, dans ton ascension pénible; l'homme au front plein de sueur, qui s'épuise en efforts, qui lutte à toute heure, à tout instant, souffre, gémit, travaille, et qui, arrivé au but, — s'il y arrive jamais, car dans sa route aussi le terrain est glissant et la chute facile, — s'aperçoit avec désespoir qu'il n'a rien à ramasser dans cet eldorado qui lui semblait si beau lorsqu'il l'apercevait de loin, et qu'il lui faut revenir, le cœur brisé, à l'endroit quitté tout d'abord. Mirages! ah! mirages! Et comme elle est cruellement vraie, fatalement juste, cette triste fable des bâtons flottants! Encore si chaque déception ne nous emportait pas une parcelle de notre espérance!

— En vérité, concluait Salviac, je ne sais pas si je consentirais volontiers à revivre.

Le scarabée était brusquement tombé à terre : — Voilà où il faut toujours en venir, dit le jeune homme.

Robert, calme devant la perspective du danger qu'il allait courir, ne se troublait vraiment que lorsque sa pensée l'entraînait malgré lui vers Valentine. Douce vision ! Le bonheur était là !

Et, fermant les yeux, Robert, la revoyant, la retrouvant, se répétait avec une certaine amertume, pour se consoler :

— Bah ! un rêve comme d'autres rêves ! Tout homme n'a-t-il pas rencontré, en sa vie, au détour d'un chemin, à l'angle d'une rue, dans un bal, au théâtre, — je ne sais où, — quelque créature au radieux visage qu'il a dévorée du regard, une minute ou une heure, qu'importe ! en se disant : « Celle que j'aurais aimée, celle qui m'eût aimé peut-être, est devant moi ? » C'est une vision aussi, une vision rapide, c'est une apparition bientôt évanouie, c'est un fugitif sourire ! Et tout est dit, tout s'éteint, et tout s'envole. La Fée-Bonheur disparaît au loin dans l'ombre de la route ; elle tourne l'angle de la rue et s'efface ; elle se perd au milieu d'une valse, une voiture l'emporte loin, bien loin, aussitôt le rideau tombé. C'en est fait, elle s'est enfuie, *e finita la musica*, et celle qui pouvait partager votre vie n'est plus là, et vous ne la reverrez jamais, jamais... Mais vous l'avez vue, et c'est assez ; et pour vous consoler d'une déception, — car on se console de tout, — votre voix murmure à vous-même : « Que n'ai-je parlé ? Qui sait ? Elle m'eût compris ? » Eh bien ! Valentine sera pour moi cette vision et ce songe ! Elle n'aura pas su que je l'aimais ! Elle incarne pour moi, durant ces dernières heures de ma vie, — si je dois mourir, — le bonheur vivant et charmant... Pourquoi me plaindre ? C'est peut-être, c'est certainement le véritable amour de ma vie, cet amour qu'on ignore et qui n'a point parlé.

Il avait pris, dans son portefeuille, le portrait-carte que lui avait confié le docteur Trézel, et il le contemplait longuement en attendant que le buste, son œuvre, — qu'il ne reverrait plus peut-être, — revînt de Saint-Germain.

Tout à coup, on sonna à la porte. Il tressaillit, glissa vivement ce portrait dans son portefeuille et alla jusqu'au seuil de l'atelier, soulevant la tapisserie formant portière, tandis que son domestique ouvrait la porte et introduisait dans l'antichambre le capitaine Rodier et M. de Sorel, les deux témoins du marquis.

— Eh bien?... demanda Robert.

— Eh bien! répondit M. de Sorel, tout est décidé. Vous vous battez demain.

— A quelle heure?

— A quatre heures de l'après-midi.

— Comment! dit Salviac. Pourquoi cette heure-là? Je tenais à la matinée.

— Nous y tenions aussi, dit le capitaine Rodier, et la rencontre était fixée à la première heure au Vésinet. Mais à l'instant même, au moment où nous venions chez toi, les témoins de ton adversaire sont venus nous déclarer l'impossibilité pour M. Monteclair de se trouver sur le terrain à cette heure-là. Ils ont demandé l'après-midi. Nous avons été courtois. C'est dans l'après-midi qu'on se battra.

— A quatre heures?

— A quatre heures.

— C'est bien long, dit Salviac. Mais puisqu'il le faut...

— Profitez du temps qui vous reste. Venez chez Robert, dit M. de Sorel.

— Soit, fit le marquis. Aussi bien, il y a assez longtemps que je n'ai tiré.

Le cas de force majeure que les témoins de Monteclair avaient invoqué, sans s'expliquer beaucoup et en se fiant, comme l'avait dit l'officier de dragons, à la courtoisie de l'adversaire, était dû à la subite intervention du contre-amiral de Reynière.

Le comte, laissé seul un moment dans le petit salon-fumoir, tandis que le domestique allait avertir son maître, s'était en quelque sorte imposé, pour se contraindre lui-même au calme, d'examiner la petite pièce élégamment meublée où il se trouvait. Tout y était d'un luxe un peu trop éclatant et faux, en somme. — Ce pouvait être le boudoir d'une fille aussi bien que l'appartement d'un homme élégant. Les meubles avaient le ton criard ; des copies de tableaux décolletés — quelque chose comme du Fragonard moderne, Fragonard sans la grâce — s'accrochaient aux murailles, à côté de photographies de femmes, actrices ou courtisanes, avec des dédicaces tracées à l'encre sur le bristol. Il y avait moins d'odeur de musc et de patchouli chez Adèle Ferrand que chez ce Monteclair.

Le cabinet de travail où le valet introduisit l'amiral était plus sévère d'aspect, mais aussi caractéristique. Monteclair, pour se réserver, comme on dit au théâtre, une *entrée* — l'arrivée de l'amiral le troublait un peu — venait de quitter cette pièce, de façon à y rentrer en se composant une attitude, et, sur une table ouverte, il y avait, étalée et couverte de corrections dont l'encre était encore fraîche, une affiche électorale aux grosses lettres tirant l'œil et que l'amiral regarda, sans même y songer, après avoir jeté un coup d'œil à ce cabinet où des fleurets, des épées, des pistolets en panoplies flanquaient deux portraits de souverains — d'opinions et de races différentes — que Monteclair arborait par « chic, » comme eût dit Rongère, qui lui répétait souvent :

— Il faudra bien pourtant choisir entre l'un ou l'autre. Qu'attends-tu?

— Que l'un ou l'autre ait réussi, répondait Monteclair.

Il y a de ces gens *disponibles,* — c'est leur mot, — qui ne sont d'aucun parti ou du moins qui sont toujours fidèles à un parti : *le succès.*

L'amiral lisait, sans y songer, les phrases imprimées sur l'affiche que venait de corriger Monteclair. Ce n'était pas le comte qui regardait ces lignes, c'était les phrases, destinées aux électeurs picards, qui sautaient littéralement aux yeux de M. de Reynière. Et, en souriant ironiquement, le marin, cet homme qui avait bien servi son pays, ce combattant des jours d'épreuves, ce héros rencontrait sous la plume de Monteclair de grands mots qui faisaient là l'effet de notes irritantes et fausses : « *Patrie, dignité nationale, ordre, moralité, religion, propriété, famille.* » Et le comte Jean de Reynière sentait son cœur de soldat se soulever comme devant une hypocrisie.

Une porte s'ouvrit, et Monteclair entra.

Il était livide mais très-correct, militairement boutonné dans sa redingote, et un peu hautain.

L'amiral se roidit pour ne pas souffleter cet homme avec cette profession de foi menteuse qui était là !

Il parla vivement comme si sa parole eût arrêté son geste.

— Monsieur, dit-il, c'est la première fois que je vous vois, mais il faut que nous nous retrouvions encore l'un devant l'autre, et notre prochaine rencontre sera la dernière. J'ai reçu, un jour, une lettre lâche et basse, la dénonciation d'un anonyme contre une femme, et, cette lettre, c'est par vous qu'elle m'est parvenue. Il est inutile maintenant de vous dire que je veux vous tuer !

Le ton était net, la voix sèche, brève. Celle d'un juge condamnant un homme.

Monteclair avait tout écouté, très-froidement. Sa

moustache rousse tranchait étrangement sur le fond presque blafard de son visage. Il y avait au fond de son œil bleu quelque chose de terrible, et cela couvait plutôt que cela ne brillait.

L'amiral enfonça son regard honnête dans ce regard cruel.

Il ne disait pas un mot : il attendait.

Monteclair gardait le silence.

— Si je vous ai bien compris, monsieur, dit-il au bout d'un moment, c'est un duel que vous venez me proposer.

— Que croyez-vous donc que je viens faire ici ? Vous assassiner ?

Monteclair sourit, et son œil s'abattit sur un petit revolver qui traînait, tout chargé, sur la table, à côté de l'affiche.

Ce regard voulait dire que cet homme ne redoutait rien.

— Il n'y a de meurtrier ici que vous, dit l'amiral, dont les yeux brûlaient. Et le meurtre commis est plus odieux encore que tout autre : c'est le meurtre par la délation vile, l'assassinat caché, le crime portant un masque...

— Je vois qu'Angèle Ferrand vous a tout dit, fit Monteclair en interrompant nettement.

Il sourit d'un sourire fauve, la rangée de ses dents blanches apparaissant sous la moustache rousse, puis ajouta :

— Allons! décidément, cette fille me hait et elle vous aime, vous, ou M. de Salviac, — tous les deux peut-être!

— Laissons cette femme, dit Reynière. Il y a un homme devant vous et un homme devant moi. J'ai à venger une morte. Je vous tuerai ou vous me tuerez.

— Je suis à vos ordres, répondit Monteclair.

— Nous nous battrons sur-le-champ, fit l'amiral.

— Bientôt, soit; mais sur-le-champ, non!

— Ah ! oui, c'est juste, dit Reynière, en demeurant toujours debout devant cet homme et en lui jetant chaque mot au visage comme un peu de boue, oui, je sais, vous disposez pour demain de la vie d'un homme. Eh bien ! moi, je veux dès aujourd'hui disposer de la vôtre.

— Cela est impossible, monsieur, répondit Monteclair avec un flegme, affecté peut-être. Je me dois à mon adversaire — puisque vous savez que je me bats — comme il se doit à moi. Quand j'en aurai fini avec M. de Salviac...

Et il fit un geste, à la fois ennuyé et menaçant, qui alluma une flamme plus sombre dans les prunelles de Reynière.

L'amiral était évidemment à bout d'efforts pour se contenir, et il se sentait perdre patience devant la froideur un peu théâtrale de Monteclair.

— En vérité, monsieur, dit-il d'un ton un peu plus brusque, on jurerait qu'il s'agit ici d'une rencontre ordinaire ! Avez-vous réfléchi que vous avez fait un bourreau de celui qui vous parle ? Songez-vous que l'action que vous avez commise, si elle ne tombe pas sous le coup de la loi, — ce que j'ignore, — est passible du mépris public et, quand je vous fais l'honneur de vous dire que, pouvant vous tuer comme un chien, je consens à jouer ma vie contre la vôtre, vous hésitez et répondez par je ne sais quelle casuistique de duelliste ?... Il n'y a pourtant qu'une chose à faire : me tuer ou mourir !

Monteclair essaya bien de soutenir le regard qui soulignait ces paroles comme d'un trait de feu, mais sous le double éclair de ces yeux bleus, devenus terribles, il baissa involontairement les paupières. Humilié d'ailleurs de cette sorte de trouble magnétique, et réagissant aussitôt contre lui :

— Je vous ai dit, monsieur, fit-il lentement, qu'avant

de me battre avec vous, je dois me battre avec M. de Salviac.

— Eh bien ! si vous devez... je veux, moi, — j'ai dit *je veux*, — qu'avant de vous battre avec un autre, vous vous battiez avec moi. Vous m'appartenez. Il y a deux années que je vous cherche; je vous ai trouvé. Je vous prends !

Le sourire de Monteclair devenait insolemment railleur sous sa moustache en croc.

— Vous vous battrez avec moi demain matin, sinon ce soir, reprit l'amiral, ou je vous dénonce dans une heure comme ayant dicté et apporté une lettre anonyme qui a causé la mort d'une femme. Vous entendez? Je crie cela à tout le monde, et votre élection (Reynière montrait l'épreuve de l'affiche), votre élection est, à défaut de vous, tuée net par un tel scandale. Allons donc! monsieur, eh! pardieu! vous avez la chance de me tuer. Acceptez donc! Acceptez, vous dis-je, répéta impérativement le comte, les sourcils froncés et le regard farouche, après avoir été ironique.

Monteclair se trouvait, non pas devant un adversaire ordinaire, mais devant la statue même de la volonté. Il n'y avait, il le voyait bien, ni à raisonner, ni à hésiter avec un homme tel que celui-là. Ce que le contre-amiral Jean de Reynière annonçait, il l'eût fait sur l'heure. Cette intervention brutale d'un inconnu dans un duel politique (une élection est un duel où la patrie court le risque d'être atteinte) arrachait à coup sûr et brutalement au candidat toutes les chances que son comité lui donnait maintenant comme des certitudes. Se sentir tiré de la vie difficile, inquiète et endettée où il se débattait, entrevoir le but à la portée de la main, faire mieux que le voir même, le toucher, et se sentir, tout à coup, repoussé par le bras d'un mari voulant se venger, — c'était atrocement dangereux, déplorable et un peu ridicule. A tout prix, Monteclair voulait empêcher cette intervention cruellement décisive. M. de Reynière voulait se battre. Eh bien, on se battrait. « Une affaire n'était pas une affaire, » comme Monteclair disait quelquefois, en riant.

Il voulut, au moins, se donner le rôle d'un personnage accédant à une prière, lorsqu'il s'inclinait devant un ordre, et il laissa tomber ces mots avec une certaine hauteur :

— Vous y tenez absolument, monsieur? Eh bien! soit... je consens!

— Vous obéissez, dit l'amiral, corrigeant froidement la réponse.

Blafard déjà, Monteclair devint livide. Il était violent. Terrasser ou chasser l'amiral lui semblait possible. Ces simples mots, tout à l'heure prononcés, le retinrent encore : *je vous dénonce*. Mais sa lèvre était frémissante, et, de colère, ses mains tremblaient.

— Eh bien, reprit le comte, avec une sorte de détente dans la voix, — l'expression d'un homme arrivé à son but, — puisqu'il en est ainsi, je n'ai plus rien à faire ici. Le reste appartient à nos témoins et leurs conditions seront les miennes. Je n'ai qu'un mot à vous dire, c'est que je sais que vous êtes aussi redoutable lorsque vous tenez une arme que lorsque vous dictez des lignes anonymes. Et si je n'avais pas su cela, je ne vous eusse point provoqué, je vous eusse écrasé, voulant bien me battre avec un spadassin, mais seulement lorsque son adresse est au service de ses lâchetés!

Le coup fut porté si droit et d'une façon si nette et si effrayante, que Monteclair le reçut en plein visage sans bouger, tant il était stupéfait de cette froideur méprisante, qui devenait une terrible audace, Monteclair étant chez lui, la main près d'un revolver chargé, et un tel homme n'étant pas habitué à de telles injures.

Immobile, Monteclair regarda l'amiral, qui sortait,

puis il bondit avec une sorte de rugissement sur l'arme placée là, et s'arrêta net, effrayé de lui-même.

Il se sentait la tête prise comme dans l'étau de la migraine : il étouffait, alla à sa fenêtre, donnant sur la rue, l'ouvrit et, à la première bouffée d'air, se mit à ricaner tout haut en disant :

— Eh bien, quoi ! il l'aura voulu ! Voilà un homme mort !

L'amiral disparu, le domestique de Monteclair vint l'avertir que « ces messieurs » attendaient depuis un moment. Ces messieurs étaient Rongère et Boispréaux qui venaient de s'entendre avec les témoins du marquis de Salviac. Monteclair leur coupa la parole dès les premiers mots. Il survenait un incident très-imprévu et très-dramatique. Il se trouvait absolument forcé de rendre raison à l'amiral de Reynière. Le duel avec M. de Salviac était donc, de toute nécessité, reculé et il s'agissait, avant toute chose, de ne pas ébruiter cette nouvelle affaire.

Rongère et Boispréaux tombaient, comme on dit, de leur haut. Ils hésitaient, parlaient de nouveaux témoins à choisir.

— Soit, dit Monteclair, à votre aise. Mais il y a un danger pour mon élection dans la querelle Reynière. Si j'ai un conseil à vous donner et si vous tenez à me rendre service, c'est de demeurer mes témoins contre l'amiral comme contre Salviac. A celui-ci d'abord. Vous verrez ensuite, pour n'être pas accusés de substitution d'adversaire, à vous récuser, s'il y a lieu, dans l'affaire Salviac.

— Parfaitement juste, dit Rongère.

— Au plus pressé avant tout, fit en riant Gauvain de Boispréaux. Les scrupules viendront après !

— Eh bien ! dit Monteclair, avertissez les témoins de M. de Salviac. C'est important.

— C'est indispensable, fit Boispréaux.

Et ils sortirent.

L'amiral de Reynière s'était fait conduire rue de la Rochefoucauld. En y arrivant, il trouva Albéric Réville qui sortait de l'hôtel, l'air soucieux. Le jeune homme venait demander, de la part de sa cousine, des nouvelles de l'amiral, le départ subit du comte ayant, dit-il, alarmé Mme de Grandier.

Reynière vit une sorte de hasard dans cette visite et pria Réville d'entrer un moment chez lui. Albéric remarqua que l'amiral avait une certaine vivacité inaccoutumée qui tenait presque de la gaieté.

Reynière, en effet, était sorti de chez Monteclair en se sentant soulagé d'une sorte d'anxiété lugubre. Il redoutait que cet homme n'acceptât pas la rencontre à laquelle lui, le mari de Blanche, était résolu à le forcer. Tenir ce Monteclair au bout de son épée, c'était l'espoir ardent du comte. Il eût donné sa vie, — sa vie, même c'était trop simple — pour cette minute marquée maintenant, promise, certaine. Un immense soulagement, la réalisation d'un rêve, succédait à ses souffrances. Blanche serait donc vengée !...

L'image de Valentine, si présente à l'esprit de Salviac, s'effaçait du regard de Reynière : en face de la mort, la morte seule était là.

— Mon cher monsieur, dit l'amiral à Albéric un peu brusquement, vous êtes jeune, mais il y a en vous, sous un homme d'esprit alerte, un homme de cœur. Ce que j'ai à vous dire est secret et, quoi que vous me répondiez, je vous prie de n'en rien répéter. Je me bats demain matin. Je me bats avec M. Monteclair. Voulez-vous me servir de témoin ?

— Moi ? dit Albéric étonné... Et vous ?... Monteclair ?

Il était absolument surpris et se demandait par quelle suite de circonstances Monteclair, dont l'adversaire était Salviac, se trouvait maintenant en face de

Reynière. Salviac et Reynière! Deux hommes qui n'étaient certes pas faits pour avoir le même ennemi. Et, chose imprévue, Albéric, qui, tout naturellement, pouvait être le second de Robert, qu'il connaissait beaucoup, allait se trouver le témoin de l'amiral. Reynière, ayant volontairement rompu avec la plupart de ses relations, choisissait autour de lui, sans prendre le temps de se mettre en quête d'un vieil ami, ce jeune homme en apparence si léger. Tout à l'heure, en allant chez Monteclair, il avait songé au vieux Gauthier.

Albéric répondit, avec une émotion profonde et vraie, qu'il était très-confus et à la fois très-honoré de la proposition de l'amiral et il accepta, ajoutant qu'après tout, avec sa connaissance des façons d'agir des témoins que nécessairement Monteclair allait choisir, il n'était pas mauvais qu'il y eût « un Parisien comme lui » dans l'affaire.

— Je suis à vous corps et âme, amiral, dit le jeune homme. Vous savez, je suis de ces étourdis qui deviennent sérieux devant l'occasion. Grave? non. Ce serait trop; mais solide, cela, oui! Disposez de moi.

— J'attends M. de Juigny, commandant de *la Belliqueuse*. Un camarade d'autrefois!

M. de Juigny vint à l'heure dite. On se concerta, et les deux hommes allèrent droit chez Monteclair, où Rongère et Boispréaux, qui venaient de demander aux témoins de Salviac un répit, attendaient. Pour cette rencontre, comme pour celle qu'on retardait, les discussions ne devaient pas être fort longues.

Les témoins se réunirent tout justement chez Réville. Quoique l'amiral eût déclaré formellement qu'il ne voulait en aucune sorte discuter les conditions de la rencontre, Albéric avait d'abord demandé le pistolet, arguant de la supériorité trop connue de Monteclair, supériorité qui, se disait Réville, devait être d'autant plus grande, que l'adversaire était un officier de marine. M. de Juigny avait cependant certifié, en causant en chemin avec Albéric, que M. de Reynière tirait fort bien. Les témoins de Monteclair, Rongère en particulier, avaient d'ailleurs insisté pour l'épée, et Réville et M. de Juigny, se conformant aux instructions de l'amiral, avaient accepté l'arme blanche. Il fut convenu que chacun apporterait ses épées et qu'on se battrait avec des gants d'armes à crispin de cuir dur, pour éviter ces blessures insignifiantes de la main et du poignet, qui mettent parfois fin au duel en constituant tout à coup entre les adversaires une trop grande inégalité. L'observation et la phrase même étaient de Rongère. Enfin, rendez-vous avait été pris pour le lendemain, neuf heures et demie, au bout de l'allée des Loges, devant le château.

L'amiral remercia ses témoins qui lui apportèrent, vers huit heures, ces nouvelles. Il leur serra la main et leur dit :

— A demain ! Et de bon matin !

Monteclair, lorsqu'on lui fit connaître les conditions, répondit simplement :

— C'est bien !

Puis il alla au restaurant et ensuite au théâtre où jouait Angèle. Pendant un entr'acte, il voulut monter dans la loge de la comédienne, pour lui jeter peut-être à la face ces mots : « Tu m'as trahi ! »

— J'ai ordre de ne laisser monter personne, dit le portier en l'arrêtant.

La petite grille de bois qui défendait l'escalier des artistes était fermée.

— Mlle Ferrand m'attend, dit Monteclair.

— C'est Mlle Ferrand qui a prié qu'on donnât cette consigne.

— Même pour moi ? demanda Monteclair en tendant sa carte.

Le portier lut, en approchant la carte d'un bec de gaz, et répondit :

— Surtout pour vous !

Monteclair se demanda un moment s'il allait essayer de forcer la consigne ou attendre la fin du spectacle pour revoir Angèle et lui parler.

— Non, se dit-il, plus tard. Demain. Jusqu'à demain, j'ai besoin de tout mon sang-froid.

Il rentra chez lui, lentement, à pied, l'air de la nuit lui faisant du bien.

Depuis le départ d'Albéric et de M. de Juigny, l'amiral de Reynière n'avait point fait un pas hors de son appartement. Il avait peu dîné, puis il s'était mis à écrire, après avoir donné l'ordre qu'on allât à la maison de l'avenue Montaigne et qu'on dît à Gauthier de venir sur-le-champ rue de la Rochefoucauld.

Le matelot, arrivant essoufflé, trouva l'amiral qui cachetait de plusieurs sceaux une ou deux lettres qu'il venait d'écrire.

La lampe et la bougie éclairant à la fois le visage maigre de Reynière creusaient plus profondément encore les cavités des tempes et des yeux. Ces yeux, bleu glauque, brillaient cependant d'une espèce de fièvre joyeuse.

L'amiral tendit tout d'abord la main à Gauthier :

— Viens, garçon, lui dit-il de sa belle voix grave, il y a longtemps que je te dois ce que je vais te donner aujourd'hui. Tiens !

Et, cherchant sur sa table, un pli cacheté de rouge, il le tendit au matelot qui le prit tout étonné, regardant, n'ouvrant rien et ne comprenant pas.

— Je te demande pardon, mon vieil ami, de t'avoir fait rendre justice si tard, dit l'amiral. Quand je demandais de l'avancement ou des croix, c'était pour ceux que je croyais devoir encourager. Chez toi, le dévouement et le courage sont choses si naturelles et si simples que ton amiral ne songeait même pas à les récompenser ! Tu es de ceux qui font leur devoir sans bruit, mon pauvre garçon, et qu'on oublie parce qu'ils s'oublient eux-mêmes. Et puis, que veux-tu ? Demander quelque chose pour toi, c'est comme si je l'eusse demandé pour moi, ma parole ! Pardon, Gauthier, il y a dix ans que tu mérites la croix, mon pauvre vieux ; mais enfin, la voici, tu l'as. C'est le ministre qui te l'envoie !

— Ça ? dit le vieux marin, en tournant et en rétournant entre ses gros doigts noueux ce grand papier officiel, qu'il regardait en fronçant ses sourcils en broussaille. C'est la croix, ça ? Ah ! mon amiral, mon amiral ! Tonnerre-à-la-voile, que vous êtes bon et juste et tout !

Il ouvrit l'enveloppe, déplia le papier, lut son nom et ses titres et les signatures, puis il s'arrêta, hocha la tête et ajouta tout doucement, d'un ton très-bas où il y avait des larmes :

— Cest drôle, tout de même, mon amiral. Ça me fait plaisir parce que c'est vous qui me donnez ça ! Mais j'aurais cru... Eh bien, oui, j'aurais cru que ça me tortillerait le cœur davantage et plus gaiement ! La croix d'honneur ! Le ruban rouge ! C'est joli pourtant. Ça requinque une veste ! Mais maintenant, quoi ! ça ne rend plus joyeux que moi, moi seul. Mes *vieux* sont partis. Fini ! Et moi-même je suis une vieille bête. Et pourtant je me sens tout petit, vrai, en me sentant tout seul et je me dis : « S'ils m'avaient vu *décoré*, eux ! » Quelle bêtise, tonnerre de chien ! qu'on ne soit pas tous ensemble quand il y a un peu de bonheur pour un !

Et le matelot, d'un revers de sa manche, essuya une grosse larme en ajoutant :

— Ça vient trop tard, voilà tout !

— Et c'est par ma faute, dit Reynière.

— Votre faute, mon amiral?... Votre faute?... Ah! Dieu, non! Ah! vous n'allez pas me dire ça et vous dire ça, par exemple! Votre faute? Oui, c'est vrai, j'étais trop, comment dire? — je ne sais pas, moi, — j'étais trop... votre chien de garde..., votre ami... Mais toutes les croix de la terre, et les cordons et le tremblement contre cette... enfin contre cette amitié-là, — passez-moi le mot, mon amiral, — ah! tonnerre de Brest, j'aurais flanqué tout à la mer pour garder votre affection, vrai de vrai, et me faire tuer pour vous!

— Eh bien! Gauthier, je vais, après tant d'autres, te demander un dernier service, mon vieux camarade!

— Un service? Moi? A vous?

— Voici, sous cette enveloppe, mon testament, Gauthier. Le dernier. Garde-le. Je me bats demain.

— Vous?... Cré mille!...

— Je puis être tué, continua l'amiral en interrompant le marin. Mes dernières volontés sont là. Tu remettras, en cas de décès, tous ces papiers à M. Herblay, mon exécuteur testamentaire. Il y a, parmi les legs que je fais, un souvenir aux anciens camarades. Sur la propriété que je possède au pays, on bâtira un hospice... un hôpital pour les marins. Toute ta vie durant, tu seras le gardien — presque le directeur — de cet hospice. Tu retrouveras là des amis d'autrefois, Gauthier. Parlez de moi. Je vous aimais bien, tous. — Et quant à la maison de l'avenue...

Il baissa la voix et dit lentement :

— Vide, elle restera vide! Herblay la transmettra ainsi comme un tombeau que l'herbe envahit. Un tombeau! N'est-ce pas cela! *Ci gît* ma vie! C'est bien convenu, n'est-ce pas, Gauthier? fit Reynière en changeant de ton et d'une voix claire.

— Convenu, mon amiral! Mais ce duel...

— Après tout, tu sais, dit l'amiral, on ne meurt pas toujours ! Allons, garçon, embrasse-moi !

Gauthier se précipita, avec un sanglot affolé, dans les bras de Jean de Reynière, et, cette étreinte finie, il sortit, blanc comme un linge, les yeux hagards, en froissant le papier qui lui apportait la croix et en disant :

— Ah ! comme je te donnerais, toi, pour que ce soit ma carcasse et non son corps qui soit en danger demain !

Herblay vint, une heure après, savoir des nouvelles de Reynière. L'amiral ne lui dit rien, et assura même qu'il avait réfléchi. Herblay partit rassuré.

— Pourquoi lui donner une inquiétude ? songeait Reynière. Gauthier lui apprendra tout assez tôt, si je succombe. Mais si Blanche est vengée...

Il n'acheva pas et se jeta tout vêtu sur son lit en attendant le jour.

Aux premières lueurs, il fut debout. Dans cette rue silencieuse, il n'entendait qu'un bruit lointain et vague, le premier soupir de Paris qui s'éveille. Un peu plus de deux heures après, M. de Juigny et Albéric Réville entraient chez lui.

On n'attendait plus que le docteur Vernier, averti par Albéric. Il arriva à temps pour prendre le chemin de fer avec Reynière et ses deux témoins.

L'amiral, vêtu de noir, était très-pâle, mais de sa pâleur ordinaire, le visage calme. Au bas de la rue la Rochefoucauld, il ne put retenir pourtant un petit mouvement d'émotion, très-rapide. Il détourna la tête. Derrière un fiacre qui stationnait, il venait d'apercevoir le visage grisonnant de Gauthier. Le matelot, blême et les yeux rouges, comme un homme qui a passé la nuit et pleuré, était venu là se poster, avant le jour, pour revoir une dernière fois son amiral.

Reynière se reprocha d'avoir détourné la tête par

égoïsme, pour éviter de paraître ému. Après quelques pas, il se retourna et sourit à Gauthier qui, debout, roide, la main au front, saluait comme à bord, militairement.

S'il eût été plus rapproché du gabier, Reynière eût vu que cette main qui saluait tremblait comme la feuille.

En wagon, le contre-amiral, assis à côté de M. de Juigny, se mit à causer de choses étrangères au duel, de Sébastopol. — M. de Juigny avait reçu un des éclats de la bombe qui avait tué, là-bas, l'amiral Hamelin ; — des croisières de Chine, de voyages et de guerre.

Albéric, au contraire, se penchant vers le docteur Vernier, ne l'entretenait que des rencontres diverses auxquelles il avait assisté ou qu'il avait entendu raconter. Il s'occupait de ce qu'il nommait les précautions utiles, affirmant que le rôle des témoins est le plus important dans une affaire « pour éviter, vous concevez, les surprises et les inégalités. »

— C'est une chance que je sois mêlé à ça, dit-il tout bas. Ce Monteclair et ses amis sont de vieux routiers, et M. de Juigny peut être un héros comme l'amiral, mais il me paraît bien confiant et presque candide.

Et le jeune homme, s'adressant tout à coup à M. de Reynière :

— Amiral, fit-il vivement, est-ce que vous avez jamais vu Monteclair dans une salle d'armes ?

— Jamais !

— Diable ! Alors vous ne connaissez pas du tout son jeu ?

— Non.

— En ce cas, point de précaution à prendre. C'est dommage.

— Qu'importe? dit l'amiral. Il n'y a pas de bottes secrètes !

— Sans doute. Soyez défiant cependant, et bien sur vos gardes. Monteclair a un jeu très-rapide et une garde très-basse (et Réville, le poignet baissé, simulait la garde du bretteur). Il lance son épée vivement, comme un dard... comme cela... et on est exposé de la sorte à recevoir une blessure dans le genou, dans les jambes même !... Alors, quoi !... Tous les moyens sont paralysés, et...

— Et s'il en est ainsi, interrompit Reynière, il a un jeu bien dangereux pour lui.

— Et pour son adversaire, fit Albéric en hochant la tête et en regardant machinalement au-dessus de la tête de Reynière, dans le filet du wagon, un étui de fusil de chasse, dont le cuir jaune cachait des épées.

L'amiral, laissant tomber le propos, reprit avec M. de Juigny sa conversation remplie de souvenirs.

— Je suis très-inquiet, murmura Albéric très-bas à l'oreille de Vernier.

Monteclair et ses amis n'avaient point pris le chemin de fer pour se rendre aux Loges. Ils étaient partis de Paris dans un breack attelé de deux percherons de poste qui devaient mettre une heure à peine pour galoper jusqu'à Saint-Germain. Sur le siége, les bras croisés, se tenait le valet de chambre dont les talons touchaient un sac de serge verte où l'on avait glissé les épées. Dans le breack, Monteclair avec ses deux amis et le docteur Dumay, un spécialiste, le docteur « Pré-aux-Clercs, » comme l'appelait Rongère. On ne parlait là aucunement du duel. A quoi bon ? Ce n'était un événement ni pour Monteclair ni pour ses témoins.

Monteclair était même plus souriant que d'habitude. Peut-être ce sourire était-il affecté.

Boispréaux parlait politique et Rongère parlait femmes.

La grosse nouvelle était l'abandon du petit Mornay, qui avait tant d'esprit, et que Viola Tempête avait quitté, *lâché* net, pour le gros Stübfer, qui était si bête. Cela s'était passé la veille, au dessert, dans un souper. Viola avait même jeté sa serviette à la tête du petit Mornay.

— Un simple idiot, ce Stübfer! disait Boispréaux. Mais il paraît que ça plaît aux femmes, la bêtise!

— Oh! là-dessus, dit Rongère, j'ai ma théorie, comme en politique. En amour, mes enfants, ce qui plaît le moins généralement aux femmes, — et ceci n'est point un paradoxe, — c'est l'amour même, j'entends l'amour pur et saint, l'amour grand, l'amour vrai, si ça existe. On le dit. Je n'en crois rien. Bon pour les phraseurs. Le plaisir, à la bonne heure! Voilà la grande affaire! Et il n'est pas rare qu'un gentleman, doué de tous les agréments et de toutes les séductions morales, plaise — non parce qu'il est charmant ou spirituel, ou joli garçon, mais parce qu'à son esprit il aura joint, mon Dieu! je ne sais quelle qualité de second et même de troisième ordre, parce qu'il imitera bien un acteur, — par exemple, — ou parce qu'il empruntera des mots aux petits journaux. En amour, mes enfants, heureux qui peut être « drôle! » Être drôle, *that is the question!* La femme rit, elle est désarmée. Soyez un esprit d'élite, un cœur excellent, une âme haute, vous voyez que je parle comme Monteclair parlera à la tribune, — eh bien, on vous laisse passer ou *poser*. Mais vous savez rire, mais vous savez plaisanter, mais vous êtes gai, mais vous êtes *drôle*. Bravo! Halte-là! On vous tient, on vous choie, on vous loge dans la plus douillette partie du cœur. Et hors d'ici, vous autres, avec vos soupirs, vos dévouements, vos affections sincères, s'il y en a, ô mes frères ! Ce monsieur aiguise avec art le calembour ? Il chante le couplet grivois, il est jovial, il est bouffon ? Il est notre homme. *Ecce homo*. Et voilà pourquoi ce gros imbécile de Stübfer, qui rit comme un sot qu'il est des sottises qu'il débite, mais qui est *drôle*, je l'avoue, et même qui est un drôle, a coupé l'herbe sous le pied et enlevé Viola sous le nez du petit Mornay qui a de l'esprit comme quatre, comme quatre gens d'esprit, ce qui est encore moins malin, à ce qu'il paraît, que d'en avoir comme une grosse bête.

Et l'on riait.

Le chemin passait ainsi. Il faisait un peu frais. Le docteur Dumay engageait « l'ami Henry » à relever le collet de son pardessus, mais, au contraire, Monteclair redressait le front, et son cou robuste sortait de son col blanc avec une insolence de vie et de force.

Après les femmes, on parla des Courses. Un pari fut même engagé entre Monteclair et Cauvain de Boispréaux sur le *Criterium*, et, riant, Monteclair donna son *book* de parieur à Boispréaux en disant :

— Ma foi, mon cher, je vous fais mon exécuteur testamentaire, tenez ! Ma fortune est là, et samedi, vous pourrez la réclamer au *beeting* si la rencontre d'aujourd'hui finit mal.

A la descente du chemin de fer, Reynière et ses amis prirent, sur la place, un des véhicules en forme de calèche fermée qui stationnaient là, et qui les conduisit, assez lentement, devant le château des Loges.

Albéric ne disait plus un mot. L'amiral souriait. A qui ? A la mort peut-être. A Blanche.

Au château des Loges, on mit pied à terre, et Reynière vit s'avancer au-devant d'Albéric et de M. de Juigny, qui marchaient, M. de Rongère et Gauvain de Boispréaux.

Monteclair était resté immobile à une vingtaine de pas derrière eux.

Les quatre témoins échangèrent quelques paroles et se dirigèrent à gauche sous une allée couverte que les témoins de Monteclair semblaient avoir déjà reconnue. Le valet de chambre de Monteclair attendait en effet, là, avec les épées enveloppées dans le sac de serge verte. Albéric portait en bandoulière l'étui de fusil qui avait, au chemin de fer, permis de passer, sans qu'on les vît, les épées de l'amiral.

Instinctivement, le comte de Reynière regardait ces hommes s'enfoncer dans l'allée et contemplait, avec une certaine curiosité étonnée — comme s'il n'avait jamais vu des arbres — le paysage qui entourait ces témoins réglant les conditions de mort.

La journée était grise, terne, avec un de ces ciels indécis et brouillés qui menacent pluie, — un temps d'automne où les premiers souffles d'hiver rejettent sur Paris, transis et fugitifs, les échappés du mois de juin. Et pourtant ce coin de terre était beau.

La verdure puissante des chênes avait cette teinte un peu sombre que lui donne l'automne. On sentait comme une mélancolie profonde, une sorte de terreur muette, tomber sous la feuillée des grands arbres aux troncs violacés, enserrés de lierre ou lavés de teintes verdâtres par l'eau des pluies. Sur l'herbe brûlée et pelée en plus d'un endroit, les feuilles tombées, depuis le brun jaune jusqu'au jaune d'or clair, tourbillonnaient, lorsque quelque bise passait, ou pourrissaient, collées çà et là à des plaques de terre humide.

Ce n'était pas une atmosphère de bataille, mais un temps fait pour le repos cloîtré et le premier feu illuminant de sa flamme gaie l'âtre poudreux.

Il s'agissait bien d'âtre, de foyer et de repos! Les témoins s'occupaient de tirer au sort le choix des épées.

Albéric Réville regardait et comparait les armes en connaisseur.

Les épées de Monteclair étaient un peu courtes, à lame damasquinée jusqu'à moitié, et prenaient en quelque sorte la forme d'une aiguille à environ cinquante centimètres de l'extrémité, le triangle se terminant à cette hauteur. La garde, d'acier ouvragé, formait comme le lacet très-serré des mailles d'un filet. La poignée torse, bien en main, les doigts s'y logeant facilement, pouvait passer pour une œuvre d'art. Plus longues, les épées de l'amiral gardaient la gouttière sur les trois faces jusqu'à deux centimètres de la pointe très-effilée. La garde était tout simplement faite de deux lamettes à jour. Bref, comme se disait Rongère en les regardant, des épées montées en simples fleurets de salle d'armes. Les médecins qui, chacun d'eux suivant les témoins, s'étaient approchés, préféraient les armes de l'amiral, la blessure produite par elles devant être plus large, disait le docteur Vernier, et faciliter, par conséquent, l'écoulement du sang, ajoutait simplement le « *docteur Pré-aux-Clercs.* »

Au contraire, les témoins semblaient plus disposés à choisir les gardes « plus protectrices » des épées de Monteclair. Pour se mettre d'accord, on tira au sort. Une pièce de monnaie lancée en l'air retomba. Le hasard décidait qu'on devait se servir des armes de l'amiral.

Albéric prit une épée, Rongère prit l'autre, et, le terrain choisi, les témoins retournèrent chacun vers celui dont ils défendaient l'honneur et la vie, pour prier les deux adversaires de retirer leurs vêtements.

Monteclair sourit dans sa moustache blonde et enleva précipitamment son pardessus — un *ulster* — puis d'un grand geste à la fois élégant et théâtral, il le jeta dans les bras de son valet de chambre, qui s'avançait froidement pour l'aider à retirer sa redingote et son gilet. Ce gilet, Monteclair le déboutonnait un peu fiévreusement. Son masque insolent était impassible, mais ses doigts arrachèrent un des boutons de drap, qui tomba à ses pieds.

M. de Reynière, très-pâle, ôta avec une tranquillité froide son pardessus, qu'il plia avec un soin correct, le mit à terre au pied d'un chêne, sur le bord du chemin où l'on allait combattre, et, avec la même impassibilité, il enleva sa redingote et son gilet, les déposant avec une régularité militaire sur le paletot plié contre le tronc de l'arbre.

Albéric Réville ne put s'empêcher de songer à ce terrible duel du raffiné Lovelace et du colonel Morden que raconte Richardson.

Les deux adversaires firent alors quelques pas vers leurs témoins pour prendre les épées que Rongère et Réville tenaient en main.

Monteclair, le visage blême et légèrement marbré de veines rouges, souriait toujours.

M. de Reynière était blanc comme une statue de neige.

— Pardon, dit alors Rongère, mais il serait convenable que ces messieurs déboutonnassent leur chemise !

— C'est juste, fit Albéric.

Ni l'amiral ni Monteclair ne répondirent. Ils dénouèrent leurs cravates et détachèrent leurs boutons ; Reynière, des boutons de jais noir; Monteclair, des boutons ronds, en or.

Boispréaux s'était approché de Monteclair et faisait bouffer la chemise autour du pantalon, de telle façon que le plastron empesé flottât en quelque sorte et pût ainsi tromper sur la distance. Albéric, qui suivait de l'œil tous ces mouvements et surveillait Boispréaux, fit un signe à M. de Juigny et le capitaine arrangea de même la chemise de l'amiral.

D'un geste machinal, M. de Reynière se baissa ensuite, relevant méthodiquement son pantalon, de façon à bien dégager et largement ses pieds, et ce mouvement, qui n'échappa point à Monteclair, amena comme un rapide éclair, sur la figure du jeune homme, une expression d'inquiétude. Puis son sourcil froncé se détendit, sa lèvre reprit son sourire, et, se baissant à son tour, il fit correctement ce qu'avait fait l'amiral.

Chacun de ces deux hommes prit alors un gant d'armes et saisit l'épée que lui tendait son témoin. Monteclair, habitué au terrain et attentif au moindre détail, ouvrit et ferma sa main gantée, puis, se baissant de nouveau, il passa la paume de cette main sur une touffe d'herbe un peu humide, afin d'empêcher la garde de l'épée de glisser sur la peau trop lisse de ce gant.

Cela fait, il revint à sa place, se mit en garde, fit un *plié*, puis se redressant, il attendit.

Albéric, les oreilles très-rouges et les joues très-pâles, se tenait auprès de l'amiral qui, de ses yeux clairs, regardait son adversaire droit au visage. Réville prit dans chacune de ses mains l'extrémité d'une des deux épées, ouvrit ensuite les bras en faisant ainsi reculer les deux adversaires d'un pas, et, s'éloignant lui-même, il dit lentement, d'une voix un peu étranglée :

— Allez, messieurs !

En même temps, il se baissait, ramassait sa canne qu'il avait déposée à terre, et reprenait sa place, debout, entre les deux combattants.

Il y eut là un moment d'attente terrible.

Au signal d'Albéric, les deux hommes étaient tombés en garde : l'amiral nettement et sur place, la tête haute, la main gauche appuyée sur le cœur, la droite immobile, un peu basse, prenant un engagement de quarte bref et sévère. Monteclair, au contraire, sautant légèrement en arrière, avait pris une garde bizarre, la main gauche sur la hanche, le bras droit tendu, et sa tête un peu inclinée en avant semblait suivre et en quelque sorte pousser son épée.

Les armes s'étaient touchées un moment; mais M. de Reynière demeurant immobile, l'épée calme et menaçante, Monteclair avait bientôt rompu la garde, et son épée voltigeait d'une ligne dans une autre avec une vivacité redoutable, tantôt multipliant de petits battements secs, tantôt se dérobant d'une façon incroyable à la parade, rapide pourtant et précise, de l'amiral.

M. de Juigny, anxieux, eût donné six mois de sa vie pour que ce duel se terminât par une blessure sans conséquence. Quelle que fût l'attitude superbe, la magnifique impassibilité de Reynière, le capitaine était effrayé de cette prodigieuse et vertigineuse rapidité de Monteclair. Albéric devenait livide; le docteur Vernier attendait, les yeux baissés, regardant la pointe de ses souliers. Sa trousse était là, ouverte sur l'herbe. Rongère et Boispréaux restaient très-calmes.

Après avoir, comme on dit dans les salles, *tâté le fer* de Reynière, Monteclair venait d'ailleurs d'engager plus complétement la lutte. Ses attaques se précipitaient, foudroyantes; mais, malgré la vivacité terrible de sa main, tout se brisait sur la parade de M. de Reynière comme sur une plaque d'acier.

Monteclair, se mordillant la moustache, essaya successivement de trouver jour en quarte, en tierce, par des dégagés, par des coupés; il compliqua les combinaisons, cherchant à distraire l'attention de son adversaire, dont les yeux bleus le suivaient, rivés aux siens; il déplaça la ligne du combat, sautant à droite et à gauche, en avant et en arrière, effrayant, jamais en place, bondissant, prêt à crier, portant avec une décision épouvantable des coups mortels d'ordinaire, et toujours là, devant lui, rencontrant un fer inflexible.

L'amiral, en effet, n'avait pas bronché. On eût dit une statue, une image de bronze, dont le poignet seul se mouvait mathématiquement.

L'œil bleu de l'amiral jetait sa menace au véritable meurtrier de Blanche, et, derrière le visage irrité de Monteclair, il lui semblait voir le spectre d'une femme.

Reynière était demeuré impassible, mais pourtant, après quelques minutes de ce jeu, on le vit froncer le sourcil, se replier légèrement sur sa garde et, brusquement, saisissant tout à coup le fer de Monteclair, s'avancer d'un pas avec un battement sec, puis allonger le bras et se fendre avec la précision et la sûreté d'un homme qui *tire le mur*.

Rongère étouffa un cri.

Mais Monteclair avait fait subitement un saut en arrière, et l'épée de l'amiral atteignit à peine le plastron empesé de la chemise, sans même la déchirer.

Monteclair sourit, reprit la garde et accompagna son rictus de ces mots, dits un peu railleusement, comme dans une salle entre les coups mouchetés d'un assaut :

— Bien fait, mais court!

M. de Juigny se sentait frémir.

A partir de ce moment le combat changea de physionomie. On eût dit que les passes n'avaient été jusque-là que préparatoires, et que, se connaissant bien, maintenant, les deux adversaires pouvaient et allaient en finir. Dans le grand silence de la forêt, les bruits de fer froissé n'avaient pour accompagnement que de sourds bruissements de feuilles jaunies, tombant, çà et là, sous les arbres et les sifflements stridents du chemin de fer traversant l'air comme des pointes aiguës.

Monteclair, plus attentif, se sentant devant un tireur, n'attaquait plus franchement et semblait se dérober devant l'épée de l'amiral, qui, de seconde en seconde, le serrait de plus près. Monteclair n'abandonnait point son jeu, mais il le modérait.

Reynière le suivait pas à pas, les yeux comme abattus sur la face de cet homme. Il tournait avec lui, l'épée droite toujours, ne parant que par des simples, ripostant du tact au tact, mécaniquement, avec une froideur sinistre. Si Monteclair s'arrêtait, Reynière fléchissait sur sa garde, et, rapide, attaquait hardiment, par des coups droits, précédés seulement d'un petit battement, net et court, mais énergique. Le bretteur ne sentait aucune fatigue chez l'amiral. Le poignet de Reynière était de fer.

Alors, sur une de ces attaques, Monteclair essaya ce qu'on appelle quelquefois « une botte secrète; » il s'effaça brusquement, tournant sur son pied droit et tendant le bras comme pour transpercer l'amiral au vol, en quelque sorte. Absolument maître de lui-même, Reynière fit aussitôt, en sens contraire, le même mouvement que le duelliste, et se retrouva en garde, droit devant lui, mais cette fois plus menaçant encore. Les jarrets étaient plus ployés, la main retombait immobile en quarte très-basse et presque appuyée sur le genou droit. Des éclairs d'un bleu effrayant flambaient dans ce pâle et maigre visage.

Il y eut comme un temps d'arrêt à peine perceptible, mais tragique. Ces deux hommes se regardaient dans les prunelles, chacun cherchant à plonger, à fouiller dans la pensée de l'autre pour y découvrir l'idée qui allait diriger le bras.

— Est-ce que, s'il tuait M. de Reynière, se demandait M. de Juigny, je n'aurais pas le droit de tuer cet homme ?

L'amiral parut se décider le premier. Ce fut rapide.

Le pied gauche se rapprocha du pied droit, les jarrets demeurant ployés et le corps ne se redressant point d'une ligne. Monteclair comprit. Il rompit d'un pas et changea l'engagement.

Reynière avança. Monteclair comprit et rompit encore.

Reynière fit de nouveau un pas en reprenant l'épée, et comme Monteclair rompait toujours en baissant la garde, l'amiral chercha une sorte de point d'appui plus solide sur le sol, qu'il rasa, pour ainsi dire, puis résolûment il se fendit à fond.

Cette attaque effrayante, Monteclair l'avait prévue. Il voulut en finir.. Son sourire plaqué sur son visage était maintenant sinistre.

Il y avait du justicier dans le regard de Reynière, il y avait du tueur dans les yeux de Monteclair.

Echappant au coup de l'amiral, le pied gauche en arrière, le spadassin se baissa rapidement, appuyant tout à coup sa main gauche sur la terre, comme le faisaient jadis les mignons avec leur dague, et il risqua le coup suprême, un coup éperdu, mortel.

Mais il n'avait pas tenu compte de cette garde basse qu'il avait lui-même contraint Reynière à prendre tout à l'heure. Il ne put achever son mouvement.

En se jetant à terre, à l'italienne, il rencontra le fer de l'amiral, et l'épée le frappa droit, en plein visage, à l'angle de l'œil et du nez.

Le terrible élan de Reynière était tel que la tête de Monteclair fut redressée violemment et rejetée en arrière, rouge de sang.

Le genou plia, le corps, en tombant, arracha l'arme des mains de l'amiral, et l'épée resta plantée là, dans le crâne, la pointe enfoncée, la garde en l'air, la lame rougie vibrant comme une flèche qui a atteint son but.

Le fer pénétrant dans le cerveau, la mort avait été foudroyante et la blessure était horrible.

Les deux médecins, penchés sur le cadavre, ne parlaient même pas.

Autour de cet homme gisant, le visage affreusement contracté sous le flot de sang qui souillait sa barbe et ses cheveux, tous étaient pâles.

Albéric et M. de Juigny entraînèrent jusqu'à la calèche M. de Reynière qui marchait droit et roide, les yeux perdus dans l'espace...

M. de Rongère et Boispréaux se regardaient, livides.

Il y avait maintenant, dans les branches, des oiseaux frileux qui chantaient.

Le soir, M. de Rongère dit à Boispréaux :

— Avec tout ça il faut trouver un autre candidat pour la Picardie. Et vite un télégramme au comité de Saint-Omer. Les professions de foi de Monteclair pourront servir : on changera le nom sur les épreuves.

— Trop tard, répondit Cauvain. On n'improvise pas une candidature à la veille du scrutin. Que voulez-vous ? Le docteur Herpin a de la chance. Il sera nommé. Eh bien, avalons, mon cher, la médecine, — je veux dire le médecin. Moralité : nous avions un candidat fragile !

Ce fut peut-être toute l'oraison funèbre d'Henry Monteclair.

XV

CHEZ BLANCHE

En rentrant à Paris, après avoir remercié ses témoins, M. de Reynière se fit conduire tout droit à la maison de l'avenue Montaigne. Sur le seuil, un homme blanc comme un suaire courut à lui en poussant un cri de folle joie. C'était Gauthier, heureux comme un chien qui retrouve son maître. Le marin ne dit pas un mot d'ailleurs; il riait et pleurait.

Après quoi, son regard interrogea :

— Et l'*autre ?*

— Mort.

La voix de Reynière parut changée au vieux Gauthier.

L'amiral traversa la cour lentement et entra dans la maison vide.

Les chambres avaient cette fade odeur de sépulcre fermé des murs silencieux qui ne connaissent plus la vie. Arrivé au premier étage, dans un salon où il avait autrefois passé bien des heures avec Blanche, Jean de Reynière ouvrit la fenêtre et les volets clos, et, un moment, il resta là, regardant ce jardin désert aux allées pleines de feuilles mortes, où nul pied humain ne se posait maintenant.

Gauthier seul y errait parfois.

La pénombre d'une grise soirée de septembre descendait sur ces arbres, dont les feuilles rouillées tourbillonnaient ou se balançaient au bout de fils d'araignées. Au fond, là-bas, les allées s'emplissaient déjà d'une noirceur mystérieuse. Les cimes des marronniers prenaient des teintes de cuivre ou de bronze, jaunes ou brunes. L'automne était là. C'était en automne qu'une nuit — quelle nuit! — l'amiral avait suivi ce chemin, qu'il apercevait là, sous ses yeux, il avait gravi cet escalier extérieur, ouvert une porte, écouté...

— Mais *elle* est vengée maintenant! pensait Reynière.

Il regardait ainsi, accablé, ce triste jardin, pareil à celui d'un cimetière, lorsqu'il entendit, en bas, dans l'escalier sonnant creux comme s'il eût été tout étonné d'un pareil bruit, comme si la maison eût été réveillée de son sommeil et de son silence, des éclats de voix, des cris — et Gauthier était là qui parlait.

— Qu'est-ce donc? se dit Reynière. Qui vient là?

Il lui semblait qu'essayer de pénétrer dans la maison vide, c'était profaner une tombe.

Il descendit et, apercevant Valentine Trézel, il recula.

Valentine, ici!

Jamais il n'avait autant trouvé que cette enfant ressemblait à Blanche et, la voyant, sur ce seuil où Blanche avait passé, il eut comme un tremblement convulsif, et, regardant Gauthier, il le trouva livide.

C'est que cette étrange ressemblance avait aussi effrayé le matelot.

Valentine était là, accompagnée du docteur Trézel et de Mme de Grandier. Tous les trois, effarés, Henriette répétant, comme si elle eût réclamé « ce pauvre Raoul : »

— Albéric! Où est Albéric?

Un même effroi réunissait ces trois êtres. Valentine, depuis qu'elle savait que Robert allait se battre, sentait la fièvre lui brûler le sang. Elle ne s'était jamais avoué à elle-même combien elle aimait le marquis : elle le voyait maintenant. De folles idées lui traversaient le cerveau ou l'obsédaient. Cette pensée ne lui était-elle point venue qu'en allant supplier Angèle Ferrand d'empêcher le duel, Monteclair ne tuerait point Salviac?... Angèle n'était-elle pas une camarade d'enfance? Elles s'étaient tutoyées autrefois! Ce ne fut qu'un éclair dans les loyales et courageuses réflexions de Valentine. Etait-ce donc à elle de supplier? Et Salviac, était-il homme à accepter qu'on empêchât une rencontre? Non. Pure folie, encore une fois. Il fallait attendre et se fier au Droit.

Mais ne rien savoir, rien, rien, tandis que Robert se battait! Valentine n'avait espéré qu'en Henriette Lehidec. Mme de Grandier devait être informée de tout. Et Valentine avait couru chez sa cousine, suivie du petit docteur, très-ennuyé d'être arraché à ses coquilles d'œufs, mais inquiet aussi du sort de Salviac qu'il aimait autant qu'il pouvait aimer un être non monstrueux.

Chez Mme de Grandier, Valentine allait se heurter à une déception. Mme de Grandier non plus ne savait rien. On lui avait bien dit que le duel du marquis avec Monteclair devait avoir lieu. Mais où? Mais quand? D'ailleurs le bruit courait que Monteclair avait, comme on dit, *une affaire* avec M. de Reynière. Et cet Albéric, une des gazettes parlées de Paris, qui, tout justement, se faisait invisible! Où était-il? Henriette s'impatientait et répétait, très-étonnée :

— C'est la première fois que son bavardage me manque!

Toute cette journée tragique avait été employée par les deux femmes à courir aux informations. M. de Salviac était sorti de chez lui depuis le matin. M. de Sorel, son intime ami, s'était absenté aussi. M. de Reynière était parti avec deux amis et le docteur Vernier. Il y avait réellement sur tout cela un vent de meurtre et de drame. Me Bernard Herblay, averti par Mme de Grandier, avait frappé chez Reynière, puis avenue Montaigne, et enfin, réussissant à faire parler Gauthier, troublé et inquiet, il était parti pour Saint-Germain, lieu du combat, comme un général qui courrait au canon.

Dans ces duels menaçants, Urbain Trézel ne voyait qu'une chose, le double danger couru par Reynière et par Salviac lorsque l'un ou l'autre pouvait épouser Valentine et protéger sa candidature. Le petit docteur avait décidément la maladie du fauteuil à l'Institut.

Salviac, lui, attendait une réunion nouvelle des témoins pour savoir à quelle heure était fixée sa rencontre avec Monteclair. Il avait déjeuné avec Sorel, au restaurant. La journée s'écoulait et l'impatience commençait à prendre le marquis. Les témoins de Monteclair ne se montraient pas. C'était le soir seulement que Salviac allait apprendre qu'Henry Monteclair était mort.

Éperdues, inquiètes, énervées, Henriette et Valentine avaient enfin résolu de trouver à tout prix M. de Reynière. Ne le rencontrant pas rue de la Rochefoucauld, l'idée était venue à Mme Lehidec qu'il était possible de découvrir l'amiral avenue Montaigne, et le hasard voulait que Reynière se trouvât justement dans la maison vide au moment où Mme de Grandier, qui ne doutait de rien, en voulait forcer la porte.

Fidèle à sa consigne, Gauthier eût d'ailleurs impitoyablement refusé l'entrée de la cour au docteur Trézel et à la jolie veuve, mais l'apparition de Valentine le troubla au point de l'effrayer. Cette ressemblance avec la morte, qui avait tour à tour séduit Reynière et. Salviac, terrifié Angèle, étonné Monteclair, l'écrasa. Il demeurait immobile et regardait la jeune fille.

La discussion attira Reynière. L'amiral essuya d'abord le feu des questions d'Henriette et des protestations de dévouement du petit docteur, puis il répondit très-simplement, avec sa belle voix attristée, que tout était fini, Monteclair étant mort. M. Réville raconterait plus longuement cela à Mme de Grandier.

Henriette devint rouge de joie en apprenant ainsi qu'Albéric était directement mêlé à ce drame. C'était donc « un homme » ce petit étourdi d'Albéric ? Reynière vanta le sang-froid et le dévouement de son témoin. Mme Lehidec était enchantée. Le cousin devenait presque « un héros de roman. »

Immobile et les mains glacées, Valentine écoutait et ses grands yeux ne quittaient point le visage de l'amiral. Elle ne comprenait bien qu'une chose, c'est que le marquis ne se battrait pas, c'est que Salviac était sauvé, et il y avait pour elle quelque chose de mystérieusement tragique dans cette pensée : sauvé par *lui*, par Reynière ! Sans rien connaître, elle devinait là de l'inexplicable et elle ne savait quoi de douloureux.

Le regard de Reynière ne la quittait pas. Il enveloppait cette jeune fille. Il y avait même comme une ivresse heureuse dans l'expression un peu égarée de ses yeux. Une pensée exaltée et terrible traversait, à ce moment même, le cerveau de cet homme si froid d'ordinaire et si calme. Tout son passé, toute la fièvre de sa jeunesse étouffée lui remontaient au front, et son cœur, qui battait comme éperdu, ne lui apportait plus aucune souffrance.

— Mademoiselle, dit-il d'une voix étrange, profonde et séduisante, voici un seuil que nul que moi n'a franchi depuis bien des jours. Voulez-vous me faire la grâce d'entrer dans cette maison vide ? Mais d'y entrer seule, dit-il en regardant Henriette et le docteur Trézel.

Urbain et la jolie veuve s'inclinèrent, tandis que Valentine, faisant un pas en avant vers l'amiral, répondait :

— Volontiers, et merci.

Et tandis que la jeune fille entrait dans la maison funèbre, le docteur, frottant l'une contre l'autre ses mains sèches, disait tout bas à Mme Lehidec :

— Il va se déclarer. Il l'aime. Elle sera comtesse.

— Oui, répondit Henriette en haussant les épaules, mais elle ne l'aime pas, elle en aime un autre. Elle sera marquise.

— *Tonnerre à la voile!* grommelait le matelot en suivant du regard son amiral, qui, montant l'escalier, disparaissait derrière Valentine. Qu'est-ce que tout cela veut dire?

Gauthier rentra, hochant la tête, dans son pavillon, tandis que Mme de Grandier parlait avec une certaine volubilité heureuse du sang-froid d'Albéric Réville, constaté par l'amiral, et que le docteur revenait à ses poulets comme on revient à ses moutons.

L'amiral Jean de Reynière avait éprouvé tout à l'heure, en voyant chez lui, devant cette maison déserte, l'image adorée de Blanche, une émotion plus terrible peut-être que toutes celles qu'il avait ressenties depuis la nuit du meurtre ; mais cette émotion même lui apportait il ne savait quelle volupté déchirante, quelle blessure reçue avec joie. Cette fois, ce n'était pas Valentine qui était là, c'était l'*autre*, et cette *autre*, la chère victime, endormie là-bas, il voulait avoir cette illusion funèbre de la croire vivante encore, de la revoir dans cette chambre même où elle était tombée, une balle dans le cœur. Cette pensée ardemment éperdue lui était venue comme une illumination soudaine, comme un âpre désir de fou, de voir se ranimer le fantôme, et d'entendre, dans la chambre où nul n'était entré que lui, les pas, la voix de Valentine, et de croire, — pauvre insensé! — que c'était la voix et les pas de Blanche.

Elle ne comprenait pas, la jeune fille, en montant cet escalier poudreux, ce qui faisait battre à le rompre le cœur de Reynière. Elle obéissait, se sentant pourtant enveloppée comme d'un mystère. Il y avait, dans cette maison close, une lourde atmosphère qui tombait sur le front comme une main de glace. Valentine n'avait pas peur, elle souriait. Mais elle se disait:

— Où suis-je donc? Et que veut-il me dire?

Arrivée au premier étage, elle se retourna vers l'amiral.

A travers les volets mal joints, la lumière éclairait les traits de Reynière. Valentine tressaillit. Cet homme était livide, et son visage maigre eût été effrayant, si son sourire triste n'eût pas été si doux.

Elle ne dit rien, mais, devant la porte, ses yeux demandèrent :

— Est-ce là?

Reynière répondit :

— Plus haut.

Au second étage, il s'excusa de passer devant la jeune fille; il poussa une porte, traversa un salon, ouvrit une fenêtre et, debout au seuil d'une porte vers laquelle il étendit la main, il dit avec un accent brisé, malgré sa fermeté superbe :

— Là est la chambre de la comtesse morte! C'est là que nous entrons, mademoiselle!

Valentine se sentit devenir très-pâle et, instinctivement, elle murmura comme une prière. Il lui sembla qu'elle allait pénétrer dans un caveau mortuaire.

Blanc comme un linceul, le comte mit dans la serrure une clef, poussa la porte et entra.

— Venez! dit-il.

La chambre était sombre. Reynière eut bientôt tiré les volets, et la lumière grise et terne du soir entra dans cette pièce où il y avait encore, mêlé à l'odeur de l'appartement renfermé, quelque chose du parfum de la femme. Chambre luxueuse et charmante, avec des meubles de thuya et de bois de rose, un petit secrétaire aux fermoirs de cuivre, un cabinet incrusté d'ivoire, un tapis blanc semé de fleurs, un lit bas recouvert de satin gris et des portières de cette couleur de perle ; sur les meubles, sur la cheminée, le fouillis exquis de mille objets de prix, des bijoux traînant dans des coupes ; des portraits à la muraille, des tableaux et des dessins de maîtres ; des fleurs fanées dans un vase en verre de Venise, — quelque chose de la vie même, comme si, dans cette chambre déserte, une minute auparavant, une main de femme eût encore touché à tout cela.

Valentine s'arrêtait sur le seuil et n'osait entrer. Il lui semblait que la morte était là.

Un geste presque suppliant de Reynière la décida.

Elle fit quelques pas jusqu'à une petite table où des papiers, des couteaux d'ivoire, une trousse d'argent, un bracelet traînaient.

Tout en regardant rapidement ces choses, Valentine ne quittait point des yeux l'amiral. Un changement profond s'était fait depuis un moment dans la physionomie de cet homme. La plus épouvantable des souffrances se lisait clairement sur ce visage tiré et pâle. Les yeux brûlaient. Les lèvres étaient violettes comme celles d'un mort. Quand il parla, il sembla à Valentine que sa voix avait quelque chose d'*au delà* comme une voix sortant d'une tombe.

— Je vous ai priée d'entrer ici, dit-il, mademoiselle, parce que, là, à la place où vous êtes, un crime a été commis et que ce crime, c'est à vous, — oui, à vous, —

que j'en veux demander l'absolution, comme si c'était à elle-même !

— Un crime ? balbutia Valentine.

Elle vit le mélancolique sourire de Reynière devenir amer, et, sans être effrayée, elle tressaillit ; mais le comte ajouta bien vite :

— Il y a un homme qui, un jour, fou de jalousie, torturé à en mourir, armé par la Loi, a tué sa femme, sa femme coupable, sa femme adultère. Et cet homme, c'est moi !

— Vous ?

— Et ce meurtre, c'est ici qu'il a été commis ! Et cette femme, c'est là qu'elle est morte ! Baissez les yeux, regardez à vos pieds, cette tache noire, c'est du sang !

— Du sang !... s'écria Valentine, en reculant avec horreur et en apercevant là, devant elle, sur le tapis blanc, une large tache brunâtre.

Cette tache n'eût pas été là, elle eût pris l'amiral pour un fou.

Elle le regardait, éperdue.

— Du sang ! Son sang ! dit le malheureux avec un déchirant sanglot. Oui, je suis entré là, par cette porte que vous avez franchie. Oui, j'ai tué. J'ai tué celle que j'adorais le plus au monde ! La loi humaine m'en donnait le droit, mais la loi supérieure, la loi de la pitié, du pardon, de l'amour, me le défendait, et, — meurtrier, depuis que j'ai, de ma main, tué mon bonheur, ma joie, ma vie, — je me traîne à travers le monde, cadavre ambulant où il y a un remords. Écoutez-moi, fit Reynière en voyant que Valentine détournait la tête. La justice m'a dit : « Tu as le droit de tuer ! » Elle m'a absous ! Qu'est-ce que je dis donc ? Elle m'a approuvé ! Cette femme n'était-elle pas coupable ? *Article* 324. « A mort ! Tue, Othello ! Tu le peux ! » Il y a même des gens qui diraient : « Tu le dois ! » Mais ce qui ne m'a pas absous, c'est ma conscience à moi et c'est mon amour ! En frappant cette joie vivante, je me frappais moi-même. Je me déchirais le cœur. Il y a des suicides moins certains qu'un tel meurtre de soi-même dans une autre créature, la plus ardemment aimée ! Et pourtant...

L'amiral regarda la jeune fille avec des yeux qui la troublèrent.

— Et pourtant, reprit l'amiral, j'ai cru revivre même après l'avoir tuée ! J'ai cru pouvoir aimer après l'avoir aimée ! J'ai cru recommencer une vie nouvelle, après cette chère existence que j'avais, de mes mains, mise au tombeau ! Je vous ai rencontrée, Valentine ; oui, vous, si charmante, si bonne, si noble, si pareille à elle, et je vous ai aimée ! Oh ! laissez-moi tout dire ! C'est la première et la dernière fois que je vous parlerai ainsi ! Oui, aimée, je vous ai aimée comme elle, et je me suis dit : « Les hommes t'ont donné le droit de frapper. Est-ce que tu n'as pas, toi, le droit de refaire ton existence ? Morte la mort ! Vive la vie ! » Ah ! que de rêves j'ai faits, Valentine, auxquels vous étiez toujours mêlée ! Que de visions que traversait votre image ! Que de songes qu'illuminait votre sourire ! J'étais fou. Quand on a tué, on doit mourir. Vous ne m'aimez pas. Vous ne pouviez pas m'aimer. M'eussiez-vous aimé, que, moi, je n'aurais pas eu le droit de me parer de cet amour ! — Allons donc, meurtrier légal, est-ce qu'il y a du bonheur encore pour toi ? La loi t'accorde l'excuse. Est-ce que ton cœur t'accorde le pardon ? — Et pourtant ce pardon, Valentine, ce pardon, je vous le demande à vous, comme je le demanderais à elle. J'ai souffert. J'ai expié. Ah ! j'expie, puisque vous êtes là, vous, le bonheur, vous, la beauté, et que je sais qui vous aimez et à qui vous les donnerez, cette beauté et cette joie !

— A qui ? dit Valentine plus pâle que la morte lorsqu'elle était tombée là. A qui ?

Elle était frémissante, peureuse, terrifiée et cependant attirée par ce malheureux dont la lèvre criait le crime, mais dont la voix brisée disait les tortures.

— A qui ?

— A lui ! répondit l'amiral avec un sanglot plus déchirant encore. A M. de Salviac ! Et savez-vous qui il est ce Salviac ? Ah ! châtiment ! L'homme que Blanche de Reynière recevait ici, dans cette chambre, c'était lui !

— Mon Dieu ! dit Valentine.

— Lui ! Et j'ai voulu le tuer comme je l'ai tuée, répondit Reynière en courant à la portière de satin dont le gris de perle était taché comme le tapis. Voici le sang qui coulait de son front. La blessure qu'il porte là, c'est moi qui la lui ai faite !

Valentine, affolée, ses grands yeux hagards, terrifiée, regardait autour d'elle, et il lui semblait que de cette chambre encore maintenant s'exhalait une senteur affreuse de tuerie.

Mais tout le passé s'éclairait aussi.

Le trouble de Salviac lorsqu'était prononcé le nom de Reynière, la cause de cette blessure qui étoilait son front, elle avait le secret de tout ce qui lui semblait mystérieux naguère. En vérité, cela était plus sombre encore que tout ce que la pauvre fille avait imaginé.

— J'ai voulu le tuer, reprit Reynière. Il m'a pris mon bonheur, et, en me battant ce matin, je savais pourtant que j'assurais son bonheur à lui. Je vous donnais à Salviac. Moi ! moi ! moi !... parce que vous l'aimez et parce qu'il vous aime !

— Il m'aime ?... s'écria Valentine avec une expression où il y avait une instinctive et ardente joie.

Le cœur de Reynière en fut comme traversé par une aiguille.

— Oui, il vous aime, dit l'amiral. S'il vous l'a caché, c'est que, lui aussi, porte au flanc une plaie pareille à celle dont je souffre. C'est qu'entre lui et vous, il y a aussi, comme entre moi et vous, Valentine, le cadavre de Blanche. C'est un homme d'honneur, ce larron de mon honneur, et sa conscience le torture comme la mienne me ronge! Mais il n'a pas de sang sur les mains! Mais il n'a pas tué! Mais il peut passer dans la vie sans entendre dire tout bas, derrière: « C'est celui-là qui a tué sa femme, vous savez bien. » Mais il peut aimer! Mais il peut être aimé! Sa vie n'est point finie; entre le bonheur et lui il n'y a pas une tombe! M. de Salviac ne vous a pas dit qu'il vous aimait, Valentine? Eh bien, je vous le dis, moi! Il vous aime! il vous adore! Et c'est mon châtiment de vous le dire, de vous crier: « En vous je retrouvais Blanche! mon amour revivait en vous! Eh bien, aimez celui que j'ai voulu tuer et donnez-lui ce qu'il m'a arraché, à moi, ce qu'il m'arrache encore aujourd'hui: le bonheur! »

Ces derniers mots avaient été dits, non plus avec la colère douloureuse, mais avec une gravité profonde, terrible et déchirante.

L'amiral de Reynière réapparaissait sous l'être torturé, meurtri, et dans ses yeux creux il n'y avait plus de larmes.

— Valentine, dit-il lentement, n'est-ce pas qu'un homme qui souffre comme vous me voyez souffrir a non pas effacé, — rien ne s'efface! — mais tout racheté peut-être?

— Ah! monsieur le comte, fit la pauvre enfant dont les yeux étaient pleins de larmes... monsieur le comte, la morte elle-même a dû vous pardonner, car elle devait vous aimer, j'en suis sûre.

— M'aimer?... fit-il amèrement en hochant la tête.

— Oubliez, dit Valentine. Le pardon à vous, c'est l'oubli.

— Et son pardon à elle, ce sera votre main tendue, Valentine.

La jeune fille alla droit au comte, et sa vaillante main honnête, elle la donna, grande ouverte, à Reynière, qui y posa ses lèvres lentement, longuement, puis se releva tout droit, les yeux rouges, remercia de la main et congédia du geste, silencieusement, Valentine, qui, lorsqu'elle sortit, entendit derrière elle un sanglot terrible.

Elle descendit l'escalier comme au hasard, troublée, éperdue.

Gauthier fut effrayé en voyant sa pâleur.

— Monsieur le comte?... dit-il avec angoisse.

— Veillez sur lui, répondit-elle.

Pendant tout le trajet de l'avenue Montaigne au parc Monceau, où demeurait Mme de Grandier, Valentine, livide, immobile et songeant, ne répondit aux questions de son oncle et de sa cousine que par des monosyllabes, des mots sans suite. Elle pensait.

En entrant chez Mme de Grandier, elle chancela comme si elle allait se trouver mal. Dans le salon, causant avec Albéric, M. de Salviac attendait, inquiet, fébrile.

— Albéric! s'écria Henriette Lehidec en courant toute joyeuse au petit cousin.

Valentine s'appuyait contre une console. Ses mains tremblaient comme ses lèvres.

— Mon Dieu! lui demanda Robert, qu'avez-vous?

— Ce que j'ai?

Elle se tourna hardiment vers Henriette, l'oncle Urbain et M. Réville :

— J'ai à dire à M. de Salviac ce que m'a dit M. de Reynière.

Robert devint plus pâle encore.

L'oncle Urbain, soupirant, inquiet, ne comprenant

rien, sortait derrière Mme de Grandier qui demandait à Albéric des détails sur la mort de Monteclair.

Puis, quand Salviac se trouva seul en face de Valentine :

— L'amiral, dit-il lentement, vous a révélé le secret de ma vie ! Eh bien, oui, — et j'aurais dû vous tout apprendre, — ma destinée a été tragique et la fin de mon existence sera employée à expier ma jeunesse. L'amiral savait peut-être le secret que j'étouffais là, dans mon cœur... il savait — laissez-moi vous le dire — il savait que je vous aimais. Il a voulu nous séparer à jamais. Il a bien fait. C'est une vengeance qui vaut mieux qu'un coup de feu !

— L'amiral n'a pas fait cela, répondit gravement Valentine. L'amiral m'a donné pour devoir de vous consoler et de vous sauver !

— Moi ? Moi ? dit Salviac.

— Ah ! je sentais bien qu'entre vous deux il y avait un secret sinistre ! Je sentais bien que je tenais peut-être votre destinée à tous deux ! Tous deux frappés de la même blessure, lequel devais-je sauver ? Sur ma vie, je me suis demandé si ce n'était pas le comte de Reynière, car je ne sais pas d'homme plus noble et d'une âme plus grande !

— Lui ! Vous l'aimez donc, s'écria le marquis éperdu.

Valentine ne répondit pas.

— Vous l'aimez ? dit Salviac, qui ne voyait dans la voix, dans le regard, dans l'accent de Valentine que l'admiration profonde, presque ardente pour Reynière. Eh bien, vous avez raison, Valentine, sauvez cet homme ! Je lui ai volé sa joie. Rendez-la-lui. Ah ! quelle journée ! quelle fièvre ! Il se battait et j'attendais ! Il se battait avec ce Monteclair — à ma place ! Lui ! Mais quel homme est-ce donc ? Et que suis-je devant lui ? Vous l'aimez ! Il vous a dit qu'il vous aimait. Eh bien...

— Pauvres cœurs blessés! songeait Valentine qui retrouvait sur les lèvres de chacun de ces hommes séparés jadis par la haine, presque les mêmes mots de respect, de sympathie magnétique se faisant jour, malgré le sang versé et la jalousie. Pauvres grands cœurs navrés!

Elle regarda le marquis de ses beaux yeux honnêtes et lui dit doucement :

— Le comte de Reynière ne m'a dit qu'une chose, c'est que, si quelqu'un méritait l'amour d'une femme, c'était vous!

— Moi? s'écria Salviac avec une joie de fou. Et si vous me dites cela, c'est donc que vous pouvez m'aimer?

Valentine baissait la tête.

— C'est donc que vous m'aimez? Ah! Valentine! Moi! Et c'est à lui que je devrais un tel aveu tombé de vos lèvres? A lui?... Ah! le remords de mon passé! Ah! la plaie de toute ma vie!

Il était tombé sur un siége et, comme Reynière avait sangloté, il pleurait.

— Est-ce sur la morte que vous pleurez? dit la jeune fille.

— Non! non! C'est sur ma folie, Valentine, sur ma folie qui n'a pas voulu que les premiers battements de ce cœur fussent pour vous, que mon unique amour ce fût vous... Mais l'honneur, mais la consolation, mais ce que j'ai appelé, cherché, demandé à la vie, c'était vous! Ces pleurs de honte, faites-en des pleurs de joie! Valentine, je vous aime comme on n'aime pas, comme le soldat blessé et vaincu adore la charité vivante qui le sauve! Je vous aime comme l'idéal du vrai, du bon, du bien! Je vous ai cherchée, je vous ai trouvée. Vous êtes la vérité et l'amour. Soyez ma femme, Valentine, ou je reste ce que je suis, une épave quand je puis redevenir un homme.

— Monsieur le marquis, si je n'étais pas la pauvre fille que je suis, je répondrais *oui*, je vous le jure, mais...

— Vous ne m'aimez pas! vous ne m'aimez pas! dit Salviac.

— Je vous aime. Mais que dira-t-on si la nièce du docteur Trézel épouse le marquis de Salviac?

— Ce qu'on dira? Que vous m'avez fait l'aumône de votre amour et que je me suis enrichi de toute votre âme! Ah! si vous ne voulez pas que je traîne ma vie, une existence inutile, si vous ne voulez pas...

— *Il* le veut bien, *lui*, dit Valentine en laissant, avec un sourire profond, grave, infini, tomber ses deux mains dans les mains de Robert de Salviac. Pourquoi ne le voudrais-je pas?

Gauthier, en montant dans les appartements de l'amiral, avait trouvé Reynière enfoncé dans un fauteuil, la tête baissée, auprès du lit recouvert de satin de la comtesse Blanche. Il lui demanda s'il n'était pas souffrant. L'amiral répondit : Non; s'il désirait quelque chose :

— Un verre d'eau, dit Reynière.

Le matelot descendit et revint, apportant le verre qu'il déposa sur la table de bois de rose. Puis il laissa son amiral seul.

Une heure après environ, Bernard Herblay arriva, venant de Saint-Germain. Il était fort troublé. Il voulut embrasser son ami. Gauthier remonta, demanda la permission, l'obtint, et le bâtonnier et l'amiral se tinrent un moment serrés l'un contre l'autre. Bernard voulut emmener Reynière dîner chez lui. Reynière refusa. Il n'avait pas faim. Il voulait être seul. Herblay se chargeait de certaines déclarations au parquet relativement à la rencontre mortelle du matin.

— Allons, au revoir, fit l'avocat.

— Adieu, murmura tout bas Reynière.

Comme Herblay s'éloignait, Gauthier, qui apportait une lampe allumée, dit au comte :

— Mais, au fait, mon amiral, ces papiers que vous m'aviez remis pour M. Herblay...

— Eh bien ?

— Je vais vous les rendre !

— Plus tard, dit l'amiral. Garde-les encore.

— Mais...

— Plus tard, répéta le comte. Laisse-moi seul, mon vieux Gauthier !

Le matelot redescendit en maugréant des *tonnerre de Brest* et des *tonnerre de chien.*

Une fois seul, l'amiral respira longuement, comme s'il avait eu hâte de retrouver cette solitude. Il voulait retrouver là devant lui cette apparition disparue : Valentine qui venait d'évoquer Blanche. Oui, par une sorte d'hallucination volontaire, il lui semblait que c'était *elle* qu'il avait revue. Blanche était revenue pour une heure, pour un instant. Et Blanche avait pardonné.

— Tu peux faire grâce, chère martyre, pensait l'amiral. Mais cet homme puni, ce misérable châtié, qu'ai-je à faire ici maintenant ?

Il éprouvait, à respirer l'air lourd de cette chambre, une volupté farouche, morbide. Quand il y entrait autrefois, il s'y agenouillait, pleurait et disparaissait comme sortant d'un caveau funèbre. Aujourd'hui, au contraire, une tentation singulière le prenait de toucher à tout, de tout revoir, de retrouver, en quelque sorte, sur les bijoux épars, sur ce bracelet, sur cette agrafe, la trace des doigts de Blanche. Ce miroir où elle s'était regardée, ce tapis où elle avait posé ses pieds, ce sang séché là et qui était le sien, tout la lui rappelait, tout l'évoquait. Pauvre Blanche ! Une épingle d'or dont elle attachait quelquefois ses cheveux noirs brillait dans une coupe : Reynière la prit et la baisa. Cette épingle enfoncée dans le cœur, on pouvait mourir! Pourquoi pensait-il à cela?

Il regarda longtemps le portrait photographié de la morte: c'était son regard, son attitude, son air triste... Il baissait la tête et pleurait. La fièvre lui brûlait le sang. Il mouilla ses lèvres sèches dans l'eau pure.

Devant le secrétaire où Blanche s'était assise tant de fois, il s'arrêta, machinalement toucha le papier marqué à son chiffre, chercha une ligne de son écriture. Rien. De la cire, un porte-plume, un buvard armorié, c'était tout. Le petit tiroir d'un cabinet Renaissance à inscrustation d'ivoire, un tiroir mal fermé, attira pourtant son regard. Il n'avait, chose étrange! jamais examiné cela, jamais... Son doigt tira le bouton d'ivoire du tiroir et l'amiral se jeta, comme un fou, sur une lettre qu'il aperçut un peu froissée et comme si celle qui l'écrivait, tout à coup interrompue, l'avait cachée brusquement...

L'écriture de Blanche! C'était une lettre d'elle!

Une lettre adressée à Salviac peut-être!

Reynière frissonna. Un éclair pareil à ceux qu'il dardait sur Monteclair traversa son œil bleu, mais, dès les premiers mots, la flamme de menace s'éteignit; il avoit lu ces mots: « *Monsieur le comte...* »

C'était à lui que cette lettre était adressée, et comme une confidence du tombeau, il lut, à travers le brouillard de ses larmes, ces lignes navrées et déchirantes:

« Monsieur le comte,

« Quand vous lirez cette lettre, je serai morte. Cette lettre est une confession et elle implore un pardon.

« Je suis une misérable, monsieur, une malheureuse qui n'a pas eu le courage d'oublier un amour passé pour le devoir présent, une âme romanesque, faible, indécise, isolée d'ailleurs et lassée de la solitude qu'elle peuplait de ses rêves; — une femme qui n'a pas su demeurer digne du nom glorieux qu'elle porte et de l'amour profond qu'elle vous a inspiré. Je vous respecte poûrtant, monsieur le comte, et je donnerais avec une joie ardente, pour votre bonheur, cette existence que je veux terminer par une expiation.

« Vous étiez digne de l'affection de toute ma vie. Il n'y a pas d'être meilleur que vous, supérieur à vous. Pour effacer le passé qui me tue, je vivrais de misère et de labeur. Mais la honte est irréparable. On n'efface pas une trahison, on la punit. C'est ce que je vais faire.

« Il y a en ce monde un homme que j'ai aimé. A celui-là même, je veux dire, et du fond de l'âme, que, tirée de mon rêve, mais déchue, mais repentante, si je meurs par lui, c'est pour vous que je veux mourir. Depuis votre retour, j'ai sur le cœur un poids qui m'étouffe, le secret d'un crime qui mérite un châtiment. J'ai pu tomber, je ne sais point mentir. Répondre à votre regard loyal par un sourire lâchement faux, c'est impossible. Je veux dire à celui qui m'a perdue, — en se perdant peut-être, car il a comme moi le remords et la honte de notre amour, — je veux lui dire que je meurs avec votre nom sur les lèvres. S'il veut mourir avec moi, il y a ici assez de poison pour nous deux. Mais non, son agonie aurait l'air encore d'une complicité. Je mourrai seule, seule avec vous, songeant à vous, ma pensée tournée vers vous, monsieur le comte, et mes mains jointes, et ma dernière parole, mon dernier cri sera : « Pardon ! pardon ! » car je vous ai apporté la trahison, et je vous devais le dévouement. Pardon, car au devoir, à l'estime, à l'amour, qui allaient vers vous comme à l'idéal, j'ai préféré... »

La lettre était inachevée. Il y avait, sur ces lignes, des traces de pleurs tombés. Blanche, — à l'arrivée de Salviac, sans doute, — avait rapidement serré dans le tiroir ce papier dont l'encre était à peine séchée peut-être qu'à ces taches de pleurs allaient répondre des taches de sang.

L'apparition de l'amant avait coupé court à cette lettre de l'adultère. L'apparition du mari avait arrêté la confession pleine de remords de la maîtresse à l'amant.

A côté de ce papier, jadis mouillé de larmes, un petit paquet d'une espèce de poudre blanche, de petits cristaux prismatiques, très-fins, attendait, portant ces mots, d'une écriture inconnue : *Atropa belladona.*

Jean de Reynière prit ce paquet et sourit d'un air bizarre, d'un sourire triste d'abord et qui éclaira bientôt, peu à peu, lentement, son visage maigre.

Il s'assit devant la petite table en bois de rose où Blanche s'était assise ; il regarda longuement ces cristaux blancs qui brillaient sous la jaune lumière de la lampe et puis ce verre d'eau posé là et qui semblait attirer les lèvres...

— Ironie des choses ! dit tout bas Reynière. Ce poison préparé pour elle, c'est donc moi qu'il tuera ?...

Il prit le verre d'eau. Le cristal taillé scintillait sous l'abat-jour d'opale. Limpide, claire et fraîche, cette eau dans laquelle l'amiral avait posé ses lèvres semblait apporter une sensation pénétrante qui avait aussi son ivresse, celle du calme et du repos...

Alors il laissa tomber dans l'eau la poudre blanche, et, tout en secouant le verre, il songeait à ces hallucinations étranges, terribles de la vue et de l'ouïe que l'atropine ou la belladone apporte. C'est l'agonie par le délire, c'est l'ivresse de la mort.

— Eh bien ! je souffrirai, fit-il.

Et, tout haut, avec l'expression pleine de joie d'un amoureux ou d'un martyr :

— Merci, Blanche !... dit-il, en portant le cristal à ses lèvres.

Le lendemain, Gauthier, après avoir attendu longtemps que l'amiral sortît de la maison vide, y entra assez inquiet, car il était tard, et monta une à une, comme s'il craignait de trouver là-haut un malheur, les marches qui conduisaient à la chambre de Reynière.

L'amiral n'était pas là.

Gauthier hocha la tête.

— C'est juste, dit-il. Ce n'est pas là qu'*elle* est morte !

Il monta « *chez madame la comtesse,* » comme il disait encore, et il frappa à la porte. On ne répondit pas.

Gauthier tourna le bouton : la porte n'était point fermée. Gauthier entra.

Le matelot était blanc comme un suaire en pénétrant dans cette chambre. Il fut un peu rassuré en apercevant Reynière assis et, la tête dans ses mains, penché sur la table, à côté du verre vide.

La lampe allumée brûlait encore avec cette triste lueur que le jour rend funèbre.

Au pied de la lampe, des morceaux de papier brûlé, jetés dans un petit cendrier en émail cloisonné, ressemblaient à des papillons noirs prêts à s'envoler.

— Il se sera endormi là, pensait Gauthier.

Alors, pour éveiller Reynière, le matelot toussa doucement, puis un peu plus fort. L'amiral ne bougea pas.

Gauthier s'approcha.

— Mon amiral ! mon amiral !

Il lui mit la main sur l'épaule. Le corps penché demeura immobile.

Gauthier se précipita sur lui, le secoua, l'attira, et, la tête de Reynière alourdie, se renversant en arrière, comme celle de Monteclair, le vieux matelot poussa un cri de folle terreur en apercevant un visage aux muscles affaissés, tordus comme par des convulsions, et, sous des paupières levées, des yeux atrocement fixes, avec des pupilles si extraordinairement dilatées que l'iris disparaissait et qu'il n'y avait plus là que deux grandes taches bleues et hagardes.

Le pauvre Gauthier tomba de toute sa hauteur à genoux devant le corps de l'amiral, et, ses lèvres gercées posées sur la main lourde et froide, il demeura là, foudroyé, et pleurant sur ce cadavre.

Un matin de novembre, par un beau froid, le professeur Thibouville entra, le nez rougi et soufflant sur ses ongles, dans le boudoir d'Angèle Ferrand.

La comédienne se chauffait les pieds, un rôle nouveau étalé sur ses genoux.

Elle était en deuil.

Elle portait, disait-on, ce deuil depuis la mort de Monteclair. C'est que Reynière était mort en même temps que l'amant d'Angèle.

— Oh! oh! dit Thibouville avec une expression de volupté parfaite. Il fait diantrement bon, ici, à la bonne heure! Voyons, eh bien! et ce rôle?... Avez-vous besoin que nous le répétions, *madame?*

— Non, répondit Angèle. Je le sais.

— Ta parole?... Mais quel zèle, alors! Mes enfants, quel zèle! En huit jours, *établir* un rôle comme ça! Un grand premier rôle! Angèle, ma petite, vous arriverez à tout, c'est moi qui vous le dis. Vous vous êtes *révélée*. J'ai connu des chiens de chasse détestables pendant des années. Un jour, devant un perdreau, ah! mes amis! quel arrêt! Ils se *révèlent*. C'est ton histoire. Il n'y avait qu'une femme qui pût te damer le pion si elle avait voulu jouer la comédie.

— Qui ça?

— *Andromaque*.

— Ah! Mlle Trézel! fit Angèle...

— Mme de Salviac, rectifions! dit Thibouville. J'ai assisté à la noce. Charmant. Jolie première. La mariée a eu un succès ! Mme de Grandier seule lui disputait la palme. Encore une qui m'enverra une lettre de faire part un de ces quatre matins. Depuis que le cousin Réville a assisté à ce fameux duel, il est devenu un héros pour sa cousine. On oublie un peu Raoul, on l'oubliera tout à fait. A héros, héros et demi. Donc, joli mariage ! L'église pleine. On a refusé du monde. En revanche, l'organiste a crânement mal joué la *Marche nuptiale* de Mendelssohn. Une mazette, ce musicien !

— La marche de Mendelssohn ! On nous épouse sur une autre musique, nous autres, fit Angèle Ferrand ; musique d'Offenbach, comme dit Frou-Frou !

— C'est peut-être plus amusant, répondit Thibouville. Mais quoi ! tu ne vas pas songer au mariage, je pense ? Tu as un mari, maintenant, et un rude : le théâtre ! N'est-ce pas que c'est bon, les bravos, hein, ma fille ? N'est-ce pas que ça vous monte, et vous grise, et vous charme et vous fait vivre ? Ah ! vrai de vrai, tu as rudement joué ton quatrième acte hier, et comme tu as jeté ton cri : « *Eh bien! oui, je l'aimais! Et il est mort!* » Toi, si molle autrefois, — une *chiffe!* — où donc as-tu pris ce talent-là ? Dis-moi le numéro de la mine d'or et je l'enseigne aux jeunes personnes qui veulent bien m'honorer de leur confiance. Ton secret ! *Votre secret, madame?* dit Thibouville en vibrant comiquement sur le ton du mélodrame.

Angèle le regarda avec des yeux où il y avait des larmes et elle répondit :

— C'est bien simple, Thibouville. J'ai souffert.

— Et *t'as fait* souffrir, dit le professeur en hochant la tête et en devenant tout à coup sérieux.

— Aussi, va, c'est fini ! Porte close, dit-elle, en se frappant la poitrine. Je plains celui qui s'avisera de m'aimer, s'il s'en trouve. Il aimera une morte, voilà !

Pour se donner une contenance ou par hasard, elle cherchait sous un tas de lettres, elle venait de retrouver le papier qu'elle avait montré, le jour où elle attendait Reynière, ce papier signé de son nom où elle déclarait qu'elle en finissait elle-même avec la vie.

Quand elle l'eut entre ses doigts, elle le lut en faisant une petite moue lassée; elle soupira, dit: « — Du mélodrame, voilà tout! » — jeta le papier au feu et, comme il tomba sur le tapis, elle le repoussa du pied dans la flamme qui le consuma.

Mais les yeux d'Angèle Ferrand étaient troubles encore et sa lèvre tremblait :

— Regarde-moi donc, dit alors Thibouville en lui prenant les mains et en fixant son regard sur celui de la comédienne. Tu pleures, toi? Tu vas pleurer, ma fille, je t'en préviens !

Elle se mit à rire:

— C'est de froid. Vrai, je ne suis pas de votre avis, ajouta-t-elle. Je trouve qu'on grelotte ici !

Et elle s'essuya les yeux.

Paris, 1878

FIN.

TABLE DES CHAPITRES

I.	— Une lettre anonyme	1
II.	— Deux coups de feu	20
III.	— Article 324	32
IV.	— L'Amant	58
V.	— Le Mari	76
VI.	— La maison vide	92
VII.	— Angèle Ferrand	112
VIII.	— Valentine	149
IX.	— Saison d'été	198
X.	— Le Buste	226
XI.	— Projets d'union	256
XII.	— Monteclair	290
XIII.	— La Comédienne	331
XIV.	— Affaire d'honneur	359
XV.	— Chez Blanche	402

IMPRIMERIE D. BARDIN, A SAINT-GERMAIN.

TAYLOR INSTITUTION
UNIVERSITY
25 FEB 1998
OF OXFORD
LIBRARY